Oskar Welten

Zola-Abende bei Frau von S.

Eine kritische Studie in Gesprächen

Oskar Welten

Zola-Abende bei Frau von S.
Eine kritische Studie in Gesprächen

ISBN/EAN: 9783743473737

Hergestellt in Europa, USA, Kanada, Australien, Japan

Cover: Foto ©ninafisch / pixelio.de

Weitere Bücher finden Sie auf **www.hansebooks.com**

Zola-Abende

bei Frau von S.

Eine kritische Studie in Gesprächen

von

Oskar Welten.

Mit Zola's Portrait.

Berlin.

Verlag von A. B. Auerbach.

1883.

Inhaltsverzeichniß.

Seite

Erster Abend 1
>   Frau v. S. und meine Beziehungen zu ihr. Wiefo ich dazu
>   komme, ihr über Zola zu sprechen.

Zweiter Abend 11
>   Ich beginne mit der Darlegung der äfthetischen Theorien
>   Zola's und finde das entgegenkommendfte Verftändniß.

Dritter Abend 39
>   Frau v. S. äußert nachträglich ein Bedenken gegen Zola's
>   Theorien, welches nicht ungerechtfertigt scheint, welches ich
>   aber entsprechend zu widerlegen weiß. Ich mache meine
>   Freundin hierauf mit Zola's Jugendarbeiten, den „Contes
>   à Ninon" und „La confession de Claude" bekannt.

Vierter Abend 61
>   Ich soll über Zola's Roman „Madeleine Ferat" sprechen,
>   fürchte aber damit anzuftoßen und erbitte mir daher erft
>   die Erlaubniß hierzu, welche nach einigem Zögern ertheilt
>   wird. Nachträglich erweift es sich übrigens, daß der Roman
>   zu tragisch ift, um anftößig wirken zu können.

Fünfter Abend 85
>   Ein ftörender Besuch, den ich aber mit einer gründlich trockenen
>   Erpofition des Rougon·Macquart·Cyclus in die Flucht
>   schlage. Ich lege meiner Freundin eine Stammtafel der
>   Rougon·Macquart-Familie vor und erörtere den Inhalt
>   des grundlegenden Romanes „La fortune des Rougons."

Sechfter Abend 105
>   Frau v. S. macht Fortschritte in der Anerkennung Zola's. Sie
>   lieft „La fortune des Rougons." Es kommen nun die
>   beiden üppigften Romane des Cyclus zur Sprache, nämlich
>   „La curée" und „Son Excellence Rougon." Letzterer führt
>   uns zuerft auf Ariftoteles und Lessing, später aber auf
>   das Gebiet der Politik.

Siebenter Abend 132
>   Die Erörterung des Romanes „La conquête de Plassans"
>   macht tiefen Eindruck auf Frau v. S. und die Frage des
>   Ariftotelischen Gesetzes der Furcht· und Mitleids-Erweckung
>   kommt wiederholt zur Sprache, sowie das Verhältniß des
>   Dichters zum Publikum in Bezug auf die Autorität des Ge-
>   schmacks. Hierauf spreche ich noch kurz über den Roman
>   „Le ventre de Paris," welcher uns im

Achten Abend 162
>   hinüberführt zu den beiden renommirteften Romanen Zola's:
>   „L'Assommoir" und „Nana." An diesem Abend finden sich
>   Baronin d'Elvert und der Gatte meiner Freundin ein, die

Debatte wird sehr lebhaft und wichtige ästhetische Fragen werden eingehend erörtert. Herr v. S. erklärt sich entschieden für Zola, Frau v. S. beschließt „Nana" nicht zu lesen und Baronin d'Elvert begeistert sich für den Wettkampf der Schmiede im „Assommoir."

Neunter Abend 193

Frau v. S. und ich sind wieder allein und beide sehr froh darüber. Ich entwickele meine ästhetischen Bedenken gegen Roman-Cyclen und spreche dann, nachdem Frau v. S. vergebens versucht hatte, mir einen Widerspruch nachzuweisen, von Zola's tendenzfreiestem Roman „Une page d'amour," sowie über „La faute de l'abbé Mouret." Damit muß ich vorläufig in der Darlegung des Rougon-Macquart-Cyclus innehalten, weil „Au bonheur des dames" noch nicht vollständig im Drucke vorliegt; ich stelle daher für die nächsten Abende die Würdigung Zola's als Dramaturg in Aussicht.

Zehnter Abend 217

Ein schwerer und langweiliger Abend. Der Ruin der dramatischen Production in Deutschland und Frankreich wird constatirt und die Ursache desselben eingehend erörtert. Ich komme nochmals auf Aristoteles und Lessing zu sprechen und erschöpfe diesmal das Thema, indem ich auf die ursprüngliche Bedeutung der Worte Furcht und Mitleid und auf die Irrthümer des Aristoteles sowie Lessing's hinweise. Der armen Frau v. S. brummt der Kopf.

Elfter Abend 246

Ich gebe eine Probe aus Zola's kritischem Werke „Le naturalisme au théâtre" und wende mich dann den drei Stücken Zola's: „Thérèse Raquin," „Les héritiers Rabourdin" und „Le bouton de rose" zu. Frau v. S. erzählt mir schließlich eine kritische Episode aus ihrem Eheleben und wir beschließen, zusammen ein Lustspiel zu schreiben. Frau v. S. wird nachgerade Zola-müde.

Zwölfter Abend 276

Ich schließe den Macquart-Cyclus mit der Erörterung der beiden Romane „Pot-bouille" und „Au bonheur des dames" ab, spreche dann noch kurz über die beiden Novellenbände „Nouveaux contes à Ninon" und „Capitaine Burle," sowie über die kritischen Schriften „Les romanciers naturalistes" und „Documents littéraires." Hierauf gebe ich als literarisches Dessert eine kurze Biographie Zola's, sowie einen Ausblick auf die weiter geplanten Bände des Rougon-Cyclus. Frau v. S. lobt mich und dankt mir, ist aber sehr erschreckt, als ich ihr dann auch schon den ersten Correcturbogen der Zola-Abende vorlege. Dennoch scheiden wir als gute Freunde.

Druckfehler.

Seite 30, Z. 13 v. o. statt: Er ergreift das Wort: „Da ich u. s. w."
      lies: „Er ergreift das Wort; da ich u. s. w."
„   79, Z. 11 v. o. statt: dargebracht lies: klargemacht.
„   94, Z. 16 u. 17 v. o. statt: eines Romanes lies: zweier Romane.
„ 195, Z. 2 v. o. statt: wiederholt lies: erwiderte.
„ 204, Z. 12 v. u. und folgende statt: Parabon lies: Parabou.
„ 223, Z. 6 v. u. statt: Conventiod lies: Convention.
„ 223, Z. 14 u. S. 224, Z. 17 v. o. statt: Substract lies: Substrat.
„ 240, Z. 5 v. u. statt: Frucht lies: Furcht.
„ 275, Z. 3 v. u. statt: aber lies: also.
„ 276, Z. 7 v. u. statt: nichtsagend lies: nichtssagend.

Erster Abend.

Ich trage kein Bedenken auszusprechen, daß mich der geistige Verkehr mit einer natürlich empfindenden und naiv benkenden Frau viel mehr befriedigt, als der gleiche Verkehr mit einem noch so geistreichen Manne. Der Verdacht liegt nahe, daß ich dem Weibe gegenüber meine Ueberlegenheit an Wissen sowie scharfem Erkennen und Durchbringen von Dingen und Verhältnissen offenbaren kann und hiedurch meine Eitelkeit Befriedigung findet. Gerade das aber ist's nicht; es liegt vielmehr ein ganz selbstsüchtiger, ich möchte fast sagen gewinnsüchtiger Zweck dieser meiner Neigung zu Grunde. Solcher persönliche Verkehr mit einer Frau offenbart mir Vieles, was ich aus allen Büchern der Welt nicht lernen kann, selbst aus jenen nicht, welche Frauen geschrieben haben. Denn erst der Ausdruck des Gedankens oder der Empfindung, erläutert durch den Ton der Stimme, durch Miene und Blick, macht ihn ganz und gar, bis in sein tiefstes Wesen hinein verständlich. Dies aber in viel höherem Grade beim Weib, wo Denken und Empfinden in viel intimerer Wechselwirkung und Verbindung mit einander stehen als beim Mann.

Diese Offenbarungen, wie sich das Leben in all seinen mannigfaltigen Erscheinungen in der Seele eines normalen Weibes spiegelt, sind es nun, welchen ich so gerne lauschen mag, sie sind es, welche mir als urtheilendem und schaffendem Künstler so großen Gewinn bringen, weil sie mir oft die Wege weisen, wenn sich Erfahrung, psychologisches Wissen, ja selbst die Intuition als unzulänglich erweist. Meiner Ueberzeugung nach ist die Ergänzung und Richtigstellung eines Urtheils, wie es der

1

Mann fällt und fällen kann, der weiblichen Meinung oft in höchstem Grade bedürftig, und ich habe mich nie gescheut, einer Correctur oder Ergänzung von solcher Seite her volles Recht widerfahren zu lassen.

Mein gutes Glück ließ mich nun in Frau v. S. eine weibliche Beratherin gewinnen, welche in ganz besonderem Maße diejenigen Eigenschaften besitzt, welche mir für meinen Zweck werthvoll scheinen, und äußere Umstände gestatten die vollkommene Unbefangenheit des Verkehres mit ihr, welcher der einer geistigen Kameradschaft ist. Frau v. S. lebt in wirklich glücklicher Ehe mit ihrem Manne, und dieser Mann, ein gelehrter Forscher auf dem Gebiete des medicinischen Wissens, ist mein Jugendfreund. Nach unserem Empfinden schließen diese ethischen Wechselbeziehungen alle frivolen Combinationen aus — es genügte sogar schon eine dieser Beziehungen. Glückliche Frauen sind schlechte Romanheldinnen; der Roman beginnt bei einer Frau immer erst, wenn sie sich unglücklich fühlt, dazu aber hat Frau v. S. auch nicht die leiseste Anlage. Sie ist geistig und körperlich durch und durch gesund, von einer schönen Ausgeglichenheit des Wesens, welcher ein rasch in Wallung kommendes Blut und große geistige Lebhaftigkeit durchaus nicht widersprechen. An den Forschungen ihres Mannes nimmt sie regen Antheil, ohne jedoch eine gewisse Scheu vor der Unappetitlichkeit seines Hantirens mit dem Secirmesser überwinden zu können. Die rein physische Beschaffenheit der organischen Wesen genügt ihrem Sinn nicht, und die hohe Bedeutung derselben für alle übrigen Functionen hat sie zwar allmälig begreifen gelernt, ohne jedoch davon entzückt zu sein, wie ihr Mann, der gelegentlich solcher Deductionen völlig in Begeisterung gerathen kann. Dagegen hat sie einen ungemein regen Sinn für das seelische Leben, und von diesem zur physischen Erklärung der seelischen Erscheinungen hinabzusteigen, sagt ihr viel mehr zu. Am liebsten aber lernt sie das Seelenleben kennen, wie es sich in den Künsten, namentlich in der Dichtkunst offenbart, und hier haben wir uns begegnet, hier haben wir die tiefe Verwandtschaft unserer geistigen Natur erkennen gelernt. Aus flüchtigen Gesprächen, wie man sie im

Salon über Literatur und Kunst zu führen liebt, entwickelte sich
uns bald das Verlangen nach einem tieferen und nachhaltigeren
Austausche unserer Gedanken und Ideen, und unvermerkt war
ein Abend in der Woche diesem Zwecke ganz ausschließlich ge=
widmet. Ich sprach nicht mehr vom Kommen, sondern ich kam,
— ich wurde nicht aufgefordert zu kommen, aber ich wurde
erwartet. Und bald hatte die liebenswürdige Frau den wohl=
thätigsten Einfluß auf mein geistiges Schaffen erlangt, so daß
es mir nachgerade zum Bedürfniß wurde, jede Zeile, die ich
schrieb, ihr zu unterbreiten.

Die dauerndsten Verhältnisse sind diejenigen, welche sich
unwillkürlich ohne unser Hinzuthun, aus einer gewissen Natur=
nothwendigkeit heraus entwickeln, und so kommt es, daß auch
dieses Verhältniß im Laufe der Zeit einen festen Bestand und
eine gewisse Weihe erhielt; — an seiner Frische aber büßt es
nichts ein, da es die Sommermonate über, welche Frau v. S.
auf ihrem schlesischen Landgute zubringt, eine Unterbrechung
erleidet. Im letzten Jahre hatte sich an diesen Sommeraufenthalt
eine Reise durch Oesterreich nach Italien angeschlossen, und der
letzte Herbstmonat ging zur Rüste, ohne daß mir Nachricht von
der Rückkehr meiner Freundin geworden wäre. Mittlerweile
hatte ich jedoch die Vorarbeiten zu einer größeren kritischen
Studie gemacht, mit welcher ich diesmal Frau v. S. erst bekannt
machen wollte, wenn sie gedruckt sein würde. Anfangs hatte
ich diese Ueberraschung geplant, weil ich auf energischen Wider=
spruch zu stoßen fürchtete, den ich damals nicht für ganz un=
berechtigt hielt; später aber, nach eingehenderem Studium und
nachdem ich mir volle Beruhigung über den Charakter des zu
behandelnden Schriftstellers verschafft, wollte ich diesen Wider=
spruch durch mein Werk selbst widerlegen, und so mit einem
Act der Emancipation glänzen.

Gerade da traf aber ein Billet von Frau v. S. ein, welches
ihre Ankunft meldete und mich für den nächsten Abend zu ihr
bat. Mit dem Entschlusse, die Tugend des Schweigens zu üben,
was Frauen gegenüber ungemein schwierig ist, begab ich mich zur
bestimmten Zeit nach dem mir so werthen Hause.

1*

Frau v. S. empfing mich wie gewöhnlich in ihrem Boudoir und ich war geradezu verblüfft von der vortheilhaften Veränderung, die in dem letzten Halbjahr mit ihrer äußeren Erscheinung vor sich gegangen war. Ich hatte oft Gelegenheit bei Pflanzen, nachdem sie jahrelang sich gesund und stetig entwickelt hatten, eine plötzliche Trieb- und Entwicklungskraft zu beobachten, welche geradezu mächtig genannt werden mußte. Und Aehnliches findet auch bei Frauen statt, wenn sie in ihre Vollreife treten; nicht ohne Grund vergleicht man das Weib mit der Blume, — nicht blos im poetischen Sinne ist das wahr, sondern auch im materiellen, im Sinne der physischen Entwicklung, welche viele Aehnlichkeiten überraschender Art aufweist. Solch einer plötzlich in vollen Saft geschossenen Pflanze glich jetzt Frau v. S. — Ihre Schönheit hatte auch die letzten Blüthenknospen geöffnet, sie schien zu ihrem vollen Glanze gereift in der südlichen Gluth der italienischen Sonne und strahlte ein Siegesbewußtsein aus, das gebieterisch Huldigung verlangte — ein Zwang, dem ich mich ohne Willen unterwarf. Und wie ein Blitz fuhr es mir, da ich dies lebensprühende Antlitz mit dem flammenden Auge, diesen stolzen Nacken, diese hohe, vornehmüppige Gestalt vor mir sah, durch den Kopf, daß ich hier nicht mehr werde so oft ein- und ausgehen dürfen, wie bisher . . . .

Da reichte mir Frau v. S. die Hand zum Gruße und hieß mich wieder in der alten herzlich-unbefangenen Weise willkommen, wie sie es gewohnt war, und dieser Gruß, dieser freundschaftliche Händedruck, dieser friedliche Glockenklang ihrer Stimme gaben mich sofort mir selbst wieder. Die Weihe alter Freundschaft und reiner geistiger Intimität brach den gefährlichen Zauber ihrer Schönheit. Ich sah dieselbe nach wie vor, aber ich fürchtete sie nicht mehr.

Frau v. S. erzählte mir nun in der lebhaften und anschaulichen Weise, welche den Frauen viel mehr eigen ist, als den Männern, und welche der mannigfaltigsten Händebewegungen zur Erläuterung ihrer Schilderungen nicht entbehren kann, von ihrer österreichisch-italienischen Reise, der ich mit um so größerem Interesse folgen konnte, als ich sie vor mehreren Jahren selbst gemacht hatte. Endlich aber hielt sie lachend inne und schüttelte den Kopf.

„Wissen Sie" — sprach sie mit einer reizenden Schmoll= miene — „daß es ganz abscheulich ist von Ihnen mich so ohne Aufenthalt fortsprechen zu lassen von mir und dem was ich gesehen, als wär' ich ein kleines Mädchen, das die erste Christbescheerung empfangen hat? Ich bat Sie doch zu kommen, weil ich hören wollte, was es Neues giebt in Literatur und Kunst. Denn wenn man monatelang alle möglichen und unmög= lichen bunten Eindrücke einer fremdartigen Außenwelt erhalten hat, wird man geisteshungrig in unbeschreiblichem Grade. Ich stürzte heute Morgens über unsere Zeitungen, als müßte sich in den= selben die Ankündigung irgend einer großen ästhetischen Um= wälzung finden." —

„Und Sie fanden überall die alten, schlechten ausgetretenen Pfade einer verlotterten, local=patriotischen Cliquen=Aesthetik? Dieselben Namen, dasselbe Lob, dieselben Lügen? Nicht wahr?"

„Ja, in der That! Es war als hätte ich ganz alte Zeitungen in die Hand bekommen!" Frau v. S. sagte es in einem Tone verwunderter Enttäuschung, der mich ganz humo= ristisch anmuthete.

„Das ist eine Beobachtung, welche früher einmal auch mich sehr empfindlich berührte. Die kleinen Unterschiede von Zeitungs= blatt zu Zeitungsblatt sehen wir, weil wir dieselben aufmerksam verfolgen und ihnen eine journalière Wichtigkeit beilegen. Einen Sprung in der Zeit aber, den wir selbst gemacht und den wir nun auch in der Zeitung ausgeprägt zu finden erwarten, können wir da nicht wahrnehmen, weil die kleinen journalièren Ver= änderungen die Physiognomie des Ganzen für uns nicht im geringsten verändern. Dazu aber kommt bei uns noch der fanatische Hang für das Althergebrachte, welcher sich leider jetzt in Kunst und Literatur viel stärker offenbart als im öffentlichen Leben. Wir haben unsere Literatur=Päpste, welche in ihren jungen Tagen ein junges Leben in unsere Literatur gebracht haben, und die nicht glauben wollen, daß dies junge Leben nur ein Uebergangsstadium war, das mit ihnen alt geworden ist.

Allerdings klagt Alles im heiligen römischen Reiche über den Verfall von Theater, Literatur und Kunst, und wahrhaftig mit Fug und Recht. Aber Niemand will zugeben, daß die Ursache dieses Verfalles nicht so sehr im Mangel an jungen Talenten liegt, als darin, daß diese Talente selbst theils freiwillig im guten Glauben, theils gezwungen um eines halben äußeren Erfolges willen, an einer Aesthetik festhalten, welche sich thatsächlich überlebt hat. So siechen wir dahin und kommen zu keiner frischen, mächtigen Kraftoffenbarung, wie etwa ein wackeres Rittergeschlecht, das der greise Urahn mit eiserner Faust in den Banden jener Ueberlieferungen hält, unter denen er selbst groß geworden ist, — damals, unter ganz anderen Voraussetzungen auch groß werden konnte."

„Sie glauben also," fragte ungemein gespannt Frau v. S. „daß wir auf ästhetischem Gebiete einer neuen Zeit entgegengehen?" —

„Ich weiß es, und ich begreife nur nicht, daß so wenige diese Erkenntniß theilen wollen. Das aber ist mir um so unbegreiflicher, als die gewaltigen Umwälzungen auf praktischem Gebiete, als die Riesenfortschritte der Naturwissenschaft, welche eine ganz neue Methode adoptirt hat, als der völlige Untergang der philosophischen Speculation uns, um mich so kräftig auszudrücken wie es die Situation erheischt ... uns mit der Nase darauf stoßen müßte, daß wir einer neuen Zeit entgegen gehen. Und diese neue Zeit sollte nicht auch eine Wandlung auf ästhetischem Gebiete zur Folge haben? Wahrhaftig! selbst wenn uns der klägliche Verfall unserer Literatur, unseres Theaters nicht darauf bringen müßte, daß das bange Festhalten an überlebten Formen und Conventionen die Schuld daran trägt, so sollte es doch die Wahrnehmung der Umwälzungen auf anderen Gebieten thun. Aber nein! Wir sehen nicht und hören nicht, wir halten uns sogar Augen und Ohren zu, um nicht zu sehen und zu hören, und warten auf das gottbegnadete Genie, welches — in den alten Formen Unsterbliches leistet. Ja wir verschließen sogar mit seltsamem Eifer unsere Sinne der Wahrnehmung, daß in anderen, in Nachbarländern die mächtige Umwälzungsbewegung auch auf äfthetifchem Gebiete begonnen hat. Wir perhorresciren diefe Bewegung als lächerlichen und abfcheulichen Auswuchs Einzelner, ohne uns die Mühe zu nehmen, tiefer zu blicken, ohne uns zu vergegenwärtigen, daß Umwälzungen, daß refor= matorifche Bewegungen und Beftrebungen ein Ueber's=Ziel= Hinausfchießen nicht vermeiden können. Wir fehen nur das Zuviel der Bewegung, wir fehen nur die Uebertreibung, bekreu= zigen uns davor wie vor dem böfen Feind und verdammen da= mit zugleich die heilfame Bewegung felbft."

„Und was ift das für eine Bewegung, von der Sie fprechen und die ich troß aller Aufmerkfamkeit gleichfalls überfehen habe?" fragte nun meine überrafchte Freundin, mich mit großen Augen anblickend.

„Diefe Bewegung, liebe Freundin, ift der ‚Naturalismus,‘ der in Zola feinen Leffing gefunden hat, der in Frankreich eine Reihe glänzender hochbegabter Autoren zu Anhängern hat, und merk= würdiger Weife in der jungen ruffifchen und norwegifchen Lite= ratur die kräftigften jungen Talente zu hervorragenden Schöpfun= gen befähigt: derfelbe Naturalismus, den die herrfchende fran= zöfifche Schule mit jenem erbitterten Haffe verfolgt, welchem kein Mittel zu fchlecht ift, weil ihm gute Mittel nicht zu Gebote ftehen und weil fie fich in ihrer Exiftenz bedroht fieht: derfelbe Naturalismus endlich, welcher unferer jungen Generation als Sumpf und Kloake, als Quell moralifcher Selbftvernichtung gefchildert wird."

Frau von S. hatte ftaunend die Hände gefaltet. „Und diefer Naturalismus," fprach fie, „foll die Zukunft und Größe unferer neueften Literatur=Epoche begründen? Zola vergleichen Sie mit Leffing, mit unferem unvergleichlichen Leffing? Das können Sie unmöglich ernft meinen!"

Ich mußte lachen. Wie gewiffenhaft kannte ich diefe Frau, wie fcheute fie fich zu urtheilen, wo fie nicht eingehend geprüft hatte, wie hart fprach fie über unfere neuefte ‚kritifche Methode,‘ welche ihren Stolz darein zu fetzen fcheint, durch Oberflächlichkeit und Gewiffenlofigkeit zu glänzen. Und diefe felbe Frau be= dachte fich keinen Augenblick, jede ernfte Erwähnung Zola's

zurückzuweisen. Das war ein Typus — das war keine Einzel=
erscheinung, was sich mir da offenbarte. Und das sollte sie
sofort erkennen.

„Und darf ich fragen," entgegnete ich, „warum Sie an=
nehmen, daß ich scherze? Kennen Sie die Principien des Natu=
ralismus? Kennen Sie die Ziele und Absichten Zola's, welcher
als der Prophet der ‚neuen‘ Schule‘ gilt? Haben Sie Zola's
kritische Schriften gelesen? oder auch nur seine Romane?"

Frau von S. wurde roth.

„Aber, mein Gott, das weiß ja doch alle Welt, daß Zola's
„Nana" ein abscheulich es Buchist, und das „Assommoir" noch
abscheulicher! Das weiß ja alle Welt, daß Zola nur auf die
schlechten Instinkte des großen Lesepublikums speculirt. — Und
von seinen kritischen Schriften habe ich kaum gehört. Das soll
eine ganz confuse Anwendung von naturwissenschaftlicher Experi=
mental=Methode auf das poetische Schaffen sein!"

„Und diesem „on dit“ von Toutlemonde glauben Sie un=
bedingt? Und Sie haben es gar nicht der Mühe werth oder
vielleicht gar für unzuläßig und unter Ihrer Würde gehalten,
einem Schriftsteller von so schlechtem Rufe auch weiter nach=
zuforschen?"

Frau von S. fühlte ein leises Bedürfniß, sich zu recht=
fertigen. Sie nannte mir einige deutsche Schriftsteller, die sogar
in Paris gewesen waren und in ihren Büchern über Paris
ganz so oder sehr ähnlich über Zola und seine Schule ge=
urtheilt hatten.

„Und das, was diese Herren geschrieben, — nicht ge=
urtheilt, war Ihnen als letzte Instanz genügend, um ein Todes=
urtheil zu fällen?"

Mit einer heftigen Bewegung fuhr Frau von S. empor.
„Diese Herren hätten nicht geurtheilt? Diese Herren hätten nicht
erst nach gründlicher Prüfung so Abfälliges über jenen Mann
veröffentlicht?"

„So ist es in der That. Diese Herren gehören gleichfalls
der älteren Schule an, wenn sie auch noch nicht alt an Jahren
sind. Sie haben in Paris gleichfalls der herrschenden, jetzt be=

drohten Schule gehuldigt und in ihren Vertretern enragirte Feinde Zola's und der neueren Richtung kennen gelernt. Sie haben mit dem schielenden Blick dieser Schule, welche ihrem eigenen ästhetischen Credo entsprach, Einzelnes von Zola gelesen und sind rasch zum deutschen Echo jener französischen Clique geworden. Nicht im entferntesten aber sind sie ehrliche gewissenhafte Beurtheiler des hohen Strebens dieses Mannes und seines gewaltigen Schaffens."

Meine Freundin sah mich betroffen an. „Sie sprechen mit einer Hochachtung von Zola, die mir geradezu Scheu einflößt. Sie kennen Zola's Werke genau? Auch die kritischen?"

„Alle!"

„Wie viele Bände?"

„Sechsundzwanzig!"

„Und glauben Sie wohl, daß es anginge, mir etwas von diesem Ihrem gründlichen Wissen mitzutheilen, ohne — nun, ohne daß die Grenzen des Zulässigen überschritten würden? Ich bin nicht prüde, aber nach allem, was ich über Zola gehört . . ."

„Sie können beruhigt sein, liebe Freundin, über Zola's Romane kann man mit jeder vernünftigen Frau sprechen, denn sie sind nicht frivol; sie sind einem ungemein starken sittlichen Bewußtsein, welches sich stellenweise zu sittlichem Zorn steigert, entsprungen. Solcher Autor könnte nur in den Händen halbreifer Jugend oder lüsterner Roués und Frauenzimmer schädlich wirken. Die Jugend aber wird nur wenig verstehen und sich langweilen, die Lüsternheit aber wird — schamroth werden, weil sie sich getroffen sieht. Beide werden Zola vermeiden."

Frau von S. hatte sich erhoben. Die Idee, sich von mir über Zola sprechen zu lassen, machte sie unruhig, und nachdem sie einige Male im Zimmer auf und ab gegangen war, hielt sie plötzlich vor meinem Sitze still und fragte kleinlaut: „Aber die ‚Nana' lassen wir aus?"

Ich konnte mich des Lachens nicht erwehren. „Wenn Sie es wünschen, gewiß! — aber ich glaube nicht, daß Sie es noch wünschen werden, wenn wir erst so weit sind . . . Uebrigens, laſſen Sie mich Ihnen jetzt geſtehen, daß ich die Abſicht habe, eine größere Arbeit über Zola zu veröffentlichen. Nur über die Form war ich mir noch nicht klar. Sie mußte möglichſt elegant und doch populär ſein, wenn das Buch weiteren Kreiſen zugäng= lich werden ſollte. Nun habe ich dieſe Form."

„Und das iſt?"

„In Geſprächen mit Frau von S."

„Sie ſind toll?!"

„‚Doch hat mein Wahnſinn Methode', geſtatten Sie mir mit Hamlet zu ſprechen. Ein Thema, welches ich in Geſprächen mit Ihnen erläutere, giebt jeder Frau die Sicherheit, daß ſie demſelben folgen darf, ohne verletzt zu werden. Und ich möchte mein Buch gerne auch in den Händen von Frauen ſehen."

„Aber mich kennt ja Niemand!" rief Frau von S. naiv überraſcht aus.

„Ich werde dafür ſorgen, daß man Sie kennen lernt."

„Sie wollen mich wohl gar auch charakteriſiren, in meinem Aeußeren kennzeichnen und meine Meinungen der Welt zum Beſten geben?"

„Ich werde mich wenigſtens bemühen, in all' dieſen Bezie= hungen der Wahrheit möglichſt nahe zu kommen. Mein Buch kann dadurch nur gewinnen."

Jetzt lachte Frau von S.

„In der That, ein ſehr galanter Luſtſpielſcherz, welchen Sie da erſonnen haben. Und eben darum ſoll er mir die Laune nicht verderben."

„Sie ſchlagen alſo ein?"

„Ich ſchlage ein!" rief die ſchöne Frau und legte ihre Hand in die meine. „Wann beginnen wir?"

„Wenn es Ihnen genehm, nächſten Mittwoch!"

„Ich werde Sie gebührend empfangen!"

Zweiter Abend.

Als ich mich am bezeichneten Tag wieder zu Frau v. S. begab, war ich darauf gefaßt den Widerspruch der schönen Frau gegen mein Project, welchem sie jüngst eine scherzhafte Deutung gegeben hatte, zu um so energischerem Ausdruck gelangen zu sehen. Denn daß ich nicht scherze, mußte ihr bald klar geworden sein, und ich kannte die große Scheu dieser Frau vor der Oeffentlichkeit, welche nicht etwa einem Mangel an Muth entsprang, sondern in der tiefen keuschen Weiblichkeit ihrer Natur begründet war. Um so mehr überraschte mich die unveränderte Freundlichkeit ihrer Begrüßung, als sie mir scheinbar zufällig schon im Flur entgegentrat, und die in keiner Weise auf eine innere Erregung schließen ließ. Ich war daher sehr befremdet, als ich gleich darauf in ihr Boudoir tretend, hier eine seltsame Umgestaltung gewahrte. Mitten im Zimmer stand ein feingeschnitztes Lesepult, zu beiden Seiten mit Armleuchtern versehen, in welchen helle Lichter brannten. Ein Präsentirteller, auf welchem eine Karaffe mit Wasser, ein Glas, eine Zuckerschaale und ein Theelöffel glänzten, stand auf einem kleinen Tischchen zur Rechten und vollendete so den feierlichen Eindruck, welcher öffentlichen Vorlesungen etwas unsagbar Froftiges, ja Erkältendes verleiht. Und um diese Wirkung noch zu erhöhen, nahm Frau v. S. in gemeßner Entfernung auf dem Sopha Platz, ernst und schweigend, mit der Miene einer auf Großes gespannten Hörerin.

Ich erkannte sofort, daß mir hier eine Komödie vorgespielt wurde und war keinen Augenblick im Unklaren, welche Rolle ich in derselben übernehmen müsse. Gleichfalls schweigend löschte ich die Lichter aus, stellte zuerst das Zuckerwasser-Ensemble, dann das Lesepult in die Ecke, rollte ein Fauteuil zum Sopha und ließ mich behaglich darin nieder.

Frau v. S. schien nun alles Andere eher erwartet zu haben, als diese unverfrorene, stillschweigende Vernichtung ihres ganzen Arrangements, und erst jetzt fand sie die Sprache, um mit einem staunenden „Aber was thun Sie?" gegen mein Vorgehen Einspruch zu erheben.

„Ganz einfach," erwiderte ich, „Alles entfernen, was mir die Stimmung verderben könnte. Sie wissen, wie störend ungewohnte äußere Eindrücke, eine ungewohnte, wenn auch nur todte Umgebung auf meine Geistesthätigkeit einwirken. Und dann habe ich durchaus nicht im Sinne, Sie mit steifgelehrten Vorträgen zu langweilen. Wir plaudern heute, wie wir sonst geplaudert haben, nur plaudern wir jetzt über Zola."

„Aber das will ich ja eben nicht!" gab Frau v. S. irritirt, mit komischer Ungeduld zurück. „Ich will nur hören und nicht sprechen, denn schon der Gedanke, das, was ich hier Ihnen gegenüber in aller Intimität und oft auch ohne die gründliche Ueberlegung äußere, einmal gedruckt, Tausenden preisgegeben zu sehen, erschreckt mich. Und Sie wären wohl im Stande, in Ihrem Drange nach künstlerischer Gestaltung — wie Sie's nennen — derlei in's Werk zu setzen. Ich muß auch offen gestehen, nur ein Gefühl des Unrechts, dessen ich mir Zola gegenüber durch meine einfältige Nachbeterei des Urtheils Anderer über sein Schaffen bewußt geworden bin und das lebhafte Interesse zu hören, wie Sie Ihr gegentheiliges Urtheil begründen würden, hielt mich davon ab, unser ganzes Project fallen zu lassen. Dabei aber bleibt es: plaudern werde ich nicht. Eher sollen Sie sich ganz heiser sprechen."

Ich verbeugte mich lachend. „Das muß natürlich ganz Ihrer Willkür überlassen bleiben, verehrte Frau; ich dachte und denke gar nicht daran, Ihnen in dieser Beziehung irgend welchen Zwang aufzuerlegen."

„Weil Sie glauben, daß ich doch nicht werde schweigen können? Sie sind boshaft!"

„Durchaus nicht; ich würde nur sehr bedauern, wenn ich mich in dieser Voraussetzung irrte."

Frau v. S. lachte.

„Das ist eines der zweischneidigsten Complimente, welche man einer Frau machen kann," sprach sie nun wieder guten Humors. „Ich will mich aber bemühen, Ihnen recht viel Anlaß zum Bedauern zu geben. Ich will grausam sein — durch Schweigen."

Der Friede war geschlossen und ich begann:

„Es ist ganz unerläßlich, daß, ehe ich auf Zola's poetisches Schaffen eingehe, Sie einen klaren Einblick in dieses Mannes kritische Werkstatt thun. Nicht etwa, daß Sie erst hierdurch das Vermögen erlangen würden, seine poetischen Werke zu verstehen; wohl aber werden Ihnen manche seiner Fehler organisch begreiflich werden und in einem viel milderen Lichte erscheinen, wenn Sie seine Bedeutung als Kritiker erkannt, wenn Sie sein ideales Streben, seinen erhabenen, rücksichtslosen Drang nach Erkenntniß und Wahrheit bewundern gelernt, wenn Sie die unumstößliche Richtigkeit seiner Ausführungen auf allen Linien geprüft, wenn Sie endlich das hohe, heute natürlich noch gar nicht begriffene Verdienst gewürdigt haben werden, welches er sich dadurch erwarb, daß er die urewigen ästhetischen Gesetze und Ideen, unter deren Einwirkung und Leitung unsere größten poetischen Genies ihre unsterblichen, ewig jungen Werke geschaffen, in der unserem modernen Bedürfniß entsprechenden Form zum Ausdruck gebracht hat.

„Die Erörterung all' der brennenden ästhetischen Fragen, über welche wir heute noch so häufig im Dunkeln tappen, ist in einer Reihe von Abhandlungen, deren erste „le roman experimental" dem ganzen Bande den Titel gab, grundlegend und schon ausgereift enthalten, und die folgenden Bände seiner kritischen Schriften führen nur des weiteren aus, was hier positiv festgestellt wird.

„Die Schlagworte ‚Naturalismus,' ‚Experimental-Roman,' ‚wissenschaftliche Methode in der Poesie' sind zu wahren Monstren aufgebläht worden, und der Mann, welcher sie in die

Aesthetik einführte, wurde als ungeheuerlicher Neuerer hingestellt, welcher die Poesie und Schönheit entthronen, den freien Gedanken= flug lähmen, den Dichter an den Koth kleben und ihn zwingen will, den Koth — und nur den Koth zu schildern. Nun ist aber von alledem kein Wort wahr. Zola ist kein Neuerer und er will es gar nicht sein; immer und immer wiederholt er:

— Ich bringe keine neue Religion. Ich offenbare nichts, weil ich an keine Offenbarung glaube; ich erfinde nichts, weil ich der Ueberzeugung bin, daß es viel mehr Nutzen bringt, dem Antrieb der Menschheit zu gehorchen, der ununterbrochenen Be= wegung, welche uns vorwärts drängt. Meine ganze kritische Thä= tigkeit besteht darin, zu studiren, woher wir kommen und wo wir jetzt sind. Und wenn ich es nun auch unternehme, voraus zu sehen, wohin wir uns bewegen, so ist das von meiner Seite nichts Anderes als eine Betrachtung, eine logische Schlußfolge= rung. Aus dem was war und aus dem was ist, glaube ich entnehmen zu können das was sein wird. Und darin besteht meine ganze Thätigkeit. Es ist daher geradezu lächerlich, wenn man mir eine andere zuschreibt, wenn man mich auf einen Felsen stellt, predigend und weissagend, mich als das Haupt einer Schule gerirend, und den lieben Hergott duzend! —

„Ich glaube, bestimmter und energischer kann man sich nicht gut gegen die Rolle eines ästhetischen Columbus und Papstes wehren. Nichtsdestoweniger aber wird immer und immer wieder diese Rolle Zola imputirt — natürlich in der böswillig= sten Weise — so daß sich diese Lüge endlich zu einem Glaubens= satze consolidirt hat, welchen ein großer Theil der gebildeten Welt für wahr hält.

Sehen wir nun, ob und in wie ferne etwas wahres an dieser Lüge ist. Was versteht man vor allem unter ,Naturalismus?‘ Zola leitet das Wort ganz correct von „natura“ ab. Die Natur ist ihm der ewige unerschöpfliche Born aller Kunst — auch der Poesie — und je mehr sich die Kunst von der Natur entfernt, desto unschöner, desto unwahrer wird sie. Und die Perioden, in welchen eine Reihe von sogenannten Kunstregeln die Kunst in be= stimmte Formen zwängte, die der Natur zuwider waren, sind meist rasch vorübergegangen; wo sie aber die Herrschaft längere Zeit führten, wie z. B. in der classischen Periode der französischen Literatur, dort haben sie auch großen Schaden geübt und selbst das Genie in seiner Entwickelung gehemmt. Homer, Cervantes, Shakespeare, Goethe — sie alle waren Naturalisten in Zola's Sinne und sie sind zu gewaltig anderer Entwicklung gelangt, als die Racine und Corneille, welchen man mindestens großes Talent vielleicht doch nicht ganz absprechen kann. Denn sie seufzten nicht wie diese unter dem Zwange der classischen Formel, derjenigen Formel, welche für die classische Zeit der griechischen Kunstentwickelung die natürliche, weil aus dem Volke heraus= geborene war, welche aber, nach zweitausend Jahren einem an= deren Volke aufgepfropft, zur Unnatur und zur Fessel werden mußte. Der Naturalismus in der Kunst nimmt also verschiedene Formen an in verschiedenen Zeiten und bei verschiedenen Völ= kern, er bleibt aber immer gleich in seinem Wesen, in der Wiedergabe der Natur: denn Naturalismus ist Natürlichkeit, und ohne diese giebt es kein echtes, vollkommenes Kunstwerk.

„Wie aber übersetzten Zola's Gegner das Wort? Sie leite= ten es nicht von „natura," sondern von „naturalia" ab, von jenem berühmten Wort „naturalia," welches durch sein Adjecti= vum „non sunt turpia" eine so fatale Nebenbedeutung erhielt. Und diese fatale Bedeutung übertrug man auf das Wort ‚Natu= ralismus,' auf die sogenannte neue Schule, welche Zola gegrün= det hat. Mit welchem Recht? Mit dem Recht, welches die Thatsache geben kann, daß Zola dem Natürlichen auch in dieser Bedeutung seine Berechtigung in der Poesie gewahrt wissen will. Ich frage nun aber: ist dies etwa neu? Sind nicht die oben genannten großen Genies Naturalisten gewesen in der verwegen= sten Bedeutung? Hat nicht selbst der ideale Schiller diesem Naturalismus seine Opfer gebracht, ehe er sich dem Rhetoricis= mus in die Arme warf und die Natur zu ‚idealisiren' strebte. Und wer vermag zu leugnen, daß nur Schiller's großes Genie, welches auch in seinen späteren Werken zum Ausdruck kam, ihn vor dem Untergange in Rhetoricismus und Classicis= mus bewahrte?

„Der Naturalismus in seinem doppelten Sinne, oder viel= mehr in seinem umfassenden Sinne von Natürlichkeit ist das höchste Recht, die höchste Pflicht der Poesie. Mehr behauptet Zola nicht, mehr beweist Zola auch in seinen poetischen Schöpfungen nicht. Diejenigen also, welche sich zu Dolmetschen der Irrlehre hergeben, Zola's Naturalismus bedeute nur den physischen und moralischen Gestank der Menschheit, sind Lügner und Verleumder, wenn sie es behaupten, obwohl sie Zola genau kennen, oder Narren, wenn sie es blos nachschwätzen mit der Miene, als kennten sie ihn genau.“

„Also hat Zola auch poetische Romane geschrieben?“ unter= brach mich hier Frau von S. mit der Neugierde einer Frau, welche des trockenen abstracten Tones satt ist und auch etwas für die Phantasie und für das Herz haben will.

„Gewiß hat er das gethan, auch in dem engen Sinne, wel= chen man noch oft mit dem Worte ‚poetisch‘ verbindet, und er bewies in diesen Werken einen ebenso hohen Geistesflug, ein ebenso tiefes Verständniß für die Bedürfnisse idealen Menschen= sinnes, für das Wehe großer Naturen, wie er in seinen andern Romanen das tiefste Verständniß für die Noth und die Schwächen, für die Freuden und Leiden des Volkes bethätigt hat. „Nil humani a me alienum,“ das kennzeichnet diesen Mann auf den Höhen und in den Tiefen der Menschennatur als ächten Dichter. Doch — davon später. Ich muß Ihre Geduld noch ein wenig für den Kritiker Zola in Anspruch nehmen. Wir werden von dem Dichter und Roman=Schriftsteller noch aus= führlich genug sprechen.

„Das zweite Ungeheuerliche, was man Zola zum Vorwurf macht, ist, daß er die wissenschaftliche, die experimentale Methode für die Schöpfung poetischer Werke anwenden will, ja daß er sogar direct behauptet, diese Methode sei die einzig richtige, sie sei diejenige, welche bei allen großen Werken der Literatur an= gewendet werden müßte, und sie sei vor Allem die Methode, in welcher der Roman erst zu seiner vollen Ausgestaltung und Bedeutung gelangen werde... Sie wissen, was man unter expe= rimentaler Methode versteht?“

Ich legte der schönen Frau die kleine Falle, und sie ging mit allem Eifer hinein.

„Und ob ich das weiß!" rief sie lebhaft, „Mein Mann schwört ja nicht höher. Er behauptet, auf diesem Wege werden wir noch einmal finden, ob's einen Gott giebt. ‚Während der Empiriker nur die sich in der Natur von selbst offenbarenden Erscheinungen beobachtet und verzeichnet, ruft der Experimentateur, von irgend einer wissenschaftlichen persönlichen Idee ausgehend, nach dieser Richtung hin Erscheinungen hervor, controllirt sie und sieht endlich, ob dieselben seine apriorische Idee bestätigen.' Ist's nicht so?"

„Ihr Mann hat Ihnen den Vorgang ebenso klar als einfach zum Verständniß gebracht. Ich habe dieser Definition nichts beizufügen."

„Aber wie wollen Sie oder will Zola diese rein wissenschaftliche Methode auf die Arbeit des Dichters anwenden?" fragte die junge Frau, sichtlich angeregt. „Die poetische Thätigkeit beruht doch auf rein subjectivem Ausdrücken und Gestalten der Gebilde seiner Phantasie?"

„Das ist eine vielverbreitete, aber irrthümliche Meinung, eine Meinung, die sich bildete theils in Folge der heiligen Scheu, welche die große Menge früher vor den Dichtern hatte und welche dichterische Hervorbringungen für etwas Uebernatürliches hielt, selbst dann, wenn dieselben durch ihre greifbare Wahrheit und Natürlichkeit entzückten; theils weil man hinwiederum immer geneigt war, die ganz in's Blaue hinein gefaselten, und darum unverständlichen Hervorbringungen naturfremder Kunstpoeten, um ihrer Unverständlichkeit und Unvorstellbarkeit willen für Emanationen eines göttlichen Geistes anzusehen. Wir haben in der deutschen Literatur ein Werk, in welchem sich diese gegensätzlichen Richtungen voll ausleben; es ist dies Goethe's „Faust." Sie finden hier selbst im ersten Theile schon das unfaßbare, unvorstellbare der überkommenen Faustsage neben dem greifbaren und allverständlichen der naiven Gretchentragödie. Sie haben in Faust und Mephisto die Zwitterschöpfungen einer Phantasie, welche das Natürliche mit dem sogenannt Uebernatürlichen ver-

2

quicken will, jetzt auf realstem Boden steht und gleich darauf in eine Welt echappirt, die sich aller logischen Controlle entzieht; Sie haben in Gretchen und ihrem Bruder, in Martha, dem Schüler, Wagner und anderen Figuren die positive Realität. Die ersteren werden Ihnen immer problematisch bleiben, die letzteren werden Sie verstehen wie Ihr eigen Fleisch und Blut. Und die volle Poesie der Dichtung wird immer nur aus den letzteren zu Ihnen sprechen. Fühlen Sie nun nicht, daß die dichterische Thätigkeit Goethe's in diesen beiden Theilen eine grundverschiedene gewesen sein muß?"

Frau von S. sah mich nachdenklich an. „Ich fühle allerdings so etwas, aber ich kann es mir nicht ganz klar machen."

„Dann will ich's versuchen. In der Gretchentragödie stellt sich Goethe unter die Controlle der Natur. Er faßt die Wirklichkeit beim Zipfel, indem er das Gretchen auf die Scene stellt, und führt ihr den Faust zu, gleichfalls als wirkliche, — für sie aller Uebernatürlichkeit entkleidete Gestalt. Und nun läßt er Faust auf Gretchen, den verliebten Mann auf das der Liebe entgegenblühende Mädchen wirken. Er schildert uns aber auch die ganze Umgebung, in der das Mädchen aufgewachsen ist, ihr ganzes bisheriges Innen= und Außenleben, und zwängt dadurch seine dichterische Thätigkeit in immer engere Grenzen, insoweit als er nun nicht mehr dieses Gretchen thun und lassen kann, was ihm etwa in den Kram paßt, sondern indem er es jetzt sich logisch, psychologisch und selbst physiologisch so entwickeln lassen muß, wie es diesen engbegrenzenden Voraussetzungen entspricht. Denn ein bestimmter Charakter wird unter bestimmten Umständen immer nur etwas ganz bestimmtes thun, weil er absolut nichts anderes thun kann. Ist aber der Dichter, welcher unter solchen zwingenden Gesetzen der Logik, der Psychologie und der Physiologie schafft, noch ein rein subjectiver — und damit freiwaltender Phantasie=Bummler? Nimmermehr! Frei steht ihm nur die Wahl seines Stoffes, wie dem Gelehrten, frei steht ihm die apriorische Idee, deren Wahrheit er durch die auf diesen Stoff einwirkenden Kräfte offenbaren und beweisen will, welche also mit der apriorischen Idee zugleich gegeben sind. Im Uebrigen sind ihm die Hände gebunden: denn nun muß sich Alles mit innerer Nothwendigkeit vollziehen, um zu diesem Ziele zu gelangen. Die geringste Willkür würde nur beweisen, daß das Ziel oder die Bedingungen falsch waren. Was würden Sie dazu sagen, wenn Gretchen, so wie es in der Dichtung steht, Faust untreu würde, oder auch nur von ihm verlangte, er solle sie heirathen, ehe sie sich ihm ergiebt?"

Frau von S. lachte.

„Das klingt geradezu komisch."

„Wenn aber Goethe eine oder die andere dieser Versionen für seinen Zweck brauchte?"

„Dann müßte eben das Gretchen ein anderes Wesen sein!" gab die junge Frau rasch zurück.

„Allerdings! oder der Faust! am wahrscheinlichsten alle beide! Sie sehen also, es giebt kein Entrinnen. Was beweist das aber anderes, als daß Goethe hier, obgleich ein Dichter, auf streng wissenschaftliche Weise vorging, während er in den halb-übernatürlichen Scenen und Gestalten der Faust-Dichtung seine Phantasie frei walten ließ, wie er es ja hier, wo eine Geister-welt a priori gesetzt war, auch thun mußte. Hier ist er auch nicht mehr controllirbar, mit diesen Partien der Dichtung hat nicht die kritische Wissenschaft, sondern die Superklugheit trans-cendentaler Aesthetiker zu thun. Daß Goethe sich aber in seinem übrigen poetischen Schaffen nicht mehr auf diesen fragwürdigen Boden begab, sondern der wissenschaftlichen Methode huldigte, beweist am besten, daß das Phantastische seiner ächten Dichter-natur gar nicht entsprach. Da haben Sie also schon vor hundert Jahren in unserem größten deutschen Dichter einen unbewußten Anhänger der Zola'schen Meinung, daß die experimentale Me-thode in der Poesie die einzig richtige, die schönsten Werke schaffende ist. Aber wirklich nur einen unbewußten Anhänger? Hat nicht Goethe die ‚Wahlverwandtschaften' geschrieben und hierzu die rein wissenschaftliche, aus der Chemie entlehnte Formel an-gewandt, wie sich zwei indifferente Stoffe verhalten, wenn ein dritter und ein vierter dazu tritt? Ist nicht hier geradezu das physikalische Experiment im Romane wiederholt? Sind nicht

2*

die Wahlverwandschaften ein Experimentalroman in der con=
cretesten Bedeutung des Wortes?"

„Das ist allerdings ein überraschender Beweis!" rief Frau
von S. lebhaft. „Daran dachte ich wahrhaftig nicht!"

„Und, frage ich weiter, bewies nicht Goethe hierdurch auch,
daß er als Dichter dem Naturalismus huldigt? — Sie sehen
also, wir Deutschen haben am wenigsten Ursache über die
Schlagworte ‚Naturalismus,‘ ‚Experimental = Roman,‘ ‚wissen=
schaftliche Methode‘ in der Poesie den Kopf zu schütteln und
Zola zu verspotten. Denn wir bewundern seit hundert Jahren
die Werke, welche auf den ästhetischen Gesetzen basirt sind, die
diesen Schlagworten entsprechen. Zola's großes Verdienst ist es
aber, diese Gesetze gefunden und festgestellt zu haben in seiner
Literatur, die im letzten Jahrhundert keinen Goethe, sondern seinen
Antipoden Victor Hugo aufzuweisen hatte. Zola kennt auch
nicht die ‚Wahlverwandschaften,‘ wohl aber nennt er, bezeichnend
genug, Goethe's ‚Werther‘ ein naturalistisches Werk, bei welchem
die experimentale Methode angewandt wurde. Und gehn wir
noch weiter zurück auf Shakespeare, den größten unter den
Großen, so sehen wir auch ihn gerade in seinen hervorragendsten
Werken, welche ganz auf der Realität basiren, ohne deßhalb an
Poesie einzubüßen, diese Methode anwenden und sein ‚Othello‘
ist ein ganz besonders in die Augen springendes Beispiel des
Experimental=Drama's. Der Schurke Jago ist das Agens, mit
welchem der Dichter auf den Mohren einwirkt, und nun ent=
wickeln sich mit innerster Naturnothwendigkeit eine Reihe von
Phänomenen, welche in der Ermordung Desdemona's und in
dem Selbstmord Othello's gipfeln."

Frau von S. nickte lebhaft ihre Zustimmung zu diesen Aus=
führungen. Plötzlich aber nahm ihre Miene den Ausdruck
zweifelnden Ernstes an und sie sprach: „Dennoch habe ich ein
Bedenken. Ich finde nämlich, daß zwischen der exact wissen=
schaftlichen Methode, wie sie mein Mann auf seinem Gebiete oft
anwendet, und derjenigen eines Goethe, eines Shakespeare, eines
Zola doch ein wesentlicher Unterschied ist. Wenn mein Mann
experimentirt, so vollzieht sich das Experiment körperlich, greif=

bar, sichtbar vor seinen Augen, außer ihm —, beim Dichter jedoch vollzieht sich das Experiment, wenn Sie wollen, vor seinem geistigen Auge, aber immerhin in ihm, nur vermöge seiner eigenen geistigen Thätigkeit. Ist das nicht sehr wesentlich?"

„Zum mindesten scheint es so. In der That aber ist dieser Unterschied ein ganz äußerlicher. Der Gelehrte läßt die Natur selbst arbeiten und wird, sobald er sein Experiment in Gang gebracht hat, Beobachter. Der Dichter aber hat zuerst beob=achtet, sich und Andere, und tritt nun mit der Fülle dieser Beobachtungen, dieses Wissens an ein Experiment heran. Dieses vollzieht sich nun vollständig gesetzmäßig unter der Controlle seines Wissens, unter der Controlle der Wahrheit, der Natur. Ein Beispiel aus der Malerkunst wird Ihnen sofort klar machen, daß für die Zuverlässigkeit des Resultates hieraus nicht der geringste Nachtheil erwächst. Nehmen Sie an, Lenbach, unser berühmter Portraitist, male ein Bild von Ihnen, Aug' in Auge Ihnen gegenübersitzend. Das ist, nach wissenschaftlichem Begriff, ein empirischer Vorgang: der Maler giebt wieder, was er schaut, und seine Kunst besteht nur darin, es voll und ganz wieder zu geben. Nun aber fällt Lenbach plötzlich ein, wie prächtig Sie aussehen müßten in einem Momente heftiger Er=regung, z. B. des Zornes, der Entrüstung, oder des Schreckens. Der Maler hat, sobald er auf diesen Gedanken verfällt, eine Vorstellung, wie sich Ihr Gesicht in einem dieser Zustände aus=nehmen würde. Da haben Sie die apriorische Idee des Künstlers. Wird er Sie nun in Zorn bringen oder erschrecken müssen, um Ihr Bild in einem dieser Zustände zu malen? Sie würden heftig dagegen protestiren. Und er als Maler braucht das in der That nicht. Er wird Sie gar nicht weiter in Anspruch nehmen, sondern in langsamer Geistesarbeit mit Zuhilfenahme seiner Erfahrungen und Beobachtungen, unter strengster Controlle der Wahrheit und Natur das Bild ausführen. Und wenn Sie dann dies Bild ansehen, so werden Sie überrascht sagen: Ja, in diesem Gemüthszustand sehe ich wirklich so aus.

„Ganz anders Ihr Mann. Dieser würde Sie ärgern oder erschrecken, er würde dann beobachten, wie Ihr Gesicht sich ver=

ändert und diese Beobachtung verzeichnen. Die beiden Bilder, das Lenbach's und das Ihres Mannes würden und müßten in Bezug auf die Naturwahrheit übereinstimmen. Das Resultat wäre dasselbe, nur könnte Ihr Mann sagen: Ich habe körperlich experimentirt und meine apriorische Idee körperlich bestätigt gefunden, also ist sie wahr, — ein Vortheil, dessen sich Lenbach begeben hat, weil er nicht wissenschaftlich beweisen, sondern nur künstlerisch wahr gestalten wollte. Die künstlerische Wahrheit schließt eben die Naturwahrheit in sich, was schon vor Zola Lessing ganz exact in den zwei Versen ausdrückte:

‚Wenn Kunst sich in Natur verwandelt,
‚Dann hat Natur mit Kunst gehandelt.‘“

„Ich verstehe Sie jetzt vollkommen,“ sagte Frau von S. welche mir aufmerksam zugehört hatte, „und ich bin auch mit Allem einverstanden, nur damit nicht, daß Sie die ganze Thätigkeit des Künstlers auf diese Ausnützung seiner Erfahrungen und Beobachtungen beschränken und der Phantasie alles Recht nehmen wollen. Wenn das richtig wäre, müßte jeder Mensch mit reicher Lebenserfahrung, der viel gesehen und gehört hat, ein großer Dichter sein können, sobald er nur will.“

„Da haben Sie mich wohl mißverstanden, liebe Freundin, oder Sie haben nicht Alles genau erwogen. Wenn ich sagte, Lenbach, Goethe oder Shakespeare wären im Stande, mit Hilfe ihrer Beobachtungen und Erfahrungen dies und dies Werk zu schaffen, so wollte ich nur betonen, daß sie der Erfahrung und Beobachtung dazu bedürfen, daß sie auf realem Boden Bescheid wissen müssen, aber ich sprach ihnen die Phantasie noch nicht ab. Und wenn ich jener Phantasie die Existenzberechtigung versagte, welche sich in's Blaue verliert und die Wirklichkeit, die Naturwahrheit, die Logik und Psychologie bis zur Physiologie und Anatomie hinab verleugnet, so glaube ich damit keinem großen Dichter, noch der Kunst selbst irgend welchen Verlust zugefügt zu haben. Hier kommen wir aber noch auf einen der springenden Punkte in der Zola'schen Aesthetik, auf denjenigen, welcher ihm die ganze romantische und nachromantische Schule Frankreichs auf den Hals gehetzt hat. Zola verurtheilt nämlich vor Allem

die schönfärbende Rethorik und die poetischen Taschenspielerkünste
Victor Hugo's, welche die größten Hallunken wie einen Ruy
Blas so auszustaffiren vermögen, daß wir sie bewundern und
am Ende gar beweinen sollen. Er tritt auch gegen jene Rich=
tung auf, welche die moralische Erhebung darin sah, daß sie auf
der einen Seite makellose Tugendhelden, auf der andern un=
mögliche Schurken schilderte. Er bekämpft in letzter Linie auch
die Uebertreibungen einer Georges Sand, und die Abenteuerlich=
keiten, welche mit Alexander Dumas' und Eugène Sue's
Romanen in die Literatur hineingetragen wurden. Zola bekämpft
mit einem Wort die Lüge in der Literatur, jene Lüge, welche
nicht a priori im blauen Wunderlande schwelgt, sondern an die
Wirklichkeit anknüpft, von der Wirklichkeit ausgeht, und im
weiteren Verlaufe, scheinbar den Boden der Wirklichkeit fest=
haltend, das Unmöglichste an Gestalten,. Situationen und Erleb=
nissen zusammenfaselt. Diese Art der Dichtung scheint ihm mit
ächter Poesie nichts zu thun zu haben, und jene Phantasie, jene
Einbildungskraft und Combinationsgabe, welche diese
ganze Richtung zuwege brachte, bekämpft er mit aller Entschieden=
heit. Er sagt sogar ganz ausdrücklich, daß der Werth eines
poetischen Werkes ganz unabhängig ist von der Complication
der Handlung, der „Intrigue,‘ und weist darauf hin, daß gerade
die größten, unvergänglichsten Werke sich durch die ungemeine
Einfachheit der Fabel auszeichnen.

„Wohl aber verlangt er vom Dichter in hohem Grade jene
Phantasie, welche ihn eindringen läßt in die tiefsten Tiefen
des Seelen= und Empfindungslebens seiner Geschöpfe, er ver=
langt von ihm die Intuition — die Fähigkeit, dort das Richtige
zu errathen, wo sein Wissen und seine Beobachtung nicht
mehr ausreichen, er verlangt ein volles subjectives Aufgehen
des Dichters in seinen Geschöpfen bei strengster Objectivität
der Darstellung, welche sich des Moralisirens ebenso sehr zu
enthalten hat wie irgend welcher Schlußfolgerungen. Beides,
meint Zola, müsse sich aus dem Werke selbst ergeben, und der
Dichter dürfe da nicht störend eingreifen durch Offenbarung seiner
persönlichen Meinungen und Gedanken. Sie sehen also, Zola

verlangt vom Dichter ungemein viel an innerlichen Qualitäten; er verlangt ausdrücklich, der Dichter müſſe ſein Werk leben, nicht blos ſchreiben, was eine Stärke der Phantaſie erfordert, welche eben nur dem großen Talent und dem Genie eigen iſt. Sind Sie nun mit Zola zufrieden und glauben Sie nun, nicht blos, daß dieſer Mann als Theoretiker auf dem rechten Wege iſt, ſondern auch ſelbſt etwas Tüchtiges zu ſchaffen vermag?"

„Ich kann mir wenigſtens nicht gut denken, daß ein Mann von ſolchem Verſtändniß für das Weſen der Poeſie und des dichteriſchen Berufes dieſem Weſen derart ſtrikte zuwiderhandeln kann, wie man es dem üblen Rufe ſeiner Schriften nach glauben müßte," erwiderte ſinnend Frau von S. „Und ich begreife auch gar nicht, wie man dieſe Theorien, die ja, was ihre Schlagworte betrifft, allerdings anfangs einen befremdlichen Eindruck machen, ja ſogar zum Widerſpruch reizen, noch anfechten kann, wenn man ſie verſtanden und durchdrungen hat. Ich ſelbſt kann jetzt nicht einmal mehr den Schlagworten feind ſein, ſie ſind mir vertraut geworden, weil ſie in der That voll und ganz das aus= drücken, was ſie ausdrücken ſollen, weil dieſe Schlagworte nicht die Theorie gemacht haben, ſondern weil ſie aus der Theorie organiſch hervorgegangen ſind. Wenn nicht noch der hinkende Bote nachkommt, ſo muß ich ſagen, ich bin von heute an gleich= falls ‚Naturaliſtin,' inſofern ich es nicht, wie tauſend und aber tauſend gebildete Menſchen ſchon früher war, ohne es ſelbſt zu wiſſen. Doch auch dieſer hinkende Bote könnte mich den bis jetzt geoffenbarten Grundſätzen nicht untreu machen."

„Sie erwarten alſo den hinkenden Boten," ſagte ich, un= willkürlich lächelnd über die Vorſicht und das Mißtrauen, wo= mit die junge Frau noch immer Zola gegenüberſtand, — „und Sie haben Recht, er wird auch kommen, doch allerdings nicht in allzu Schrecken erregender Geſtalt. Zola iſt, gewiß nicht mit Unrecht, der Anſicht, daß dem Dichter die ganze Welt gehört, in dem Sinne, daß nicht blos das Schöne ſondern auch das Häß= liche, nicht blos das Erhabene ſondern auch das Gemeine, nicht blos das Sittliche ſondern auch das Unſittliche, nicht blos das Geſunde ſondern auch das Kranke der ganzen großen Erſcheinungs=

welt von ihm geschildert werden darf und soll: und zwar in der
Weise, daß er, wie wir bereits gesehen, das Schöne als schön,
das Häßliche aber wirklich als häßlich schildert. Nun giebt es
zwar eine ästhetische oder vielmehr ästhetisirende Schule, welche
behauptet, die Kunst habe ausschließlich die Aufgabe das Schöne
darzustellen, der Künstler stehe unter der Alleinherrschaft der
Schönheit: diese Schule aber ist nicht ernst zu nehmen. Ich
glaube vielmehr, diese Irrlehre entwickelte sich aus der ganz
richtigen Anschauung, daß jedes Kunstwerk etwas in sich tragen
müsse, was uns erhebt. Dieses Etwas liegt aber nicht im Stoff,
es liegt auch nicht in der Darstellung d. h. in der Form, sondern
es liegt in der Subjectivität des Dichters, welche das Werk
durchbringen soll und welche uns in einer undefinirbaren Weise
auch dort erhebt, wo uns der Stoff selbst, wo uns der ganze
Inhalt des Werkes niederdrückt. Zola nennt das „l'expression
personnelle" er nennt es „vivre son oeuvre," und diese Durch=
bringung des Werkes mit seiner Individualität, dieses Erleben
des Werkes, welches einem Leben im Werke gleichkommt,
ist es, was uns das Werk selbst lieb macht, dem einen mehr,
dem andern weniger, je nach der eigenen Individualität, welcher
diese oder jene dichterische Individualität mehr zusagt. Daraus
entspringt in letzter Linie eine Schönheitswirkung, welche
eben, wie gesagt, den Sieg davon trägt über den häßlichsten Stoff.

„Wenn aber Zola dies als die höchste und letzte Anforderung
an ein Werk, respective an den Dichter stellt, so verlangt er von
ihm gleichfalls mit vollem Rechte den Sinn für das Wirkliche,
„le sens du réel" in möglichst hoher Entwicklung, das heißt die
Fähigkeit, die Natur zu fühlen, nicht blos sie zu sehen, wo=
durch er in den Stand gesetzt wird, sie wirklich so darzustellen,
wie sie in die Erscheinung tritt — durch seine Darstellung ganz
denselben Eindruck zu erwecken, welchen das Dargestellte in der
Wirklichkeit selbst auf uns machen würde.

„Diesen Sinn für das Wirkliche, und diese Fähigkeit es darzu=
stellen, besitzt nun Zola in ganz unglaublichem Grade, und man muß
sagen, er leistet in Bezug auf Schilderungen geradezu Virtuoses.
Hierzu kommt aber noch, daß er dem, was der Franzose „le

milieu," die ganze lebende nnd todte Umgebung eines Menschen, nennt, ungemein großen Werth beilegt, indem er der zutreffen= den Ansicht ist, daß ein Mensch in seiner Entwickelung, in seinem Fühlen und Denken und Handeln durch seine Umgebung wesent= lich beinflußt wird. Der Mensch ist zum Theil ein Product seiner Umgebung, wie die Umgebung wieder ein Product des Menschen ist, so zwar daß sie in ihrer Wechselwirkung gar nicht von einander zu trennen sind. Diese Ansicht führt ihn nun dahin, das penibelste Studium der Umgebung eines Menschen und die penibelste Wiedergabe desselben in der Darstellung zu fordern, so zwar, daß er sagt: ‚Es will zum Beispiel einer unserer naturalistischen Romanschriftsteller einen Roman schreiben, welcher in der Theaterwelt spielt. Seine erste Sorge wird nun sein, in Notizen alles das zusammenzutragen, was er über diese Welt, welche er schildern will, erfahren. Er kannte diesen Schauspieler, er wohnte jener Vorstellung bei. Hier sind schon ‚Documente‘ und zwar die besten, weil sie in ihm reifen konnten. Nun wird er aber erst seinen Feldzug beginnen; er wird die in dieser Materie am besten unterrichteten Menschen über dieselbe sprechen lassen, er wird Aussprüche, Geschichtchen, Portraits sammeln. Dann wird er an die geschriebenen Dokumente heran= treten und alles lesen, was ihm zu seinem Zwecke nützlich sein kann. Endlich aber wird er die betreffenden Orte in Augen= schein nehmen, er wird einige Tage im Theater leben, um die geheimsten Winkel zu erforschen, er wird seine Abende in der Loge einer Schauspielerin zubringen, er wird so viel als möglich die ganze Theater=Atmosphäre in sich aufnehmen. Und erst wenn er all' diese Studien gemacht, all' diese Dokumente ge= sammelt hat, wird er daran gehen, seinen Roman zu schreiben.‘"

„Das ist allerdings eine ganz einzige Methode," warf Frau von S. lachend ein, „und eine ganz colossale Arbeit!"

„Diese Methode, liebe Freundin, ist eine streng wissenschaft= liche, sie hat die genaue Kentniß dessen zum Zweck, was der Dichter schildern soll und was ihm die Intuition, die Fähigkeit, zu er= rathen, nicht mehr oder nur in einem unzureichendem Maaße ersetzen kann. Sie würden auch keinen Augenblick befremdet sein,

wenn ich Ihnen sagte, der Maler wende diese Methode an.
Auch kommt diese Methode, welche ja doch nichts Anderes ist,
als eine Bereicherung mit Erfahrungen, Kenntnissen und Beo=
bachtungen, immer mehr auch in der Literatur zur Anwendung.
Heute mehr als früher, weil die Ansprüche des Publikums in
der That naturalistischer geworden sind in diesem rein materiellen
Sinne, naturalistischer in dem Grade, in welchem die Lust und
die Möglichkeit der Controlle größer geworden ist. Wenn uns
ein Dichter heute ein falsches oder unzulängliches Bild von
irgend einem „milieu" giebt, werden wir ihm dies viel mehr
verübeln als früher, weil wir dieses „milieu" entweder selbst
kennen gelernt, oder darüber in den Zeitungen gelesen, oder
mindestens darüber sprechen gehört haben. Daraus ersehen Sie
übrigens gleichfalls, wie sehr Zola mit seiner naturalistischen
Aesthetik auf dem Zeitbewußtsein basirt, wie sehr er daher
Recht hat mit seiner Behauptung, der naturalistische Roman
würde in der Literatur der Zukunft die Herrschaft führen. In=
sofern ist also Zola in der That, wenn auch nicht bahnbrechend,
da er ja auf Balzac's Schultern steht, so doch theoretisch weg=
weisend. Und auch praktisch in seinen Werken. Hier aber
kommen wir auf den dunklen Punkt. Es frägt sich nämlich
nun auch: wie und bis zu welcher Grenze kann es Aufgabe
des Dichters sein, die in der angedeuteten Weise gesammelten
Beobachtungen in seinen Werken zu verwerthen? Zola selbst
legt auf die zufällig erworbenen und in uns gereiften
Beobachtungen den größten Werth, weil dieselben in Folge dessen
von dem dichterischen Medium durchdrungen zur Darstellung
gelangen können. Das aber sollen und müssen sie. Der Dichter
wird also darauf angewiesen sein, auch die neu erworbenen Er=
fahrungen und Beobachtungen in sich zu verarbeiten und insoweit
dies die Zeit und seine Individualität nicht gestattet, von diesem
seinem neuen Reichthum nur sehr vorsichtigen und mäßigen
Gebrauch zu machen: d. h. nur so weit, als es zur Kennzeichnung
und Vervollständigung der Schilderung seiner Menschen nöthig
ist. Denn die Umgebung ist in der Poesie des Menschen wegen
da, und nicht um ihrer selbst willen.

„Dieses höchste Gesetz hat Zola denn auch erkannt, er fehlt aber in vielen Fällen dagegen, getrieben von seinem Drange nach Naturwahrheit. Und da er die Fülle der neuen Eindrücke nicht so rasch verarbeiten und sich ganz zu eigen machen kann, wie es bei seiner raschen Productions=Weise nöthig wäre, so giebt er die ganze Fülle der Eindrücke wieder, allerdings mit einem ganz bewunderungswürdigen „sens du réel", er überwältigt uns oft geradezu damit, aber er überschreitet dadurch bereits die dem Dichter gesteckten Grenzen, er wird Berichterstatter, er wird Gelehrter. Er giebt nicht nur zu viel, er giebt es auch nicht in der Gestalt subjectiver Durchdringung, wie wir es fordern dürfen. Das aber ist es, was ich ein „Ueber's Ziel hinaus= schießen' nenne, das aber ist es auch, was Zola und die Anhänger dieser Richtung dem Vorwurf aussetzte, sie seien die Dichter des Schmutzes und der Cloaque, weil sie auch den Schmutz, auch die Cloaque mit einer oft pedantischen Gewissenhaftigkeit schildern. Wie Sie sehen werden, ist dieser Vorwurf nicht unberechtigt, in= soferne er mit Maaß gemacht wird, aber völlig unberechtigt ist, das Wörtlein „auch" hier mit dem Wörtlein „nur" zu ver= tauschen und die ganze Richtung als eine verdammenswerthe Verirrung zu brandmarken. Denn thatsächlich geht Zola in jenen seiner Werke, welche kein allzu ausgeprägtes „milieu" haben, in der Schilderung desselben nicht zu weit, außerdem aber ist ein Roman „La faute de l'abbé Mouret" der glänzendste Beleg dafür, daß nur der mächtige Drang nach Naturwahrheit, nicht aber die Vorliebe für den Schmutz Zola über die Grenzen hinausgehen läßt: denn in diesem Romane schildert Zola die paradiesischen Herrlichkeiten eines verwilderten Parkes mit der gleichen Ueberfülle von Details, welche seinem „Ventre de Paris" und „Assommoir" solch üblen Ruf gemacht haben. Das aber will ich zur Charakteristik und vielleicht auch zur Entschuldigung Zola's hier aussprechen, daß ihm in dieser Fähigkeit die Ueberfülle zu schildern kein Dichter gleichkommt. Wir haben hier auch gleich mit einer besonderen Beanlagung zu rechnen, welche nicht unterschätzt, noch weniger aber verurtheilt werden darf, weil sie in der That stellenweise zu großartigen poetischen Wirkungen führt.

„Daß aber der Dichter, welcher keine Arbeit scheut, um das „milieu" in möglichster und plastischester Anschaulichkeit zu schildern, auch hie und da in der Schilderung von Zuständen seiner Menschen zu weit gehen muß, das heißt weiter, als es zur Verdeutlichung dessen nöthig ist, was er sagen will: das ist ganz natürlich. Natur=Anlage und Theorie wirken hier eben verhängnißvoll zusammen, um den Dichter manchmal zu Fall zu bringen, gegen eine bessere Ueberzeugung. Denn Zola selbst weiß am besten, daß er mitunter fehlt und worin er fehlt, und das läßt mich erwarten, daß er noch das richtige Maaß ganz und gar finden wird. Wenn Sie mir gestatten, werde ich Ihnen, um Sie zu überzeugen — denn Sie seh'n mich etwas ungläubig an — vorlesen, was Zola selbst über diesen Punkt, über die Beschreibung in der Dichtkunst sagt. Sie erhalten zugleich eine kleine Stylprobe von Zola dem ästhetischen Forscher. Ich bin ohnedies vorläufig mit der Darlegung seines ästhetischen Glaubensbekenntnisses im Wesentlichen zu Ende gediehen. Denn seine ganz ausgezeichneten, in der That bahnbrechenden drama= turgischen Ausführungen werde ich erst berühren, wenn ich von Zola dem Dramatiker spreche."

Frau von S. richtete sich erstaunt in der Sopha=Ecke auf. „Wir sind schon fertig?" rief sie lebhaft, „dann haben Sie mir aber wirklich nichts Neues gesagt, sondern nur klar gemacht, was unbewußt in mir schlummerte, was mir unbewußt als Maaßstab meines ästhetischen Urtheils diente?"

„In der That; Zola ist eben durchaus kein Neuerer. Er kämpft nur für das urewige Recht der Poesie, die Natur dar= zustellen wie sie ist, den ganzen Menschen — er bekämpft die Lüge in der Poesie und — die Lügner."

„Und darum ist er so gehaßt?"

„Ja wohl, darum ist er so gehaßt, denn sein Fuß schreitet über Leichen, über die Leichen veralteter literarischer ‚Kunst= formen,' und das kann ihm die große Meute der mittelmäßigen und schlechten Poeten und Poetaster, welche ohne diese Kunst= formen zu Grunde gehen müssen, weil sie für die Natur keine Sinne haben, niemals verzeihen."

„Wiſſen Sie, daß ich vor Zola jetzt große Achtung habe?“ ſagte Frau von S. mit einem Blick, der ihr volles Intereſſe bekundete.

„Es würde mich freuen, wenn es mir in dieſer flüchtigen Stunde gelungen wäre, Sie ſoweit für meinen Helden gewonnen zu haben. Und fürchten Sie ſich jetzt noch vor ſeiner Un= moralität?“

„Offen geſtanden, nein. Allerdings aber bin ich auf manches Schlimme gefaßt. Nur ſehe ich es jetzt in ganz anderem Lichte. — Aber bitte, leſen Sie. Denn eigentlich“ — Frau von S. lächelte fein — „habe ich bis jetzt nur den Vertheidiger gehört und nicht den Angeklagten.“

Er ergreift das Wort: „Da ich aber, wie ſie wiſſen, ſehr mangelhaft franzöſiſch ſpreche und auch leſe, ſo habe ich es vor= gezogen, Ihnen meine Citate in einer möglichſt getreu den Stil des Originals wiederſpiegelnden deutſchen Ueberſetzung zu bieten:

„Es wäre ſehr intereſſant, die Beſchreibung in unſeren Romanen zu ſtudiren von Fräulein von Scudéri bis auf Flaubert. Das hieße die Geſchichte der Philoſophie und der Wiſſenſchaft während der letzten zwei Jahrhunderte machen, denn unter dieſer literariſchen Entwickelung der Beſchreibung verbirgt ſich nichts Anderes als die Rückkehr zur Natur, dieſer große Werbeproceß des Naturalismus, welcher unſere modernen Anſchauungen und Kenntniſſe erzeugt hat. Wir würden ſehen, wie der Roman des ſiebzehnten Jahrhunderts, ebenſo wie die Tragödie, rein geiſtige Geſchöpfe auf einem neutralen, uncharakteriſtiſchen, conventionellen Boden in Bewegung ſetzt; die Perſonen ſind einfache Mechanismen des Gefühls und der Leidenſchaft, welche außerhalb des Raumes und der Zeit funktioniren. In dieſer Periode hat die Umgebung keine Bedeutung, die Natur hat in dem Werke keine Rolle zu ſpielen. Spä= ter, im achtzehnten Jahrhundert, würden wir ſehen, wie die Natur zum Durchbruch kommt, aber vorerſt nur in philoſophiſchen Abhandlungen oder mit einer ausgeſprochenen Voreingenommenheit für idylliſche Erregung. Endlich kommt unſer Jahrhundert mit den Beſchreibungs= Orgien des Romanticismus, dieſe heftige, lang unterdrückte Neigung für überſchwängliche Schilderungen; und die wiſſenſchaftliche Anwendung der Beſchreibung, ihre exacte Rolle im modernen Roman, beginnt ſich erſt zu regeln mit Balzac, den Flaubert, Goncourts und noch Anderen. Das ſind die großen Abtheilungen einer Studie, welche auszuarbeiten

ich leider nicht die Muße habe. Es genügt mir übrigens sie zu bezeichnen, um einige wichtige Bemerkungen über die Beschreibung daran
zu knüpfen.

Vor Allem das Wort Schilderung (Beschreibung), welches uneigent-
lich und ungeschickt geworden ist. Es taugt heute ebensowenig wie
das Wort Roman, welches nichts mehr bezeichnet, wenn man es auf
unsere naturalistischen Studien anwendet. Schildern ist nicht mehr
unsere Absicht, wir wollen einfach vervollständigen und bestimmt kennzeichnen. Der Zoologe, welcher, von einem besonderen Insect sprechend,
sich gezwungen sähe, genau die Pflanze zu studiren, auf welcher dies
Insect lebt, von welcher es seine Nahrung zieht bis auf die Gestalt und
die Farbe, würde wohl eine Beschreibung geben; aber diese Beschreibung
würde in die Analyse des Insects selbst einbringen; es wäre hier eine
Nothwendigkeit geschaffen für den Gelehrten, es wäre keine Uebung des
Malers. Dies Beispiel will aber besagen, daß auch wir nicht beschreiben um des Beschreibens willen, um einer Laune oder Neigung
oder dem Vergnügen der Redekunst zu entsprechen. Wir sind der
Ansicht, daß der Mensch von seiner Umgebung nicht loszulösen ist,
daß er vervollständigt wird durch seine Kleidung, durch sein Haus,
durch seine Stadt, durch seine Provinz, und darum werden wir auch
nicht einer einzigen Aeußerung seines Geistes oder seines Gemüthes
Erwähnung thun, ohne die Ursachen oder den Rückschlag in seiner
Umgebung zu suchen. Und daher kommt das, was man unsere ewigen
Schilderungen nennt.

Wir haben der Natur, der weiten Welt einen ebenso großen Raum
geschafft wie dem Menschen. Wir geben nicht zu, daß der Mensch
allein existirt und daß er allein Geltung hat, wir sind im Gegentheil
überzeugt, daß er ein einfaches Ergebniß ist, und daß, um ein wirkliches und vollständiges menschliches Drama zu haben, man es aus
all dem was ist gestalten muß. Ich weiß wohl, daß das bereits die
Philosophie berührt. Und deßhalb stellen wir uns auf wissenschaftliche
Grundlage, auf jenen Standtpunkt der Beobachtung und der Experimen-
tation, welche uns in der Gegenwart die größtmöglichste Gewißheit giebt.

Man kann sich an diese Ideen nicht gewöhnen, weil sie der Schön-
färberei unseres Jahrhunderts zuwiderlaufen. Die wissenschaftliche
Methode in die schöne Literatur einführen wollen, kann nur einem
Ignoranten, einem Eitlen, einem Barbaren einfallen. Aber mein
Gott! Wir sind's ja gar nicht, welche diese Methode einführen; sie
hat sich ganz von selbst eingeführt und die Bewegung würde fortdauern,

selbst wenn man sie zu hemmen vermöchte. Wir stellen nur fest, welche Veränderung in der modernen Literatur vor sich geht.

Der Mensch ist darin nicht mehr eine psychologische Abstraction, das kann alle Welt sehen. Der Mensch darin ist ein Erzeugniß der Luft und des Bodens geworden, wie die Pflanze; das ist die wissenschaftliche Auffassung. Von diesem Augenblick muß sich der Psychologe verdoppeln zum Beobachter und zum Experimentator, wenn er uns die Bewegungen der Seele gründlich erklären will. Wir hören auf in gefälligem Stile „poetisch" zu schildern, wir haben die Aufgabe des sorgfältigen Studiums der Umgebung des Menschen, und die Erscheinung dieser äußeren Welt festzustellen, wie sie dem inneren Zustande der Individuen entsprechen.

Ich werde also die Beschreibung als die Darstellung der Umgebung eines Menschen definiren, welche denselben bestimmt kennzeichnet und unsere Kenntniß von seinem Wesen vervollständigt.

Nun ist es gewiß, daß wir uns jetzt noch allzusehr an diese wissenschaftliche Strenge halten. Jeder Gegenschlag ist heftig, und wir reagiren eben gegen die abstracte Formel der letzten Jahrhunderte. Die Natur ist mit einem so stürmischen Drange in unsere Werke eingetreten, daß sie dieselben überfüllt hat, die reine Menschlichkeit bisweilen unterdrückend, die Menschen selbst überstürzend und mit sich reißend in einem Strome von Felsstücken und großen Bäumen. Das war schlimm und darum muß man der neuen Formel Zeit lassen sich auszugestalten und ihren bestimmten Ausdruck zu erlangen. Uebrigens kann man auch aus diesen Uebertreibungen der Beschreibung, aus diesem Ueberwallen der Natur viel lernen, viel darüber sagen. Man findet da ausgezeichnete Documente, welche sehr werthvoll sein würden für eine Geschichte der naturalistischen Bewegung.

Ich habe öfters gesagt, daß ich das überaus fruchtbare Schilderungstalent Theophil Gautier's wenig liebe. Und zwar, weil ich gerade bei ihm die Beschreibung um der Beschreibung willen finde, ohne jeden Hinblick auf den Menschen. Er ist der directe Nachfolger des Abbé Delille. Niemals kennzeichnet in seinen Werken die Umgebung irgend ein Wesen; er ist nur Maler, er hat nur Worte wie ein Maler, der nur Farben hat. Das bringt in seine Werke eine Grabesstille. Da sind nur todte Gegenstände; keine Stimme, kein menschlicher Seufzer bringt aus dieser todten Erde. Ich vermag nicht hundert Seiten von Gautier in einem Zuge zu lesen, denn er bewegt mich nicht, er packt mich nicht. Wenn ich seine glückliche Gabe der Sprache, die leichte Art und

Weise, mit der er beschreibt, bewundert habe, bleibt mir nichts übrig als das Buch zu schließen.

Betrachten wir dagegen die Gebrüder Goncourt. Auch diese bleiben nicht immer in den strengen Grenzen des Studiums der Umgebungen ausschließlich zum Zwecke der vollständigen Kennzeichnung der Personen. Sie geben sich der Lust des Schilderns hin wie Künstler, welche mit der Sprache spielen und die es glücklich macht, all' ihren Schwierigkeiten obzusiegen. Allein sie stellen ihre Kunst stets in den Dienst der Menschendarstellung. Das sind nicht nur vollendete Phrasen über einen gegebenen Gegenstand, es sind Gefühle und Empfindungen, hervorgerufen durch eine Begebenheit. Der Mensch erscheint, er gesellt sich zu den Dingen, belebt sie durch die nervöse Erschütterung seines Innenlebens. Das ganze Genie der Goncourts liegt in dieser so lebendigen Wiedergabe der Natur, in diesen geschriebenen Schauern, in diesen gestammelten Lauten, in diesem zur Empfindung gewordenen Weben der Natur. Bei ihnen athmet die Beschreibung Leben. Ohne Zweifel überwiegt sie zu sehr und die Menschen schweben ein wenig in der Luft. Doch selbst wenn sie sich allein giebt, wenn sie aufhört eine charakteristische Umgebung des Menschen zu sein, so steht sie doch immer mit dem Menschen in Beziehung und gewinnt dadurch ein menschliches Interesse.

Gustav Flaubert ist derjenige unter den naturalistischen Romanschriftstellern, welcher bisher die Schilderung mit der größten Zurückhaltung angewendet hat. Bei ihm spielt die Umgebung eine verhältnißmäßig bescheidene Rolle; er taucht seine Figuren nicht ganz darin unter, sondern begnügt sich beinahe immer damit, sie durch dieselbe nur zu kennzeichnen. Und das eben ist es, was die große Wirkung von ‚Madame Bovary‘ und der ‚sentimentalen Erziehung‘ erzeugt. Man kann sagen, daß Gustav Flaubert die langen Vergantungs-Listen, mit welchen Balzac den Anfang seiner Romane vollzustopfen liebte, auf den genauesten Bedarf beschränkt hat. Er hält Maß, eine seltene Eigenschaft. Er giebt den hervorstechenden Zug, die große Linie, das besondere Merkmal, welches das Bild vollendet, und das genügt, daß das Ganze einen unauslöschlichen Eindruck macht. In Flaubert's Werken rathe ich die Beschreibung zu studiren, die unumgänglich nöthige Schilderung der Umgebung in jedem Fall, wo sie das Bild der Persönlichkeit vervollständigen oder dieselbe erklären soll.

Wir anderen waren zum großen Theil nicht so vernünftig, nicht so maßvoll. Die Leidenschaft für die Natur hat uns oft fortgerissen

3

und wir haben ein schlechtes Beispiel gegeben durch unsere Maaßlosig-
keit, durch unsere Naturschwärmerei. Nichts macht ein Poetenhirn
verrückter als ein Sonnenblick. Man träumt dann allerlei tolles Zeug,
man schreibt Werke, in welchen die Bäche zu singen beginnen, wo die
Eichen miteinander plaudern und die weißen Felsen seufzen, wie schöne
Frauenbusen in der Mittagsgluth. Da hört man Symphonien rauschen-
der Blätter, jeder Grashalm erhält persönliche Bedeutung, Luft und
Duft wird zum Gedicht. Wenn es eine Entschuldigung für solche
Ausschreitungen giebt, so ist es die, daß wir davon träumten, dem
Dichter weitere Gebiete des Menschenthums zu erobern, und daß wir
uns hierbei bis an die äußerste Grenze vorgewagt haben.

„Sie verzeihen, daß ich Sie unterbreche," sagte hier Frau
von S. „Wie soll ich diese Stelle verstehen? Sie scheint mir
im Widerspruch mit dem Realismus oder Naturalismus Zola's."

„Es ist eben eine Anklage Zola's gegen sich selbst, und Sie
werden sich darüber klarer werden, wenn Sie einen Einblick gewonnen haben in seine Schriften. Uebrigens scheint auch mir
der erste Theil dieses Absatzes in der That zu überschwänglich
ausgedrückt, und der Hauptton liegt meiner Ansicht nach auf
dem letzten Satz, welcher im Original lautet:

„S'il y a une excuse possible à de tels écarts, c'est que
nous avons rêvé d'élargir l'humanité et que nous l'avons mise
jusque dans les pierres des chemins!"

„Uebrigens ist das nun Folgende wohl geeignet, diese scheinbar
widerspruchsvolle Stelle einigermaßen verständlich zu machen.
Sie will nach meinem Dafürhalten besagen, daß für den Dichter
auch die organische Natur, ja selbst seine todte Umgebung persönliches Leben erhält, daß sie ihm zum mitfühlenden, mitleiden-
den Wesen wird, das ihn trösten und erheben kann, das ihm
Gesellschaft leistet in Stunden trüber Verlassenheit. Es ist nicht
das Leben und Treiben der Märchenwelt damit gemeint, welches
der Phantasie entspringt; diese Art der Personification hat
ihren Ursprung im tiefsten Gemüth, im tiefsten Herzen des
Dichters. Aus der Gewöhnung an seine todte Umgebung entwickelt sich allmälig ein Liebgewinnen derselben, welches sich
schließlich zu einem Beleben und Personificiren derselben steigert.

Nur so kann ich Ihnen diese Stelle erklären, welche uns darum verwirrt, weil sie uns die gewohnte Märchenwelt in's Gedächtniß und vor das geistige Auge ruft. Urtheilen Sie übrigens selbst, ob ich richtig interpretirte. Zola fährt folgendermaßen fort:

Ist es mir erlaubt, von mir zu sprechen? Das was mir besonders vorgeworfen wird, selbst von Leuten, die mit mir sympathisiren, das sind die fünf Beschreibungen von Paris, welche sich wiederholen und die fünf Abschnitte meines Romanes „Une page d'amour" beschließen. Man sieht darin nur eine Laune des Künstlers, ein und dasselbe bis zur Ermüdung zu wiederholen; nur die Lust, eine Schwierigkeit zu überwinden, um seine Meisterschaft zu beweisen. Ich konnte mich irren und ich habe mich gewiß geirrt, da Niemand meine Absicht verstand; in Wahrheit aber hatte ich alle möglichen schönen Absichten, als ich darauf versessen war diese fünf Schilderungen ein- und derselben Ansicht zu geben, geschaut zu verschiedenen Stunden und in verschiedenen Jahreszeiten. Dies aber ist die Entstehungsgeschichte: In der schlimmen Epoche meiner Jugendjahre bewohnte ich Bodenkammern der Vorstadt, von denen aus man ganz Paris überblickte. Dies große tobte und unempfindliche Paris, welches ich immer im Rahmen meines Dachfensters vor Augen hatte, schien mir wie der stumme Zeuge, wie der tragische Vertraute meiner Freuden und meiner Trübsal. Ich hungerte und ich weinte vor ihm, und vor ihm habe ich geliebt, vor ihm verlebte ich meine schönsten Stunden. Und von meinem zwanzigsten Jahre an träumte ich einen Roman zu schreiben, in welchem Paris mit seinem unabsehbaren Dächermeer eine Rolle spielen sollte, etwas ähnliches wie der antike Chor. Dazu bedurfte ich eines mehr innerlichen Vorganges, drei oder vier Personen in einem kleinen Zimmer und die ungeheure Stadt am Horizont, immer gegenwärtig, mit ihren steinernen Augen das furchtbare Leiden dieser Menschen schauend. Das ist diese alte Idee, welche ich in dem Roman „Une page d'amour" zu verwirklichen suchte. Das ist Alles.

Gewiß, ich vertheidige meine fünf Schilderungen nicht. Die Idee war verfehlt, da sich Niemand fand sie zu verstehen und zu vertheidigen. Vielleicht auch habe ich sie in einer zu steifen und symmetrischen Weise ins Werk gesetzt. Ich führe die Thatsache auch nur an, um zu zeigen, daß wir in dem, was man unsere Wuth, zu schildern, nennt, beinahe nie blos dem Bedürfniß zu beschreiben nachgeben; wir verbinden damit immer die Absicht, menschliche Stimmungen auszudrücken. Die ganze

Schöpfung gehört uns, wir nehmen sie in unsere Werke auf, wir träumen von der unermeßlichen Arche. Es heißt ungerechter Weise unser Streben verkleinern, wenn man uns der Manie zu beschreiben zeiht, nur um in mehr oder minder sauberer Ausführung ein Bild hinzupinseln.

Und nun schließe ich mit einer Erklärung: In einem Roman, in einer Menschen-Studie table ich unbedingt jede Schilderung, welche nicht, nach der oben gegebenen Definition, den Zweck und die Aufgabe hat, das Bild und Wesen eines Menschen bestimmt zu kennzeichnen und zu vervollständigen. Ich habe genug gesündigt um das Recht in Anspruch nehmen zu dürfen, die Wahrheit zu bekennen.

Sagen Sie selbst, verehrte Freundin, kann man objectiver und rücksichtsloser gegen sich für das als richtig Erkannte eintreten, und es in bestimmteren Ausdrücken feststellen?"

Frau von S. nickte mit dem Kopfe. „Ich bin in der That überrascht über diese Klarheit und Unbefangenheit Zola's, mit der er seine eigenen Fehler, die Fehler der Schule namhaft macht, und nicht zu rechtfertigen, sondern organisch zu erklären sucht. Nun aber noch eine Frage, ehe Sie gehn. Sie wissen ja, daß wir Frauen neugierig sind. Was halten Sie von jenen fünf Beschreibungen, die mich jetzt ganz ausnehmend interessiren? Haben auch Sie die tiefe Absicht Zola's nicht errathen, nicht gefühlt?"

„Sie ist mir, ich muß es offen gestehen, nicht ganz klar geworden, und zwar nur darum, weil der Dichter sie nicht in entsprechender Weise verwirklichte. Wie so oft bei Zola's Schilderungen überwuchert auch hier das Detail, und wenn es ihm auch anfangs gelingt, die beabsichtigte Stimmung zu erzeugen, so wird sie durch das Allzuviel des Details unversehens erdrückt, ertödtet. Und das ist um so leichter begreiflich, als er in all' diesen Fällen von der Naturwahrheit abweicht. Unser Auge empfängt immer nur das Gesammtbild, wenn wir blos schauen und nicht studiren. Aus diesem Gesammtbilde treten nur einzelne besondere Punkte in unser Bewußtsein, so daß wir uns Rechenschaft darüber geben können. Alles andere nimmt mehr oder minder unbestimmte Formen an. Dieses Gesammtbild, diese einzelnen Punkte werden verschieden sein zu verschiedenen Stunden, zu verschiedenen Jahreszeiten, ja selbst in verschiedenen Stimmungen, von denen die Empfänglichkeit für äußere Eindrücke wesentlich abhängt. Der Dichter hat also, will er naturwahr, psychologisch wahr bleiben, nur dieses Gesammtbild mit seinen besonderen Merkmalen zu geben. Dann tritt das vor den Leser, was er schauen soll, dann wird ihm auch die entsprechende Stimmung geweckt. Ueberschreitet er diese Grenze, fängt er an zu studiren, Details zu geben, zu beschreiben im peinlichen Sinne des Wortes, so hört er in dem Grade auf naturwahr zu sein, in welchem er correcter im technischen Sinne wird.

„Das, glaube ich, ist ein ganz wesentlicher Punkt im Kapitel von der Beschreibung, und merkwürdiger Weise hat Zola, der im Allgemeinen den Nagel auf den Kopf trifft, dieses ganz besondere und hochwichtige Gesetz, dieses aus der Natur des Schauens hervorgehende Gesetz nicht erkannt, es ist ihm nicht zum Bewußtsein gelangt. Hier tappt er im Dunkeln, und darum fehlt er hier trotz seines eminenten Bestrebens, es recht gut zu machen. Er wird zum Maler, wie ja der Maler thatsächlich im Detail minutiös sein muß, weil wir als Beschauer mit einem Blick das ganze Bild sehen und nur durch die Fülle des Details die Gesammtwirkung, welche wir verlangen, erzielt werden kann. Der Dichter hingegen setzt das Bild allmälig aus einzelnen Stücken vor uns zusammen, und sobald die Stücke zu zahlreich werden, rücken dieselben derart auseinander, daß wir den Zusammenhang verlieren, daß wir nur mehr Theile und kein Bild sehen. Und das ist die ästhetisch=technische Seite der Frage.

„Nun aber habe ich Sie heute lange genug mit Theorien gequält und sage Ihnen Adieu! Gegen mein Project, Ihnen in meinem Buche über Zola eine Rolle zuzutheilen, werden Sie wohl jetzt nichts mehr einzuwenden haben?"

Frau v. S. lächelte und sprach:

„In der That nichts mehr, mein Freund, denn sie ist so bescheiden, daß man sie wohl eine Statisten=Rolle nennen kann. Um die Statisten aber kümmert sich das Publikum nicht."

„Sie werden mich also nicht mehr mit Zuckerwasser em=
pfangen?"

„Nein! nein! denn ich sehe wohl ein, daß Zuckerwasser zu
dem Gegenstande Ihrer Mittheilungen ganz entschieden nicht
paßt!"

So schieden wir lachend in bester Freundschaft und ich
durfte hoffen, mein Project zu verwirklichen. Es galt nur,
Frau von S. ganz aus ihrer Reserve herauszulocken, was mir
um so leichter wurde, als meine Freundin bald gänzlich vergaß,
daß ich sie zur Mitarbeiterin erwählt und sich so völlig unbefangen
gab, wie ich es nur wünschen konnte.

Meine Aufgabe war es jetzt nur, ihre Aeußerungen und
Einwände im Gedächtniß zu behalten und so getreu und rasch
als möglich auf dem Papier zu firiren.

Dritter Abend.

„Ich habe Sie schon mit großer Ungeduld erwartet" sagte Frau von S., als ich das nächste Mal bei ihr eintrat, „denn mir sind nachträglich doch einige schwere Bedenken aufgestiegen gegen die Zola'sche Aesthetik. Nicht sein Naturalismus aber ist es, wogegen ich Einwendungen erhebe, sondern seine Tendenz, Alles aus dem Bereiche dichterischer Gestaltung auszuschließen, was nicht auf dem Boden der Wirklichkeit steht. Damit aber geht uns unsere ganze Sagen= und Märchenwelt, all' die lieb= lichen lyrischen Gattungen gehen uns damit verloren. Und das scheint mir denn doch nicht ganz berechtigt, nicht ganz zu billigen. Auch halte ich es für falsch, all' das mit dem häßlichen Worte ,Lüge' zu bezeichnen."

„Ihr Einwand hat seine volle Berechtigung," beeilte ich mich zu erwidern, „und es ist mir sehr willkommen, daß Sie dem= selben Ausdruck gegeben haben, umsomehr als er nicht Zola gilt, sondern mir. Es ist eben schwer, Alles auf einmal so genau zu präcisiren, wie man möchte und sollte. Denn man läuft dadurch Gefahr, den Faden zu verlieren oder ihn zu verwirren. Zola ist durchaus kein Barbar, und er läßt auch jener Gattung von Poesie, welche einem holden Spiele der Phantasie und des wachen Traumes ihr Dasein verdankt und so zu sagen zwischen Himmel und Erde schwebt, ihre Geltung in ihrer Sphäre. Doch er= kennt er sie weder, wie dies so vielfach gethan wird, als eigent= liche, höchste Poesie an, sondern nur als eine poetische Spielerei, noch gestattet er ihr irgend welche Berechtigung in den das wirk=

liche Leben widerspiegelnden höchsten Dichtungsformen, dem Roman und dem Drama. Das häßliche Wort Lüge aber wendet er nur auf jene Hervorbringungen der romantischen und nach= romantischen Schule an, welche das wirkliche Leben zu schildern vorgiebt, thatsächlich aber auf Schritt und Tritt gegen die gesunde Vernunft, gegen das natürliche Empfinden, gegen die Wahrheit, ja gegen die Wahrscheinlichkeit verstößt, und dennoch will, daß man ihre Producte für wahr und wirklich und poetisch hält. Sind Sie nun beruhigt?"

„Vollkommen!" gab Frau von S. lächelnd zurück. „Ich sehe jetzt, daß es zweierlei Poesie giebt, die als Kunstausübungen streng von einander geschieden sind: die eine ist das Product der ungebunden schweifenden Phantasie, welche den Boden der Wirklichkeit kaum streift, — die andere das Product der die Wirklichkeit durchbringenden und geistig gestaltenden Phantasie des echten Dichters: oder, wie Zola sagt, die experimentale, die wissenschaftlich entwickelnde Poesie. Auch ich stelle die letztere höher, doch darf man mir die erstere nicht nehmen!"

„Sie ist auch eigens wegen der Jugend und der Frauen da."

Frau von S. lachte. „Ihre Complimente zeichnen sich da= durch aus," sagte sie, „daß sie in der verbindlichsten Form das Unverbindlichste ausbrücken. Ich habe erwartet, Sie werden meinen Scharfsinn bewundern, und Sie setzen meinen Geist herab durch diese Zusammenstellung von Jugend und Frauen. Warum haben Sie nicht gleich gesagt, Frauen und Kinder brauchen ein Spielzeug?"

„Weil das meine Meinung nicht eigentlich ausgedrückt hätte."

Die junge Frau machte ein Mäulchen. „Mit Ihnen ist nicht zu streiten. Kehren wir lieber zu Zola zurück. Ich bin schon sehr neugierig ihn als Dichter kennen zu lernen."

„Und zwar vorerst als Dichter im Sinne des schönen Ge= schlechtes, als idealen Schwärmer, als Träumer, als Frauen= vergötterer und Weltschmerzler!"

„Zola?" rief Frau von S. staunend aus, „das Alles Zola?"

„In der That! Der Jüngling Zola, welcher, wie jeder echte Dichter, ursprünglich in einem Reiche von Träumen und

Jdealen lebt, eines Tages den jähen Sturz macht auf den Boden
der Wirklichkeit, sich da Anfangs gar nicht zurecht finden kann,
und verzweifelnd um das verlorene Paradies wehklagt, endlich
aber in diesem Sturm erstarkt und erst zum wahren Dichter reift."

„Und auch Zola hat diese herbe Wandlung durchgemacht?"
fragte Frau von S. staunend. „Das hätte ich niemals geglaubt.
Ich dachte, der sei als Naturalist und Materialist auf die Welt
gekommen?"

„Nehmen Sie nur seine „Contes à Ninon" zur Hand, das
Erste, was er — im Jahre 1864 — publicirt hat. Sie werden
ganz anderer Meinung werden. Schon der überschwängliche
Ton, in welchem er diese Erzählungen mit einer Apostrophe an
seine Geliebte Ninon einleitet, kennzeichnet den Schwärmer;
und immer wieder schlägt dieser Ton durch, immer wieder wendet
er sich an Ninon, erinnert sie an schöne Stunden, die sie mit
einander verlebt, und spricht von ihr wie von einem halb über-
irdischen Wesen. Und nun gleich die erste Erzählung von dem
einfältigen Königssohn Simplice, welcher sich so gar nicht in die
Welt hineinfinden kann mit seiner allumfassenden Liebe und
Milde, und darum in den Wald geht die himmlische Blume
„Fleur des Anges" zu suchen, deren süßer Duft tödtet. Und er
findet sie wirklich und der Kuß, in dem sie sich vereinigen, wird
für ihn der Todeskuß. Ein Gelehrter aber kommt, findet
Simplice todt an der Quelle und glaubt ihn ertrunken, findet
die Wunderblume, zerpflückt sie, um sie zu studiren, und giebt
ihr den wissenschaftlichen Namen „Antaphaleia limnaia." Wer
würde wohl in dem Dichter dieses Märchens den Vorkämpfer
des Naturalismus erkennen? dieses Märchens, in welchem die
Bäume und Pflanzen bis hinab zum Moose sprechend, handelnd,
warnend vor uns erstehen, wo der ganze Wald zu schluchzen
beginnt! — In einem anderen Stücke „La Fée Amoureuse"
spielt eine richtige Märchenfee die Hauptrolle, vereinigt das
Liebespaar, wacht über ihre Schäferstunden, schützt sie vor den
Verfolgungen des bösen Oheims und, da sich die Liebenden gar
nicht trennen wollen, verwandelt sie dieselben durch leise Berührung mit ihrem Stab in zwei wunderschöne Majoran-

zweige . . . . . . In „Soeur-des-Pauvres" endlich, welches
Märchen die Mildthätigkeit feiert, ist's ein Wunderpfennig,
welcher der kleinen Heldin von einer Bettlerin geschenkt wird
und der sie in die Lage versetzt, ungezählte Schätze unter das
arme Volk zu vertheilen. Sobald aber Unwürdige solch' ein
Geldstück berühren, verwandelt es sich in eine Schlange, in eine
Ratte, in einen Wurm und entwischt den habgierigen Händen. —
Das Spiel der Phantasie hat also hier noch ein Vorrecht und
selbst in einem großartig moralisirenden Stücke, welches schon das
wirkliche Leben spiegeln soll, führt er zwei Märchenfiguren, den
dummen Riesen Sidoine und den winzigen Weltweisen Mederic,
als Hauptpersonen vor, die sich auf die Wanderung begeben
nach dem Lande der Glücklichen: eine ganz abenteuerliche Wan=
derung, da der große Sidoine gleich ganze Länder und Meere
überschreitet, während der kleine Mederic in seiner Ohrmuschel
sitzt und ihm die Wege weist. Doch offenbart sich auch hier schon
des Dichters Neigung zu naturwahrer Schilderung, und einige
Stücke der Sammlung stehen auf ganz realem Boden und lassen
an der Klaue schon den künftigen Löwen erkennen. Die Erzählung
„Les voleurs et l'âne" zum Beispiel ist ein fein humoristisches
Stückchen Pariser Leben, der Natur abgelauscht, und der junge
Zola selbst spielt eine Rolle darin.

„Mit seinem Studien=Collegen Léon, einem jugendlichen
Weiberfeind, den die Frauen deshalb nur um so begehrenswerther
finden, macht Zola einen kleinen Ausflug vor die Stadt. In
einem engen Heckenweg begegnen sie zwei andern jungen Leuten,
welche von einem hübschen jungen Mädchen gefolgt sind. Das Aus=
weichen wird schwierig, doch die Galanterie gebietet es um so mehr,
als Zola das Mädchen kennt und grüßen muß. Antoinette ist
eine Grisette des quartier latin. Drei Monate lang hat er sie
beobachtet, wie sie arm und allein von ihrer Arbeit lebte, — seit
der letzten Liebesenttäuschung, deren sie schon mehrere hinter sich
hat, den Männern abgeneigt, wenn sie die Grenzen guter
Kamerabschaft überschreiten wollen. Sie gefiel dem jungen
Dichter, und er versuchte es eines Tages, mit einem Ring und
einem Paar Ohrgehängen ihr Herz zu gewinnen. Allein derlei

ist Antoinette nicht zugänglich. Sie sagte ihm ruhig: ‚Mein Freund, stecken Sie Ihren Schmuck hübsch wieder ein. Wenn ich mich gebe, gebe ich mich — für eine Blume.‘ Dagegen nimmt aber Antoinette auch das Recht für sich in Anspruch, ein Verhältniß zu lösen, wann immer sie es lösen will. Und nur das Eine kann sie verbittern, wenn dies Recht von Seiten des Geliebten geübt wird. Nicht die Trennung kränkt sie, sondern daß diese Trennung vielleicht acht Tage früher stattfindet, als sie selbst es wünscht. Zola steckte seinen Schmuck und auch den Korb, den er dazu erhalten hatte, ein. Léon aber, dem er in dieser Weise den Charakter Antoinette's gekennzeichnet hat, findet diese Art die Liebe zu verstehen zu frei. Unter solchen Gesprächen kommen sie an die Seine, und miethen einen Kahn, um auf eine der Inseln überzusetzen. Da stößt Antoinette mit ihren beiden Verehrern wieder zu ihnen. Die Gesellschaft vereinigt sich, und während des lustigen Mahles, welches sie alle im Grünen einnehmen, entwickelt sich ein kleines Geplänkel zwischen Antoinette, der stillen Männerfeindin, und Léon, dem lauten Weiberfeind, welches von seiner Seite mit einem sentimentalen Accord schließt. Mittlerweile haben die beiden gleich wenig begünstigten Verehrer Antoinette's Zola in's Vertrauen gezogen. Jeder von ihnen versichert Zola, daß er ihm Antoinette nicht abwendig gemacht hätte, wenn nicht gerade er der Glückliche wäre, dem sie ihr Herz geschenkt. Und darüber gerathen sie in heftigen Streit, der in Ermangelung von Degen mit den Fäusten ausgefochten werden soll. Antoinette aber, die dem Streit an der Seite Léon's von ferne zusieht, verschwindet plötzlich mit diesem gegen den Fluß hin, und schon im nächsten Momente ist der Kahn mit den beiden Ausreißern zum Entsetzen der Duellanten mitten in der Strömung. Zola ist über alledem vergessen worden und tritt nun als Tröster in die Action. ‚Meine Herren, — sagt er, — erinnern Sie sich an eine gewisse Fabel, welche dieser Scherz illustrirt: Man stiehlt Ihnen Antoinette, welche Sie mir zu stehlen glaubten.‘ Da ruft Léon vom Boot herüber: ‚Der Vergleich ist galant! Die Herren sind die Diebe und Madame ist ein . . . .‘

Madame aber beeilt sich ihn zu umarmen. Ein Kuß unterdrückt das unhöfliche Wort.

,Und dann?' fragt Ninon.

,Ei nun! Antoinette ist das gute und freimüthige Mädchen geblieben nach wie vor und Léon lästert die Frauen mit mehr Heftigkeit als je. Sie beten sich an . . .'

„Das ist die ganze Geschichte, aber mit einer Feinheit und Grazie, mit einem schalkhaften Humor erzählt, der leider in den großen Arbeiten Zola's nur noch selten zur Geltung kommt. Im harten Kampf um's Dasein, im aufreibenden literarischen Streit hat er daran Einbuße gelitten. Nur in seinen Schilderungen von Kindern, ihrem Geplauder und ihren Spielen offenbart es sich, daß sein tiefstes Herz unberührt geblieben ist vom Reif des Lebens. Ich werde späterhin noch Gelegenheit haben, Ihnen solche Kinder-Episoden vorzuführen, einen Vorgeschmack derselben möchte ich Ihnen aber jetzt schon geben, indem ich Ihnen das reizendste Stückchen aus den ,Erzählungen an Ninon' vorlese. Es ist ein kleines Juwel, welches den jungen Dichter von seiner liebenswürdigsten Seite zeigt. Dieses Stückchen ist betitelt „Le carnet de danse" und Zola ergeht sich darin zuerst über das Tanzbüchlein und seine Bedeutung für die Frauenwelt in eben so sinniger als zarter Weise, worauf er folgendermaßen fortfährt:

Georgette hatte erst kürzlich das Kloster verlassen; sie befand sich noch in dem glücklichen Alter, da Traum und Wirklichkeit in einander fließen. Eine süße und rasch verfliegende Zeit, in welcher der Geist wirklich zu sehen glaubt, was er träumt, und wo ihm traumhaft verklärt erscheint, was er um sich sieht. Wie alle Kinder, war Georgette durch die rauschende Pracht der ersten Bälle, die sie mitgemacht, geblendet worden. Sie glaubte sich allen Ernstes in einer idealen Welt, unter Halbgöttern, denen Gott in Gnaden die Unvollkommenheiten des Lebens nachgelassen hatte.

Auf ihren leichtgebräunten Wangen schimmerte ein goldener Reflex, wie auf dem Busen sicilianischer Mädchen; ihre langen schwarzen Wimpern verhüllten das Feuer ihres Blickes. Noch fühlte sie sich wie unter der Zuchtruthe ihrer Oberlehrerin, und das legte dem heißen Leben in ihr Zügel an. Im Salon war sie noch das kleine Mädchen, unsicher, fast dumm, erröthete bei jedem Wort und schlug gleich die Augen nieder.

Komm' Ninon, belauschen wir ihr Erwachen, verstecken wir uns hinter die langen Gardinen, sehen wir, wie die kleine Langschläferin ihre Arme reckt und ihr Fuß sich streckend beim Erwachen unter der Decke hervorlugt; und sei nicht eifersüchtig, Ninon, alle meine Zärtlichkeit gehört nur Dir!

Sieh' es schlägt eben elf Uhr, das Zimmer ist noch dunkel. Die Sonne bringt nicht durch die dicken Fenstervorhänge und mit dem Halbschatten im Zimmer kämpft die ersterbende Nachtlampe. Flackert sie auf, so erscheint auf dem Bette deutlicher eine weiße Gestalt, eine reine Stirn, ein Busen, halb verhüllt von den reichen Spitzen, und unten lugt ein kleiner zarter Fuß ein wenig hervor, ein schneeiger Arm hängt mit offener Hand über der Bettlehne. Zweimal drehte sich die kleine Träge um in der Absicht weiter zu schlummern; allein ihr Schlummer war so leicht, daß das zufällige Knacken eines Holzmöbels sie ganz erweckte und sie sich aufrichtete. Sie strich das ungeordnet über die Stirn fallende Haar aus dem Gesicht, rieb sich den Schlaf aus den Augen, wickelte sich fester mit den Schultern in die Decken und kreuzte die Arme über die Brust, um sich noch besser zu verhüllen.

Sobald sie ganz wach war, griff sie mit der Hand nach der Klingelschnur neben dem Bette, zog sie aber rasch wieder zurück und sprang heraus, um selbst die Fenstervorhänge zurückzuschlagen. Da drang lustiger Sonnenschein in das Zimmer und füllte es mit Licht. Als das Kind sich so vom hellen Tage überrascht am Spiegel sah, halb und unordentlich bekleidet, erschrak es sehr und huschte wieder in sein Bett, roth und zitternd nach dieser Heldenthat. Ihre Kammerfrau war eine dumme und neugierige Person; Georgette zog ihrem Geschwätz ihre eigenen Träumereien vor. Aber mein Gott! wie hell es schon ist und wie indiscret so ein Spiegel sein kann.

Nun sieht man auf den Sesseln nachlässig ausgebreitet eine Balltoilette. Hier hatte sie, als sie müde und halbschlafend sich entkleidete, ihr Gazekleid liegen lassen, dort ihre Schärpe hingeworfen, anderswo die Atlasschuhe, neben ihr in einer Achatschaale blitzen ihre Juwelen, ein welkes Bouquet vertrocknet neben einem Ballbüchlein.

Die Stirn auf einen ihrer nackten Arme gestützt, griff sie nach dem Collier und begann mit den Perlen zu spielen. Dann legte sie es fort, öffnete das Büchlein und blätterte darin. Das kleine Buch sah gelangweilt aus, Georgette durchflog es unachtsam und schien eher an alles Andere zu denken. Wie sie die Seiten umwendete, machte sie der Name Charles, der auf jedem Blatte stand, endlich ungeduldig.

„Ueberall Charles! sagte sie sich — „Vetter Charles schreibt hübsch, lange, vornübergeneigte Buchstaben, die sehr würdig aussehen. Seine Hand zittert fast nie, auch nicht, wenn er die meine drückt. Er ist ein sehr ernsthafter junger Mann und soll später einmal mein Gatte werden. Auf jedem Ball nimmt er ohne mich zu fragen das Büchlein und schreibt sich für den ersten Tanz hinein. Das ist offenbar sein Recht als Gatte. Dies Recht aber mißfällt mir."

„Ein Gatte!" fuhr sie fort, „das ist's was mir bange macht. Charles behandelt mich immer wie ein kleines Mädchen. Weil er acht oder zehn Preise auf dem Collége davongetragen, glaubt er den Pedanten spielen zu müssen. Ueberdies sehe ich gar nicht ein, warum gerade er mein Gatte sein muß? ich war's nicht, die ihn gebeten, er solle mich heirathen, und er hat mich nie um meine Einwilligung gefragt. Früher haben wir zusammen gespielt, und ich erinnere mich, daß er sehr unartig war. Jetzt ist er sehr höflich. Unartig wäre mir lieber. Und nun soll ich seine Frau werden. Daran habe ich noch nie so recht gedacht — seine Frau! Charles, immer Charles, man könnte meinen, daß ich ihm schon angehöre. Ich werde ihn bitten nicht so groß in mein Büchlein zu schreiben, sein Name nimmt darin zu viel Platz ein."

Das kleine Buch schien auch den Cousin Charles satt zu haben, es fiel wie gelangweilt zu. Ich glaube, die Tanzbüchlein haben einen offenbaren Abscheu vor den Ehemännern. Das Unsre wendete seine Blätter und ließ Georgette hinterlistigerweise andere Namen sehen.

„Louis," murmelte das Kind — „dieser Name erinnert mich an einen wunderlichen Tänzer. Er kam, und fast ohne mich anzusehen bat er mich, ihm eine Quadrille zu gewähren. Dann beim ersten Accord der Instrumente zog er mich auf die andere Seite des Saales fort — warum, weiß ich nicht — wo eine große Dame saß, die ihm mit den Augen folgte. In Momenten grüßte er sie mit seinem Lächeln und mich vergaß er so völlig, daß ich zweimal mein Bouquet selbst aufheben mußte. Führte ihn der Tanz in ihre Nähe, so sprach er leise mit ihr. Ich habe wohl hingehorcht, aber nichts verstanden. Es war vielleicht seine Schwester? Seine Schwester? O nein! Seine Hand zitterte, als er nach der ihren griff; und als er diese Hand hielt, da rief ihn das Orchester vergeblich zu mir, — ich blieb mit ausgestrecktem Arm stehen, wie eine kleine Dumme, was sehr übel ausgesehen hat; und alle Figuren waren in Folge dessen gestört. Es war vielleicht seine Frau? Oh, wie dumm ich bin, seine Frau! Spricht denn Charles zu mir, wenn er mit mir tanzt? Es war vielleicht — — —"

Georgette stockte und lag mit halbgeschlossenen Lippen, neugierig wie ein Kind, dem man ein unbekanntes Spielzeug zeigt, das nicht danach zu greifen wagt und die Augen weit öffnet, um es besser zu sehen. Sie zählte, ohne daran zu denken, die Fransen der Decke unter ihren Fingern. Die rechte Hand lag ausgestreckt und ganz offen auf dem Büchlein. Dies aber begann Lebenszeichen zu geben. Es bewegte sich und schien genau zu wissen, wer die blonde Dame war. Ich weiß nicht, ob das zuchtlose Buch der Kleinen das Geheimniß offenbarte. Dies zog die herabgleitenden Spitzen wieder über ihre Schultern, zählte sorgfältig die Fransen der Decke zu Ende und sagte zuletzt halblaut:

„Sonderbar, die schöne Dame war sicherlich weder die Frau, noch die Schwester von Herrn Louis."

Dann begann sie die Seiten wieder aufzuschlagen. Bald hielt sie ein neuer Name fest. „Dieser Robert ist doch ein gräßlicher Mensch," sagte sie, „ich hätte nie geglaubt, daß man unter einer so eleganten Weste ein so schwarzes Herz haben könne. Eine volle Viertelstunde lang hat er mich mit tausend schönen Dingen verglichen, den Sternen, den Blumen, was weiß ich? Das schmeichelte mir, das machte mir Vergnügen, so daß ich nicht wußte, was antworten. Er sprach gut und lange, ohne innezuhalten. Dann hat er mich auf meinen Platz zurück- begleitet und da hatte er fast feuchte Augen, als er mich verließ. Ich habe mich darauf in eine Fensternische gestellt, die Vorhänge fielen hinter mir zu und verbargen mich. Ich dachte ein wenig an meinen wortreichen Tänzer, als ich wieder seine Stimme hörte. Er lachte und plauderte. Er sprach mit einem Freunde von einem kleinen Mädchen, kaum aus dem Kloster entwischt, das bei jedem Wort roth wurde, die Augen beständig niederschlug und in seiner allzusittsamen Haltung allen ihren Reiz einbüßte. Offenbar meinte er Therese, meine Freundin, die hat kleine Augen und einen großen Mund. Therese aber ist ein vortreff- liches Mädchen. Oder sollte er mich gemeint haben? Diese jungen Herren lügen also! Dann wäre ich ja häßlich und reizlos. Therese ist aber häßlicher als ich. Sicher, sicher, sie sprachen von Therese."

Georgette lächelte und gerieth ein wenig in Versuchung, ihren Spiegel zu befragen.

„Und dann," fuhr sie fort, „machten sie sich über die Damen lustig, die auf dem Balle waren. Ich lauschte immer fort, aber ich verstand sie zuletzt nicht mehr. Mir schien, sie sagten häßliche Dinge. Da ich mich nicht entfernen konnte, habe ich mir die Ohren zuge- halten."

Das Tanzbüchlein schien sehr heiter zu werden. Es schüttete vor Georgetten eine ganze Reihe von Namen aus, um ihr zu beweisen, daß mit der allzusittsamen reizlosen Kleinen doch Therese gemeint sei.

„Paul hat blaue Augen," sagte es, „Paul lügt sicherlich nicht und der hat, wie ich bezeugen kann, Dir recht sanfte liebe Worte gesagt."

„Ja, ja," wiederholte Georgette, „Paul hat blaue Augen, Paul lügt sicherlich nicht. Sein blonder Schnurrbart gefällt mir viel besser als der von Charles."

„Sprich mir nicht von Charles," sagte das Büchlein, „sein Bärtchen verdient nicht das geringste Compliment. Wie denkst Du über Eduard? Eduard ist furchtsam und wagt nur mit dem Blick zu reden. Ich weiß nicht, ob Du diese Sprache verstehst. Und Julius? Nur Du, versichert dieser, verstehst zu walzen. Und Lucien? Georg? Albert? Sie alle finden Dich reizend und betteln stundenlang um ein Lächeln von Dir."

Georgette begann wieder die Fransen zu zählen. Das Geplauder des Büchleins fing an, ihr ein wenig bange zu machen. Sie fühlte, wie es in ihren Fingern heiß wurde. Es brannte sie fast. Sie hätte es gern schließen mögen und es fehlte ihr doch der Entschluß dazu.

„Denn Du warst die Königin," fuhr der Versucher fort, „Deine Spitzen haben Deinen nackten Arm nicht verschleiern mögen, Deine sechszehnjährige Stirn ließ Deinen Kranz bleich und welk erscheinen. Ah, Georgette, Du hast nicht Alles sehen können. Sonst hättest Du Mitleid gehabt. Die armen Jungen sind zur Stunde recht traurig."

Nun schwieg es, ganz hingegeben an eine mitleidige Regung. Das Kind, welches lächelnd, aufgeregt, zugehört hatte, sprach, da das Büchlein im Schweigen beharrte:

„Eine Schleife an meinem Kleide hatte sich gelöst; das hat mich offenbar häßlich gemacht. Die jungen Herren haben sich darüber moquiren müssen. Diese Näherinnen sind aber auch zu nachlässig."

„Hat er nicht mit Dir getanzt?" unterbrach sie das Büchlein.

„Wer denn?" fragte Georgette und erröthete so stark, daß ihre Schultern ganz rosig erschienen.

Und endlich sprach sie den Namen aus, den sie seit einer Viertelstunde las, den ihr Herz buchstabirte, während ihre Lippen vom zerrissenen Kleide sprachen.

„Edmund," sagte sie, — „Edmund schien mir gestern Abend traurig. Ich sah, wie er mich von Weitem erblickte. Er wagte nicht zu mir zu kommen. Da bin ich hinübergegangen zu ihm. Und da mußte er mich wohl auffordern."

„Ich liebe Edmund sehr," seufzte das kleine Buch.

Georgette that, als hörte sie es nicht. Sie fuhr fort:

„Als wir tanzten, fühlte ich seine Hand auf meiner Taille zittern, Er stammelte einige Worte und klagte über die Hitze. Ich sah, wie er die Rosen meines Bouquets begehrte und gab ihm eine davon. Das ist nichts Böses."

„Gewiß nicht!" sagte das Buch.

„Dann, als er die Blume nahm, fanden sich durch einen sonder-baren Zufall seine Lippen nahe an Deinen Fingern. Er streifte Deine Finger mit einem Kuß."

„Oh, dabei ist ja nichts!" wiederholte Georgette, welche seit einem Moment unruhig auf ihren Kissen hin- und herrückte.

„Gar nichts! Ich muß Dich sogar schelten, daß Du ihn so lange auf diesen armen Kuß warten ließest! Edmund würde ein reizender kleiner Mann für Dich sein!"

Das Kind wurde immer unruhiger. Es merkte nicht, daß sein Fichu sich verschoben und daß der kleine Fuß die Decke zurück-geschlagen hatte.

„Ein reizender kleiner Mann für Dich!" wiederholte das Buch.

„Ich habe ihn so lieb, so lieb!" begann der Versucher von Neuem. „Wäre ich an Deiner Stelle, würde ich ihm seinen Kuß gern zurück-geben." —

Das empörte nun Georgette ernstlich. Der gute Fürsprecher aber fuhr fort:

„Nichts als einen Kuß, da, ganz sanft auf seinen Namen gehaucht. Ich will es ihm ja auch nicht wiedersagen!"

Das junge Mädchen betheuerte bei allen Heiligen, daß es der-gleichen nicht thun würde, nun und nimmer! Aber, ich weiß nicht, wie es geschah, plötzlich befand sich das Blatt unter ihren Lippen. Sie selbst wußte nichts davon. Sie wollte nicht, wollte es ganz bestimmt nicht. Und da küßte sie den Namen und küßte ihn nochmals.

Mit einem Male sah sie ihren Fuß unten, der in einem Sonnen-strahl hell lachte. Verwirrt und beschämt warf sie die Decke darüber und war nahe daran, den Kopf ganz zu verlieren, als sie den Schlüssel im Schloß umdrehen hörte.

Das böse Büchlein glitt hastig unter die Spitzen und verschwand eilends unter dem Kopfkissen.

Und da trat auch schon das Kammermädchen ein.

Frau von S., welche nur selten enthusiasmirt war, äußerte sich ganz entzückt über diese kleine Skizze. „Das ist zu niedlich, zu reizend!" sprach sie. „Wissen Sie, daß mir diese kleine zarte Geschichte den Eindruck macht, als hätte sich französische Eleganz und deutsche Sinnigkeit vermählt? Wenn das eine Frau schreibt, begreift man es, aber ein Mann . . ."

„In der That ein zwanzigjähriger junger Mann, welcher hoch oben in einer Dachstube unter Grisetten, Dirnen und lockeren Kumpanen Hunger leidet. Dieser junge Mann ist eben ein — junger Dichter, und seine Umgebung kann ihn nicht hindern, sich in die poesievollsten Träume zu versenken.

„Es freut mich übrigens, daß diese Skizze ihren vollen Beifall findet; ich habe auch nicht ganz ohne Absicht durch Mittheilung derselben die dichterische Eigenart Zola's von der hellen Seite zu zeigen versucht, denn schon sein nächstes Werk, der Roman „La confession de Claude," welcher im Jahre 1865 entstand, ist ein Nachtstück, in dem sich des Dichters vom Leben rauhberührte kranke Seele ausweint. Ich irre wohl nicht, wenn ich das, was Zola uns als das traurige Jugenderlebniß eines Freundes in der subjectiven Form eines Tagebuches mittheilt, als zum Theil mit- und selbsterlebt auffasse, und wenn ich hier den subjectiven Anlaß suche, daß der Dichter in seinen späteren Werken vielfach und mit jenem großen Verständniß und tiefen Blick die Nachtseiten des Lebens, das Elend des Volkes schildert, welche nur die intime Berührung mit dem Elend, das mitleidende Hinabtauchen in dasselbe verleiht. Meiner Ansicht nach ist es daher ganz falsch, wenn Zola's Gegner behaupten, er schildere das Elend und die Gemeinheit und den Schmutz aus Vorliebe für all' das, aus einem unreinen Sinn heraus und aus Skandalsucht, — es ist dies ebenso falsch, wie die Behauptung erlogen ist, Zola schildere nur dies. Auch muß man sehr verschlagene Ohren haben, wenn man das tiefe Mitleid mit dem Volk, die entrüstete Anklage gegen das Napoleonische Regime aus diesen Schilderungen nicht heraushört. Ganz abgesehen hiervon aber wird jeder Dichter, welcher das Leben und die menschliche Gesellschaft schildert, des Düsteren und Unreinen mehr

zu erzählen haben, als des Erhebenden und Edlen, mag er nun
die hohen Stände, mag er die bürgerliche Welt, mag er das Volk
zum Gegenstande seines Studiums machen. Die Werke unserer
hervorragendsten, zum Naturalismus neigenden Romanschriftsteller
älteren Datums sind ein Beleg hiefür, wenn es da überhaupt
noch eines Beleges bedarf. Nun aber hören Sie die traurigen
Geständnisse Claude's:

„Claude ist ein Jüngling von zwanzig Jahren, noch rein
und unverdorben, voll überschwänglichem Idealismus, voll schöner
Vorsätze und Hoffnungen für die Zukunft. So kommt er, nur
mit geringen Schätzen versehen, aus der Provence nach Paris,
um hier seine Carrière zu machen, deren Lohn ein Lorberkranz
und das Ideal von einem Weibe sein muß. In einem Dach=
stübchen beginnt diese Carrière recht ärmlich und poetisch, und
bei dem Fleiß und hohen Streben und der Begabung des Jüng=
lings ist der Erfolg kaum zweifelhaft. Da — eines Abends,
als Claude sich den Luxus zweier Lichter erlaubt hat, um die
ganze Nacht hindurch zu arbeiten, hört er eine Treppe tiefer
Lärm und Schmerzensrufe. Ohne sich zu besinnen eilt er hinab,
findet eine Thür offen, tritt ein und sieht sich in einem wenig
einladenden, lüderlichen Raum, welcher spärlich erhellt ist. Nach=
dem sich sein Auge an das Halbdunkel gewöhnt hat, unterscheidet
er in einer Ecke des Zimmers eine alte häßliche Frau über ein
noch junges Weib gebeugt, welches im Bette liegt, von schweren
Krämpfen gepeinigt und ihrer Sinne nicht mächtig. Als die
Alte ihn erblickt, winkt sie ihn zum Lager und ersucht ihn, bei
der Kranken zu wachen, da sie selbst schon todtmüde sei, die
Kranke aber nicht allein gelassen werden dürfe. Und Claude
bleibt. Er nimmt die Bewußtlose in die Arme und legt sie
auf den Rücken, er streckt ihre Glieder, streicht ihr die Haare
aus der Stirne, — die Krise geht vorüber, das junge Weib
verfällt in tiefen Schlaf. Und nun erst vermag Claude zu
sehen, wen er vor sich hat, wem er geholfen. Sie ist häßlich,
die geschlossenen Augen entbehren der Wimpern, die Stirne ist
niedrig und zurückstrebend, der Mund groß und schlaff, das
ganze Antlitz früh gealtert, abgelebt, müde und gemein. Wir

4*

errathen es, welch' ein Geschöpf wir vor uns haben, und die
Ausstattung des Zimmers, die Schminktiegel, die schmutzigen
Wäschestücke, die verknitterten Bänder und Spitzensetzen, endlich
das schöne neue blaue Seidenkleid mit Sammtaufputz, in einen
schmutzigen Winkel geworfen, benehmen uns den letzten Zweifel . . .,
Und auch Claude ahnt es. Doch seine Seele ist noch weich, er
empfindet nicht Abscheu, sondern Mitleid mit diesem Wesen, und
je länger er dasselbe betrachtet, je weniger häßlich erscheint es
ihm. Da wendet sich das Mädchen plötzlich auf ihrem Lager,
wirft die Decke zurück und entblößt ihre Brust.

„Es ist die erste Frauenbrust, die Claude sieht, und Claude
ist zwanzig Jahre alt, und das Mädchen erwacht und streckt
ihm lächelnd die Arme entgegen . . . .

„Als Claude am nächsten Morgen sein Zimmer betritt, sind
die zwei Lichter völlig herabgebrannt, der Raum ist kalt und
düster und öde, Claude aber weint um seine verlorene Unschuld,
verloren an eine Dirne — der erste Trunk der Liebe genossen
aus dem schmutzigen Becher des Lasters.

„Es ist ganz wunderbar, wie Zola hier die Verzweiflung
einer reinen und edlen Natur über ihren Fall, über ihren so
schrecklichen Fall, schildert, und wir lesen hier manches schneidige
Wort über unsere gesellschaftlichen Zustände, welche den Mann
erst besudelt von dem Schmutz der Gosse zur Braut führen
und so meist den trüben Grund legen für den Schmutz des
Ehelebens.

„Unserem Claude aber soll diese Nacht noch theurer zu stehen
kommen. Als Laurence, so heißt die Verlorene, einige Abende
später sich vor die Thüre gesetzt sieht, da sie ihre Miethe nicht
zahlen kann, kommt sie zu Claude und macht Rechte geltend,
über die ein anderer Mann lachen würde. Claude aber vermag
ihrer Beweisführung nicht zu widerstehen. Weil Andere dies
Weib in den Koth gezogen, ist darum auch er dazu berechtigt
gewesen? Und weil sie verworfen ist, ist er darum aller Pflichten
quitt und ledig gegen sie, nachdem er sich doch mit ihr ein=
gelassen? Ist denn wirklich ein solches Weib kein menschliches
Wesen mehr, sondern nur eine Sache, die man benutzt und dann

wegwirft? Claude kann sich nicht freisprechen, er kann sich nicht auf einen Standpunkt von Moral stellen, welcher die herzloseste entmenschteste Unmoral ist. Am allerwenigsten, da dies Weib sein Gewissen zum Richter zwischen ihnen beiden anruft, am allerwenigsten, da sie ihm erklärt: Du hast diesen Bund gewollt und Du bist ein Elender, wenn Du ihn jetzt verleugnest; Du bist mein, ich bin Dein.

„Claude fühlt sich überzeugt, er gestattet Laurence zu bleiben, er behält sie bei sich und er will sie zu sich erheben. Doch vergebens ist diese Mühe. Dies Geschöpf hat keinen Sinn mehr für das Hohe, sie hat keinen Sinn für Arbeit, für Thätigkeit, sie ist stumpf und bleibt stumpf, sie erträgt eher Hunger und Kälte als daß sie sich aus diesem Stumpfsinn emporrafft. Und sie zieht Claude zu sich herab, sie macht auch ihn stumpf. Das Bewußtsein der Schmach, die er auf sich geladen, das vergebliche Ringen, sich durch Arbeit aus diesem Pfuhl zu retten, die fortwährende Nähe dieses Weibes, das ihm treu bleibt mit demselben Stumpfsinn, mit welchem sie sich früher Jedem hingeworfen, lähmen endlich seine Kraft und Energie. Er giebt seine letzten Kleidungsstücke hin, um Brod für sie beide zu erhalten, und nun liegt er thatlos, gefangen in seinem Bette, vollkommen verzweifelt. Er hat sich selbst aufgegeben. Doch noch ist seine Schmach nicht voll, denn noch sind es nur äußere Bande, die ihn an dies Weib knüpfen, innerlich ist er frei von ihr. Aber auch diese letzte Wandlung soll sich in ihm vollziehen; das Elend und Alleinsein haben sein Gemüth völlig erweicht und widerstandslos gemacht, und er beginnt allmälig dies Geschöpf, welches sein Elend und Alleinsein theilt, zu lieben, mit einer unaussprechlichen, verzweifelten Liebe. Er klammert sich mit seinem Herzen an das einzige Wesen, für das er noch existirt. Doch da kommt ihm die letzte Enttäuschung; dies Wesen ist nicht im Stande, sein Gefühl zu erwiedern oder auch nur zu verstehen. Und das macht ihn vollends unglücklich, ohne ihn indeß von seiner Liebe heilen zu können.

„Ich bin hier auf dem Höhepunkt der psychologischen Entwicklung dieses ganz seltsamen Conflictes angelangt, denn die weitere Steigerung der Situation bringt auch bereits die Lösung. In demselben Hause wohnt ein Freund Claude's aus dessen Heimat, der gleichfalls mit einer Verlorenen, einem armen bleichen Geschöpfe lebt, das eigentlich nie wußte, was Reinheit ist, das gar kein Verständniß für die Schande hat. Jacques aber faßt die Situation gar nicht so tragisch auf, er nimmt das Leben praktisch und nüchtern, — er arbeitet und wird seine Ziele erreichen. Dieser Mann versucht auch Claude klar zu machen, daß man gegen Geschöpfe wie Laurence keine moralischen Pflich= ten hat, daß man sie auf die Straße stoßen darf, weil man sie auf der Straße gefunden. Noch aber wehrt sich Claude's ganzes ideales Wesen gegen diese Ansicht, er hält fest an Laurence und namenlose Eifersucht erfüllt ihn, da er wahrzunehmen glaubt, daß zwischen Jacques und seiner Geliebten sich ein geheimes Einverständniß entwickelt. Doch erst als ihm hierüber kein Zweifel mehr bleibt, verstößt er sie und wird frei — frei, aber nicht gerettet. Sein innerstes Wesen ist gebrochen, er ist für ein großes Wirken im Leben verloren, und bald erlöst ihn der Tod.

„Dieser Abschluß des Romans, welchen Zola als Vorrede bietet, kennzeichnet die ganze weltschmerz=erfüllte Tendenz des= selben. Und dieser Weltschmerz kommt auch durchgängig in der Darstellung, in den häufigen sentimentalen Apostrophen an seine Freunde, für welche Claude diese Blätter bestimmt, zum Aus= druck; endlich auch in der schweren Schuld, welche er sich bei= mißt, indem er dies Wesen zu sich nimmt, indem er sich so ganz verliert und dies Wesen zu lieben vermag. Wir können diese Anschauung nicht theilen, denn seine Schuld ist nur ein Ueber= maß von Edelmuth, sein Irrthum, den wir um seinetwillen be= klagen, entspringt seinen idealen Anschauungen von Welt und Leben, von den Pflichten dem Weibe, selbst dem gefallenen Weibe gegenüber. Ich erinnere mich nur noch einen Roman, den „Karthäuser,' das berühmte Jugendwerk des großen unga= rischen Romanschriftstellers Baron Eötvös gelesen zu haben, in welchem sich ähnliche Uebertreibung einer eingebildeten Schuld in ähnlich krankhafter Weise äußert.

„Wir können gewiß nicht sagen, diese Auffassung sei unwahr, sie widerspreche der Natur, aber wir können sie auch nicht theilen. Uebrigens offenbart Zola hier nicht nur eine überraschende Ueberschwänglichkeit der Empfindung und des Gefühls, sondern er verliert auch mitunter den realen Boden unter den Füßen. So vergißt er uns ganz darüber aufzuklären, wovon Laurence und Claude leben, nachdem Claude's letztes Kleidungsstück den Weg des Leihhauses gewandelt ist; er vergißt uns zu sagen, wer denn diesen ganzen Winter über die Miethe zahlte, und Aehnliches. Der Poet geht noch dem Naturalisten durch. Die Feststellung der äußeren Möglichkeit seiner Erzählung kümmert ihn nur wenig, nachdem er einmal den Boden der psychologischen Entwickelung betreten hat, denn nur um dieser willen ist der Roman geschrieben. Diese aber ist in der That ganz meisterhaft in ihrer Art, und was das Bedeutsamste ist, wir fühlen uns trotz der Peinlichkeit des Sujets, trotz der Nachtseiten des Lebens, die uns hier schonungslos enthüllt werden, immer poetisch angeregt, poetisch erhoben durch den edlen vornehmen Charakter dieses Jünglings, der von sich sagt: „Es widerstrebt mir zu beleidigen und ich empfinde selbst die Schmach, welche ich Andern anthue" — ein ganz subjectives Bekenntniß Zola's, welches er in der vornehmen Art seiner Polemiken leider nur zu oft zu bewahrheiten Gelegenheit hatte.

„Zu den prächtigsten Partien des Werkes gehört die Schilderung des Ausfluges, den Claude bei Anbruch des Frühlings mit Laurence macht, und der überwältigenden Wirkung der freien Natur auf dieses stumpfe, verlorene Geschöpf, welches hier auflebt in voller Empfindung einer unnennbaren Lust. Die Situation ist folgende: Claude hat an einem schönen Sonntagsmorgen zum ersten Male nach langer Gefangenschaft sein enges kaltes Zimmer verlassen, um mit Laurence im Freien den Frühling zu genießen. Sie sind vor die Festungswerke gekommen, bis an das Ufer der schmutzigen Bièvre. Allein der Anblik dieses ekelhaften Baches verstimmt Claude derart, daß die erste Empfindung der Freude über Luft und Licht darüber verschwindet und

ihn die Luft anwandelt, schnurstracks wieder nach Paris zurück=
zulaufen. Da blickt er Laurence an.

Laurence's Gesicht hatte wieder den gedrückten Ausdruck angenom=
men, den Ausdruck des Elendes und der Greisenhaftigkeit. Das
Lächeln der ersten Freude über den Ausflug war erstorben. Sie schien
müde und gelangweilt; sie blickte gleichgiltig, ohne Widerwillen über
diese Umgebung, um sich. Ich hätte glauben können, sie sei wieder in
unserem Zimmer, und ich begriff, daß dieser eingeschlafenen Seele mehr
Sonne, eine lieblichere Natur noth thue, um ihr das Jugendgefühl
zurückzugeben.

Da ergriff ich energisch ihren Arm; ohne zu gestatten, daß sie den
Kopf wende, zog ich sie mit mir, stieg den Abhang wieder empor und
schritt immer gerade aus, die Wege verfolgend, die Wiesen kreuzend,
auf der Suche nach dem jungen jungfräulichen Frühling. Zwei Stun=
den lang marschirten wir so, schweigend, haftig. Durch zwei oder drei
Dörfer waren wir gekommen, durch Arcueil und Bourg-la-Reine,
glaube ich, und hatten mehr als zwanzig Fußsteige abgeschritten, zwi=
schen weißen Mauern und grünen Hecken. Da, als wir einen kleinen
Bach übersprungen hatten, mitten in einem blumigen Thale, stieß
Laurence einen Schrei aus, lachte wie ein Kind, entschlüpfte meinem
Arm und lief in's Grüne voll naiven Entzückens.

Wir befanden uns auf einer großen viereckigen Wiese, welche mit
Bäumen bepflanzt war, mit hohen Pappeln, welche hoch aufgeschossen
sich mit majestätischer Ruhe in der blauen Luft wiegten. Die Wiese
prangte in üppigem Grün, fast schwarz im Schatten, wie vergoldet in
der Sonne; wenn der Wind die Pappeln bewegte, konnte man sie mit
einem breiten Seidenteppich vergleichen, dessen Farbentöne wechselten.
Ringsum breitete sich bestelltes Land aus, mit Sträuchen und Pflanzen
bedeckt. Den ganzen Horizont aber begrenzte unabsehbarer Laubwald.
Ein weißes Haus, niedrig und langgestreckt, angelehnt an eine benach=
barte Baumgruppe, hob sich freundlich von all' dem Grün ab. In
größerer Entfernung und Höhe zeigten sich am Rande des Himmels
durch Gewölk die ersten Häuser von Fontenay-au-Rose.

Das Grün war über Nacht herausgekommen, es hatte die Frische,
die Unschuld einer Jungfrau; die jungen Blätter, blaß gefärbt und
zart, in hellen Massen, glichen einem leichten und feinen Spitzenüber=
wurf auf dem großen blauen Schleier des Himmels. Die Stämme
der Bäume selbst, diese alten rauhen Stämme sahen wie frisch gemalt
aus; sie hatten ihre Narben unter frischem Moose verborgen. Das

war ein allgemeiner Jubel, eine frische, entzückende Fröhlichkeit. Die Steine und das Feld, der Himmel und das Wasser, alles schien rein und kraftvoll, hehr und unschuldig. Die junge Erde, grün und golden, lachte unter dem weiten Himmelszelt im Lichte, trunken von Luft, Jugend und Jungfräulichkeit.

Und inmitten dieser Jugend, dieser Jungfräulichkeit flog Laurence dahin im vollen Licht, in voller Lebenslust. Sie hatte sich in dieses Grün versenkt, sie badete in dieser reinen Luft und fand an dem Busen dieser reizenden Natur, welche nicht vierzehn Tage alt war, ihre vierzehn Jahre wieder. Das junge Grün erfrischte ihr Blut, die jungen Sonnenstrahlen erwärmten ihr Herz, rötheten ihre Wangen. Ihr ganzes Wesen lebte auf in diesem Erwachen der Natur; wie die Erde wurde auch sie in diesem linden Frühlingswetter wieder Jungfrau.

Laurence sprang in ausgelassenster Weise umher, geschmeidig und kräftig, hingerissen von dem neuen Leben, das in ihrem Innern wiederhallte. Sie ließ sich nieder, sprang lebhaft wieder auf, brach in schallendes Gelächter aus, bückte sich um eine Blume zu pflücken, flog dann unter die Bäume, um mit glühenden hochgerötheten Wangen wieder zurückzukehren. Ihr Gesicht hatte sich vollständig belebt, ihre Züge, aus denen die Abspannung gewichen war, verklärte ein schöner Ausdruck der Freude. Ihr Lachen war ungezwungen, ihre Stimme klangvoll, ihre Bewegungen einschmeichelnd; gegen einen Baum gelehnt, folgte ich ihr mit den Augen, der weißen Fee im Grünen, welcher der Hut auf den Nacken geglitten war. Ihr schönes, reines und duftiges Kleid, welches sie züchtig trug und welches ihr das Ansehen eines ausgelassenen Schulmädchens gab, machte mir Freude. Sie lief zu mir und warf mit vollen Händen die Blumen auf mich, die sie gepflückt hatte: Gänseblümchen, Goldregen, wilde Rosen und Maiblumen.

Frisch, mit rothen Wangen, noch in voller Erregung, setzte sich Laurence dann an meine Seite. Der Thau hatte sie benetzt und ihr Busen hob sich stürmisch, geschwellt von jugendlicher Frische. Ein erquickender Pflanzenduft strömte von ihr aus und der Duft der Gesundheit. Endlich hatte ich an meiner Seite ein Weib, das frei, offen und rein dahinlebte und dessen Blick dem Lichte frei begegnen konnte. Sie nahm von den Blumen eine nach der andern und ordnete sie zu einem Strauß. Die Sonne stieg höher, die Schatten wurden dunkler, um uns herrschte tiefes Schweigen. Auf dem Rücken liegend betrachtete ich den Himmel, betrachtete ich das Laub, betrachtete ich Laurence. Der Himmel war mattblau gefärbt, das Laub neigte sich schmachtend

in der Sonne. Laurence hatte beruhigt und lächelnd ihr Köpfchen gesenkt und beschleunigte unter lebhafter und gelenker Bewegung ihre
Arbeit. Ich konnte den Blick nicht von diesem Mädchen wenden, welches, in halb liegender Stellung, fast in ihren Kleidern verschwand
und mit ihrer von goldenem Schimmer umwobenen Stirne mir unschuldig und thatkräftig wie in der Frische ihrer fünfzehn Jahre erschien. Ich empfand einen solchen Seelenfrieden, eine so innige Freude,
daß ich mich weder zu regen, noch auch zu sprechen wagte. Es bemächtigte sich meiner der Gedanke, daß in mir und um mich Frühling
und Laurence wieder Jungfrau geworden sei. Ich verlor mich in diesem Traum von der Reinheit meiner Geliebten und von der Erhaben-
heit meiner Liebe.

Endlich liebte ich ein Weib, dieses Weib lachte, dieses Weib lebte,
es hatte die frischen Farben, die ungebundene Fröhlichkeit der Jugend.
Die vergangenen Tage existirten nicht mehr, die Zukunft erschien mir
in rosigem Licht, in ruhiger Pracht. Meinen Träumen von Jungfräulichkeit, meiner Vorliebe für das Licht mußte nun Befriedigung werden.
In dieser Stunde begann ein Leben voll überschwänglicher Zärtlichkeit.
Ich dachte nicht mehr an die Bièvre, dieses schwärzliche schlammige
Wasser, an dessen Raude mir die häßliche Versuchung nahegetreten war,
mich niederzulassen und Laurence zu küssen. Ich wünschte jetzt, das
weiße Haus bei der Baumgruppe drüben zu bewohnen, dort für immer
mit meiner Freundin, mit meiner Gattin zu leben, im Thau, in der
Sonne, in der reinen Luft.

„Ich breche hier ab. Zur Charakteristik des Zola'schen Stiles
und seiner Ausdrucksweise in diesem Roman dürfte die kurze
Probe genügen, insofern diese so mangelhafte Uebersetzung die
charakteristischen Merkmale überhaupt wiederzugeben vermag.
Sie glauben gar nicht, wie schwer die französischen Autoren und
Zola insbesondere zu verdeutschen sind. Selbst in seinen kritischen
Schriften, die im Ganzen von einer ausgezeichneten Klarheit und
Knappheit des Ausdruckes sind, finden sich Stellen, wo der
Styl üppig wird und in ächt französischen Vergleichen schwelgt.
Noch mehr ist dies natürlich in den Romanen der Fall. Da
häufen sich oft die Bilder für ein und denselben Gedanken der-
art, daß der deutsche Uebersetzer, geradezu rathlos, nur die Wahl
hat, entweder abzukürzen oder lächerlich schwerfällig zu werden.
Und nun vollends in diesem Jugendwerk, welches, im Zustande

überschwänglicher Schwärmerei abgefaßt, sich gar nicht genugthun kann im poetischen Ausdruck, in dem Streben und Begehren, das Unsagbare zu sagen, das Unsinnlichste zu versinnlichen. Wenn man solchen Roman liest, fühlt man das gar nicht so klar, denn die französische Sprache besitzt diese Mannigfaltig= keit an die Phrase streifender oder wirklich phrasenhafter Aus= drücke, die man ihrem Sinne nach wohl versteht. Sobald man aber daran geht, auch nur einen solchen Satz deutsch wiederzu= geben, sieht man sich sofort einem Berge von Schwierigkeiten gegenüber."

„Sie scheinen ja ganz verzweifelt über diese fatale franzö= sische Sprache," unterbrach mich humoristisch Frau von S. „Da bleibt mir wohl nichts übrig, als Ihre Uebersetzungen vor= trefflich zu finden."

„Thun Sie das nicht, denn es kann mir nicht helfen. Ich weiß, daß ich unzulänglich übersetze, daß ich der deutschen Sprache Gewalt anthue, ohne der französischen ganz gerecht zu werden. Und wenn mich Eines tröstet, so ist's das Bewußtsein, daß die anderen Uebersetzer Zola's sich gegen diesen Autor in noch viel schlimmerer Weise vergehen als ich selbst. Ich bin wenigstens von der Achtung für den Schriftsteller erfüllt und habe das Streben, zum mindesten seinem Geiste zum Rechte zu verhelfen. Andere Herren aber springen über Wort und Geist hinweg und sind schon seelenvergnügt, wenn sie halbwegs den Zusammen= hang der Handlung wiedergegeben haben. Sie überspringen, wenn es ihnen nur etwas Mühe macht, die feinsten charakte= ristischsten Details, welche sich ganz wohl verdeutschen lassen, und die schönsten dichterischen Intentionen gehen auf diese Weise verloren. Und doch wäre das noch nicht das Schlimmste. Diese Herren — ich nehme den Uebersetzer des „Assommoir," W. König, aus, der sich die Aufgabe nicht leicht gemacht hat — scheinen außer einer rohen Kenntniß des Französischen nichts zu besitzen, was sie der übernommenen Arbeit gewachsen sein ließe; es scheint ihnen sowohl die literarische Bildung als auch die eblere Gabe des deutschen Stiles zu fehlen, und so werden ihre Uebersetzungen geradezu plump und roh, jenen Holzschnitzereien

vergleichbar, die man in katholischen Ländern auf den sogenann=
ten Calvarienbergen findet und die nicht nur Versündigungen
gegen den guten Geschmack, sondern auch gegen den Cultus selbst
genannt werden müssen.

„Ich sage das übrigens nicht, um jenen Herren unangenehm
zu werden; ich sage es nur, weil Zola's Romane, in solcher
Uebersetzung gelesen, einen höchst unerfreulichen Eindruck machen
und selbst das Anathem rechtfertigen, welches gegen ihn geschleu=
dert wird. Das ist eben der Fluch des Bösen. Der Schimpf,
mit welchem Zola in Paris und von Paris aus auch in Deutsch=
land überhäuft wurde, hat es zu Wege gebracht, daß vornehmere
Schriftsteller sich bisher scheuten, ihre Kunst des Uebersetzens
ihm zu Gute kommen zu lassen. Erst W. König brach diesen
Bann, hatte aber darob auch manche Anfeindung zu erdulden.
Hoffentlich finden sich im Laufe der Zeit, wenn auch das ‚Ge=
schäft' lucrativer zu werden verspricht, noch andere Herren ge=
neigt, eine bessere Uebersetzung der Zola'schen Romane herzu=
stellen. Bis dahin aber wird Jedermann, der Zola wirklich
seinem Werthe nach schätzen lernen will, zu den französischen
Originalen greifen müssen."

Vierter Abend.

Mein nächster Gang zu Frau von S. wurde mir nicht ganz leicht. Es war ein gar heikles Thema, welches ich diesmal zu besprechen hatte und ich fürchtete beinahe, meine Freundin durch Erörterung desselben scheu zu machen. Dennoch aber durfte ich nicht darüber hinweggehen, ohne eine wesentliche Lücke in meiner Schilderung des Entwickelungsganges meines Dichters zu lassen. Ich glaubte daher am klügsten zu thun, wenn ich mit einer Einleitung, die das Schlimmste erwarten lassen mußte, die Neu= gier der jungen Frau weckte, mir dann General=Pardon erbat, und nun meine Sache so glatt als möglich führte. Ich begann daher folgendermaßen:

„Zwischen dem Roman „La confession de Claude" und dem nun folgenden Werke Zola's „Madeleine Ferat" liegen drei Jahre des Ringens nach Klarheit in ästhetischen Fragen, welche grundlegend waren für des Dichters ferneres Schaffen. Der Kritiker Zola ersteht und beginnt den Kampf mit der modernen Richtung, die ersten Schlagworte fallen, eine Welt allerheiligster Ueberlieferung bekommt den ersten heftigen Stoß von dem jungen Reformator und der Gegenstoß ist so stark, daß er die ganze Existenz Zola's in Frage stellt. Er muß die literarische Gastfreundschaft Rußlands für seine geharnischten Artikel in Anspruch nehmen, und findet sie glücklicherweise auch, denn die junge russische Literatur hat die naturalistische Richtung aus instinctivem Drange selbst eingeschlagen, soweit es die epische Gattung betrifft. In dieser Zeit aber wird der Jüngling Zola zum Mann, die Schwärmerei und Ueberschwänglichkeit weicht der ruhigen Erkenntniß des realen Lebens, und auch das Weib hört auf, für den Dichter entweder Dirne oder Göttin zu sein; er lernt auch das Weib kennen in seiner phyſiologiſchen Be= ſchaffenheit, welche daſſelbe mehr als den Mann den ſinnlichen Trieben ihrer Natur unterwirft. Das Weib iſt im Allgemeinen temperamentvoller als der Mann, des Weibes Leidenſchaft hat mehr den Sitz im Blut als in der Phantaſie, und das Blut beherrſcht mehr als beim Mann ihr Thun und Laſſen, ihre ganze Weſenheit. Mit einem Wort, das Weib iſt in Allem und Jedem materieller als der Mann, und ein Beweis der vom Urſprung an geiſtigeren Art des Mannes iſt ſeine Vergötterung des Weibes in der Jugend, bis zu jener Zeit, wo ‚mit dem Gürtel, mit dem Schleier der ſchöne Wahn entzweireißt‘. Solcher Platonismus iſt nicht Sache des Weibes, und ſelbſt die Ideale halbreifer Mädchen tragen ſchöne Uniform und ſitzen ſtramm zu Pferd. Mindeſtens aber beſitzen ſie einen kühn aufgedrehten Schnurrbart, wogegen der Idealismus des Weibes für den Vollbart ſchwärmt.“

Frau von S. lachte. „Sie machen aus uns höchſt proſaiſche Geſchöpfe,“ rief ſie, „aber ich kann Ihnen im Allgemeinen nicht Unrecht geben. Doch wo ſoll das hinaus?“

„Es ſoll Sie darauf vorbereiten,“ erwiderte ich vorſichtig, „daß Emile Zola ſich in ſeinen nun in Betracht kommenden Werken ſchon als voller Naturaliſt offenbart. Eigentlich müßte ich jetzt den Roman „Thérèse Raquin“ erwähnen, welcher zuerſt die Aufmerkſamkeit weiterer Kreiſe auf Zola lenkte. Doch iſt dieſer Roman zuerſt in dramatiſcher Form zur Geſtaltung gekommen, und ich werde ſeinen Inhalt dementſprechend gelegentlich der Erörterung der dramaturgiſchen Thätigkeit Zola's klarlegen müſſen. Deshalb gehe ich gleich auf „Madeleine Ferat“ über, welcher Roman kurz darauf, im Jahre 1868, erſchien. Dieſe Madeleine nun iſt ein Vollweib, wenn ich ſo ſagen darf, was ja nicht ſo ſchlimm wäre. Wohl aber dürfte es Ihnen bedenklich erſcheinen, daß der wirklich tragiſche Conflict der Handlung aus einem phyſiologiſchen Zuſtande der Heldin erwächſt. Ich bitte alſo für mich und Zola im Vorhinein um Nachſicht.“

Frau von S. machte in der That eine bedenkliche Miene. „Iſt die Sache wirklich ſo ſchlimm?“ fragte ſie zögernd, doch in dem Ton der Frage klang der Wunsch durch, ich möchte nein sagen. Ich aber sagte weder ja noch nein.

„Darauf läßt sich schwer direct antworten," gab ich zurück. „Schlimm und nicht schlimm. Wie man es nimmt. Meiner Ansicht nach können aber vernünftige Menschen über Alles sprechen, ohne anstößig zu werden. Unvernünftige dagegen vermögen im harmlosesten Worte Betfängliches zu finden."

„Dann wollen wir vernünftig sein. Ich vertraue auf Ihre Discretion in der Darstellung," resolvirte Frau von S. nach einigem Ueberlegen, und ich beeilte mich, diesen Beschluß in's Werk zu setzen.

„Die oft ganz räthselhafte Anhänglichkeit zweier Menschen verschiedenen Geschlechtes, respective die Anhänglichkeit eines Mannes an ein Weib, oder eines Weibes an einen Mann, ohne Erwiderung von der anderen Seite, hat man in früherer Zeit Hexerei genannt. Man suchte Zauberkünste dahinter, und der Glaube an Liebestränke entstammt wohl dieser merkwürdigen Erscheinung. Wir sind aber längst dahin gelangt, nicht ganz aufgeklärte physiologische Ursachen hinter dieser mächtigen Anziehungskraft zu suchen, welche Heinrich von Kleist in seinem Käthchen von Heilbronn so poetisch zur Anschauung brachte. Auf diesen Boden müssen wir uns begeben, um mit Zola noch einen Schritt weiter zu gehen. Der Dichter schildert uns in Madeleine Ferat ein kerngesundes kräftiges Mädchen von starker Sinnlichkeit und edel beanlagtem Wesen, welches ein böses Verhängniß in die Arme eines derben, lebensfrischen jungen Mannes treibt. Sie ist einmal, bei Nacht, von ihrem greisen, lüsternen Vormund überfallen worden, hat den Schurken mit kräftiger Faust niedergeschlagen und sofort das Haus verlassen. Nun irrt sie in den Straßen von Paris umher, wo sie keinen Menschen kennt, und sieht sich plötzlich von einem jungen Manne verfolgt. Der Gefahr zu begegnen, wendet sie sich in naiver Kühnheit selbst an ihren Verfolger und bittet ihn um seinen Schutz. Jacques, ein absolvirter Studiosus der Medicin und Materialist, bietet ihr für die Nacht sein Zimmer an; sie mag sein Lager einnehmen, er will auf dem Sopha schlafen.

Madeleine nimmt unbedenklich an und erwacht am andern Morgen in Jacques' Armen, der zu spät erkannt hat, daß er keiner Abenteuerin, wie er geglaubt, sondern wirklich einem unberührten Mädchen zu nahe getreten ist, eine Absicht, die ihm völlig ferne lag. Er verhehlt dies dem schönen Mädchen auch nicht, dieses aber findet sich mit viel mehr gutem Muth in die Sachlage, als man in Romanen gewöhnlich liest. Es obwaltet für Madeleine gar kein Zweifel darüber, was nun zu geschehen hat: sie bleibt bei Jacques. Ihr Vormund, welcher völlig eingeschüchtert ist, muß sie freigeben, und weigert sich auch nicht, ihr die Besitztitel einer Leibrente auszuliefern, welche Seitens Madeleine's Vater in seine Hände gelangt sind. Materiell unabhängig fällt sie ihrem Geliebten in dieser Hinsicht nicht zur Last, und im Uebrigen behagt ihm ja seine kleine Frau ganz vortrefflich. Und auch Madeleine fühlt sich ganz wohl in dieser lustigen Gesellschaft von Studenten und Grisetten, der sie nun einverleibt wird. Und als eines Morgens Jacques die lange erwartete Ernennung zum Chirurgen einer Expedition nach Cochinchina erhält, ist sie sofort bereit auch nach Cochinchina zu gehen. Bei Jacques bleiben — das ist ja für sie das Einzige, das Selbstverständliche. Gerade davon aber kann nun keine Rede mehr sein, und Jacques, kein Freund von Gefühlsmomenten, verheimlicht ihr sogar den Tag seiner Abreise, duldet es aber dann doch, daß sie ihn zur Bahn geleitet, da sie verspricht, verständig zu sein. Und Madeleine ist wirklich verständig, sie ist keine exaltirte Natur und fügt sich mit einer gewissen Ruhe in das Unvermeidliche. Dennoch vermißt sie Jacques schwer und will von keinem anderen Manne etwas wissen. Aber derjenige, der ihr nun huldigend naht, ein sanfter, schüchterner junger Mann aus gutem Hause, ist der volle Gegensatz zu Jacques, und gerade dieser Contrast gewinnt sie ihm. Guillaume, der uneheliche Sohn eines reichen normannischen Edelmannes, Namens de Viargue, ist in Véteuil, dem Wohnsitz seines Vaters, unter der Aufsicht einer fanatischen protestantischen Magd Généviève aufgewachsen, und entspricht nur dem Befehle seines Vaters, indem er in Paris sein Leben zu genießen beginnt. Und das erste Wesen, welchem

er hier begegnet, ist Madeleine; sie ist auch das erste Weib, das
er liebt, und wenn sie sich für verloren giebt, da sie seine Ge=
liebte wird, so rechnet sie nicht mit diesem Umstande, nicht mit
dem tiefen, treuen Wesen dieses Mannes. Es kommt in der
That auch anders. Das Verhältniß des jungen Paares wird
ein unaussprechlich inniges, und wie Jacques von Madeleine
unwillkürlich vollen Besitz ergriffen, so ergreift nun Madeleine
von Guillaume Besitz, — er denkt nicht daran, je von ihr zu
lassen. Von ihrem Vorleben aber will er nichts wissen, und als
sie ihm doch davon Mittheilung machen will, schließt er ihr den
Mund. Er liebt sie, wie sie ist, und die Kenntniß dessen, was
früher war, könnte ihm nicht helfen, sie könnte ihn nur quälen.
Madeleine hat aber noch einen ganz besonderen Grund, ihn mit
ihrer Vergangenheit vertraut zu machen. Sie erfährt nämlich,
daß Jacques der einzige, der beste Freund und Schulcollege
Guillaume's ist und von diesem unendlich geliebt wird, da er
ihn gegen den Spott und die Mißhandlungen seiner Collegen
in Schutz genommen hatte. Doch es kommt nicht zu dieser
Mittheilung, denn die Nachricht, Jacques sei mit der Expedition
bei einem Sturm verunglückt, Jacques sei todt, welche Guillaume
tief erschüttert, hindert sie völlig, das peinliche Geständniß ab=
zulegen, welches ja jetzt auch keine Bedeutung mehr hat. Wohl aber
fühlt Madeleine jetzt zum ersten Male die Macht des Todten
auf ihr ganzes Wesen. Das Bild Jacques', welches Guillaume
in ihrem Schlafzimmer umkränzt aufhängt, erhält Leben, sie
fühlt Jacques' Nähe, sie schämt sich vor ihm, aber der Gedanke,
daß er todt ist, versöhnt und beruhigt sie; es ist ihr, als fordere
er selbst sie auf, sich ihres Glückes zu freuen, als verspreche er
ihr, nie als Zeuge ihrer Schande zwischen sie und Guillaume zu
treten, als lege er ihr die Pflicht auf, das Geheimniß ihrer Liebe
Guillaume nicht zu verrathen. Und darum schweigt Madeleine:
aus Egoismus, aus Mitleid, aus Ueberzeugung das Rechte zu
thun.

„Die Botschaft von der schweren Erkrankung des alten Herrn
Viargue ruft Guillaume nach Véteuil. Er findet den Greis
jedoch nicht krank, sondern in seinem Laboratorium, wo er jahre=

5

lang geforscht und studirt hat, todt, von eigener Hand vergiftet
— und alle Errungenschaften seines Fleißes zerstört, verbrannt
bis auf eine Collection von Giften, welche er hinter einem Glas=
schrank der Menschheit bewahrt hat, als verbitterter Menschen=
feind. Mit großen schwarzen Buchstaben steht das Wort ,Gift'
auf dem Schranke, erschreckend, todtverheißend.

„Guillaume überwindet das Entsetzen über diese düstere
Katastrophe rasch; er hat das Laboratorium schließen lassen und
kein menschlicher Fuß soll es mehr betreten.

„Dann nimmt er von seinem Eigenthum Besitz, holt Ma=
deleine ab, miethet ihr ein kleines Häuschen und heirathet
sie endlich, nachdem sie sich lange gesträubt hat, zu diesem letzten
Schritte ihre Einwilligung zu geben. Das junge Ehepaar ver=
lebt nun vier glückliche Jahre in stiller Zurückgezogenheit, gleich
im ersten Jahre erfreut durch die Geburt eines lieben kleinen
Mädchens, welches das Band zwischen den Gatten nur noch
inniger knüpft."

Frau von S. hatte mir mit großer Aufmerksamkeit zu=
gehört, nun aber unterbrach sie mich mit den Worten: „Das
Alles ist aber doch nicht so schlimm! Derjenige müßte ein sehr
abstracter Moralist sein, der dieses Weib verurtheilt, der diese
Ehe nicht schön und liebenswürdig, im besten Sinne achtungs=
würdig fände!"

„Auch ich bin dieser Ansicht, liebe Freundin. Das wirk=
liche Leben kennt der absolut reinen Ehen nur wenige, und die
Mehrzahl der Frauen ist schlimmer als diese Madeleine. Ihre
Schuld, das Verhältniß mit Jacques, fordert nach unserem
natürlichen Empfinden keine Sühne, und das Verschweigen ihrer
Beziehung dem Geliebten und Gatten gegenüber scheint mehr
als entschuldigt, es scheint gerechtfertigt durch alle Umstände.
Dennoch steht schon zur Zeit ihres reinsten Eheglückes der jungen
Frau in der alten Généviève, dieser fanatischen Anhängerin des
,gereinigten' mitleidlosen Glaubens eine Feindin gegenüber,
welche mit dem Instinkte solcher Glaubenseiferinnen und
Tugendbündlerinnen in Madeleine das gefallene, das schuldige
Weib erkennt. Und es gewährt dieser Megäre, welche schon

Guillaume's Vater als Kind auf den Armen getragen hat und daher eine unendliche Nachsicht beansprucht, besondere Freude, das Gewissen Madeleine's durch lautes Lesen fanatischer Stellen aus der Bibel zu revoltiren, ihr Angst und Scheu einzuflößen. Nun aber tritt noch ein ganz unerwarteter Umstand hinzu, welcher den Frieden der jungen Frau, den Frieden Guillaume's stören, welcher unabsehbare Verwirrung in diese Ehe bringen soll; Guillaume kehrt eines Abends mit der freudigen Nachricht von einer kurzen Geschäftsreise zurück, daß er den todtgeglaubten Jacques getroffen, welcher aus jenem Schiffbruch gerettet worden sei und noch diesen Abend im Hause der jungen Frau eintreffen werde. Madeleine hat kaum Kraft genug, das Entsetzen über diese Nachricht zu verbergen; der Gedanke an Jacques, der Gedanke ihm wieder gegenüberzutreten, erschüttert ihr ganzes Wesen, und diese Begegnung vorerst zu vermeiden, schützt sie zum großen Verdrusse Guillaume's Kopfschmerzen vor und zieht sich gerade in dem Moment zurück, wo Jacques eintritt. Hinter der Thüre belauscht sie das Gespräch der Freunde, und als Guillaume seinen Gast zur Ruhe geleitet hat, tritt sie ihm entgegen und sagt ihm, daß sie gelauscht habe, daß sie seinen Plan, den Jugendfreund in sein Haus aufzunehmen, nie billigen werde. Guillaume begreift nicht, und erst nachdem Madeleine ihm dreimal und immer deutlicher den verhängnißvollen Satz wiederholt hat: „J'ai connu Jacques à Paris!,“ da fällt es wie Schuppen von seinen Augen und mit dem Ausruf: „Oh! Malheureuse! Malheureuse!“ bricht er zusammen. Und lange findet er keine anderen Worte, als diese, die seinen ganzen Jammer ausdrücken, und die er halb unbewußt immer wieder hervorstößt. Madeleine aber klagt sich nun mit der ganzen Ungerechtigkeit eines Weibes, das sich alle Schuld beimessen will, der Feigheit und Unehrlichkeit an, nennt sich verworfen und ihres Glückes unwürdig und unterwirft sich jeder Strafe, ist bereit sich von Guillaume zu trennen. Das jedoch widerspricht dem weichen, liebevollen Wesen Guillaume's, der alle Schuld dem unglücklichen Zufall beimißt und nicht von Madeleine lassen will. Als jedoch diese jetzt resolut das einzige Mittel vorschlägt, allem Un-

5*

heil vorzubeugen, indem sie selbst Jacques von der Lage der
Dinge Mittheilung machen und ihn hierdurch von jedem weiteren
Verkehr mit ihnen abhalten will, da wehrt ihr Guillaume dies,
beherrscht von einem heftigen Gefühl der Scham und auch der
Eifersucht, diese zwei Menschen mit einander allein zu wissen.
Er zieht die Flucht vor und begiebt sich mit seiner Frau in das
kleine Landhäuschen, welches sie früher bewohnt hatten und wo
sie die Abreise Jacques', der schon den nächsten Abend nach Lyon
muß, abwarten wollen.

„Guillaume's schwacher Natur widerstrebt jeder entscheidende
Schritt, und er will nur Zeit gewinnen, nur die Entscheidung
hinausschieben. Jacques gedenkt vier Wochen in Lyon zu bleiben
— mittlerweile läßt sich wohl ein Ausweg finden. In dieser einen
Nacht aber, vor dem Kamin dem halbentblößten schönen Weibe
gegenüber, das gleichfalls das Lager flieht und sich dumpfen
Träumen hingiebt, wächst die Eifersucht in des unglücklichen
jungen Mannes Brust und raubt ihm die Ruhe. Und als ihm
des Morgens die kleine Lucie gebracht wird, da gewahrt er zum
ersten Male mit Entsetzen, daß dies Kind in Momenten ernsten
Sinnens eine frappante Aehnlichkeit mit Jacques hat, eine Aehnlichkeit, welche auch die Mutter nun wahrnimmt und zugestehen muß.
Und das raubt den beiden Menschen den Rest von Besinnung.
Madeleine wird die Erinnerung an jenen Mann, der sie zuerst
besessen, der sich ganz ihrer bemächtigt hat, nimmer los und sie
fühlt, wie diese Macht sich neuerdings in ihr geltend macht.
Ihr Gatte aber kommt Angesichts der Aehnlichkeit seines Kindes
mit jenem Manne zu dem furchtbaren Glauben, daß Madeleine
den ersten Geliebten nie vergessen, daß sie in seiner Umarmung
sich jenem hingegeben habe .... Und er hält dies nicht zurück,
er fragt sie geradeweg, ob sie an jenen gedacht habe, und da
klingt es geradezu schön, wie die Frau diesen Verdacht zurück-
weist: „O non! Jamais, jamais je n'ai commis ce que tu t'ima-
gines! Cela est ignoble."

„Dieses einzige Wort rettet den Charakter der Frau, es
rettet uns die Sympathie für Madeleine, was nun auch kommen
mag. Der seelische Conflict complicirt sich in der That von

nun an immer mehr, und eine flüchtige zufällige Begegnung
Madeleine's mit Jacques, welche allerdings keine Aufklärung der
Sachlage herbeiführt, ist dafür um so mehr dazu angethan, die
junge Frau auf's äußerste zu revoltiren, die Eifersucht Guil=
laume's noch unerträglicher zu machen.

„Es würde mich zu weit führen, Ihnen nun all' die Begeben=
heiten, welche sich in dem kurzen Zeitraum mehrerer Wochen
drängen, vorzuführen. Das Eine muß genügen, daß alle nur
dazu angethan sind, das Paar zu quälen, den jungen Mann im
Leib einer eifersüchtigen Liebe, welche vor dem Besitz zurückschreckt,
vergehen zu lassen — während sich im Sinnenleben des Weibes
immer mehr und mehr der erste Geliebte festsetzt, ihre Träume
beherrscht und vergiftet — während sie die Schmach dieses Zustan=
des fühlend, unfähig ist, desselben trotz allen Aufgebots ihrer
Seelenkraft Herr zu werden. Und hier haben Sie die physiolo=
gische Frage von der totalen Besitzergreifung des Weibes durch
den Mann, welche trotz jahrelangen Untertauchens in der Empfin=
dung und im Bewußtsein des Weibes, weiter in Kraft
tritt und eine unwiderstehliche Macht ausübt. Jedenfalls lagen
Zola hier Thatsachen zu Grunde, und es ist in hohem Grade
interessant, zu sehen, wie er diesen physiologischen Zustand bis
in seine äußersten Consequenzen schildert.

„Das Leben wird den beiden unglücklichen Menschen in der
ländlichen Einsamkeit endlich unerträglich, zumal die alte Génévieve
Madeleine wie das böse Gewissen verfolgt, und sie begeben sich
nach Paris, um dort in den Zerstreuungen der Welt Betäubung,
wenn auch nicht Frieden und Vergessen zu suchen. Doch nicht
lange vermag dies leere gesellschaftliche Treiben Eindruck auf
sie zu machen, und sie fühlen bald ihr Elend sich erneuen. Da
erfahren sie eines Tages durch Zufall, daß Jacques in Paris ist
und ein elegantes Junggesellenleben führt, nachdem er in Lyon
einen reichen Onkel beerbt hat. Gleichzeitig aber kommt aus
Véteuil die Nachricht von der Erkrankung Lucie's. Und in
diesem Moment faßt Madeleine den entscheidenden Entschluß.
Sie will mit ihrem Manne zur Bahn, dort aber im Augenblick
der Abfahrt, unter dem Vorwande, sie habe etwas Wichtiges in der

Wohnung vergessen, in Paris zurückbleiben, Jacques aufsuchen, ihm Alles sagen und so den Knoten zerhauen. Wenn Jacques nicht mehr droht ihren Weg zu kreuzen, hofft sie für sich und Guillaume wieder Ruhe und Frieden. Und was sie plant, führt sie auch wirklich aus, — sie läßt Guillaume vorausfahren und begiebt sich zu Jacques . . . und fällt ihm widerstandslos in die geöff= neten Arme, ehe sie noch zu sagen vermochte, wessen Gattin sie ist, weßhalb sie eigentlich gekommen . . .

„Als sie nach einer Weile wieder auf der Straße steht, weiß sie, was zu geschehen hat. Sie muß sterben, denn sie ist nun infam. Früher aber will sie noch Guillaume und ihr Kind sehen. So fährt sie mit dem nächsten Zuge nach Véteuil, auf ihr Landgut Noiraube. Und hier findet die seltsame Tra= gödie ihren Abschluß.

„Dies letzte Kapitel des Romanes will ich Ihnen aber vor= lesen, wie es der Dichter geschrieben hat. Die Personen werden Ihnen daraus mit doppelter Plastik und Lebendigkeit entgegen= treten und Sie werden der unglücklichen Madeleine Ihr Mit= gefühl nicht versagen. Auch faßt dies letzte Kapitel den ganzen psychologischen und physiologischen Vorgang und Conflikt des Romanes gewissermaßen noch einmal in knappen Sätzen zusam= men und macht ihn vollends klar.“

Ein neuer Schlag erwartete Madeleine in Noiraube. Die kleine Lucie war im Lauf des Tages gestorben.

Als Guillaume eintraf, hatte er das Kind in der Agonie gefunden. Eines jener heftigen Fieber, welche oft plötzlich mitten in der Recon= valescenz auftreten, raffte es hinweg. Von Hitze verzehrt, streckte Lucie die mageren zitternden Aermchen aus dem Bett und suchte mit den Händen die Kühle der Linnen. Dann erfaßten sie die Krisen des De= liriums und ließen sie gegen etwas Unsichtbares kämpfen und sich wehren, was sie mit starren, leeren Blicken zu betrachten schien. Man hätte sagen können, daß ihr ganzes Gesicht nur Auge war; allmälig aber verschleierte sich ihr Blick, wie helle Wasserquellen, welche eine Sandwelle trübt. Als ihr Vater eingetreten war, hatte sie ihn nicht erkannt. Ueber das Bettchen gebeugt, betrachtete sie dieser mit schmerz= lichem Blick und fühlte sein Herz brechen. Jeder ihrer schweren, röcheln= den Athemzüge zerriß ihm die Brust und jetzt sagte er sich, daß sie doch ganz fein Eigen sei; ein ungeheures Bedauern, sie einmal von sich gestoßen zu haben, zwang ihn zu ihr herab und machte es ihm zum Bedürfniß, sie an sich zu drücken, sie dem Tode abzuringen. Das war das Wiedererwachen seiner Liebe zu dem Kinde, voll unsagbarer Angst.

Allein Lucie starb. Es kam ein Augenblick, wo das Delirium nachließ. Ihre Züge nahmen den lachenden Ausdruck eines spielenden Kindes an. Dann blickte sie um sich, als erwachte sie plötzlich und schien sich zu erinnern, Alles um sich zu erkennen. Sie streckte die Händchen nach ihrem Vater aus, und wiederholte im Tone süßer Zärtlichkeit das Wort, welches ihr zur Gewohnheit geworden war:

„Nimm mich! Nimm mich!"

Guillaume beugte sich zu ihr hinab, außer sich vor Freude, in dem Wahn, sie sei gerettet. Allein wie er sie jetzt emporheben wollte, fühlte er, daß ihr Körper plötzlich von einem heftigen Stoß erschüttert wurde. Sie war todt. Und da legte er sie wieder in's Bettchen und kniete davor nieder, stumm, keiner Thräne fähig. Bald aber wagte er sie nicht mehr anzuschen; der Tod verzog die Lippen des Kindes, und um ihren Mund legte sich der ernste Zug, welcher Jacques eigenthümlich war. Erschreckt von dieser Wirkung der Leichenstarre, welche nach und nach dem Gesichte seiner Tochter die Aehnlichkeit mit Jacques aufprägte, zwang er sich, weiter zu beten, ohne den Blick über die Hände der Kleinen zu erheben, welche er auf der Brust gekreuzt hatte. Aber gegen seinen Willen suchte derselbe immer wieder das Antlitz, so daß er endlich das Zimmer verließ, während Généviève seinen Platz bei der Leiche einnahm.

Als Madeleine in die Vorhalle des Hauses trat, überkam sie sofort das Vorgefühl eines Unglücks. Der Speisesaal war kalt und finster, das Haus schien verlassen. Ein trauriger Todtengesang führte die junge Frau in den ersten Stock. So kam sie in das Zimmer, wo der Körper Lucie's lag, zu dessen Häupten Généviève Gebete vor sich hinsang. Der trostlose Anblick, welcher sich ihr hier bot, das Kind, dessen bleiches Haupt tief in die Kissen gesunken war, die alte Schwärmerin auf den Knieen, betend im flackernden Scheine einer Kerze, machte sie erstarren und hemmte ihren Schritt. Sie begriff Alles mit einem einzigen Blick. Und dann schritt sie langsam weiter. Seit dem Morgen hatte sie der Gedanke an ihr Kind verlassen, und sie empfand nun eine gewisse Freude es todt zu finden. Das war ein Hinderniß weniger für ihren Selbstmord; sie konnte sich jetzt tödten, ohne die Furcht zu haben, ein armes Geschöpf zurückzulassen, welches seine Geburt dem

Unglück weihte. Am Rande des Lagers angekommen, vergoß sie nicht
eine Thräne, sie sagte sich einfach, daß sie in einigen Stunden selbst
ebenso kalt und starr sein würde wie diese. Wenn sie nicht entschlossen
gewesen wäre zu sterben, würde sie sich ohne Zweifel mit herzzerreißenden
Klagen über die Leiche geworfen haben; die Gewißheit aber, daß auch
sie bald nicht mehr sein würde, hinderte sie den Verlust des Kindes
zu fühlen. Sie empfand das einzige Bedürfniß, es noch ein letztes Mal
zu küssen. Aber wie sie sich neigte, glaubte sie Jacques vor sich zu
sehen, es schien ihr, daß Lucie die Lippen des jungen Mannes habe,
diese Lippen, welche sie am selben Morgen so wollüstig geküßt hatte.
Mit einer Bewegung des Entsetzens prallte sie da zurück.

Généviève aber, welche soeben ihr Gebet unterbrach, sah diese Bewegung des Schreckens, und sie fixirte Madeleine mit ihrem Ausdruck
von Unversöhnlichkeit.

„So werden die Kinder der Schuldigen bestraft," murmelte sie,
ohne den Blick von der jungen Frau zu wenden. „Gott züchtigt die
Sünder in ihrer Nachkommenschaft für alle Zeit."

Da erfaßte tolle Wuth Madeleine gegen dieses Weib, welches bei
jedem neuen Unglück ihren Weg kreuzte und welches ihr dann ihren
ungeheuerlichen Glaubenswahn in's Antlitz schleuderte.

„Warum siehst Du mich so an?" schrie sie. „Ich gewähre wohl
einen ganz besondern Anblick? Doch ich vergesse, daß Du mich beleidigen willst. Ich hätte mir sagen sollen, daß ich Dich finden würde
bis zu meiner letzten Stunde, den Arm erhoben, unbarmherzig und
grausam wie das Schicksal . . . Du bist das Verhängniß, Du bist das
Strafgericht!"

Die Augen der Schwärmerin leuchteten. Sie wiederholte mit
wilder Freude in einem Zustand prophetischer Ueberspanntheit:

„Die Stunde kommt, die Stunde kommt!"

„Oh! Ich habe genug gelitten!" erwiderte bitter Madeleine. „Ich
will bestraft sein, ich werde mich selbst strafen. Aber nicht Du bist's,
die mich verdammt.´ Du hast nie gesündigt, Du hast nie gelebt, Du
vermagst auch nicht über das Leben zu urtheilen . . . Kannst Du mich
trösten?"

„Nein!" antwortete die Protestantin, „Deine Thränen müssen
fließen, Du mußt die Hand küssen, die Dich schlägt!"

„Kannst Du machen, daß Guillaume mich neuerdings liebt und
den Frieden wiederfindet? Kannst Du mir versprechen, daß ich allein
leiden werde von dem Tage an, wo ich mich demüthige?"

„Nein! wenn Guillaume leidet, so geschieht es, weil auch er schuldig ist. Gott weiß wohl, wen er trifft."

Madeleine bäumte sich empor mit stolzer Heftigkeit.

„Wohlan denn!" rief sie. „Wenn Du nichts vermagst, was thust Du dann hier? warum quälst Du mich? Ich brauche keinen Gott. Ich richte und verdamme mich selbst!"

Sie hielt erschöpft inne. Und wie sie das Haupt senkte, gewahrte sie den Leichnam ihrer Tochter, welcher zuzuhören schien mit offenem Munde. Da schämte sie sich ihres Zornes, dessen heftige Ausbrüche wie Peitschengeknall über den Körper der armen Schläferin hinwegbrausten. Sie versenkte sich einen Augenblick in den Anblick dieses Nichts, wie davon angezogen, vorkostend die Wonne des Todes. Der schwere Ernst Lucie's, der Ausdruck der Ruhe auf ihrem Antlitz versprachen ihr eine Ewigkeit des Schlafes. Und da überkam sie ein bizarrer Wunsch: sie wollte wissen, wie viel Zeit sie bedürfen würde, um ebenso starr und kalt zu sein.

„Um welche Stunde ist sie gestorben?" fragte sie Généviève, welche ihre Gebete wieder aufgenommen hatte.

„Um Mittag!" antwortete die Protestantin.

Diese kurze Antwort traf Madeleine's Haupt wie ein Keulenhieb. So hatte Généviève doch recht? So war's ihr Fehltritt, der ihr Kind getödtet hatte. Um Mittag lag sie in den Armen Jacques', und um Mittag starb Lucie. Dieses Zusammentreffen schien ihr unselig, fürchterlich. Sie vernahm ihre Liebesseufzer sich mengen mit dem Todesröcheln ihres Kindes, es machte sie wahnsinnig, jene Scene der Wollust mit dieser Scene des Todes zu vergleichen. Einige Minuten blieb sie ganz vernichtet und stumpf. Dann aber fragte sie sich, was sie eigentlich hier thue, was sie eigentlich in Noiraude zu suchen gekommen sei. Sie wußte es nicht mehr, ihr Kopf war ganz leer. Sie fragte sich mit Seelenangst: „Warum bin ich denn so rasch von Paris hierhergeeilt? Ich hatte ja doch einen Plan." Und sie machte unerhörte Anstrengungen sich darauf zu besinnen. Und plötzlich kehrte ihr das Gedächtniß wieder. „Jetzt weiß ich es," sprach sie für sich, „ich will mich tödten, ich will mich tödten."

„Wo ist Guillaume?" fragte sie nun Généviève.

Die Greisin zuckte die Achseln, um zu bedeuten, daß sie es nicht wisse, und fuhr fort, leere Worte vor sich hinzumurmeln. Da erinnerte sich Madeleine bei ihrer Ankunft ein rothes Licht gesehen zu haben, welches befremdlicher Weise das Fenster des Laboratoriums erhellte.

Ein dunkler Trieb drängte sie vorwärts. Sie verließ das Zimmer und stieg eilig die Treppe empor.

Guillaume befand sich in der That im Laboratorium. Nachdem er das Gemach verlassen hatte, in dem Lucie gestorben, war er in den Park geflohen und war dort herumgeirrt bis zum Abend, ein Spielball seines Schmerzes. Als aber die Dämmerung hereinbrach, einem feinem Aschenregen vergleichbar, und die Landschaft in eine eintönige graue Färbung voll quälender Melancholie hüllte, fühlte er sich von einer unsäglichen Niedergeschlagenheit erfaßt und ward ergriffen von dem Verlangen, sich in irgend ein finsteres Loch zu flüchten, wo er sein Bedürfniß nach völliger Selbstvernichtung befriedigen könnte. Und er gehorchte nur ganz mechanisch einer unheilvollen Gewalt, indem er auf dem Boden einer Schublade, woselbst er ihn seinerzeit verborgen, nach dem Schlüssel zu dem Raume suchte, in welchem sich Herr de Viargue vergiftet hatte. Seit den Tagen jenes Selbstmordes hatte er jenen Raum nicht mehr betreten, und er würde selbst den unwiderstehlichen Drang, sich dahin zu begeben, nicht haben begreifen können; es war wie ein Durst nach Schrecknissen, wie eine Wuth, auf einmal alles Entsetzen, alles Leiden auszukosten. Als er eintrat, erschien ihm der weite Saal, nur spärlich erleuchtet durch die Kerze, welche er in Händen hielt, noch schmutziger, noch verlotterter als früher. In den Ecken lagen Haufen wüster Trümmer, der Ofen und die Dielen zerfielen in Stücke. Nichts war angerührt worden und fünfjähriger Staub bedeckte diese Ruinen. Die Spinnen zogen ihre Gewebe von der Decke herab und diese hingen in schwärzlichen Fetzen bis auf den Boden; die abgesperrte Luft an diesem Ort war erstickend und Uebelkeit erregend. Guillaume stellte das Licht auf den Tisch und streckte sich, um alles ringsum genau zu betrachten. Ein plötzlicher Schauder überlief ihn, als er zu seinen Füßen den schwarzen Flecken sah, welchen das Blut seines Vaters hinterlassen hatte. Dann lauschte er. Ein dunkles Vorgefühl sagte ihm, daß ein letzter Schlag ihn hier, inmitten dieses Schmutzes niederschmettern würde. Dieser Raum, welchen Niemand betreten hatte und welchen er todtenstill und düster wiederfand, schien ihn während fünf Jahren lügnerischen Träumens erwartet zu haben. Und nun öffnete er sich und zog ihn an sich wie eine Beute, welche ihm ohne Zweifel seit langer Zeit verheißen war.

In seiner Erwartung etwas Schreckliches erinnerte sich Guillaume an sein leidenvolles Leben, an diesen fortwährenden Druck, der auf ihm lastete, und der ihm von Jugend an Leib und Seele unterjochte. Er

lebte noch einmal seine schreckensvolle Kindheit durch, die schmerzens-
reichen Jahre des Schulbesuches, und diese letzten Monate des Wahnsinns und der Seelenpein. Alles verkettete sich, alles drängte zu irgend
einem schrecklichen Abschluß, der nahe bevorstand. Jetzt, wo ihm die
Ereignisse, deren logische und grausame Aufeinanderfolge er übersehen
konnte, in die Tiefe dieses Zimmers schleuderten, welches vom Blute
seines Vaters besudelt war, fühlte er sich reif für den Tod; er errieth,
daß das Schicksal mit einer letzten Brutalität ihm ein Ende bereiten
würde. —

So lauschte er nahezu eine halbe Stunde, von einer inneren
Stimme darauf vorbereitet, daß irgend Jemand ihm den letzten Streich
versetzen würde, als er im Corridor das Geräusch von Schritten vernahm. Madeleine erschien in der Thür. Sie war noch in ihren
Shawl eingehüllt und hatte sich nicht einmal die Zeit genommen, Hut
und Handschuhe abzulegen. Mit einem raschen Blick überflog sie das
Laboratorium, in welches sie niemals einen Fuß gesetzt hatte. Man
hatte ihr öfter von diesem verschlossenen Zimmer gesprochen und sie
kannte die traurige Geschichte desselben. Als sie die schmachvolle Unsauberkeit darin wahrgenommen hatte, umspielte ein fremdes Lächeln
ihre Lippen; es war ihrer würdig, inmitten dieser Fäulniß und dieses
Verfalles zu enden. Wie Guillaume, so schien es auch ihr, daß dieser
Raum sie seit Jahren erwarte.

Sie schritt geradenwegs auf ihren Gatten zu.

„Ich habe mit Dir zu sprechen, Guillaume," sagte sie. Ihre
Stimme war klar und kalt. Alle Erregung schien sie verlassen zu
haben. Den Kopf erhoben, festen Blicks hatte sie die Haltung eines
unerbittlichen Richters. „Es ist einige Monate her," begann sie wieder,
„daß ich Dich, als wir die Herberge von Mantes verließen, um die
Gnade bat, mich an dem Tage sterben zu lassen, an welchem das
Marterleben, das wir führen, unerträglich werden sollte. Ich konnte
meine Gedanken nicht beherrschen, mein Herz nicht beruhigen und ich
komme nun, Dich an das Versprechen zu erinnern, welches Du mir damals gabst."

Guillaume antwortete nicht. Er errieth die Gründe, welche seine
Frau ihm nennen würde, er erwartete sie, bereit sie gelten zu lassen,
nicht mehr daran denkend, Madeleine gegen sich selbst zu vertheidigen.

„Sieh, wohin wir gelangt sind!" fuhr diese fort. „Wir sind alle
Zwei gedrängt und gehetzt worden, bis die Ereignisse uns endlich hierher
getrieben haben, in dieses Zimmer. Täglich haben wir an Gebiet ver-

loren, wir haben es gefühlt, wie der Eisenring, der uns umschließt, sich immer enger und enger um uns zog. Allmälig sind alle Orte, die wir einst geliebt, für unsere armen kranken Seelen unbewohnbar geworden: der Pavillon nebenan, unser kleines Hotel in Paris, bis auf den Speisesaal hier, bis auf das Zimmer, in welchem unser Kind starb. Jetzt sind wir hier eingeschlossen, in diesem düstern Raum, in diesem letzten Zufluchtsort, würdig unseres Wahnsinns. Wenn wir alle Beide denselben verlassen, so wird es nur sein, um noch tiefer zu sinken, um ein noch schmählicheres und ehrloseres Leben zu führen. Ist das wahr?"

„Es ist wahr!" erwiderte Guillaume.

„Wir stehen uns hier, von Angesicht zu Angesicht gegenüber, und vermögen kein Wort, keinen Blick mehr zu tauschen, ohne uns zu kränken. Ich gehöre nicht mehr Dir, ich gehöre den Erinnerungen, welche allnächtlich über mich Gewalt gewinnen und mich namenlos foltern. Dir ist nichts verborgen, Du hast mich sogar einmal geweckt, als ich mich einem Traume hingab. Du wagst es auch nicht mehr, mich an die Brust zu drücken, — ist's nicht so, Guillaume? Ich bin zu sehr erfüllt von einem andern Manne. Ich sehe Dich eifersüchtig, ich sehe Dich verzweifelt, auf's Aeußerste gebracht wie mich . . . . Ist dies wahr?"

„Es ist wahr!"

„Unser Lieben würde gemein sein von dieser Stund' an; was hälfe es uns, uns selbst zu belügen; in einzelnen Augenblicken würde ich Deinen Ueberdruß und Abscheu durchfühlen, und Du würdest mir meine Gedanken, die Schmach meiner Wollust von dem Antlitz ablesen. Wir können nicht mehr zusammen leben. Ist das wahr?"

„Es ist wahr!"

Guillaume antwortete wie ein Echo, und jede seiner Antworten erklang hell und schneidig wie von einer Stahlplatte. Die erhabene und ruhige Haltung seiner Frau hatte auch allen Stolz seines Blutes geweckt. Er fühlte keine Schwäche mehr, er wollte seine nervöse Unmännlichkeit quitt machen, indem er mit Muth die unselige Lösung des Confliktes annahm, die er zu errathen glaubte.

„Ich setze dabei voraus," fuhr Madeleine mit Bitterkeit fort, „daß Du nicht getrennt mit mir leben willst, Du in einem Zimmer und ich in einem andern, wie gewisse Ehegatten, welche sich nur vor der Welt anerkennen, um den Schein zu wahren. Wir haben einige solche Ehen in Paris gesehn. Möchtest Du solch' ein Leben versuchen?"

„Nein," rief der junge Mann, „ich liebe Dich noch, Madeleine . . . . Wir lieben uns, und das ist's, was uns tödtet. Ist's nicht so? Wenn ich Dich behalte, will ich Dein Gatte bleiben, Dein Geliebter. Du hast's in Paris gesehen, wir können uns einer solchen Existenz des Egoismus nicht beugen. Wir müssen Einer in des Andern Armen leben, oder nicht mehr leben."

„Wohlan! Laß' uns also logisch sein. Alles ist zu Ende: Du hast es gesagt. Unsere Liebe ist's, die uns tödtet. Wenn wir uns nicht liebten, würden wir in Frieden leben. Aber sich fortlieben und seine Zärtlichkeiten besudeln; sich jede Minute nach einer Umarmung sehnen und sich nicht mehr mit der Fingerspitze zu berühren wagen; meine Nächte an Deiner Seite und an eines Andern Brust zu verleben, während ich mein Blut hingeben würde, könnt' ich Dich zu mir ziehen: das, siehst Du, das würde uns endlich wahnsinnig machen. Alles ist zu Ende! —"

„Ja, Alles ist zu Ende!" wiederholte Guillaume langsam. Dann schwiegen sie eine kurze Weile und sahen einander mit sicherem Blick in die Augen. Madeleine, ihre erschreckende Ruhe bewahrend, sann nach, ob sie keine von den Ursachen vergessen habe, welche sie zum Selbstmord zwangen. Sie wollte mit aller Gelassenheit vorgehen, genau darlegen, daß alle Hoffnung todt sei, — nicht sich aus Tollheit in den Tod stürzen, sondern im Gegentheil, sich des Lebens entäußern, nachdem sie die Unmöglichkeit einer Heilung erwiesen hatte. Sie hielt fest an den Gründen, welche sie bestimmten.

„Unternehmen wir nichts gegen die Vernunft," begann sie nochmals. „Besinne Dich genau der Thatsachen . . . Ich wollte in jener Herberge sterben. Dann habe ich Dir diese Absicht verheimlicht, weil mich der Gedanke an meine Tochter zurückhielt. Heute ist diese todt, — ich kann gehn . . . Ich habe Dein Versprechen."

„Ja," antwortete Guillaume, „wir werden zusammen sterben."

Da blickte sie ihn mit dem Ausdruck des Schreckens und Staunens an und rief mit Heftigkeit:

„Was sprichst Du da? Du darfst nicht sterben, Guillaume, Du nicht. Das lag niemals in meinem Plan. Ich will nicht, daß Du stirbst. Das wäre ein unnützes Verbrechen!"

Der junge Mann machte eine verzweifelte Bewegung des Widerspruchs:

„Du hast nicht daran gedacht," sagte er, „daß ich dann mit meinem Leid allein bliebe!"

„Wer spricht von Leid?" gab sie verächtlich zurück. „Uebermannt Dich Deine Schwäche wieder? Fürchtest Du Dich zu weinen? Wenn es sich nur um den Schmerz handelte, ich würde bleiben, ich würde noch kämpfen. Doch ich bin Dein Uebel, Deine offene Wunde. Ich gehe, weil ich Dir im Wege bin."

„Du wirst nicht allein sterben!"

„Ich bitte Dich, Guillaume, schone mich, vergrößere nicht noch meinen Fehler. Wenn ich Dich mitzöge in meinen Fall, würde ich noch schuldiger werden, würde ich noch verzweifelter aus dem Leben scheiden. Meine Fleischeslust ist verflucht und sie vergiftet Alles, was Dich umgiebt. Wenn ich nicht mehr sein werde, wirst Du Dich beruhigen, Du wirst auf's Neue versuchen können, glücklich zu sein."

Guillaume verlor seine kalte Ruhe. Der Gedanke, daß er im Leid allein bleiben sollte, erfüllte ihn mit Entsetzen.

„Und was soll ich ohne Dich beginnen?" schrie er. „Bist Du todt, so bleibt mir nichts übrig, als auch zu sterben. Uebrigens will ich mich strafen, mich strafen für meine Schwäche, welche Dich nicht zu retten vermochte. Du bist nicht die allein Schuldige ... Du weißt es, Madeleine, ich bin ein nervöses Kind, welches Du in Deinen Armen mitnehmen mußt, wenn Du es nicht einem jämmerlichen Verkommen preisgeben willst."

Madeleine fühlte die Wahrheit dieser Worte. Aber der Gedanke ihren Gatten zum zweiten Mal in's Herz zu treffen, indem sie Hand an sich selbst legte, war ihr unerträglich. Sie antwortete nicht, da sie hoffte, die Aufregung des jungen Mannes würde sich legen, und sie dann im Stande sein, ihn ihrem Willen zu beugen. Dieser aber zeigte sich jetzt nicht mehr resignirt; er sträubte sich gegen das Vorhaben eines Selbstmordes.

„Suchen wir, suchen wir noch," stammelte er. „Warten wir, um des Himmels willen!"

„Warten? worauf? Und wie lange?" antwortete Madeleine rauh. „Ist nicht alles zu Ende? Du gabst soeben Alles zu. Glaubst Du denn, ich lese nicht in Deinen Augen? Wage es zu sagen, daß mein Tod Dir nicht nöthig ist."

„Suchen wir, suchen wir einen anderen Ausweg!" wiederholte er fieberhaft.

„Warum sprichst Du diese leeren Worte aus? Es ist unnütz zu suchen, wir würden keine Heilung finden. Und Du weißt das, und sprichst nur, um Deine Gedanken zu betäuben, welche Dir die Wahrheit zuschreien."

Guillaume rang die Hände.

„Nein, niemals," rief er. „Du kannst nicht so sterben, ich liebe

Dich, und ich werde Dich diesen Selbstmord vor mir nicht vollziehen lassen."

„Das ist kein Selbstmord," antwortete die junge Frau, „das ist eine Hinrichtung. Ich habe mich gerichtet und ich habe mich verdammt. Laß mich Gerechtigkeit üben."

Sie sah, daß ihr Gatte schwach wurde und in einem rauhen Tone der Ueberlegenheit fuhr sie fort:

„Ich hätte mich diesen Morgen in Paris getödtet, wie ich es einen Augenblick gewollt, wenn ich gewußt hätte, daß Du so schwach sein würdest. Ich glaubte nicht über mich bestimmen zu können, bevor ich Dir die Gründe meines Todes dargebracht habe. Du siehst, daß ich mich wohl zu rechtfertigen vermag."

Guillaume aber rief in heftigster Verzweiflung:

„Du hättest Dich tödten müssen, ohne mir ein Wort zu sagen, und ich hätte mich auch sofort getödtet . . . Du bist grausam mit Deiner Rechtfertigung!"

Er hatte sich auf den Rand eines Tisches gesetzt, einer Ohnmacht nahe. Madeleine beschloß daher ein Ende zu machen. Sie fühlte sich müde, sie hatte Eile im Tode auszuruhen. Ein geheimer Egoismus veranlaßte sie, ihren Gatten seinem Schicksal zu überlassen. Jetzt, wo sie alle Anstrengungen gemacht hatte, ihn zu retten, würde sie ruhig hinüberschlummern. Sie besaß nicht den Muth weiter zu leben, um ihn zum Leben zu zwingen.

„Sträube Dich nicht so sehr," sagte sie zu ihm, rasch um sich blickend. „Ich muß sterben — nicht wahr? Sage nicht nein . . . Laß mich machen."

Sie hatte den kleinen Glaskasten erblickt, in welchem der alte Herr de Viargue die neuen, von ihm entdeckten Gifte eingeschlossen hatte. Einige Minuten früher, als sie die Treppe emporgestiegen war, hatte sie sich gesagt: „Ich werde mich aus dem Fenster stürzen; es sind drei Stockwerke, ich werde auf dem Pflaster zerschmettern." Aber der Anblick des Kastens, auf dessen Glastafeln der Finger des Grafen in großen Buchstaben das Wort ‚Gift!‘ geschrieben hatte, ließ sie eine andere Todesart wählen. Mit einer Bewegung der Freude stürzte sie sich auf den kleinen Schrank.

„Madeleine! Madeleine!" schrie Guillaume entsetzt. Aber die junge Frau hatte bereits eine Scheibe des Schrankes mit einem Faustschlag zerbrochen. Das Glas schnitt ihr tief in die Finger. Sie ergriff nun ein Fläschchen, das erstbeste. Da aber faßte sie ihr Gatte mit einem Sprunge bei den Händen und setzte sie dadurch außer Stande, das Gefäß an den Mund zu führen. Und das laue Blut ihrer Wunden feuchtete ihm die Hände.

„Ich werde Dir eher die Handgelenke zerbrechen, ehe ich Dich trinken lasse," schrie er. „Ich will, daß Du lebst!"

Madeleine blickte ihm in's Antlitz.

„Du weißt wohl, daß dies unmöglich ist!" antwortete sie und begann nun mit ihm zu ringen; sie stieß ihn einigemal mit aller Gewalt, um ihre Hände frei zu machen. Aber ihr Gatte hielt dieselben fest mit den seinen, und wiederholte außer Athem:

„Gieb mir das Fläschchen! Gieb mir das Fläschchen!"

Und mit rauher Stimme erwiderte die junge Frau:

„Sei kein Kind! Laß mich los!"

Er antwortete nicht mehr. Er versuchte ihre Finger zu öffnen, um ihr die Phiole zu entreißen. Seine Hände waren schon ganz blutig von den Schnittwunden Madeleine's. Als diese aber ihre Kraft schwinden fühlte, schien sie einen äußersten Entschluß zu fassen.

„Also hat Dir Alles, was ich gesagt," begann sie, „nicht bewiesen, daß ich des Todes bedarf und daß es Grausamkeit wäre, mir ihn zu verweigern?"

Er schwieg.

„Du erinnerst Dich also nicht," fuhr sie heftiger fort, „des Zimmers in der Herberge, welches ich einmal mit meinem Geliebten bewohnte? Du erinnerst Dich nicht an jenen Tisch, auf welchem ich die Worte: ‚Ich liebe Jacques' geschrieben habe, und an die blauen Vorhänge, mit welchen ich während der heißen Sommernächte die Fenster verhängt hatte?"

Bei dem Namen Jacques überlief ihn ein Schauer; aber er bestrebte sich trotzdem, mit nicht minderer Aufregung des Fläschchens habhaft zu werden. Da gerieth die junge Frau außer sich.

„Um so schlimmer!" rief sie „Ich wollte Dir eine letzte Pein ersparen, aber Du zwingst mich, brutal zu werden ... Diesen Morgen habe ich gelogen; ich hatte nichts vergessen, ich bin in Paris geblieben, um Jacques zu sehen; ich wollte ihn von uns entfernen und ich bin an seine Brust gesunken wie eine Lustdirne! ... Hörst Du, Guillaume, ich komme aus den Armen Jacques'."

Unter dem furchtbaren Schlage dieses Geständnisses ließ Guillaume die Hände Madeleine's frei. Seine Arme fielen kraftlos herab, seine Augen hefteten sich blöde auf die junge Frau. Er wich langsam zurück.

„Ah! siehst Du wohl," sagte diese mit einem fremden Lächeln des Triumphes, „daß Du meinem Tode beistimmst?" –

Er aber wich noch immer zurück. An die Wand gelangt, lehnte er sich an, ohne seine Augen von Madeleine abzuwenden. In ungeheurer Angst beugte er sich halb gegen sie hin, um besser jeder ihrer Bewegungen folgen zu können. Und sie erhob das Fläschchen und zeigte es ihm.

„Nun werde ich trinken, Guillaume," begann sie wieder. „Jetzt erlaubst Du es mir doch?"

Er blieb stumm, die Augen traten ihm aus den Höhlen, die Zähne schlugen heftig zusammen. Er krümmte sich allmälig ganz zusammen, als wolle er, indem er sich ganz klein machte, dem schrecklichen Schauspiel, von dem er die Augen nicht abzuwenden vermochte, entrinnen.

Madeleine aber hob nun langsam die Phiole und leerte sie auf einen Zug. Während sie trank, ließ sie ihren Gatten nicht aus den Augen. Die Wirkung des Giftes, in dieser großen Menge genommen, war furchtbar und plötzlich. Sie drehte sich mit offenen Armen um und fiel auf's Gesicht. Eine einzige Zuckung erschütterte sie auf der Erde. Ihre ungeheure Fülle rothen Haares löste sich und breitete sich auf dem Boden aus wie eine Blutlache.

Guillaume war keine Einzelheit dieses jähen Vorgangs entgangen Während seine Frau trank, hatte er sich immer mehr zusammengekauert. Jetzt saß er auf seinen Fersen, gegen die Wand gelehnt. Als sie nun stürzte mit dumpfem Geräusch, wie ein Bleiklumpen, fühlte er den Boden unter sich zittern; es schien ihm, als ob der Sturz Madeleine's, indem er in seinem Gehirn widerhallte, seinen Kopf zersprenge. Während einiger Secunden betrachtete er den Leichnam unter dem Tische durch.

Dann stieß er ein gellendes Gelächter aus; mit einem Sprunge war er auf den Füßen und nun begann er im Laboratorium herumzutanzen, wobei er den Tact durch Zusammenschlagen seiner vom Blute feuchten Hände gab, deren rothe Flecken er mit heftigen Ausbrüchen von Heiterkeit prüfte.

So machte er mehrere Male die Runde im Saal, auf die herumliegenden Scherben tretend, die Trümmer in die Mitte des Zimmers schnellend. Endlich begann er mit geschlossenen Beinen über den Körper seiner Frau zu springen, wie ein Kind, welches Sackhüpfen spielt. Und er lachte immer stärker, da er dies Spiel ohne Zweifel ungemein komisch fand.

6

In diesem Augenblick erschien Généviève auf der Thürschwelle. Unbeweglich, kalt, ein Bild des Verhängnisses, durchforschte sie mit ihrem Blick diesen großen düsteren Saal, mit seiner stinkenden Atmosphäre, mit seinen Ecken voll Schmutz, dessen Dunkel das einzige Licht kaum erhellte. Und als sie den Leichnam wahrgenommen hatte, der platt auf dem Boden lag, wie zerstampft von diesem Wahnsinnigen, welcher in der unsicheren Beleuchtung gespensterhaft lachte und tanzte, richtete sie ihre hohe Gestalt auf und sprach mit harter Stimme:

„Gott Vater hat nicht verziehn."

„Schrecklich! Markerschütternd!" sagte nach einer Pause Frau von S., welche mit athemloser Spannung gelauscht hatte, und deren bleiches Antlitz erst allmälig wieder die natürliche frische Färbung annahm. „Sie haben Recht," fuhr sie nach einer Pause fort, „diese Frau ist wirklich eine tragische Figur, und wenn man sich auch eines gewissen Abscheu's nicht erwehren kann, so fühlt man doch tiefes Mitleid mit ihrem Geschick. Nach meiner Ueberzeugung bedurfte diese Frau nur eines Mannes von großer sittlicher Willenskraft, um gerettet, um sich selbst wiedergegeben zu werden."

„Das spricht sie sogar selbst aus, sie fühlt und weiß es, aber sie kann ihren Gatten nicht anders machen und sie kann ihn nicht anklagen. Seine Eifersucht ist ja gerechtfertigt, und daß er dies Gefühl nicht beherrschen kann — wie soll sie es ihm vorwerfen, da sie unter einem noch viel schimpflicheren Joche schmachtet? Finden Sie aber nicht, daß ein allzugroßer Egois= mus in der Art liegt, wie sie Guillaume ihren Entschluß zu sterben mittheilt, wie sie seine Einwilligung dazu fordert und endlich durch die letzte brutale Eröffnung ihm dieselbe ab= zwingt?"

„Das verstehe ich vollkommen. In dieser Grausamkeit liegt eine große sittliche Absicht, eine große Erkenntniß der eigenen Schuld. Diese Frau, der es doch wahrhaft leichter wäre, allein zu sterben, kennt die moralische Schwäche ihres Gatten zu genau, sie weiß zu bestimmt, daß ihr Tod den seinen unabweislich nach sich ziehen würde, und glaubt ihn zum Leben zwingen zu können, indem sie ihm ihr Recht, ihre Pflicht, die moralische Nothwendigkeit ihres Todes nachweist. Ich finde, daß Zola hier gerade einen Meisterzug gethan hat, daß hier die Intuition des Dichters ihn das Richtige hat errathen lassen. Zu all' der Schuld, die auf ihr lastet, will Madeleine nicht auch die Schuld seines Todes auf sich nehmen. Ich habe aber ein anderes Bedenken. Mir scheint, mindestens nach Ihrer Erzählung, die äußere Handlung sich nicht einfach und organisch genug zu entwickeln. Dieses Todtmelden Jacques', dann sein Wiederlebendigwerden allein schon stört mich. Es deutet auf eine Unbeholfenheit in der Erfindung?"

„Dem ist auch wirklich so. Auch das spätere Zusammen= treffen Jacques' mit Madeleine, das ich nur flüchtig erwähnen konnte, und manches andere ist, wenn auch motivirt, so doch zu äußerlich motivirt. Man sieht, der Dichter war ganz erfüllt von seinem psychologischen Problem und legte der Intrigue zu wenig Werth bei. Aber auch nur daran erkennt man, daß „Madeleine Ferat" eine Jugendarbeit ist, denn in der psycholo= gischen Führung und Vertiefung der Charaktere und des Problems beweist Zola schon hier die volle Meisterschaft.

„Mit „Madeleine Ferat" schließt die Jugendperiode von Zola's Schaffen ab und wir stehen unversehens vor seinem großen Hauptwerk, dem Rougon=Macquart=Cyclus; hier erst entwickelt sich der Dichter voll und ganz, nicht nur in seinen Vorzügen, die wir bereits jetzt kennen, sondern auch in jenem hervorragenden Talente der minutiösen Schilderung des „milieu," welches er mitunter mißbraucht, und dessen Mißbrauch seinen Feinden eine gefährliche Waffe in die Hand gedrückt hat. Doch Sie werden heute schon müde sein und ich muß Ihre volle Aufmerksamkeit in Anspruch nehmen, wenn ich vor Ihnen den ganzen Plan dieses Werkes, soweit er sich bis jetzt übersehen läßt, entrollen soll. Sagen wir also: Fortsetzung folgt."

Frau von S. erhob sich gleich mir und reichte mir die Hand. „Ich bin's zufrieden," sagte sie, „denn dieses letzte Kapitel von „Madeleine Ferat" hat mich in der That etwas angegriffen. Was muß der Dichter selbst gelitten haben, als er

6*

diese grauenhafte Katastrophe mit dieser Greisbarkeit, mit dieser unerbittlichen Logik der Beweisführung schilderte! Oder glauben Sie, daß man solches mit kaltem Blute, blos mit dem Verstande gestalten kann?"

„Ich halte es nicht für möglich, mit dem Verstande allein in diese Seelenabgründe zu bringen und Zola's Theorie von dem ‚Erleben des eigenen Werkes' schließt für ihn wenigstens diese Voraussetzung ganz aus."

„Dann wundere ich mich nicht nicht, wenn er, wie Sie sagen, ein Melancholiker ist! — Auf Wiedersehen!" —

Fünfter Abend.

———

Eine im Grunde unangenehme Ueberraschung erwartete mich an meinem nächsten Plauderabend bei Frau von S. Ich traf in ihrem Boudoir die Baronin d'Elvert, eine kleine, nicht un= hübsche, zart aber ebenmäßig gebaute Frau von etwa dreißig Jahren, südlicher Incarnation und einer wahren Quecksilbernatur. Sie genießt nicht eben eines guten Rufes in der Gesellschaft, aber sie stammt aus vornehmem Geschlecht, ist reich und ihr Gemahl nimmt eine hervorragende Stellung im auswärtigen Amte ein. Genug der Gründe für die gute Gesellschaft, es mit ihrer Moralität nicht allzu streng zu nehmen. Man spricht zwar alles Uebele über sie, aber man scheut sich deshalb doch nicht, mit ihr zu verkehren. Und auch Frau von S. hätte sich der Pflicht, sie zu empfangen und mit ihr zu verkehren, nicht entziehen können, ohne hoffärtig prüde zu erscheinen, selbst wenn ihr dies in den Sinn gekommen wäre. Doch meine Freundin, eine wirklich tugendhafte Frau, bethätigte sich als solche auch durch die Nach= sicht, welche sie ihren schwächeren Schwestern angedeihen ließ. Sie sprach nie Böses über die Baronin, hörte es auch gar nicht an, und begegnete ihr mit all' der ruhigen Liebenswürdigkeit, welche auch nicht den leisesten Hintergedanken hegt. Man wird mir vielleicht einwenden, daß es auch tugendhafte Frauen giebt, welche dabei sehr rigoros und sittenstreng sind. Ohne Zweifel, aber diese Frauen sind meist nur tugendhaft geblieben, weil ihnen der Muth zu sündigen fehlte, und ihre unbarmherzige Strenge entspringt einem Gefühl des Neides, nicht des sittlichen Bewußtseins. Sie neiden den Andern — den Genuß des Lasters. Und solcher Neid macht. doppelt hart. Baronin d'Elvert fühlt sich aber zu Frau von S. gerade darum besonders hingezogen, weil sie diese wirklich wohlwollend und unbefangen weiß.

Meine Freundin hatte die Baronin von meinem Kommen und von dem Zweck desselben in Kenntniß gesetzt, und diese hatte gebeten, bleiben und auch zuhören zu dürfen, eine unwillkommene Bitte, welche aber nicht abgeschlagen werden konnte. Und nun trat ich ein und ward gleich mit einem Schwall von Worten überschüttet. Die Baronin konnte es gar nicht fassen, wie ich Zola ernst zu nehmen vermöge; sie sei durchaus nicht vorschnell in ihrem Urtheil und habe deshalb einige seiner Romane gelesen, obgleich (oder weil?) Zola's Leumund ein so übler sei, allein das Schlimmste, was sie über ihn gehört, sei noch viel zu milde gewesen. Das sei ja ein Schriftsteller, der einem alle Roman=Ideen austreibe mit seiner schonungslosen Schilderung der Fehler und Schwächen der Menschen und ihrer schrecklichen Folgen.

„Es ist ja hart genug," sagte sie, „wenn wir jeden Moment des Glücks mit Tagen und Monden bittern Herzeleids bezahlen müssen, um so weniger aber wollen wir dies in Romanen lesen. Da wollen wir das Leben von der schönen Seite kennen lernen, da wollen wir das Leben unserer Träume ausgestaltet sehen. Und wenn Zola das nicht kann, dann ist er kein Dichter, dann soll er überhaupt nicht schreiben!"

Frau von S. lächelte und wechselte einen verständnißvollen Blick mit mir. Und ich erwiderte beistimmend:

„Sie haben Recht, Baronin, Zola ist kein Dichter für das schöne Geschlecht, Zola ist ein Dichter für uns Männer!"

Das hieß aber Oel in's Feuer gießen.

„Für die Männer schon gar nicht!" rief sie ganz erregt, „die sind heutzutage ohnedies allzu nüchtern, keines poetischen Aufschwunges fähig, und wenn sie nun Zola's Romane lesen, entfremden Sie sich uns Frauen ganz. Denn das müssen Sie doch zugeben, daß bei Zola das weibliche Geschlecht ganz unverantwortlich schlecht gemacht wird. Ich will gar nicht von ‚Nana‘ sprechen, — das ist so Eine, — aber nehmen Sie nur die Frauen in „Pot-Bouille," ich schäme mich eigentlich, daß ich das Buch

gelesen habe, aber wir halten die ‚Neue Freie Presse‘ und da
stieß ich darauf, ehe es noch erschienen war, — sie sind alle
nichts nutz, alle, alle, alle, und das soll die Geschichte eines
Bürgerhauses sein! Ich bin zwar von Abel, aber soweit nehme
ich doch die Frauenwelt des Bürgerthums in Schutz!“

„Thun Sie das nicht!“ gab ich lächelnd zurück, „lesen Sie
„Son Excellence Rougon“ und Sie brauchen all' Ihre Bered=
samkeit für Ihre Standesgenossinnen.“

„Wie? uns greift er auch an? War's mit ‚Nana‘ nicht
genug, wo wir übel genug weg gekommen sind, wenn auch nur
so nebenbei!“ brauste sie auf. „Wann ist denn das Buch
erschienen?“

„Lange vor ‚Nana‘, und wenn Sie erlauben, Baronin,
werde ich Ihnen im genetischen Zusammenhange diese Roman=
reihe vorführen. Vielleicht bekommen Sie dann doch Lust, einen
oder den andern noch zu lesen. Sie thun Zola wirklich Unrecht,
wenn Sie ihn für einen Frauenfeind halten. Dazu ist er allzu
sehr Dichter, — und es finden sich in einigen seiner Werke wahr=
haft poetische, rührende und entzückende Frauengestalten.“

„Das höre ich zum ersten Male!“ erwiderte die Baronin,
welche sich so ziemlich als — enttäuschte Zola=Leserin entpuppt
hatte, „und bin wirklich sehr, sehr gespannt. Aber bekehren
werden Sie mich doch nicht.“

Das war auch gar nicht meine Absicht, und ich beschloß,
einen im Sinne dieser Frau möglichst langweiligen Vortrag zu
halten, das sicherste Mittel, sie unseren künftigen Zola=Abenden
einigermaßen zu entfremden.

„Es kann nicht Wunder nehmen,“ begann ich zu Frau
von S. gewendet, „daß Zola, der so ungeheures Gewicht auf
die Umgebung, die lebende und todte Umgebung, legt, insofern
dieselbe Einfluß nimmt auf das ganze äußere und innere Wesen
eines Menschen, auch der Herkunft desselben eine wesentliche
Bedeutung beilegt. Sie werden kaum eine hervorragende Gestalt
in Zola's Romanen, von „Madeleine Ferat“ an, finden, deren
Eltern, deren Kindheit Ihnen der Dichter nicht vorführen würde,
um zum Theil aus dieser Abstammung, aus der frühesten Ent=

wicklung dieser Gestalt ihr ferneres Werden und Wachsen psychologisch und physiologisch zu erklären. Wer ehrlich mit sich selbst zu Rathe geht, wird wohl aus seiner eigenen Vergangenheit und Entwicklung heraus erkennen, wie richtig diese Ansicht Zola's ist, daß auch der Mensch wie Thier und Baum und Pflanze ebensowenig loszulösen ist von dem Keime, aus dem er entstanden ist, wie von der Umgebung, in welcher er emporwächst. Die Wissenschaft hat dies längst nachgewiesen und die Vererbungstheorie dürfte im Laufe der Zeit wohl noch in unserer Gesetzgebung eine Rolle spielen, indem sie auf die Eheschließung Einfluß nimmt. Der Fortpflanzung gewisser Krankheitskeime, wie namentlich der Skropheln und anderer Blutvergiftungen und Entartungen, soll zum Schutze der Menschheit auch durch gesetzliche Bestimmungen — nach Möglichkeit entgegengearbeitet werden. Was als Grausamkeit gegen das einzelne kranke Individuum erscheinen kann, es ist thatsächlich nur eine Wohlthat für das ganze menschliche Geschlecht."

Baronin d'Elvert rückte sehr unruhig auf ihrem Sitze hin und her. Ich aber ließ sie nicht zu Worte kommen, noch mich beirren.

„Diese Vererbungstheorie nun," fuhr ich trocken fort, „konnte natürlich ein Mann von der Wissenschaftlichkeit und kritischen Schärfe Zola's nicht übersehen, noch übergehen, und in seinem Rougon-Macquart-Cyclus kommt sie besonders mit Bezug auf den Charakter in der Mannigfaltigkeit ihrer Erscheinungen von Geschlecht zu Geschlecht zu höchst interessanter Verkörperung. Die Stammutter Adelaide Fouque des Geschlechtes Rougon-Macquart war der begenerirte letzte Sprößling einer provençalischen Bürgerfamilie, und sie allein schon besaß eine Fülle fataler Eigenschaften, die in dem entarteten Blute ihre Erklärung finden. Sie war von verzehrender Sinnlichkeit, welcher sie sich blindlings und widerstandslos unterwarf, von heftiger Gemüthsart, fahrigem absonderlichen Wesen und scheuem Blick, so daß sie allgemein für verrückt galt, was um so weniger Wunder nahm, als ihr Vater im Narrenhaus gestorben war.

Mit achtzehn Jahren alleinstehend in der Welt und Erbin

eines ziemlich ansehnlichen Landbesitzes, heirathete sie einen
ungehobelten Bauer aus den Nieder=Alpen, Namens Rougon,
welcher als Gemüsegärtner in ihrem Dienste stand und den sie
allen ebenbürtigen Bewerbern vorgezogen hatte. Nach zwölf
Monaten genas sie eines Sohnes Pierre, und drei Monate
später starb Vater Rougon am Sonnenstich. Die junge Frau
gab ihm jedoch rasch einen Nachfolger, einen übelbeleumdeten
Säufer, Wilddieb und Schwärzer, welcher allgemein ‚der Lump
Macquart‘ hieß und dessen Hütte an den Garten der Rougon
stieß. Mit diesem Menschen lebte Adelaide nun in wilder Ehe,
aus der zwei Kinder hervorgingen, ein Knabe Antoine und ein
Mädchen Ursula.

„So lange diese drei Sprossen noch nicht klar waren über
die Verfänglichkeit ihres verwandtschaftlichen Verhältnisses lebten
sie, völlig wild aufwachsend, im Stande der Gleichberechtigung.
Sobald aber der junge Pierre Rougon sich der ganzen Situation
bewußt wurde, strebte er mit der Berechnung und Tücke des
habsüchtigen Bauernverstandes danach, sich seine Halbgeschwister
vom Halse zu schaffen, was um so leichter ging, als Antoine
zum Militär mußte. Der alte Macquart war mittlerweile ge=
storben und Pierre verstand es nun durch allerhand Winkelzüge
und Advocatenkniffe seine Mutter zur Abtretung ihres ganzen
Besitzes an ihn zu veranlassen. Die alternde Frau zog sich in
die Hütte Macquart’s zurück, wo sie von nervösen Zufällen und
Krämpfen gepeinigt, einer hirnverbrannten Frömmigkeit hin=
gegeben, langsam dem Irrsinn verfiel. Ursula aber fand sich
rasch bereit, einen braven Hutmacher in Marseille zu heirathen,
welcher sich in sie verliebt hatte und sie ohne jedes Heirathsgut
nahm, was Pierre natürlich sehr willkommen war. Er selbst
aber heirathete die einzige Tochter eines Oel= und Südfrüchten=
Händlers in Plassans (oder richtiger Aix in der Provence), wo=
selbst sich alle diese Begebenheiten abspielen und wo Zola die
Jahre seiner Kindheit zubrachte. Felicitas Puech ist der Mädchen=
Name der nunmehrigen Gattin Pierre Rougon’s, und sie bringt,
außer dem Geschäfte ihres Vaters, welches Pierre übernimmt,
auch die Intelligenz, Herrschsucht und Lust zum Intriguiren in

das Geschlecht. Aus der Ehe Pierre's mit Felicitas gehen fünf Kinder hervor, Eugène, welcher die Brutalität des Vaters und die Herrschsucht und den Intriguengeist der Mutter erbt und die Hauptfigur des politischen Romanes „Son Excellence Rougon" ist. Dann Pascal, welcher ganz aus der Art schlägt und als Gelehrter und Arzt der Menschheit nützlich wird, einen tadellosen Wandel führt und nicht heirathet: also aller Erblichkeits-Theorie spottet. Der dritte Sohn ist Aristides, dessen Habsucht und Speculationswuth, ein Erbtheil seines Vaters, in dem Finanz-Roman „La curée" große Erfolge erzielt und unglaubliche Triumphe feiert über Ehre und Gewissen dieses Mannes. Dann sind noch zwei Töchter Martha und Sidonie zu nennen. Damit ist die Reihenfolge der Rougons in erster Linie entwickelt. Ich wende mich nun den Abkömmlingen aus der wilden Ehe Adelaide's mit Macquart zu. Der bereits genannte Sohn Antoine kehrt sehr zum Mißvergnügen Pierre's nach Ablauf seiner Dienst-zeit nach Plassans zurück, in der Anwartschaft auf sein gutes Erbtheil. Bald jedoch sieht er den Betrug, der ihm gespielt wurde, und führt nun in dem kleinen Städtchen eine fatale Lumpen-Existenz, welche darin gipfelt, daß er seinen Halbbruder überall einen Gauner und Betrüger schilt, welcher von Rechts-wegen hinter Schloß und Riegel sitzen sollte. Endlich gelingt es Pierre und seiner Frau, ihm ein wenig den Mund zu stopfen, indem sie ihm eine kleine Summe auszahlen. Nachdem er aber diese vertrunken, geht der Skandal von Neuem an, und er hei-rathet, um seine stolzen Verwandten zu ärgern, ein großes tüch-tiges Hallenweib, namens Josephine Gavaudan, welche nun auch für ihn schafft und arbeitet, und nur die Schwäche hat, sich hie und da zu betrinken. Das giebt aber Anlaß zu manchen ehelichen Faustkämpfen, da Antoine derselben Neigung huldigt. Trotzdem hält diese Ehe zusammen und entsprießen derselben drei Kinder: Lisa, die weibliche Hauptfigur in dem Hallen-Roman „Le ventre de Paris," Gervaise, die weibliche Heldin des Arbeiter-Romans „L'Assommoir" und ein Knabe Jean. In Gervaise erbt sich die Trunksucht ihrer Eltern fort und sie wird die Mutter Nana's, in welcher Gestalt die geschlechtliche Ueber-

reiztheit der Stamm=Mutter Abelaide in wildes Phrynenthum
ausartet.

„Es bleibt nur noch die Nachkommenschaft von Antoine's
Schwester Ursula, welche den Hutmacher Mouret in Marseille
geheirathet hat, zu erwähnen übrig. Ursula —"

Baronin d'Elvert sprang jähe vom Sopha empor. „Ich
muß um Verzeihung bitten, wenn ich unterbreche," sprach sie
mit vibrirender Stimme, der man die mühsam niedergehaltene
zornige Ungeduld anhörte. „Ich besinne mich eben, daß ich
meinem Mann versprochen habe, ihn in unserer Loge in der
Oper zu treffen. Es thut mir aufrichtig leid," wandte sie sich
mit dem süßesten Lächeln zu mir, „daß ich Ihren hochinteressanten
Ausführungen nicht weiter folgen kann, aber Sie wissen, die
Pflichten gegen den Gatten darf keine Frau vernachlässigen."

Und meine Antwort gar nicht abwartend, küßte sie Frau
von S. auf beide Wangen und rauschte davon.

Ehe wir's wußten, waren wir allein. Meine Freundin sah
mich mit dem Ausdruck sprachloser Verblüfftheit an, während
ich ruhig meinen Platz wieder einnahm.

„Wissen Sie," rief sie endlich, nachdem sie sich soweit gefaßt
hatte, „daß ich Sie niemals für so boshaft gehalten hätte?"

„Inwiefern boshaft? Ich gab der liebenswürdigen Dame
Gelegenheit, zu zeigen, welch' pünktliche und submisse Ehegattin
sie ist, eine Tugend, die wohl nur wenige Menschen bei ihr
vermuthen."

„Ah! jetzt werden Sie malitiös, lieber Freund, und da=
gegen muß ich protestiren!"

„Was Ihnen alle Ehre macht. Aber in diesem Falle, ver=
ehrte Frau, habe ich nur einen Racheact ausgeübt. Diese
Baronin d'Elvert gehört zu jenen Damen, deren lüsterne Phan=
tasie bei Zola meist zu kurz kommt, und die ihm diese Ent=
täuschung entgelten lassen, indem sie mit moralischer Entrüstung
über seine Romane sprechen. In der That aber ist's eine sehr
unmoralische Entrüstung! Uebrigens hätte ich beim besten Willen
meine Sache kaum anders führen können, und muß auch Ihre
Geduld noch für wenige Minuten in Anspruch nehmen."

„Oh! mich hat Ihre Auseinandersetzung ja sehr interessirt,“ erwiderte Frau von S. lebhaft, „und im Grunde war mir die Unterbrechung höchst peinlich, auch um Ihretwillen. Ich bitte also, nehmen Sie den Faden rasch wieder auf. Ich bin ganz Ohr.“

„Also — Ursula, die Schwester Antoine Macquart's hatte, wie ich schon erwähnte, den Hutmacher Mouret in Marseille geheirathet, einen braven, gutmüthigen Mann, der das überspannte, kränkliche, wenig liebenswürdige Geschöpf vollkommen in sein Herz schloß. Helene, François und Silvère sind die Sprossen dieser Verbindung. Helene wird die poetische Heldin des Romanes „Une page d'amour,“ — nach meinem Empfinden die liebenswürdigste Schöpfung Zola's, — François verbindet sich mit Martha, einer Tochter Pierre Rougon's, und diese beiden Gestalten werden die tragischen Hauptpersonen des Romans „la conquête de Plassans,“ Silvère endlich, der jüngste, findet ein frühes Ende in dem Roman „La fortune des Rougons,“ dem ersten in der Reihe, welcher grundlegend war für diese Ausführungen. — Aus der Verbindung François Mouret's mit Martha Rougon endlich gehen drei Kinder hervor: Octave, der Frauenjäger in „Pot - bouille,“ dem Roman, über welchen Baronin d'Elbert so entrüstet ist, dann Sergius, der fanatische junge Priester und Held des überschwänglichen Liebesromanes „La faute de l'Abbée Mouret,“ in welchem auch das dritte der Geschwister, seine Schwester, ‚das schöne dumme Thier‘ Desirée eine Rolle spielt.

„Sie haben nun einen Ueberblick über den ganzen Cyclus, soweit er bis jetzt vollendet ist. Wie ihn Zola weiterführen wird, ist sein Geheimniß, in welches ich nicht einzubringen vermag, da ja eigentlich alle Fäden abgesponnen sind, wie Sie ziemlich klar aus der genealogischen Karte ersehen können, welche ich zur größeren Uebersichtlichkeit des ganzen Planes angefertigt habe. Sie sehen daraus, daß nur der jüngere Sohn Jean von Antoine Macquart und die beiden unehelichen Kinder der Gervaise von Lantier, endlich Lisa's Tochter Pauline und Clotilde, die Tochter Aristide Rougons, noch nicht zur Verwendung gekommen sind. Diese aber interessiren uns wenig oder gar nicht,

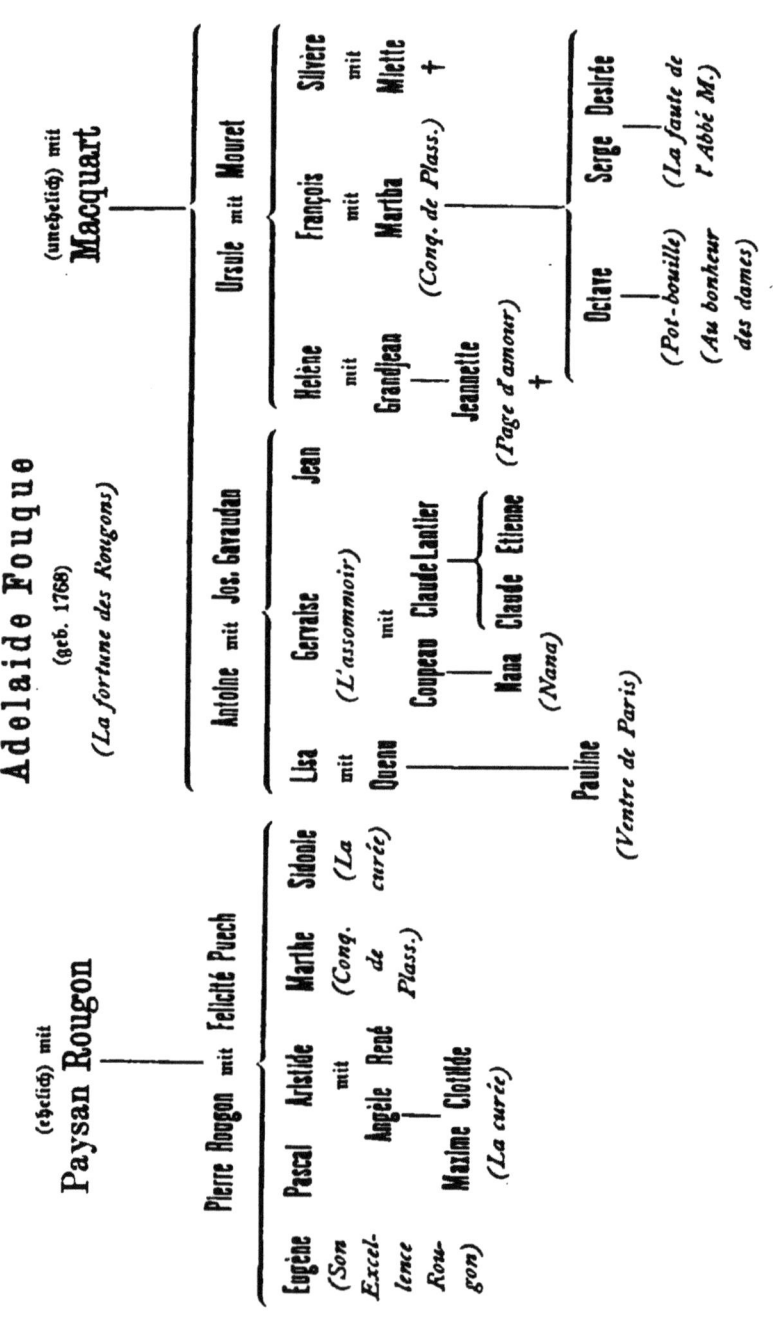

Adelaide Fouque
(geb. 1768)
(La fortune des Rougons)

(ehelich) mit
Paysan Rougon

(uneþelich) mit
Macquart

Pierre Rougon mit Felicité Puech

Antoine mit Jos. Gavaudan

Ursule mit Mouret

Eugène (Son Excellence Rougon)

Pascal

Aristide mit Angèle René

Marthe (Cong. de Plass.)

Sidonie (La curée)

Maxime Clotilde (La curée)

Lisa mit Quenu

Gervaise (L'assommoir) mit Coupeau Claude Lantier

Jean

Hélène mit Grandjean

François mit Martha (Cong. de Plass.)

Silvère mit Miette †

Pauline (Ventre de Paris)

Nana (Nana) Claude Étienne

Jeannette (Page d'amour) †

Octave (Pot-bouille) (Au bonheur des dames)

Serge Désirée (La faute de l'Abbé M.)

und könnten uns bis auf Clotilde nur in sehr jungen Jahren vorgeführt werden; dem Dichter wird also nichts übrig bleiben, als einige der bereits eingeführten Hauptfiguren in ihren Schick=salen weiter zu verfolgen."

Frau von S. hatte, während ich sprach, die genealogische Tafel geprüft und sagte jetzt, lebhaft zu mir aufblickend:

"Wissen Sie aber, daß in diesem Cyclus eine ganz colossale Geistesarbeit und ein großer Reichthum an Erfindungs= und Compositions=Talent steckt?"

"Das ist auch meine Meinung," erwiderte ich, erfreut von dieser Frau diese Bemerkung zu hören, "und dennoch entblöden sich verschiedene Herren, darunter auch ein deutscher Zolafeind, nicht, zu behaupten, Zola habe diesen Cyclus überhaupt nur zu schreiben begonnen, weil ihn die Noth, also materielle, nicht aber künstlerische Bedürfnisse dazu getrieben und ihm ein Ver=leger eine Monatsrente von 500 Francs gegen Lieferung eines Romans pro Jahr zugesagt hatte. Nach meiner Ansicht be=durfte dieser große Entwurf Jahre um zu reifen, denn wenn die Noth auch erfinderisch macht — so erfinderisch macht sie denn doch nicht, um solchen Plan über Nacht zu fördern. Und erst der Einblick in den ganzen Plan veranlaßte den Verleger Lacroix den Handel abzuschließen, von welchem er sich einen großen Vor=theil versprach. Der Erfolg, welchen Zola im Laufe der Jahre mit diesem Cyclus errungen trotz aller Gegnerschaft und Ver=leumdung, beweist am besten, daß Lacroix richtig calculirt hatte und wenn nicht er, sondern sein Nachfolger im Contract mit Zola, Charpentier, die Früchte einheimst, so ist dies nicht des Dichters, sondern des früheren Verlegers Schuld, der finanziell nicht aushalten konnte. Doch — ich wollte Ihnen nur zeigen, wie gedanken= und urtheilslos die Feinde Zola's seine Ver=dienste, ja sogar seine Intentionen zu schmälern und herabzusetzen suchen."

"Also hat Zola mit dem Rougon=Cyclus wirklich einen großen Erfolg in materiellem Sinne erzielt?"

"Einen selbst für das Bücher=kaufende Frankreich seltenen Erfolg. Von den zehn bisher erschienenen Bänden sind zur

Stunde über 500.000 Exemplare verkauft worden. Es stellt sich danach für jeden Band im Durchschnitt die Zahl der verkauften Exemplare auf 50.000, diese Durchschnittsziffer ist aber insofern unrichtig, als die zwei Werke, welche erst den Erfolg des ganzen Cyclus machten, „l'Assommoir" und „Nana" allein in 220.000 Exemplaren abgesetzt wurden."

„Das ist in der That eine fabelhaft klingende Ziffer!" rief Frau von S. erstaunt aus.

„Und noch merkwürdiger ist, daß gerade dasjenige Werk des Dichters, welches die herbste Wirkung auf das Gemüth des Lesers ausübt und den erotischen Neigungen am wenigsten Nahrung bietet, der Arbeiter-Roman „l'Assommoir" den Namen Zola's populär gemacht hat; ein Beweis, daß die sittliche, bei all' der grausamen Ungeschminktheit der Schilderungen doch humane Tendenz dieses Werkes in's Bewußtsein des Publikums gedrungen ist, weiterhin ein Beweis, daß der hohe Ernst des Dichters im Publikum besser gewürdigt wird, als bei verschiedenen Literatur-Reportern, die vom Zola-Scandal leben. Doch ich bin von meinem Thema abgekommen. Es liegt nämlich in meinem Plan, Ihnen heute noch in kurzen Worten den Inhalt des ersten Romanes dieser Serie „La fortune des Rougons" zu skizziren, und eine Stelle daraus vorzulesen, in der Voraussetzung, daß Sie noch nicht müde sind."

Meine Freundin, welche das leere Phrasen-Geschwätz eines einzigen Ballabends krank und lebensüberdrüssig machen kann, erklärte mir, daß sie noch gar nicht daran denke, müde zu sein, und so fuhr ich nach dem kurzen Intermezzo folgendermaßen fort:

„Außer der Theorie der Vererbung, welche ich Ihnen bereits namhaft gemacht, und welche den endlichen Verfall einer ganzen Familie bedingt, will der Dichter im Rougon-Macquart-Cyclus auch das Bild des Verfalls eines ganzen Volkes unter dem Einflusse einer schlechten, schamlosen und verworfenen Regierung schildern. Die Regierung ist die Napoleon's des Dritten, welche bei Sedan ein so schmähliches Ende nahm. Diese zweite Absicht kommt nicht in allen Romanen zur Ausgestaltung, wo sie aber gegenstänblich wird, dort offenbart der Dichter einen so ingrimmigen gerechten Zorn gegen dieses verlotterte Regiment eines gewissenlosen Abenteuerers, daß unter Napoleon III. an eine Veröffentlichung dieser Bände nicht zu denken gewesen wäre. Der Sturz dieses Mannes traf aber unerwarteter und merkwürdiger Weise, als wollte die Weltgeschichte selbst das Unternehmen Zola's fördern, mit der Vollendung des ersten Bandes zusammen, und schon den ersten Juli 1871 konnte derselbe publicirt werden. „La fortune des Rougons" ist auch grundlegend nach dieser sozial=politischen Seite hin. Es wird darin die Wirkung des Staatsstreiches in der Provinz, namentlich in Plassans, dem Wohnsitze der Rougon=Macquart, geschildert.

„Pierre Rougon und seine schlaue Gattin Felicitas haben es bei ihrer Habsucht und Intelligenz doch nicht dahin bringen können, das Ziel ihres Strebens: Reichthum und damit Ansehen, zu erringen. Mißglückte Speculationen, unglückliche Zufälle, das Wachsen der Nachkommenschaft, bringen sie in ihrem Wohl= stand immer mehr zurück. Dazu kommt, daß Felicitas die Söhne nach Paris schickt, wo sie studiren sollen, was wieder viel Geld kostet und nichts einträgt. Eugène und Aristides bringen es nicht einmal zu irgend einer Stellung, die sie selbst nährt, geschweige denn, daß sie die Hoffnung Felicitas auf ihre Erfolge in materieller Beziehung rechtfertigen würden. Pascal dagegen wird zwar ein tüchtiger Gelehrter und Arzt, er zieht aber die uneinträgliche Armenpraxis dem Wirken in der vornehmen Welt Plassans' vor, und will absolut nicht Geld machen. So werden Pierre und Felicitas alte Leute und nur eine kleine sichergestellte Rente sichert sie vor dem Bettelstab. Da übernimmt Napoleon die Präsidentschaft der Republik und als er bald darauf den Sturz derselben vorbereitet, um sich zum König krönen zu lassen, ist's Eugène Rougon, welcher sich als ebenso geschicktes wie ge= fügiges Werkzeug bei diesem Unternehmen bewährt und die erste Stufe künftiger Macht ersteigt. Seinen geheimen Instructionen Folge leistend bereitet in Plassans das alte Ehepaar, welches sich noch voller Kraft und Unternehmungslust erfreut, diesen Umschwung der Gesinnung in der Bevölkerung dieser Stadt vor.

Das ist aber von großer Wichtigkeit, da in Plassans der Adel legitimistisch, das Volk republikanisch gesinnt ist und ein Napoleonide als Herrscher gar keine Chancen hat. Der gelbe Salon der Rougons wird nun der Sammelplatz einer geheimen Umsturzpartei, welche von den Legitimisten ignorirt, im entscheidenden Momente einen Kampf gegen die nach Paris ziehenden republikanischen Freischaaren — nicht etwa wirklich in Scene setzt, sondern nur fingirt, da diese Freischaaren thatsächlich nur flüchtig die Stadt berühren, an einen Kampf aber gar nicht denken. Ueber Nacht vollzieht sich das große Ereigniß, welches Pierre Rougon mit einem Schlage zu dem angesehensten Manne Plassans macht, dessen Verdienste sein Sohn Eugène bei dem neuen Kaiser wohl in's rechte Licht zu setzen weiß, so daß auch officielle Ehren und materielle Belohnung für die patriotische That nicht ausbleiben. Das Glück der Rougons ist damit gemacht, der gelbe Salon genießt jetzt eines großen Ansehens und wird der Vereinigungspunkt aller ehrgeizigen Köpfe Plassans', die Träume Felicitas' von Macht, Reichthum und Einfluß, welche sie viele, viele Jahre mit sich herumgetragen, haben sich erfüllt. Der eigentliche Schmied ihres späten Glückes ist aber ihr erstgeborner Sohn Rougon, und so behält sie auch ihrem Manne gegenüber Recht, welcher das viele für das Studium der Söhne ausgelegte Geld oft als ein hinausgeworfenes beklagt hat. Was Aristides betrifft, so hat derselbe in Plassans als Journalist die rothe Republik gepredigt, ist aber im entscheidenden Momente vom Kampfplatz zurückgetreten, um über Nacht Bonapartist zu werden. Und kurz darauf begiebt er sich mit seiner Frau Angela und seinem Töchterchen Clotilde nach Paris, entschlossen dort ein reicher Mann zu werden.

„Neben dieser politischen Hauptaction läuft eine, wenn ich so sagen darf, idyllische Tragödie her, voll poetischem Zauber, voll Keuschheit des Gefühls und voll ächter Begeisterung für Vaterland und Freiheit.

„In dem verfallenen Häuschen Macquart's, welches Pierre Rougon seiner halbverrückten Mutter Adelaide, ‚Tante Dide‘ genannt, als einziges Besitzthum gelassen hat, lebt diese, ganz

7

zurückgezogen, mit einem ihrer Enkel, Silvère, dem jüngsten Sohne des Hutmachers Mouret in Marseille. Silvère ist nach dem Tode seines Vaters, der sich aus Verzweiflung über den Verlust seiner Frau Ursula erhängt hatte, von Tante Dide angenommen worden, und wächst hier zu einem schönen Jüng= ling heran. Noch als Knabe hat er mit einem armen Mädchen aus der Nachbarschaft, Miette genannt, deren Vater in Folge eines Todtschlages in's Zuchthaus mußte, Freundschaft geschlossen, und die Freundschaft keimt allmälig zu einer unbewußten reinen Liebe voll berückendem Reiz. Es ist in der Nacht der Umsturz= katastrophe, als Silvère sein letztes Stelldichein mit Miette hat, entschlossen sich den vom Süden heranziehenden Republikanern anzuschließen und für die Republik zu kämpfen. Der Abschied wird dem jungen unschuldigen Paare sehr schwer, immer weiter und weiter wandern sie den Republikanern entgegen und treffen vor Orchères mit ihnen zusammen. Einige der Freischärler er= kennen Miette, die Tochter des Bagnosträflings, dessen Spitz= namen 'Chantegreil' auf sie überging, und verhöhnen sie; da ergreift das stolze Mädchen die rothe Fahne und stellt sich muthig an die Spitze des Zuges. Und dieses kühne Unterfangen impo= nirt den Männern so, daß sie ihr Beifall zurufen und ihr mit Begeisterung folgen — ein echt französischer Zug. In Orchères verweilen sie zwei Tage, unentschlossen, was beginnen, und dann ziehen sie weiter gegen Paris, Miette mit Silvère in den ersten Reihen, da sie nun auch für die Republik siegen oder sterben will. Als sie auf die Höhen von Saint=Roure kommen, ertönt der Schreckensruf, daß die napoleonischen Truppen im Anzuge seien. Es entspinnt sich auch in der That kurz darauf ein Kampf, und Miette ist eine der ersten, die von einer Kugel in die Brust getroffen, die rothe Fahne in der kleinen Faust, neben dem kämpfenden Geliebten todt zusammenstürzt: ein Sinnbild der ge= meuchelten Republik. Die Freischaaren werden bald überwältigt und Silvère mit anderen Gefangenen nach Plassans geschleppt, wo er der rächenden Lynchjustiz eines Gensdarmen zum Opfer fällt. Er stirbt gerne, ihm ist das Sterben eine Wohlthat, denn mit dem Tode Miette's und der Republik hat die Welt nichts mehr für ihn.

„Zola's Bedürfniß, seine Liebe für die Republik und die ganze brutale Niedertracht der Feinde derselben ganz und voll zum Ausdruck zu bringen, hat ihn diese zwei rührend=schönen Gestalten schaffen, hat ihn diese idyllische Tragödie dichten lassen, und viele Blätter des Romanes sind dieser rein poetischen Intention ge= widmet. Sie gehören mit zum Schönsten, was Zola geschrieben hat, und ich kann der Versuchung nicht widerstehen, Ihnen, liebe Freundin, wenigstens die reizende Scene vorzulesen, wie Miette und Silvère mit einander Freundschaft schlossen. Ich falle mit= ten in die Erzählung hinein, doch werden Sie sich wohl bald orientiren:

Der Brunnen, welcher sich in dem Hofe des Hauses befand, das Tante Dide mit Sylvère bewohnte, war ein Grenzbrunnen. Die Mauer des Jas=Meiffren theilte ihn in zwei Hälften. Früher, bevor das Gehege der Fouque mit dem benachbarten großen Grundstück ver= einigt worden war, hatten die Gemüsegärtner täglich diesen Brunnen benützt. Nach dem Verkauf dieses Terrains aber schöpften die Be= wohner des Jas, welchen er nun aus der Hand lag und welche selbst über große Wassermassen verfügten, im Monate kaum einen Eimer voll aus demselben. Von der andern Seite hingegen hörte man jeden Morgen die Winde knarren, wenn Silvère für den Hausbedarf der Tante Dide das Wasser holte.

Eines Tages aber barst die Winde. Der junge Wagnergeselle fertigte nun selbst eine schöne und starke Winde aus Eichenholz, welche er noch am selben Abend, nach verrichtetem Tagewerk, an Stelle der alten einfügte. Zu diesem Behufe mußte er auf die Mauer klettern. Als er dies bewerkstelligt hatte, blieb er auf der Mauerzinne rittlings sitzen und blickte, ausruhend, neugierig über das weite Gebiet von Jas Meiffren hin. Eine Bäuerin, welche unweit von ihm Unkraut aus= jätete, erregte zuletzt seine besondere Aufmerksamkeit.

Es war im Juli und der Abend heiß, obwohl die Sonne schon zur Rüste ging. Die Bäuerin hatte ihre Joppe ausgezogen. In weißem Mieder, ein Busentuch um die Schultern gebunden, die Hemb= ärmel bis zu den Ellbogen aufgestülpt, kniete sie in ihrem blauen baumwollenen Rock, der von zwei kreuzweise über den Rücken laufenden Tragbändern gehalten wurde, auf der Erde. Und sich auf den Knieen

7*

fortbewegend, rupfte sie eifrig das Unkraut aus, welches sie in einen
Korb warf. Der junge Mensch sah nichts von ihr als die nackten
sonnenverbrannten Arme, welche bald nach rechts, bald nach links
langten, um einen übersehenen Halm zu ergreifen. Er verfolgte wohlgefällig diese rasche Bewegung der Arme der Bäuerin, und empfand
ein eigenthümliches Vergnügen, sie so kräftig und so flink zu sehen.
Sie richtete sich endlich leicht auf, mit einer Bewegung, als wolle sie
von der Arbeit ablassen, und erst als sie den Kopf von neuem neigte,
konnte er ihre Züge unterscheiden. Jene unwillige Bewegung fesselte
ihn. Er fragte sich in seiner jugendlichen Neugierde, wer wohl dies
Weib sein möge, pfiff dabei vor sich hin und schlug dazu mit einem
Meißel den Takt, bis dieser unversehens seiner Hand entglitt. Das
Werkzeug fiel nach der Seite von Jas-Meiffren hinüber, auf den steinernen Brunnenrand und von da sprang er ab und fiel einige Schritte
von der Mauer zu Boden. Silvère sah hinab, indem er sich neigte,
zögerte jedoch hinüberzusteigen. Doch schien es, daß die Bäuerin ihn
von der Seite betrachtet hatte, denn sie erhob sich plötzlich, ohne ein
Wort zu sagen, nahm den Meißel auf und reichte ihn Silvère. Und
da sah letzterer, daß die Bäuerin ein Kind war.

Er blieb überrascht und ein wenig schüchtern. Von der Abendröthe
beleuchtet reckte sich das junge Mädchen zu ihm empor. Wohl war die
Mauer an dieser Stelle niedrig, aber doch immer noch zu hoch für sie.
Silvère legte sich daher auf der Mauerzinne nieder, während die kleine
Dirne sich auf die Fußspitzen stellte. Sie sprachen Beide nichts, sondern
schauten sich nur verwirrt und lächelnd an. Der junge Mann ließ
übrigens das Mädchen absichtlich in dieser Stellung verharren. Sie
wandte ihm ein so liebenswürdiges Antlitz zu, mit schwarzen Augen
und einem rothen Mund, welcher ihn staunen machte und ganz eigenthümlich bewegte. Er hatte noch nie ein Mädchen in solcher Nähe betrachtet; er wußte nicht, daß der Anblick eines Mundes und zweier
Augen so innig zu erfreuen vermochte. Alles schien ihm einen unge-
kannten Reiz zu besitzen, das farbige Busentuch, das weiße Mieder,
der blaue baumwollene Rock, welchen die Tragbänder emporzogen, gespannt durch die Bewegung der Schultern. Sein Blick glitt an dem
Arm nieder, welcher ihm das Werkzeug entgegenstreckte; bis zum Ellbogen war dieser Arm von goldbrauner Färbung, als sei er vom Son-
nenbrand gekleidet; doch weiter unten, im Schatten des zurückgestreiften
Hembsärmels nahm er eine nackte Rundung von milchiger Weiße wahr.
Das verwirrte ihn, er neigte sich tiefer und konnte endlich den Meißel

ergreifen. Die kleine Bauerndirne aber gerieth in Verlegenheit. So blieben sie, einander noch immer anlächelnd, das Kind unten mit erhobenem Kopf, der Bursche halb über die Mauer geneigt. Und sie wußten nicht, wie sie sich trennen sollten. Sie hatten noch kein Wort gewechselt. Silvère hatte sogar vergessen, sich zu bedanken.

Endlich fragte er: „Wie heißest Du?"

„Marie" antwortete das Mädchen, „aber alle Welt nennt mich Miette."

Sie streckte sich ein wenig und fragte nun ihrerseits mit ihrer hübschen Stimme: „Und Du?"

„Ich heiße Silvère," antwortete der junge Arbeiter.

Hierauf folgte ein Stillschweigen während dessen sie wohlgefällig der Musik ihrer Namen zu lauschen schienen.

„Ich bin fünfzehn Jahre alt," begann Silvère wieder. „Und Du?"

„Ich," antwortete Miette, „ich werde zu Allerheiligen eilf Jahre."

Der junge Arbeiter machte eine Bewegung des Staunens. „Ah! Sieh doch!" rief er lachend, „und ich hielt Dich für ein Weib . . . Du hast so starke Arme."

Nun lachte auch sie, ihren Blick auf die Arme senkend. Dann sprachen sie nichts mehr. Sie blieben noch ein Weilchen, sich betrachtend, sich zulachend. Da Silvère aber keine Frage mehr an sie zu richten wußte, entfernte sich Miette ganz einfach und begann wieder Unkraut zu jäten, ohne ihren Kopf zu heben. Er aber blieb noch einen Augenblick auf der Mauer. Die Sonne ging unter; ein Bündel schräger Strahlen fiel auf die gelben Felder des Jas-Meiffren; die Felder flammten und es sah aus, als liefe eine Feuersbrunst über den Erdboden hin. Und in dieser flammenden Beleuchtung betrachtete Silvère die kleine knieende Bauerndirne, deren entblößte Arme die rasche Arbeit wieder aufgenommen hatten; der Rock von blauer Baumwolle sah gebleicht aus, und Lichtreflexe liefen längs der sonnenverbrannten Arme hin. Endlich überfiel ihn aber ein Gefühl der Scham, so lange hier zu weilen. Er stieg von der Mauer herab.

Denselben Abend noch suchte Silvère, von seinem Erlebniß ganz eingenommen, Tante Dide auszuforschen. Vielleicht wußte sie, wer diese kleine Miette wäre, die so schwarze Augen und einen so rothen Mund hatte. Aber seit Tante Dide das verfallene Häuschen bewohnte, hatte sie nicht einen Blick mehr über die Mauer des kleinen Hofes geworfen. Dieselbe war für sie wie ein unübersteigliches Bollwerk, das ihre Vergangenheit abschloß. Sie wußte nicht, sie wollte nicht wissen,

was jetzt auf der andern Seite dieser Mauer vorging, in diesem alten
Besitzthum der Fouque, wo sie ihre Liebe, ihr Herz und ihre Leidenschaft begraben hatte. Bei den ersten Fragen Silvères blickte sie ihn
an wie ein erschrockenes Kind. Wollte auch er die Erinnerungen an
jene erloschenen Tage aufstören und sie weinen machen wie ihr Sohn
Anton?

„Ich weiß nicht," sagte sie „ich gehe nicht mehr aus, ich sehe
Niemanden . ."

Silvère erwartete den nächsten Morgen mit einiger Ungeduld.
Sobald er bei seinem Meister war, holte er seine Arbeitsgenossen aus.
Er erzählte seine Begegnung mit Miette nicht, sondern erwähnte nur
so von ungefähr ein Mädchen, daß er von weitem im Jas-Meiffren
gesehen hatte.

„Ah! Das ist die Chantegreil!" rief einer der Arbeiter.

Und, ohne daß Silvère nöthig gehabt hätte, sie zu fragen, erzählten ihm seine Kameraden die Geschichte des Wilderers Chantegreil
und seiner Tochter Miette mit dem blinden Haß der Menge gegen die
Parias. Zumal über die Letztere äußerten sie sich in gemeiner Weise,
und immer wieder kamen ihnen Schimpfworte gegen die Tochter des
Sträflings auf die Lippen, wie ein unantastbares Recht, welches das
unschuldige Geschöpf zu ewiger Schmach verurtheilte. Der Wagner
Vian, ein braver und würdiger Mann gebot ihnen endlich Schweigen.

„Haltet doch endlich Eure bösen Mäuler!" rief er, die Gabel-
Deichsel einer alten Carriole fallend lassend, welche er untersuchte.
„Schämt Ihr Euch nicht, so über ein Kind herzufallen? Ich habe die
Kleine gesehen. Sie sieht sehr brav aus; auch hat man mir gesagt,
daß sie keine Arbeit scheut, und schon jetzt so viel leistet, wie eine
dreißigjährige. Es giebt hier Faulpelze, welche ihr nicht das Wasser
reichen. Ich wünsche ihr nur einmal einen braven Mann, der den bös-
willigen Schwätzern das Maul stopft!"

Silvère, welchen die leichtfertigen Scherze und groben Schimpf-
reden der Arbeiter ganz starr gemacht hatten, fühlte bei diesen letzten
Worten Vian's, daß ihm die Thränen in die Augen stiegen. Uebrigens
kam kein Wort über seine Lippen. Er ergriff wieder seinen Hammer,
welchen er neben sich gelegt hatte, und begann mit aller Gewalt auf
die Nabe eines Rades loszuhämmern, das er mit Eisen beschlagen
wollte.

Abends, als er aus der Werkstatt heimgekommen war, eilte er
sofort zur Mauer und kletterte empor. Er fand Miette bei derselben

Beschäftigung wie gestern. Er rief sie. Und sie kam mit verlegenem Lächeln, mit ihrer anbetungswürdigen wilden Scheu eines Kindes, das in Thränen aufgewachsen ist.

„Du bist die Chantegreil? Nicht wahr?" fragte Silvère sie nun geradewegs.

Da wich sie zurück; ihr Lächeln erstarb und ihre schwarzen Augen nahmen einen harten Ausdruck an und leuchteten voll Mißtrauen. Dieser Bursche wollte sie also auch beschimpfen wie die andern! Ohne zu antworten wandte sie ihm den Rücken zu, so daß Silvère erschreckt über den plötzlichen Wechsel ihres Gesichtsausdruckes, sich beeilte hinzuzufügen: „Bleib', ich bitte Dich . . Ich will Dich nicht kränken . . . Ich habe Dir so viel zu sagen!"

Sie wandte sich ihm wieder zu, immer noch voll Mißtrauen. Silvère, dessen Herz voll war und der die Absicht hatte, sich ganz auszusprechen, blieb aber jetzt stumm, da er nicht wußte, wie beginnen, und eine neue Ungeschicklichkeit zu begehen fürchtete. All' sein Gefühl legte er endlich in die Worte:

„Willst Du meine Freundin sein!," die er mit bewegter Stimme sprach.

Und wie Miette, ganz überrascht, ihre Augen zu ihm erhob, die wieder ihren weichen und lächelnden Ausdruck angenommen hatten, fuhr er mit Lebhaftigkeit fort:

„Ich weiß, daß man Dich kränkt. Das muß aufhören. Und von nun an werde ich Dich vertheidigen! Willst Du?"

Das Mädchen strahlte. Diese Freundschaft, die ihr so unerwartet angeboten wurde, riß sie mit einem Male aus all' den finstern Träumen stummen Hasses. Sie schüttelte den Kopf und antwortete:

„Nein, ich will nicht, daß Du Dich für mich herumschlägst. Da hättest Du zu viel zu thun. Auch sind Leute darunter, gegen welche Du mich nicht vertheidigen könntest."

Silvère wollte nun schwören, daß er sie gegen die ganze Welt vertheidigen werde, aber sie schloß ihm den Mund mit schmeichelnder Geberde, indem sie hinzufügte:

„Es genügt mir, daß Du mein Freund seist!" — . . . . .

„Wie gefällt Ihnen diese kleine Probe von Zola's Talent für das Idyll?" fragte ich, die Blätter meines Manuscriptes zusammenschiebend. „Habe ich nicht Recht, wenn ich ihn auch als Poeten im liebenswürdigsten Sinne des Wortes lobe?"

Und Frau von S. nickte beifällig mit dem Kopfe. „Wohl

haben Sie Recht," sprach sie „die Stelle ist so reizend, daß ich das ganze Buch lesen möchte, nur um die Entwickelung dieser kleinen Freundschaft zu verfolgen und zu belauschen. Aufrichtig gesagt, ich hätte etwas Aehnliches bei dem gereiften Zola niemals gesucht. Und ich kann mir jetzt gar nicht mehr denken, daß irgend eines seiner Werke als Ganzes genommen, wirklich einen gemeinen Eindruck zu machen vermag. Wer so zart empfindet und gestaltet, mag immerhin das Gemeine, das Verwerfliche schildern, wo es die Sache will, er wird sich niemals damit identificiren, niemals daran Vergnügen finden. Und das gerade sagt man Zola nach."

„Weil er eben zu gründlich ist, — weil er glaubt, Alles sagen zu müssen. Zola brauchte nur einen guten Redakteur, der seine Werke von diesem ‚zu viel‘ an Deutlichkeit befreite. Dann wäre er unanfechtbar."

Sechster Abend.

„Seh'n Sie nur!" rief mir Frau von S. heiter entgegen, als ich eine Woche später wieder in ihr lauschiges Boudoir trat, und wies auf ihr Nähtischchen, wo, zur Hälfte bereits aufgeschnitten, Zola's „Fortune des Rougon" lag. „Die reizende Episode zwischen Miette und Silvère, die Sie mir letzthin vorgelesen," fuhr sie fort — „hat in mir die unwiderstehliche Begierde geweckt, diese beiden Kinder näher kennen zu lernen. Und dann, dachte ich mir, könne es wohl gar nicht schaden, wenn ich diesen grundlegenden Roman ganz durchlese und mich vollkommen vertraut mache mit der Rougon=Macquart=Sippschaft, welche Sie mir ja nun in ihrer weiteren Entwickelung vorführen wollen. Wie Sie sehen, bin ich in der Lectüre schon ziemlich weit vorgeschritten. Sie er= zählen aber etwas flüchtig. In Ihrem Buche über Zola werden Sie das wohl anders machen müssen?"

„Ich stehe also bereits unter Controlle und werde kritisirt!" gab ich lachend zurück. „Und ich lasse beides gerne gelten. Aber an eine ausführlichere Wiedergabe des Inhalts der Romane kann ich unmöglich denken. Nicht blos, weil mein Buch dann einen zu großen Umfang erhielte, sondern noch mehr darum, weil es durch eine gewissenhaftere Namhaftmachung der Begeben= heiten, die doch entkleidet sein müßte allen Reizes der Darstellung, aller Fülle der Details, trocken und langweilig würde. Meines Ermessens thue ich genug, wenn ich den Kern der Handlung und Tendenz bloslege und die Hauptfiguren charakterisire. Damit gebe ich den Total=Eindruck des Werkes, und Jedermann ist in die Lage versetzt, sich für die Lectüre desselben zu entscheiden oder nicht. Oder haben Sie in meiner Darstellung Lücken ver=

spürt, ehe Sie den Zola'schen Roman lasen? Scheint Ihnen jetzt Manches in anderem Lichte?"

Frau von S. überlegte einen Moment.

„Das wohl nicht!" sagte sie dann zögernd, „aber jetzt sehe ich doch vieles deutlicher oder eigentlich bunter und bewegter. Aber Sie haben Recht, die Sache bleibt dieselbe, und an dem Romane lese ich Tage, während Sie in einer Stunde den ganzen Inhalt erzählen. Da kann es ja gar nicht anders sein!"

„Und ich glaube, es soll auch gar nicht anders sein, der Leser verliert sonst die frische Theilnahme an der Entwickelung der Begebenheiten. Uebrigens haben Sie wirklich gut gethan, die Lectüre von „Fortune des Rougon" zu wagen; Sie werden mir nun mit um so mehr Verständniß und Interesse folgen können, jetzt wo Ihnen alle Personen vollkommen aufchaulich geworden sind. Wenn es auch unrichtig wäre zu behaupten, daß man die Romane des Rougon=Cyclus in einer Reihe lesen müsse, um sie zu verstehen, so ist doch die Lectüre des ersten Romanes fast unentbehrlich für das Verständniß aller Uebrigen. Denn alle wachsen aus diesen ersten heraus, nicht alle aber, sondern nur einzelne hängen inniger mit einander zusammen, so zum Beispiel „l'Assommoir" und „Nana" oder „La conquête de Plassans," aus welchem Roman die Helden von „La faute de l'Abbé Mouret" und „Pot-bouille" hervorgehen. Ich werde mich daher auch, obgleich Sie nun das Verzeichniß der Romane und ihre Reihenfolge nachsehen, mich also controlliren können, emancipiren und eine andere Reihenfolge wählen. Zola mag bei Abfassung der einzelnen Werke oft von äußeren Umständen, so namentlich von dem zeitraubenden Studium des „milieu" abhängig gewesen sein, vielleicht auch von besonderen Stim= mungen, — einen organischen Erklärungsgrund, daß er die einzelnen Bände des Cyclus in dieser bunten Folge schrieb, konnte ich wenigstens nicht finden. Ich aber ziehe es vor, diesen fehlenden organischen Zusammenhang in die Reihe zu bringen, soweit dies überhaupt thunlich ist."

„Wir beginnen also nicht mit „La curée"?" fragte Frau von S. etwas enttäuscht, ohne eigentlich zu wissen warum.

„Allerdings beginnen wir mit diesem Roman, da er für sich ziemlich allein, und chronologisch dem Werke zunächststeht. Er spielt nämlich gleich in den ersten Fünfziger Jahren. Dann aber springe ich sofort auf den sechsten Roman „Son Excellence Rougon" über, welcher nur wenige Jahre später spielt, zwar auch alleinsteht, innerlich aber mit dem vorhergehenden eine Verwandschaft hat. Im ersteren wird der finanzielle Schwindel des Napoleonischen Regime's, im letzteren der politische Hokuspokus dieses Regimes gebrandmarkt. Beide zusammen aber geben ein grelles Bild von der Demoralisation der höheren Gesellschaftsklassen. Demgemäß sind diese beiden Romane auch so ziemlich in Bezug auf ihren erotischen Inhalt die bedenklichsten, weil darin das Laster und die Wollust sich in feineren Lebensformen offenbart, in Sammt und Seide prunkt, beim aufregenden Knallen der Champagnerpfropfen ihre Orgien feiert. Es thut mir nur Leid, daß Frau Baronin d'Elvert nicht zugegen ist, — heute würde sie ihren Mann gewiß warten lassen."

Frau von S. lachte. „Die haben Sie mir gründlich vertrieben" rief sie heiter. „Und offen gestanden — ich bin Ihnen nicht böse darüber."

„Doch Sie frohlocken zu früh. Ich müßte mich schlecht auf Frauenart verstehen, wenn wir die Baronin nicht schon an einem der nächsten Abende wieder hier hätten. Ich wünschte nur, sie käme, wenn wir gerade das „Assommoir" vorhaben. Ich würde sie mit meinem Lob dieses Romanes zur Verzweiflung bringen. Doch — nun zu unserem ‚Jägerrecht' wie die wörtliche Uebersetzung von „La curée" lautet. Zola will mit diesem Titel den Inhalt des Romanes nach seiner geschäftlichen Seite hin kennzeichnen. Das Haußmann'sche Project einer Reconstruction von Paris in baulicher Hinsicht, welches durch Niederreißung ganzer Colonnen der alten engen Gassen und Gäßchen, und Herstellung breiter Straßen und Plätze künftigen Revolutionen in Paris selbst und dem gefährlichen Barrikadenbau vorbeugen sollte, ward sofort nach dem Staatsstreich in's Werk gesetzt und damit der Speculation mit Häusern und Grundstücken ein unermeßliches und zum Theil auch uncontrollirbares Feld eröffnet. Und Alles, was unternehmend, beutegierig und unverfroren war, stürzte sich mit einem wahren Feuereifer in diesen Wirbel. Unter Denjenigen aber, die in diesen Unternehmungen ein besonderes Genie und Glück offenbarten, war Aristides Rougon. Er hatte gleich nach dem Staatsstreich Plassans verlassen und war mit seiner Frau Angela und einem vierjährigen Töchterchen Clotilde nach Paris übersiedelt, den zwölfjährigen Sohn Maxime in der Obhut seiner Mutter Felicitas zurücklassend. Sein Bruder Eugène Rougon hatte in Paris bereits bedeutenden Einfluß und von ihm hoffte er Förderung. Doch Eugène war nicht der Mann, seinem Bruder sofort alle Wege zu bahnen, er verhalf ihm zwar zur Stelle eines Gehülfen des Straßencommissärs, ließ ihn dann sogar zum Straßencommissär selbst avanciren, und gab ihm damit die Möglichkeit, sich emporzuschwingen, mehr aber nicht.

„Aristides machte daher in diesen ersten Jahren eine harte Schule durch, aber er schliff sich auch ab und wurde ein ganz geriebener Patron. Er wußte sich auch bald Gelegenheiten zu schaffen, um große Geschäfte zu machen, aber es fehlte ihm das Betriebskapital, der erste Einsatz. Da starb Angela, seine Frau, und während sie in den letzten Zügen lag, schloß Aristides, welcher sich jetzt Saccard nannte, ein sehr unlauteres Geschäft ab, das ihm seine Schwester Sidonie vermittelt hatte. Diese Sidonie, die jüngste des Stammes Rougon, hatte noch in Plassans einen kleinen Beamten geheirathet, war dann mit diesem nach Paris übersiedelt, wo sie ein Südfrüchtengeschäft eröffneten und Bankerott machten, worauf ihr Mann verschwand. Sidonie aber, welche den intriguanten, ruhelosen Geist ihrer Mutter besaß, ward nun eine Vermittlerin in allen möglichen und un= möglichen Angelegenheiten, welche sich nicht durch besondere Rein= heit auszeichneten. Sie handelte scheinbar mit echten alten Spitzen, hatte auch einen Laden, doch das war nur der Deck= mantel für ihre sonstigen Geschäfte, unter welchen ein Drei= milliardenproceß ganz besonders dazu diente, ihr Ansehen zu verschaffen. Sidonie nun offerirte Aristides eine sehr vortheilhafte Heirath. Ein Mädchen aus altehrwürdigem Bürgerhause, Namens René Beraud du Châtel, war durch die brutale Gewalt eines

gewissenlosen Mannes in die fatale Lage versetzt worden, um
jeden Preis einen Gatten nehmen zu müssen. Derjenige, der
sie entehrt hatte, besaß selbst Weib und Kinder, und Aristides
Saccard sollte bei René an seine Stelle treten.

„Dem alten Beraud, einem strengen Ehrenmann alten Schlages,
hatte man diese Sachlage verschwiegen und er nahm Aristides
als den vermeintlichen Verführer seiner Tochter zum Schwieger=
sohne an, ohne weiter mit ihm in Verkehr zu treten. Aristides
erhielt mit seiner Frau ein Hochzeitsgut von 100.000 Franks,
welches ihm zur Verfügung stand, während René als ihr Eigen=
thum noch eine halbe Million in Grundstücken in diese Ehe
brachte. Saccard hatte nun gewonnenes Spiel und fand sich jetzt
von seinem Bruder Eugène unterstützt, der ihn zum Theil in
die Reconstructionspläne von Paris Einblick thun ließ und so
seinen Häuserspeculationen einen sicheren Boden gab. Saccard
war bald Millionär und hatte seine Hände überall im Spiel.
Um seine Frau kümmerte er sich fast gar nicht, ließ sie thun,
was sie wollte, während er selbst sich Maitressen hielt. Dagegen
gab er ihr seinen Sohn Maxime, den er nach Paris hatte kom=
men lassen, zur Zerstreuung und Erziehung. Die kleine Clotilde
hatte er gleich nach dem Tode Angela's einer Dame, die nach dem
Süden reiste, übergeben. Diese wollte Mutterstelle an ihr vertreten.

„Maxime war ein weichlicher, frühreifer, frecher Junge, der
seine schöne Mama sehr zu schätzen wußte. Es entwickelte sich
zwischen der jungen Frau und diesem Knaben allmälig ein sehr
fatal vertrauliches Verhältniß, welches, je älter Maxime wurde,
einen um so mehr verfänglichen Charakter annahm. Der junge
Mensch machte die in ihrem Sinnenleben unbefriedigte Frau
zum Vertrauten all' seiner Liebesaffairen und sie ließ ihn plau=
dern, ermunterte ihn wohl auch dazu, weil sie sich langweilte,
ihr Herz leer war und ihre Phantasie an diesem unlautern Spiele
Gefallen fand. Klösterliche Erziehung und angebornes Tempera=
ment trugen wesentlich dazu bei, die im Grunde weder leicht=
fertige noch begehrliche Frau auf diese schiefe Bahn zu bringen.
Sie war unbedingt aus gutem Stoff gemacht und nur das
Zusammentreffen so vieler ungünstiger Umstände corrumpirte sie

allmälig. Und so kommt es, daß man dem Geschick dieser Frau Theilnahme nicht versagen kann, und ihren tiefen Fall mit Bedauern sieht.

„Man fällt am leichtesten, wenn man nicht weiß, daß man sich auf glattem Boden befindet, und René und Maxime hatten in der That keine Ahnung, daß sie ein gefährlich Spiel spielten. Maxime sah doch immer in René seine Stiefmutter, die Frau seines Vaters und René fühlte sich als solche. Das schloß denn auch jeden Gedanken zwischen ihnen selbst aus, René förderte sogar mit großem Eifer eine Heirath, welche zwischen Maxime und der häßlichen verderbten Tochter Louise eines fragwürdigen Millionärs, Namens Mareuil, geplant wurde. So ließen sich diese zwei Menschen vollkommen gehen, und als eines Abends René den Wunsch äußerte, maskirt einem Balle bei einer verrufenen Schauspielerin beizuwohnen, um doch einmal dieses Treiben, von dem sie viel gehört, auch kennen zu lernen, ward es ihr nicht schwer, Maxime zu überreden, sie dahin zu führen. Doch sehr bald und sehr enttäuscht verließ René dieses Fest und fuhr von Maxime geleitet ihrer Wohnung zu; Alles hatte ihr mißfallen und dazu empfand sie noch Hunger. Darüber aber freute sich Maxime und lud sie zu einem Souper ein, was sie um der Picanterie willen auch lachend acceptirte. So gerieth sie mit dem jungen Manne in eines jener fatalen kleinen Zimmer, welche von der jeunesse dorée zu ihren zärtlichen Abenteuern benützt werden. Und was dann geschah, geschah so plötzlich, so unerwartet, so ungewollt von beiden Seiten, daß sie es nachträglich selbst nicht begriffen, und davor erschraken. Und gerade darin liegt für diese Frau das tragische Moment.

„Sie fühlt sich von jetzt an einer schrankenlosen Leidenschaft zu Maxime hingegeben, einer Leidenschaft, die sie nicht beherrschen kann, und welcher der junge Mann willfahrt, ohne sie wirklich zu erwidern. Er denkt vielmehr des fatalen, ihn genirenden Verhältnisses los zu werden durch Vollziehung seiner Heirath mit Louise. Das aber erfüllt sie mit wahnsinniger Eifersucht. Dazu kommt, daß plötzlich ihr Gatte Ansprüche an sie erhebt, und daß Maxime, als er dies erfährt, nichts dagegen einzu=

wenden hat ... Mit einem Worte, diese Frau wird immer weiter
getrieben und in dem Wahnsinn ihrer Leidenschaft, in der Furcht,
Maxime zu verlieren, im Gefühl ihrer Entehrung und Schmach
und Schuld, sucht sie sich durch Ausschreitungen zu betäuben und
endlich tritt die Katastrophe ein. Man muß übrigens die grenzen=
lose Frivolität jener Zeit, man muß jenes Paris vor dreißig
Jahren vor Augen haben, um alles zu begreifen.

„Auf einem großen Feste, wo lebende Bilder gestellt werden,
erscheint René in einem Costüm, welches allerdings ihre Leibes=
schönheit einen hohen Triumph feiern läßt, aber eben darum
eigentlich kein Costüm mehr ist. Und hier fordert sie, erfüllt
von wahnsinniger Eifersucht, Maxime auf, ihr zu folgen, mit
ihr in die Welt, in die neue Welt zu fliehen. Doch Maxime
weigert sich, und Saccard, von Sidonie aufmerksam gemacht,
überrascht das Paar bei diesem Gespräch, überrascht René in
dem Moment, da sie Maxime küßt und umschlingt. Die Wuth
Saccard's ist grenzenlos und er sucht nach etwas, nach einer
Waffe, die Schuldigen zu vernichten. Da fällt sein Blick auf
ein Blatt Papier, das seine volle Aufmerksamkeit in Anspruch
nimmt. Es ist dies eine Cessionsacte, welche Saccard, der
sich augenblicklich in großer Klemme befindet, von seiner Frau
unterzeichnet haben wollte. Sie käme dadurch sofort in den
Besitz einer größeren Summe und er behielte das übrige. Doch
René hatte sich geweigert und erst jetzt, da sie die Flucht plante,
vor Maxime dieses Document unterzeichnet. Und diese Unter=
schrift dämpft im Augenblick den Zorn des Schurken. Er steckt
die Acte ruhig zu sich und sagt zu seiner Frau: „Du hast recht
gethan, zu unterzeichnen, meine liebe Freundin; Du erhältst
dadurch hunderttausend Francs ... Ich werde Dir noch heute
Abend das Geld zustellen lassen." Er lächelt beinahe und
wendet sich dann zu Maxime, den er freundlich auffordert, mit
ihm hinabzukommen, um von seiner Braut Abschied zu nehmen.
Und im besten Einvernehmen verlassen Vater und Sohn das
Zimmer, in welchem nun die junge Frau allein bleibt, allein,
mit dem Gefühl der vollkommenen moralischen Vernichtung,
mit dem Gefühl, vollkommen entwürdigt worden zu sein von

diesen zwei Männern, die so gleichmüthig, Arm in Arm, von ihr gehen konnten. Jetzt erst erkennt sie, wie tiefverworfen diese zwei Männer sind, und daß sie es waren, die sie zum schamlosen Weibe gemacht, dessen halbnacktes Bild ihr aus dem Spiegel entgegenstarrt nnd vor dem sie jetzt selbst Ekel empfindet."

„Ein furchtbares Erwachen! Ein unglückseliges, schmach= volles Geschick!" sprach Frau von S. leise, und ein tiefer Ernst lagerte auf ihren Zügen, so daß sie älter erschien als sie wirk= lich war. „Wissen Sie," fuhr sie fort, „daß mir diese Frau, so tief sie auch gefallen sein mag, mehr Mitleid einflößt, als Madeleine Ferat? Ihre Schuld ist größer, aber sie ist mensch= licher, natürlicher, und darum geht sie uns näher; ihre Schuld ist in letzter Linie die Schuld der Gesellschaft, in der sie lebt, und als deren Product sie betrachtet werden muß, und darum macht sie uns nachsichtig. Mißdeuten Sie es mir nicht, wenn ich es ausspreche: schwache Frauen, wie diese René, bedürfen des sittlichen Anhaltes am Manne, an ihrer Umgebung, und von Natur schwach sind die meisten von uns. Ich nehme mich selbst nicht aus. Und daß ich so geworden bin, wie ich bin, ist zum allerwenigsten mein Verdienst, ich danke es vielmehr einer Fülle günstiger Umstände, die von frühester Jugend auf mich einwirkten und mein sittliches Bewußtsein und Vermögen zu starker Entwickelung brachten. Was wäre wohl aus mir geworden an der Seite eines Aristide Saccard? Ich mag's nicht denken! Aber fahren Sie fort! Wie ist das Ende? Lesen werde ich ja diesen Roman doch nicht, wenn ich auch seine Be= rechtigung nicht verleugne. Das ist ein Roman für Männer, und ich gestehe, daß ich einige Male nahe daran war, Sie zu unterbrechen."

„Sie haben Recht, verehrte Frau — ein Roman für Männer, wohl geeignet, ihr Gewissen wachzurütteln, welches die Be= ziehungen zum Weib meist allzu leicht und frivol auffaßt; und ich bitte um Entschuldigung, falls ich zu weit ging. Es ist mitunter schwer, verständlich zu bleiben und doch das verfäng= liche nicht zu sagen. — Das Ende des Romans? Saccard restaurirt sich finanziell wieder vollkommen, Maxime heirathet die bucklige

Louise und ihre Million, und verliert seine Frau nach kaum ein-
jähriger Ehe, wie er erwartete. Die Million aber bleibt ihm.
Und René vegetirt noch zwei Jahre dahin, ein leeres, freudloses,
elendes Leben; diese Frau ist selbst dem Laster verloren und nur
sinnlose Putzsucht — sinnlos, weil sie ja doch Niemandem mehr
gefallen will, füllt dies Leben zum Theil aus. Endlich rafft
sie eine Gehirnentzündung hinweg....

„Gestatten Sie mir nun aber doch, obgleich und weil Sie
diesen Roman nicht lesen wollen, Ihnen eine Stelle daraus
vorzulesen; dieselbe wird Ihnen beweisen, welch' sittliche Tiefe,
welch' große moralische Energie der Mann besitzt, der dieses
Werk geschaffen, welches die ganze Verberbtheit jener Zeit
schildert. Es ist der Moment, da Renata, von den beiden
Männern allein gelassen, zur Erkenntniß ihres abgrundtiefen
Falles gelangt:

Die beiden Männer stiegen, miteinander plaudernd, hinab. René
blieb allein, aufrecht inmitten dieses Toilettenzimmers, und starrte in
die gähnende Oeffnung der Treppe, in der sie soeben die Schultern des
Vaters und des Sohnes hatte verschwinden sehen. Sie konnte ihre
Augen von dieser Oeffnung nicht abwenden. War's möglich? Ruhig
und freundschaftlich hatten sie sich entfernt! Diese beiden Männer hatten
einander nicht erwürgt? Sie lauschte, sie horchte, ob nicht ihre Körper im
wilden Kampfe die Stufen herabkollern würden. Nichts! Aus der
dumpfen Finsterniß drang nur das Geräusch des wogenden Tanzes
zu ihr empor. Sie glaubte aus der Ferne das helle Lachen der Marquise, die durchdringende Stimme des Herrn von Saffré zu vernehmen.
Also war das Drama abgeschlossen? Ihr Verbrechen, die Küsse in
dem großen, grau und rosa Bett, die leidenschaftlichen Nächte im
Treibhaus, diese ganze fluchwürdige Liebe, welche sie seit Monden verzehrte — Alles das nahm dies platte und gemeine Ende? Ihr Gatte wußte
Alles und schlug sie nicht einmal! Und das Schweigen um sie her, diese
Stille, in welche der Walzer ohne Ende hineintönte, erfüllte sie mit
noch größerem Entsetzen als Mordgeschrei. Sie fürchtete sich vor dieser
Ruhe, sie fürchtete sich vor diesem zärtlich-heimlichen Cabinet, das süßen
Liebesduft athmete.

Sie erblickte sich in dem hohen Stehspiegel. Sie näherte sich, erstaunt, sich zu sehen, und vergaß darüber ihren Gatten, vergaß Maxime,
ganz eingenommen von dem fremden Wesen, das sie vor sich hatte.

8

Ihre Aufregung wuchs. Ihre gelbblonden Haare, an den Schläfen und im Nacken zurückgekämmt, erschienen ihr wie eine Nacktheit, wie eine Unzüchtigkeit. Die Falte in ihrer Stirn vertiefte sich so sehr, daß sie einen finsteren Wulst über ihren Augen bildete, ähnlich einem feinen bläulichen Striemen, den ein Peitschenhieb hinterläßt. Wer wohl hatte sie so gezeichnet? Ihr Mann hatte doch gar nicht die Hand gegen sie erhoben. Und dann staunte sie über die Blässe ihrer Lippen, über den erstorbenen Blick ihrer Augen. Wie alt sie aussah! Sie neigte den Kopf, und wie ihr Blick jetzt auf ihr Tricot fiel, auf die leichte Gaze-blouse, da betrachtete sie sich mit gesenkten Wimpern, mit jähem Er-röthen. Wer hatte sie so entblößt? wie kam sie in dies unanständige Costüm einer Dirne, welche bis zu den Lenden nackt geht? Sie wußte es nicht mehr. Sie betrachtete die Rundung ihrer Beine im Tricot, ihre Hüften, deren weiche Linien sie unter dem Flor verfolgte, ihren offenstehenden Busen; und sie schämte sich vor sich selbst und die Ver-achtung ihres eigenen Leibes erfüllte sie mit wildem Zorn gegen die-jenigen, welche sie so gehen ließen, nur mit Goldschnüren an den Hand- und Fußgelenken, die ihre Blöße decken sollten.

Dann forschte sie wieder mit der Beharrlichkeit eines schwindenden Bewußtseins, was sie wohl hier thue, ganz nackt, vor diesem Spiegel, — und da machte sie plötzlich einen Gedankensprung in ihre Kindheit, und sah sich, sieben Jahre alt, in dem schwermüthigen Schatten des Hôtel Béraud. Sie erinnerte sich des Tages, wo ihre Tante Elisabeth ihr und ihrer Schwester Christine neue Kleidchen angezogen hatte, aus grauer Wolle mit kleinen rothen Würfeln. Es war zu Weihnacht. Wie hatten sie sich beide gefreut über die gleichen Kleider! Die Tante verwöhnte sie und trieb die Dinge so weit, daß sie jeder von ihnen ein Armband und ein Halsband von Korallen gab. Die Aermel waren lang und das Kleid bis zum Kinn hinauf geschlossen, so daß der Schmuck auf den Stoff zu liegen kam, was ihnen be-sonders hübsch erschien. René erinnerte sich noch, daß ihr Vater zu-gegen war und daß er sie mit seiner trüben Miene anlächelte. An diesem Tage waren ihre Schwester und sie im Kinderzimmer auf und nieder spaziert wie die großen Damen, ohne zu spielen, um sich nicht zu beschmutzen. Später, im Kloster der Frauen von der Heimsuchung Mariä, hatten ihre Schulgenossinnen sie verlacht wegen ihres ,Pierrot-Kleides,' welches ihr bis zu den Fingerspitzen und bis über die Ohren hinaufreichte. Da war sie vor der ganzen Classe in Thränen ausge-brochen. Während der Erholungszeit aber hatte sie, damit man sich

nicht mehr über sie lustig mache, bie Aermel umgestülpt und den Hals-
kragen des Kleides zurückgeschlagen. Und da schienen ihr die Arm-
bänder und das Collier noch viel hübscher auf ihrem bloßen Hals und
ben nackten Gelenken. War's an jenem Tage, wo sie sich zu entblößen
begann?

Ihr ganzes Leben rollte sich vor ihr auf. Sie sah sich langsam
überwältigt werden von biesem Taumel des Goldes und der Fleischeslust, in welchem sie versank, zuerst bis an die Kniee, dann bis zum
Leib, enblich bis an die Lippen, und den sie jetzt über ihrem Haupt
zusammenschlagen, in ihrem Gehirn toben fühlte. Das war wie ein
Gift; es hatte ihre Glieder schlaff gemacht, hatte in ihr Herz den unnatürlichen Keim einer schänblichen Leidenschaft gelegt, hatte in ihrem
Kopf krankhafte, thierische Gelüste zur Reife gebracht. Dieses Gift
hatten ihre Fußsohlen mit fortgetragen von bem Teppich ihres Wagens,
von vielen andern Teppichen, von all' bieser Seide und biesem Sammt,
auf welchen sie seit ihrer Verheirathung einherschritt. Die Fußspuren
der Anbern hatten wohl die Keime des Giftes bort zurückgelassen,
welche bann in ihrem Blute aufgingen und welches jetzt in ihren Abern
floß... Sie erinnerte sich noch sehr wohl ihrer Kindheit. Damals war
sie sehr neugierig gewesen. Aber selbst später, nachdem ihr Gewalt angethan worden und sie baburch auf den abschüssigen Weg gerathen
war, hatte sie so viel Schande nicht gewollt. O gewiß, sie würde
besser geworden sein, wenn sie strickend bei ihrer Tante Elisabeth geblieben wäre. Sie hörte das regelmäßige Aneinanderschlagen ber
Stricknadeln ihrer Tante, während sie so in den Spiegel starrte, um
baraus dieses friedliche Geschick zu lesen, bas sie sich hatte entgehen
lassen. Und bort sah sie wieder biese rosenfarbenen Beine, biese Rosa-
Hüften, dieses fremde Weib in Rosa-Seide, bessen Haut, durch den
feinen Stoff, durch die engen Maschen des Tricots durchschimmernd,
geschaffen schien für die Zärtlichkeiten von Laffen und von Zierpuppen.
Ja, sie selbst war bahin gelangt, sie selbst war eine große Puppe geworden, deren schmerzburchwühlte Brust nur einen bünnen Klagelaut
auszustoßen vermochte. Dann aber, angesichts der Ungeheuerlichkeiten
ihres Lebens, empörte sich das Blut ihres Vaters, bies bürgerliche
Blut, welches sie oft in den Stunden des Nachbenkens gequält hatte,
und schrie in ihr. Sie, die immer gezittert hatte bei den Gedanken an
die Hölle, sie hätte um jeden Preis ihr Leben in bem strengen Düster
des Béraub'schen Haus abspinnen sollen. Wer war's wohl, der sie so
entblößt hatte?

Und in dem bläulichen Schatten des Spiegels glaubte sie die Gestalten Saccard's und Maxime's emportauchen zu sehen. Saccard,
schwärzlich, spöttisch, hatte die Farbe des Eisens, das grinsende Aussehen einer Zange, mit seinen dünnen Beinen. Dieser Mann war nur
Wille. Seit zehn Jahren hatte sie ihn in dieser Schmiede gesehen,
im Glanze des rothen Metalls, das Fleisch verbrannt, athemlos immer
drauf loshämmernd, und Hämmer schwingend, welche zwanzigmal zu
schwer waren für seine Arme, auf die Gefahr hin sich selbst zu zerschmettern. Jetzt begriff sie ihn; er schien ihr zu wachsen in dieser
übermenschlichen Anstrengung, in dieser ungeheuren Schurkenhaftigkeit,
in dieser fixen Idee, ein unermeßliches Vermögen über Nacht zu gewinnen. Sie besann sich, wie er alle Hindernisse übersprang, wie er
sich im tiefsten Koth wälzte und sich nicht einmal die Zeit nahm, sich
zu reinigen, nur um vor der Zeit am Platze zu sein, und wie er nicht
einmal auf dem Wege stille hielt, um einen Augenblick zu genießen,
sondern im vollen Laufe seine Goldstücke klaute. Dann erschien der
hübsche blonde Kopf Maxime's hinter der plumpen Schulter seines
Vaters; er hatte sein gewöhliches Mädchenlächeln auf den Lippen, den
leeren Blick einer Dirne, den er nie senkte, und den Scheitel mitten auf
der Stirne, welcher die Weiße seines Schädels zeigte. Er spottete
über Saccard, er fand es bürgerlich gemein sich so viel Mühe zu geben
um Geld zu gewinnen, das er mit göttlicher Faulheit verzehrte. Er
ließ sich aushalten. Seine schmalen weichen Hände erzählten von
seinen Lastern. Sein weibisch glatter Körper hatte auch die schlaffe
Haltung eines übersättigen Weibes. In diesem ganzen weichlichen,
kraftlosen Wesen, in dem das Laster mit der Sanftheit eines trägen
Gewässers dahinfloß, leuchtete nicht einmal die Neugier des Bösen auf.
Er gab sich hin. Und da René diese zwei Erscheinungen aus dem
leisen Schatten des Spiegels hervortreten sah, wich sie zurück, denn sie
erkannte jetzt, daß Saccard sie hingeworfen hatte wie einen Spiel-
und Fonds-Einsatz, und daß Maxime da war, dieses Goldstück aufzuheben, welches aus der Tasche des Speculanten gefallen war. Sie
war nur ein Werthpapier in dem Portefeuille ihres Gatten, er drängte
sie zu den Toiletten einer Nacht, zu den Liebhabern einer Saison; er
zerdehnte sie in den Flammen seiner Schmiede und benützte sie wie ein
kostbares Metall, um das Eisen in seinen Händen zu vergolden. Nach
und nach hatte der Vater sie auf diese Weise toll genug, elend genug
gemacht für die Küsse des Sohnes. Wenn Maxime das geschwächte
Blut Saccard's war, so fühlte sie sich als das Erzeugniß, als die

wurmstichige Frucht dieser beiden Menschen, als die Gemeinheit, welche sie sich geschaffen hatten, und in welcher sich jetzt einer und der andere wälzte.

Jetzt wußte sie es. Diese zwei waren es, welche sie entblößt hatten! —

„Soweit diese Stelle, welche wohl die beste Ergänzung der Inhaltsangabe dieses Romans sein dürfte. Wie Sie sehen, nimmt sich der Dichter kein Blatt vor den Mund und verfügt außerdem über einen solchen Reichthum charakteristischer und plastischer Vergleiche, wie man ihn nur selten findet. In diesen Vergleichen macht er aber oft Sprünge, welche die französische Sprache wohl verträgt, welche jedoch im Deutschen kaum ge= wagt werden dürfen.

„Ich habe darauf verzichtet, Ihnen ein Bild von den mannigfaltigen kühnen und fragwürdigen Finanz=Operationen zu entwerfen, welche Zola seinem Saccard in die Schuhe schiebt — und ich glaube, auch Sie werden diesen geschäftlichen Inhalt des Romanes gerne entbehren. Deshalb wende ich mich nun demjenigen Werke zu, welches den Titel „Son Excellence Rougon“ führt und das sechste in der Reihe bildet.

„Diesem Romane fehlt scheinbar das tragische Moment, denn es springt nicht unmittelbar in die Augen, und nur dem tiefer= blickenden Leser wird es klar, daß den Dichter auch hier eine große sittliche Absicht leitete. Oder glauben Sie nicht, daß man ein Drama auch dann, und gerade dann mit besonderer Berechtigung eine Tragödie nennen könnte, wenn der schurkische Held derselben gegen alles göttliche und menschliche Recht sieg= reich daraus hervorgeht? Wenn z. B. ein Tyrann mit Hilfe brutaler Gewalt und aller möglichen Ränke die Herrschaft über ein Volk an sich reißt und demselben den Fuß auf den Nacken setzt?“ —

Frau von S. sann einen Augenblick nach. „Ich denke,“ sprach sie dann langsam, „wir haben sogar in der deutschen Literatur zwei Tragödien mit ähnlichem Schluß: Goethe's ‚Egmont‘ und Schiller's ‚Marquis Posa.‘ Aber es ist doch ein Unterschied, insofern als die Helden in diesen Tragödien

unserer vollen Sympathie theilhaftig sind und im Kampfe gegen
Willkür und Tyrannei zu Grunde gehen."

„Allerdings," erwiderte ich, „und auch ich halte diesen
Unterschied für die Wirkung auf den Zuhörer von großer Be=
deutung, obgleich die Sache selbst, das Resultat dasselbe ist.
Diese Wirkung aber liegt darin, daß wir über der Theilnahme
für den Helden bis zu einem gewissen Grade die Empörung
über den Sieger vergessen. Der Untergang des Helden stimmt
uns weich, er erfüllt uns mit Furcht und Mitleid, da ihm ja
gewöhnlich ein Stückchen menschlicher Schuld anhaftet. Und
damit ist der von Aristoteles geheischte Zweck der tragischen
Dichtung erfüllt. Dürfen wir aber nicht wagen, die Wirkung
einer Dichtuug über diese Grenzen hinauszudehnen, vorausgesetzt,
daß sie nach wie vor eine sittliche Wirkung beibt? Dürfen wir
nicht wagen, eine Handlung vorzuführen und zu entwickeln, in
dem Sinne, wie ich es oben angedeutet, und dadurch in den
Herzen unserer Hörer, ohne diese Absicht unkünstlerisch hervor=
zukehren, sittlichen Zorn, Empörung und Entrüstung wachzurufen?
Schließt die Erweckung solcher Gefühle etwa eine Reinigung und
Veredelung des Gemüthes aus? Oder ist sie nicht vielmehr
gerade besonders dazu angethan, unser Rechtsbewußtsein, unsern
edlen Sinn, unser Menschlichkeitsgefühl zu alarmiren?

„Von der Beantwortung dieser Frage hängt nach meinem
Empfinden für die Entwicklung der Dichtung in kommenden
Jahrhunderten sehr viel ab. Denn damit ist der stoffliche und
Gedankenkreis bedeutend erweitert. Ein Beispiel, wie es aus
meiner Praxis gegriffen ist, wird Ihnen dies erläutern. Siegwart
Friedmann forderte mich vor einigen Jahren auf, ich solle ihm
einen ‚Cardinal Richelieu‘ schreiben. Die Gestalt schien ihm für
die Bühne und für sein Darstellungstalent ganz besonders geeignet
und der rothe Cardinalsmantel, in dem er sich bereits sah, hatte
auch sein Verlockendes. Die Schauspieler, selbst solche ersten
Ranges, bleiben im Punkte der Kostüme immer ein wenig Kinder;
das Kostüm reizt sie, und selbst eine schlechte Rolle wird ihnen er=
träglich in einem glänzenden Kleide; die gute aber verspricht ihnen
damit noch stärkere Wirkung. Die Praxis mag das auch vielfach

bestätigen, namentlich bei uns Deutschen, wo ja die äußeren Vorzüge der darstellenden Künstler eine so große Rolle spielen.

„Der Vorschlag Friedmann's gefiel in der That auch mir, weil die grandiose Gestalt Richelieu's, was die Energie dieses Mannes betrifft, mich dramatisch packte. Ich sagte also bedingungsweise zu und las vor Allem rasch in der Geschichte nach, um mir die Begebenheiten klar zu machen. Und dann — sagte ich ‚nein.' Noch ganz gebannt in das Joch der Aristotelischen Poetik schreckte ich davor zurück, einen Mann zum Helden eines Stückes zu machen, welcher sein Volk knechtet und ausbeutet, ich schreckte davor zurück, diesen Mann als Sieger einer schlechten Sache hinzustellen, — und mit dem Gegentheil zu schließen, so weit durfte ich der historischen Wahrheit nicht Gewalt anthun. Friedmann würdigte diese Gründe, er erkannte das Gefährliche eines solchen Unternehmens, der Gedanke an das Publikum schreckte uns beide zurück: der Gedanke an das Publikum, welches sich einen solchen Helden nicht würde gefallen lassen, oder wenigstens nicht solchen Schluß. War das aber nicht doch etwas vorschnell geurtheilt? Halten Sie es nicht für möglich, daß eine solche wirklich aus der Tiefe heraus mit voller Gestaltungskraft geschaffene Dichtung — nicht eine Intriguen- und Puppenkomödie wie das Bulwer'sche Stück — das Publikum tief ergreifen und erschüttern könnte? Liegt denn nicht im Siege des Bösen in der That eine tragische, erschütternde Kraft, vielleicht eine noch tragischere als im Unterliegen des Guten?

„Sie sehen, hier ist eine Schranke, die fallen muß. Wir dürfen bei Aristoteles nicht stehen bleiben. Aristoteles hat aus griechischem Bewußtsein geschöpft und damit zwei Jahrtausende vorgehalten. Lebte er heute, so würde auch er einen Schritt weiter gehen. Wir müssen vorwärts, das ist eine Naturnothwendigkeit! Und den endlichen äußeren Anstoß zum Vorwärtsschreiten auf ästhetischem Gebiete giebt der Naturalismus. Den schwersten Kampf in dieser Beziehung werden wir übrigens mit dem Theater haben, denn das Theater in seinem starren Formenwesen ist chinesisch-conservativ. Gelegentlich meiner Besprechung der Zola'schen Theaterschriften komme ich auf diese

Frage noch zurück. Der Roman aber ist dazu berufen, den Ge=
schmack des Publikums allmälig den neuen Zielen zu gewinnen,
ihn allmälig umzubilden.

„Nun aber sind wir wieder bei Seiner Excellenz Rougon.
Dieser Roman schließt mit dem Triumphe der schlechten Sache
künstlerisch wohl überlegt und entwickelt ab, und hat daher einen
deutschen Zolakritiker zu der Behauptung veranlaßt, er habe über=
haupt keinen Schluß. Man kann nicht naiver und beschränkter
urtheilen. Es bedürfte nur der Würdigung des einen Umstandes,
daß der Roman mit der Demission des Helden, des uns wohl
bekannten Eugène Rougon, beginnt, um einen solchen Schluß
zu begreifen. Begreift man es doch sehr wohl, wenn ein Ro=
man, der mit der Erhebung des Helden beginnt, mit dessen
Sturze endet. Aber es giebt eben Leute, welche nicht von dem
ästhetischen Ammenmärchen lassen können, daß eine Dichtung
mit Tod oder — Heirath enden müsse.

„Nachdem Rougon es Dank seiner unverfrorenen Energie bis
zum allmächtigen Minister Napoleon's gebracht hat, fällt er in
Ungnade. Es ist aber ziemlich klar, daß Napoleon eines solchen,
in seiner Hand unendlich gefügigen, in seiner Eisenfestigkeit aber
unschätzbaren Werkzeuges auf die Dauer nicht werde entbehren
können. Rougon's Entfernung konnte für Napoleon aus mannig=
faltigen Gründen eine Nothwendigkeit sein, ja sie konnte ihm für
einige Zeit sogar bequem erscheinen. Doch seine Wiederberufung ist
jeden Moment möglich, auch wahrscheinlich. Rougon aber fügt
sich mit guter Miene in seine Entlassung, welche als Werk seiner
Feinde erscheint. Er nimmt die Miene voller Passivität an und
beginnt sogar ein Werk zu schreiben, mit dem es ihm aber nicht
sehr ernst ist. Dagegen ergreift er mit Feuereifer die Idee,
Paris zu verlassen und in der Provinz eine Musterlandwirth=
schaft zu gründen und zu leiten. Er verständigt sogar den
Kaiser hievon, der seinen Plan auch billigt, ihm aber befiehlt,
mit der Ausführung noch zu warten, und in Paris zu bleiben.
Und Rougon bleibt, machtlos, in voller Unthätigkeit. Nicht so
unthätig jedoch sind seine Freunde, ist sein Anhang aus der
Provinz, lauter Leute, welche von seiner neuerlichen Erhebung

für sich selbst große Vortheile erwarten. Und bald ist ganz Paris durch diese intriguante Bande zu Gunsten Rougon's gestimmt.

„An der Spitze dieses Complottes steht die weibliche Haupt= figur des Romanes, Clorinde, für welche dem Verfasser zum Theil die Fürstin Metternich Modell gesessen hat, während mit Rougon der damalige Minister Rouher einigermaßen gekenn= zeichnet wird. Dieses intriguante Weib, welches Zola die natür= liche Tochter einer italienischen Contessa Balbi sein läßt, ist ein ebenso launenhaftes als tugendloses Geschöpf, welches eine poli= tische Rolle spielen will und in Rougon den Mann erkannt hat, an dessen Seite sie dieser Passion in weitestem Maaßstabe huldi= gen könnte. Sie versteht es auch sehr wohl, die Begierden dieses im Grunde weiberfeindlichen Mannes im hohen Grade zu wecken, und hofft dadurch, daß sie sich ihm in entscheidenden Momenten immer weigert, ihn dahin zu bringen, daß er sie heirathet. Doch eine Clorinde zu heirathen, daran denkt Rougon nicht, so sehr er sie auch besitzen möchte. Es kommt zu einer letzten Auseinandersetzung, zu offenem Aussprechen, zum inneren Bruch zwischen Rougon und Clorinde. „Niemals — niemals!" erklärt sie ihm entschieden, und da läßt sie Rougon fahren, er verzichtet. Diese tödtliche Beleidigung zu rächen steht aber nun bei ihr fest. Sie heirathet einen einfältigen reichen Mann, der Aussicht auf poli= tische Carrière hat, und den ihr Rougon selbst empfahl — eine neue Demüthigung für sie — und erlangt dadurch Zutritt bei Hof. Das Ziel ihres Ehrgeizes ist jetzt, den Kaiser selbst zu er= obern und damit den Gipfel der Macht zu erklimmen. Von dieser Höhe aus soll dann der Schlag gegen Rougon geführt werden. Doch damit dieser Schlag um so empfindlicher treffe, muß Rougon selbst wieder zu hoher Macht gelangt, er muß ihr ebenbürtig geworden sein.

„Und darum arbeitet Clorinde so rastlos und mit solchem Feuereifer an der Erhebung ihres Todfeindes. Doch noch ist erst der Blick des Kaisers bewundernd auf sie gefallen, noch hat sie nicht die Macht, Rougon durch den Kaiser zu erheben; und alle anderen Mittel schlagen fehl. Rougon bleibt der demissionirte Minister, der Privatmann.

„Da platzen die Bomben Orsini's und der Kaiser erkennt, daß wieder ein strammeres Regiment eingeführt, daß wieder ein Rougon an den ersten Platz gestellt werden müsse. Und zehn Tage später ist Rougon wieder Minister, — nun kann Clorinde daran gehen ihn zu stürzen. Dies aber erleichtert ihr dieser selbst wesentlich. Im neuerlichen Besitze der Gunst Napoleons und einer unumschränkten Macht wird er nur um so kühner und mit brutaler Rücksichtslosigkeit tritt er für seinen Anhang, für seine sehr fragwürdigen Freunde ein, um all' ihren Wünschen gerecht zu werden. Er führt Willküracte aus, welche fast ver= brecherisch genannt werden müssen, er geht endlich in seiner Zuversicht so weit, daß er wider alles Recht und Gesetz eine Haussuchung in einem Kloster zu Plassans befiehlt und durch= führen läßt. Und damit erregt er den allgemeinen Unwillen, die Entrüstung gegen ihn wird immer lauter, immer gefährlicher. Doch noch steht er fest; um sich aber mit dem Zurschautragen einer unbedingten Furchtlosigkeit eine geradezu unerschütterliche Stellung zu schaffen, wagt er in diesem kritischen Momente bei dem Kaiser sein Demissionsgesuch einzureichen. Er ist gewiß, daß es in der schmeichelhaftesten Weise abgelehnt werden wird, — er ist dessen ganz gewiß, denn er fürchtet auch Clorinde nicht.

„Clorinde aber ist sicher gegangen, sie hat diesen Augenblick abgewartet, sie hat den Kaiser gereizt und hingehalten und jetzt — giebt sie sich ihm. Der Preis ist die Entlassung Rougon's, die Erhebung ihres Gatten auf seinen Posten.

„Und Napoleon zahlt diesen Preis, — er legt sogar noch ein Brillant=Collier zu, welches Clorinde schon am nächsten Tage auf einem Wohlthätigkeits=Bazar, auf dem sie das Amt einer Hebe versieht, mit stolzer Schamlosigkeit zur Schau trägt. Sie hat alles so arrangirt, daß Rougon das Entlassungsdecret auf diesem Bazar vor ihren Augen eingehändigt wird. Sie will sich an seiner Niederlage weiden, sie will ihm endlich sagen, daß diese Niederlage ihr Werk ist und welchen Preis sie dafür ge= zahlt. Denn noch weiß sie sich von ihm begehrt, noch weiß sie ihn eifersüchtig auf alle, nur auf ihren Mann nicht, der in sei= nen Augen nicht zählt. Und sie will in ihm nicht nur den

Minister, sie will auch den Mann treffen und züchtigen, der ihr seinen Namen verweigert hat. Und sie feiert den vollen Triumph, sie leert den Becher des Rachegenusses bis auf den Grund.

„Drei Jahre später aber ist Rougon wieder Minister, und zuversichtlicher, schamloser, siegestrunkener als je. Und das ist der nothwendige Abschluß des Romans. Denn die Herrschaft einer Clorinde ist vergänglich, ein Rougon aber unentbehrlich für Napoleon. Hier auf den letzten Seiten des Buches offenbart sich auch die ganze Absicht, der ganze vernichtende Zorn des Dichters, seine hehre Entrüstung über diesen Rougon, über dieses napoleonische Regime. Die italienischen Siege haben Napoleons Machtstellung noch erhöht, er weiß, daß er jetzt über ein Volk von Sklaven herrscht, er weiß, daß er diesem gesetzgebenden Körper nun alles bieten kann, er weiß, daß er jetzt einen Schein-Constitutionalismus decretiren, daß er die Rolle eines liberalen Herrschers spielen darf, ohne auch nur die geringsten Freiheiten zuzugestehen. Rougon aber ist der Mann, etwaige Widersprüche mit der ihm eigenen bodenlosen Frechheit zu bekämpfen. Die diesbezügliche Sitzung schildert das letzte Capitel. Ein Depu-tirter der Linken hat es, unter stürmischem Protest der großen Mehrheit der Versammlung, gewagt, seiner Meinung über die herrschende Corruption rücksichtslos Ausdruck zu geben. Er wurde zur Ordnung gerufen, er wurde überschrieen und ver-höhnt, und nun ertheilt der Vorsitzende Seiner Excellenz Monsieur Rougon das Wort. Ich citire Ihnen hier den Dichter selbst:

Ein leiser Schauer, ein Seufzer befriedigter Neugierde durchlief die Reihen und wich dann einer andächtigen Aufmerksamkeit. Rougon hatte in vorgebeugter Haltung schwerfällig die Tribüne bestiegen. Er blickte anfangs nicht in den Saal; er legte ein Päckchen Notizblätter vor sich, schob das Glas mit Zuckerwasser zurück und streckte seine Hände vor, wie um von dem schmalen Mahagonikasten Besitz zu er-greifen. Endlich hob er den Kopf, angelehnt an das Bureau in seinem Rücken. Er war nicht gealtert. Seine breite viereckige Stirne, seine große wohlgeformte Nase, seine langen faltenlosen Wangen, hatten eine rosige Blässe bewahrt, den frischen Teint eines Notars vom Lande. Nur seine ergrauenden dichten Haare hatten sich an den Schläfen gelichtet und ließen die großen Ohren sehen. Die Augen halb geschlossen, warf er, noch zuwartend, einen Blick in den Saal. Einen Moment schien er zu suchen, da erblickte er das aufmerksam vorgeneigte Antlitz Clorindens und nun begann er mit schwerer, träger Zunge:

„Auch wir sind Revolutionäre, wenn man unter diesem Worte Männer des Fortschrittes versteht, entschlossen dem Lande alle vernünftigen Freiheiten wiederzugeben, eine um die andere."

„Sehr gut! Sehr gut!"

„Meine Herren, welche bessere Regierungsform als das Kaiserthum hat jemals die liberalen Reformen verwirklicht, deren verführerisches Programm soeben vor Ihnen entwickelt wurde? Ich werde die Ansichten des ehrenwerthen Vorredners nicht bekämpfen. Es wird genügen zu beweisen, daß das Genie und das großmüthige Herz des Kaisers den Ansprüchen der wüthendsten Gegner seiner Regierung zuvorgekommen ist. Ja, meine Herren, der Kaiser selbst hat der Nation die außerordentlichen Machtbefugnisse zurückgegeben, mit welchen sie ihn in der Zeit der allgemeinen Gefahr ausgestattet hatte. Welch' großartiges Schauspiel, so selten in der Geschichte! Oh! Wir begreifen wohl den Verdruß gewisser Umsturz-Männer. Sie sind hiedurch verhindert, unsere Absichten anzufechten, das Maaß der wiedererstatteten Freiheiten in Frage zu ziehen... Sie haben, meine Herren, den großen Akt des 24. November wohl begriffen. Sie haben durch den ersten Paragraph der Adresse dem Kaiser Ihre tiefe Erkenntlichkeit für seine Großmuth und für sein Vertrauen in die Weisheit des gesetzgebenden Körpers bezeigen wollen. Die Annahme des Antrages, welcher Ihnen jetzt vorliegt, würde eine grundlose Beleidigung, ich behaupte sogar, eine schlechte Handlung sein. Ziehen Sie einmal Ihr Gewissen zu Rathe, meine Herren, fragen Sie sich ernstlich, ob Sie sich frei fühlen. Die Freiheit ist jetzt ganz und vollständig, ich stehe als Bürge dafür ein." Langdauernder Beifall unterbrach ihn. Er hatte sich langsam dem Rand der Tribüne genähert. Jetzt, den Leib, ein wenig vorgeneigt, den Arm ausgestreckt, steigerte er seine Stimme, welche sich mit ungewöhnlicher Macht entwickelte. Herr von Marsy, der Präsident, welcher hinter ihm in seinem Fauteuil lag, hörte zu, mit der lächelnden Miene eines über die meisterhafte Ausführung einer Kraftübung staunenden Dilettanten. Im Saale, inmitten des Beifallsdonners, neigten sich die Rathsglieder zu einander, flüsterten, überrascht, mit zusammengekniffenen Lippen. Clorinde ließ, ganz in sich versunken, ihre Arme über den rothen Sammt der Brüstung hängen.

Rougon fuhr fort:

„Heute endlich hat die Stunde geschlagen, welche wir alle mit Ungebuld erwarteten. Es ist keine Gefahr mehr dabei, aus dem glück- lichen Frankreich ein freies zu machen. Die anarchischen Reigungen sind tobt. Die Entschlossenheit des Herrschers und der feierliche Wille des Landes haben für immer die verabscheuungswürdigen Zeiten der allgemeinen Entartung in's Nichts zurückgestoßen. Die Freiheit ist möglich geworden an jenem Tage, an welchem diese Partei über- wunden wurde, welche um jeden Preis die Grundbedingungen des Herrschens mißkennen wollte. Und darum hat der Kaiser seine mäch- tige Hand zurückgezogen, verzichtend auf die außerordentlichen Vorrechte seiner Gewalt wie auf eine unnütze Last, da er seine Regierung in dem Grabe unanfechtbar hält, um sie anfechten zu lassen. Und er wich nicht zurück vor dem Gedanken, die Zukunft in Frage zu stellen; er wird bis zu den äußersten Consequenzen seines Versuches der Befrei- ung gehen, er wird eine Freiheit nach der andern dem Lande wieder- geben, in Zwischenräumen, wie sie die Klugheit vorschreibt. Von nun an haben wir die Aufgabe, dieses Fortschrittsprogramm in dieser Ver- sammlung zu vertheidigen . . .“

Einer der fünf Deputirten der Linken erhob sich entrüstet und rief:

„Sie waren der Minister der Unterbrückung bis zum Aeußersten!“

Und ein Anderer fügte leidenschaftlich hinzu:

„Die Lieferanten für Cayenne und Lambessa haben kein Recht im Namen der Freiheit zu sprechen!“

Ein heftiges Gemurmel wurde vernehmbar. Viele der Deputirten hatten nicht verstanden und neigten sich vor, um ihre Nachbarn zu fragen. Herr von Marsy that als habe er nicht gehört; er begnügte sich den Störern mit dem Ordnungsrufe zu drohen.

„Man wirft mir vor . . .“ begann Rougon.

Aber Rufe erhoben sich von der rechten Seite her und hinderten ihn fortzufahren.

„Nein, nein, antworten Sie nicht!“

„Solche Anzüglichkeiten können Sie nicht berühren!“

Da beruhigte er die Kammer mit einer Handbewegung, wandte sich dann, mit beiden Fäusten auf den Rand der Tribüne ge- stützt, gegen die Linke, mit der Miene eines sich bäumenden Ebers, und erklärte in ruhigem Tone:

„Ich werde nicht antworten!“

Das war nur die Einleitung. Denn obgleich er versprochen hatte, die Worte des Deputirten von der Linken nicht zu widerlegen, trat er doch unmittelbar darauf in eine haarspalterische Erörterung derselben ein. Er begann mit einer gründlichen Auseinandersetzung der Gründe seines Gegners; er that das mit einer gewissen Coquetterie, mit einer scheinbaren Unparteilichkeit, deren Wirkung ungeheuer war, er trug eine völlige Geringschätzung aller dieser guten Gründe zur Schau, als wäre er bereit, sie mit einem Athemzuge zu nichte zu machen. Dann schien er zu vergessen, daß er sie bekämpfen müsse, er machte gegen keinen derselben eine Einwendung und warf sich plötzlich auf den schwächsten von Allen mit einer unerhörten Heftigkeit, mit einem Schwall von Worten, welche ihn überfluteten. Man klatschte ihm Beifall; er triumphirte. Sein großer Körper nahm die ganze Tribüne ein. Seine Schultern folgten, sich wiegend, dem Tonfall seiner Phrasen. Er besaß eine banale, fehlerhafte Beredtsamkeit, strotzend von Winkelzügen, aufgebläht von Gemeinplätzen, welche er wie Blitzschläge niederfallen ließ. Er donnerte, er schleuderte die dümmsten Worte. Seine einzige Größe als Redner war sein Athem, ein ungeheurer, unermüdlicher Athem, welcher die längsten Perioden aushielt, und stundenlang konnte er so fortsprechen, ohne sich viel um das zu kümmern, was er sprach.

Nachdem er eine volle Stunde ohne Unterbrechung geredet hatte, nahm er einen Schluck Wasser und schöpfte ein wenig Athem, während er die Noten ordnete, welche vor ihm lagen.

„Ruhen Sie aus!" sagten einige Deputirte.

Aber er verspürte keine Müdigkeit. Er wollte zu Ende kommen.

„Was fordert man von Ihnen, meine Herren?"

„Hört! Hört!"

Eine tiefe Aufmerksamkeit bemächtigte sich neuerdings der Anwesenden und stumm wandten sie sich ihm zu.

„Man verlangt von Ihnen, meine Herren, das Gesetz der allgemeinen Sicherheit aufzuheben. Ich will Ihnen die verfluchte Stunde nicht ins Gedächtniß zurückrufen, wo dieses Gesetz eine unentbehrliche Waffe wurde; es handelte sich darum, das Land zu beruhigen, Frankreich vor einer neuen Umwälzung zu bewahren. Heute steckt diese Waffe in der Scheide. Die Regierung, welche sich derselben stets mit der größten Vernunft, ich behaupte sogar, mit der größten Mäßigung bedient hat . . . ."

„Das ist wahr!"

„Die Regierung macht von derselben nur mehr in ganz bestimmten

Ausnahmefällen Gebrauch. Sie beläſtigt Niemand, wenn nicht die
Sectirer, welche immer noch die ſträfliche Thorheit nähren, zu den
ſchlimmſten Tagen unſerer Geſchichte zurückkehren zu wollen. Beſucht
unſere Städte, unſere Provinzen, Ihr werdet überall den Frieden und
den Wohlſtand finden, fragt die Freunde der Ordnung, keiner von ihnen
fühlt den Druck dieſer Ausnahmegeſetze, aus denen man uns ein ſo
großes Verbrechen macht. Ich wiederhole es, in den väterlichen Händen
der Regierung ſchützen dieſe Waffen nach wie vor die Geſellſchaft gegen
haſſenswerthe Unternehmungen, deren Erfolg überdies ſeit Langem unmöglich iſt. Die ehrbaren Menſchen brauchen ſich um dieſe Waffen
nicht zu kümmern. Laſſen wir ſie, wo ſie ſchlummern, bis zu dem
Tage, an dem der Kaiſer es für gut finden wird, ſie ſelbſt zu zerbrechen .... Was verlangt man noch von Ihnen, meine Herren?
Die Unabhängigkeit der Wahlen, die Freiheit der Preſſe, alle irgend nur
denkbaren Freiheiten. Oh! Laſſen Sie mich doch hier ein wenig ausruhend einen Rückblick thun auf all' das Große, was die Regierung ſchon
vollbracht hat! Rings um mich, überall, wohin ich meine Augen wende,
ſehe ich die Freiheit des Volkes zunehmen und die ſchönſten Früchte
tragen. Ich bin tief bewegt. Dieſes ſo tief erniedrigte Frankreich erhebt ſich wieder, und giebt der Welt das Beiſpiel eines Volkes, welches
ſeine Freiheit durch ſeine gute Aufführung gewinnt. In dieſer Stunde
ſind die Tage des Beweiſens vorüber. Es iſt keine Rede mehr von
einer Dictatur, von einer abſoluten Regierung. Wir ſind Alle Arbeiter
an der Freiheit ...."

„Bravo! Bravo!"

„Man fordert die Unabhängigkeit der Wahlen. Iſt nicht das allgemeine Wahlrecht, angewendet in ſeinem weiteſten Verſtande, die
Grundbedingung des Reichsbeſtandes? Es iſt wahr, die Regierung
empfiehlt ihre Candidaten. Unterſtützt etwa die Revolution die ihrigen
nicht mit der unverſchämteſten Kühnheit? Man greift uns an, wir vertheidigen uns, das iſt nicht mehr als billig. Man möchte uns aber
knebeln, man möchte uns die Hände binden, uns in den Zuſtand eines
Leichnams verſetzen. Und das werden wir niemals dulden. Aus Liebe
zu dem Lande werden wir immer da ſein, um es zu berathen, um ihm
zu ſagen, welche ſeine wirklichen Vortheile ſind. Im Uebrigen bleibt
es der abſolute Herr ſeines Geſchickes. Es giebt ſeine Stimme ab und
wir ordnen uns unter. Die Glieder der Oppoſition, welche dieſer
Verſammlung angehören, wo ſie der unbeſchränkten Redefreiheit genießen, ſind der beſte Beweis für unſere Achtung vor den Beſchlüſſen

des allgemeinen Wahlrechts. Die Revolutionäre mögen das Land dafür verantwortlich machen, wenn das Land die Regierung mit überwältigender Majorität anerkennt . . . . . . Im Parlament sind jetzt alle Hindernisse der freien Controle beseitigt. Der Herrscher hat dem großen Staatskörper eine unmittelbare Betheiligung an seiner Politik und ein glänzendes Zeugniß seines Vertrauens geben wollen. Sie werden von nun an alle Regierungsmaßregeln in Discussion ziehen, das Recht der Antragsstellung in vollem Maße ausüben und begründete Wünsche äußern können. Jedes Jahr wird die Adresse gleichsam ein Stelldichein zwischen dem Herrscher und den Repräsentanten der Nation sein, wo Letzteren das Recht zusteht, sich mit Freimuth über Alles zu äußern. Bei solchen Verhandlungen vor aller Welt erstehen die großen Staaten. Die Rednerbühne ist wieder in Kraft getreten, diese Rednerbühne, berühmt durch so viele Redner, deren Namen die Geschichte bewahrt hat.

„Ein Parlament, welches verhandelt, ist ein Parlament, welches arbeitet. Und wollen Sie meine geheimsten Gedanken wissen? Ich bin glücklich, hier eine Gruppe von Abgeordneten der Opposition zu sehen. Wir werden immer Gegner unter uns haben, welche uns Fehler nachzuweisen suchen und so unsere Ehrenhaftigkeit in's vollste Licht stellen. Wir beanspruchen für sie die strengste Unantastbarkeit. Wir fürchten nicht die Leidenschaft, noch den Skandal, noch den Mißbrauch der Redefreiheit, so gefährlich sie sein mögen. . . . Was aber die Presse betrifft, meine Herren, so hat sie noch niemals eine vollkommnere Freiheit genossen, unter keiner Regierung, welche entschlossen war, sich Achtung zu verschaffen. Alle großen Fragen, alle ernsten Interessen haben ihre Organe. Die Regierung bekämpft nur die Verbreitung gefährlicher Doctrinen, nur die Feilbietung des Giftes. Aber, verstehen Sie mich wohl, wir sind voll Ergebenheit für die anständige Presse, welche die große Stimme der öffentlichen Meinung ist. Sie unterstützt uns in unserer Thätigkeit, sie ist das Werkzeug des Jahrhunderts. Wenn die Regierung dasselbe in die Hände genommen hat, so geschah es nur, um es nicht in den Händen ihrer Feinde zu lassen."

Beistimmendes Gelächter erhob sich. Rougon jedoch kam zum Schluß seiner Rede. Er umfaßte den Rand der Tribüne mit gekrümmten Fingern. Er beugte sich ganz über und fegte mit seinem Arm die Luft. Seine Stimme erbrauste mit der Macht eines Wasserfalles. Plötzlich, inmitten seiner liberalen Idylle, schien er von einer furchtbaren Wuth befallen. Seine geballte Faust, vorgestreckt wie einen Mauerbrecher, bedrohte irgend etwas dort unten im leeren Raum.

Dieser unsichtbare Gegner war das rothe Gespenst. In einigen dramatischen Phrasen schilderte er das rothe Gespenst, wie es seine blut-
befleckte Fahne schwingt, wie es seine Brandfackel schleudert und hinter
sich Ströme von Schmutz und Blut läßt. Der ganze Aufruhr der Tage
der Empörung widerhallte in seiner Stimme, mit dem Pfeifen der
Kugeln, den aufgebrochenen Kassen der Bank, dem geraubten und ver-
theilten Geld der Bürgerschaft. Die Abgeordneten erbleichten auf ihren
Sitzen. Dann beruhigte sich Rougon und schloß mit wuchtigen Lobes-
erhebungen auf den Kaiser, welche erklangen wie das Geräusch von
geschwungenen Weihrauchfässern.

„Danken wir Gott, daß wir unter dem Schutze eines Fürsten
stehen, welchen die Vorsehung eigens an einem Tage unendlicher Barm-
herzigkeit zu unserer Rettung gesandt hat. Wir können ruhig sein im
vollen Vertrauen auf seine hohe Weisheit. Er hat uns bei der Hand
genommen und führt uns behutsam durch alle Klippen in den Hafen.“

„Nun wird Rougon mit stürmischem Beifall überschüttet
und von der ganzen Versammlung beglückwünscht für diese Rede.
Die freche Lüge, die geistlose Heuchelei, die niederträchtige Fäl-
schung aller Thatsachen, der himmelschreiendste Hohn gegen Recht
und Wahrheit hat einen schamlosen Sieg gefeiert und dem schurkischen Sieger huldigt nun das ganze Volk in seinen Vertretern.

„Und das ist die große Schuld dieses Volkes, für die
es büßen mußte, büßen in einem Dasein verworfener Knecht-
schaft bis zu dem furchtbaren Tage von Sedan, an dem der
frevle Unterdrücker gezüchtigt wurde und mit ihm die ganze
Nation, die so lange ihre Würde, ihre Menschenrechte, ihre
Selbstachtung preisgegeben und sich von einem Napoleon und
seinen schurkischen Handlangern hatte ausbeuten, verderben, mit
Füßen treten lassen. Der Schmach dieses Parlamentes aber
steht nur die Schmach der Frauenwelt ebenbürtig zur Seite, dieser
Frauenwelt, die uns Zola auf dem erwähnten Wohlthätigkeits-
Bazar schildert, vor Neid und Aufregung fast berstend über
Clorinde, welche erreicht hat, was viele von ihnen so sehnsüchtig,
mit so brennendem Ehrgeize vergebens anstrebten: für eine
Nacht die Dirne Napoleon's zu sein.

„Zola wollte mit diesem Roman seinem Volke diese schmachvolle Vergangenheit mit all' der Schonungslosigkeit seiner kühnen,

9

wahrheitsliebenden Seele vor Augen führen und in's Gedächtniß
zurückrufen. Und Entrüstung sollte darob in den Herzen bran=
den und die Wangen schamroth färben! Das Buch ist der
Warnungsruf des freien Republikaners und eblen Patrioten,
und wahrhaftig kein unnöthiger Warnungsruf. Das hat auch
sein Freund Daudet erkannt, und unbekümmert darum, ob man
ihn des Plagiats an Zola anklagen würde, seinen ‚Numa
Roumestan‘ geschrieben, diesen Eugène Rougon der Republik.

„Doch es scheint, daß Frankreich in diesem Punkte seine
Dichter nicht versteht, nicht verstehen will; es scheint, daß die
Demoralisation, welche eine zwanzigjährige Aera Napoleonischer
Corruptionspolitik in allen Kreisen geschaffen, noch in Blut und
Mark dieser Nation fortwuchert, und daß das ganze unter Na=
poleon geborene und herangewachsene Geschlecht erst zu Staub
werden muß, ehe die Regeneration eintritt. Oder braucht Frank=
reich noch solch einen großen Aberlaß, wie bei und nach Sedan,
um sich zu verjüngen?“

Ich bemerkte erst jetzt, daß ich mich vergessen und ernstlich
auf das Gebiet der Politik gerathen war. Zum Glück nur auf
das Gebiet der französischen Politik. Doch Frau von S. wollte
es nicht dabei bewenden lassen. Ueber meinen Eifer lächelnd
sprach sie:

„Ich wußte gar nicht, daß Sie Politiker sind!“

„Nicht eigentlich Politiker, verehrte Frau, in dem selbst=
süchtigen Sinne unserer kleinlichen Zeit, sondern nur Politiker
in dem großen Sinne des Wortes, wie es der Historiker sein
soll, wie es der Dichter sein muß. Mir ist jede Staatsform
recht, welche der Würde der Menschheit Rechnung trägt und sich
vergegenwärtigt, daß nur ein Staat, der sich kühn= und frei=
benkende Männer erzieht, eine Zukunft hat und ein Recht zu
bestehen.“

„Und wie denken Sie über Deutschland?“ fragte, mir die
Hand zum Abschied reichend, Frau von S.

„Deutschland ist nach meiner Meinung politisch noch nicht
reif und es wird auch nicht so rasch politisch reif werden. Eine
Nation vegetirt nicht ungeschädigt jahrhundertelang unter dem

Regime kleiner und kleinster Fürsten, in spießbürgerlicher Loya= lität den Sonderinteressen der regierenden Geschlechter hin= gegeben, mit dem höchsten Ehrgeize, eine Stellung bei Hofe einzunehmen, sei's auch nur als Hundejunge oder als Eintags= geliebte des Regenten. Im Banne solcher kleinlicher Zustände entwickelt sich ein kleinlicher, spießbürgerlicher Geist und die Duodez= nationalitäten lassen das Volk nicht zu politischer Reife gelangen, das ist: zum freien Bewußtsein der innersten Zusammengehö= rigkeit aller Stämme, welches jederzeit bereit ist, sich praktisch zu bethätigen. Ueber die Deutschen als politische Nation wird man vielleicht in fünfzig, in hundert Jahren sprechen können, heute giebt es nur ein Deutschland als politische Macht unter dem Zwange der preußischen Hegemonie. Und das ist ein ganz gewaltiger Unterschied."

Frau von S. nickte.

„Ich glaube Sie zu verstehen, und Sie mögen nicht Unrecht haben. Aber ich glaube nicht, daß man Ihnen im großen Publikum für eine solche Unterscheidung zwischen Macht und Nation besonderes Lob spenden würde."

„Sie wissen, verehrte Freundin, daß ich dem Lob der Menge niemals nachgefragt habe. Es ist gar zu leicht gewonnen — und verloren. Es ist ein Lob von heut' auf morgen, und nur wer eine Chamäleons=Natur besitzt, kann sich dasselbe dauernd sichern. Nun aber leben Sie wohl!"

Siebenter Abend.

—

.... „Und welchen Roman werde ich heute kennen lernen?“ fragte Frau von S. lächelnd, nachdem wir die kleinen Tages= ereigniſſe hatten Revue paſſiren laſſen, die ihren Intereſſenkreis berührten. „La fortune des Rougons“ — fuhr ſie fort, — „habe ich ausgeleſen, und bin daher für alle Romane gründlich vor= bereitet.“

„Was Ihnen gerade heute beſonders zu ſtatten kommen wird, denn kein Werk des ganzen Roman=Cyclus hängt ſo intim mit jenem erſten zuſammen, wie das vierte in der Reihe, „La conquête de Plassans,“ von welchem ich Ihnen heute ſprechen will. In dieſem Romane fühlt man ſo ganz deutlich, wie organiſch der ganze Cyclus gedacht und gearbeitet iſt, und welche Bedeutung demſelben nicht blos für den Aeſthetiker, ſondern auch für den Culturhiſtoriker innewohnt. Wir finden in dem ge= nannten Roman das alte Ehepaar Rougon wieder, — in Plaſſans, wo die Handlung ſpielt, — doch vermögend und angeſehen. Sie bewohnen jetzt ein ſchönes Haus im vornehmen Viertel, und aus dem alten gelben Salon iſt ein neuer grüner geworden, in welchem nach wie vor die verſchiedenſten politiſchen Farben ihre Zuſammenkünfte halten. Dieſer grüne Salon gilt für neutrales Gebiet, doch unter dem Deckmantel der Neutralität ſucht die in= triguante Felicitas die Intereſſen der Regierung wahrzunehmen und den Intentionen ihres Sohnes, des Miniſters Rougon, Rechnung zu tragen. Auch Antoine Macquart, den unehelichen Bruder Rougon’s, welcher dem Ehepaare ſeinerzeit ſo ſchwere Stunden bereitete, finden wir in beſſeren Verhältniſſen wieder. Nachdem er ſich durch ſeine compromittirende Haltung in den

Tagen des Staatsstreiches in Plassans unmöglich gemacht hatte, ging er nach Piemont, von wo er nach einiger Zeit nach Toulettes, einem Dorfe unweit Plassans übersiedelte, woselbst sich auch das Irrenhaus befindet. Er besitzt da ein Häuschen, nebst Pferd und Wagen und führt ein recht behagliches Leben. Wie das Alles möglich wurde, weiß Niemand zu sagen, doch geht das Gerücht, daß er dem altem Rougon schon wiederholt bei bedenklichen Geschäften wesentliche Dienste geleistet habe. Antoine's Frau ist todt, und seine Kinder mögen sein wo sie wollen, er kümmert sich um dieselben nicht. Wir aber werden ihnen in den nächsten Romanen begegnen. In der ‚Eroberung von Plassans‘ dagegen stoßen wir auf eine andere Gruppe von Nachkommen des Hauses Rougon=Macquart, welche unser ganzes Interesse in Anspruch nimmt.

„Sie erinnern sich wohl noch, daß Martha, eine Tochter der Rougon, sich mit ihrem Vetter François Mouret, dem mittleren Sohne der Ursula Macquart und des Hutmachers Mouret in Marseille, verheirathet hat, was eine Kreuzung in der Familie selbst bedeutete. François war als junger Mensch in das hinfällige Geschäft Rougon's eingetreten, hatte sich aber nach seiner Verheirathung in Marseille etablirt, dort ein kleines Vermögen erworben und ist endlich nach Plassans übersiedelt, um hier in behaglichem Wohlstand seine Tage zu beschließen. Seine Frau ist ein braves, stilles Wesen, seine Söhne Octave und Serge schon große Jungen von siebzehn und achtzehn Jahren, die Tochter Desirée endlich ein hübsches, gutes, aber geistig zurückgebliebenes Geschöpf, das körperlich schon zur Jungfrau erblüht, noch mit der Puppe spielt. Mouret macht noch hier und da Weineinkäufe, lebt aber im Uebrigen ganz nach seinem Belieben, und trägt seine Unabhängigkeit von Gott und Kaiser mit einem gewissen Applomb zur Schau, weil er weiß, daß er damit seine Schwiegereltern und noch andere Leute ärgert. Nur eine Person im Hause sucht ihn in ein gewisses Abhängigkeitsverhältniß zu bringen, und das ist die alte Köchin Rose, mit welcher er wegen seiner Unpünktlichkeit in ewigem Kriege lebt, was ihn aber nur ungemein amüsirt.

„Der harmlose Frieden dieses Hauses soll aber gestört, aus dem Idyll soll eine furchtbare Tragödie werden, in welcher alle Betheiligten zu Grunde gehen. Der „Roman experimental" beginnt.

„Die Regierung hat das Malheur, in Plassans ihren offi= ciellen Kandidaten bei den Wahlen regelmäßig durchfallen zu sehen und ist entschlossen, dieser Fatalität ein Ende zu machen. Zu diesem Behufe wird insgeheim ein fanatischer Jesuit, Namens Abbé Faujas, dahin gesandt, um allmälig die vornehmeren Bürgerkreise zu regierungsfreundlicher Wahl umzustimmen, um ‚Plassans zu erobern.' Für diesen Mann, welcher vorgeblich seine Stellung als Vicar in Besançon aufgeben mußte, weil er sich mit dem dortigen Pfarrer nicht vertrug, und welcher nun als Vicar in Plassans wirken soll, sucht ein dem Mouret be= freundeter Abbé Bourrète eine Wohnung, uud da Mouret den zweiten Stock seines Hauses frei hat, so werden sie einig. Martha ist zwar gar nicht damit einverstanden, daß die Familie in ihrer ruhigen Behaglichkeit gestört werde, doch Mouret will es und meint auch, daß dieser Pfaffe mit seiner alten Mutter durchaus keine Störung verursachen werde. Und so ist es in der That. Abbé Faujas, ein Mann in den Vierzigen, und seine alte Mutter zeichnen sich durch die strenge Zurückgezogen= heit ihres Wandels so aus, daß sich Mouret sogar darüber ärgert. Das ist aber die schlaue Taktik des Jesuiten. Er spio= nirt, er recognoscirt, er macht sich mit allen Verhältnissen ver= traut, ohne daß es Jemand wahrnimmt, er läßt die Menschen an sich herankommen und bewerkstelligt dies, indem er sie meidet. Mouret selbst ist der erste, der dieser Taktik zum Opfer fällt. Doch nicht allein seine Neugierde, sondern auch seine Oppositions= lust verleiten ihn dazu, dem Abbé näher zu treten, und die Gelegenheit hierzu bietet sich bald.

„Felicitas, welche sehr wohl von der geheimen Mission Faujas' unterrichtet und gewiß auch beauftragt ist, ihn hierbei zu unterstützen, läßt ihn für einen Abend in ihren grünen Salon invitiren, und Faujas entspricht dieser Einladung. Dieses Entrée in die Welt von Plassans schlägt aber fehl, da Faujas in dem

Großvicar Fenil einen erbitterten Feind hat, und dieser die schlimmsten Dinge über sein Vorleben ausstreut. Es ist nahezu Gefahr vorhanden, daß Faujas im Vorhinein allen Boden verliert, und Felicitas räth ihm daher: wenn er Plassans erobern wolle, müsse er die Frauen gewinnen. Und das läßt sich der Abbé auch gesagt sein. Er gewinnt zuerst Martha, und Mouret macht ihm dies dadurch sehr leicht, daß er sich des allerseits angefeindeten, ja selbst verhöhnten Priesters ernstlich annimmt, und ihn vorerst zur Theilnahme an den Abendmahlzeiten auffordert. Da Faujas' Mutter Karten spielt, so arrangiren sich diese Abende derart, daß Mouret mit dieser seine Partien macht, während der Abbé seiner Frau allmälig das Gift exaltirter Frömmigkeit einflößt, welches in dem schlummernden Herzen Martha's gleichzeitig auch eine exaltirte Leidenschaft für den Priester zeitigt. Doch Faujas ist ein Asfete, ein Weiberfeind, er denkt gar nicht daran, diese Frau zu besitzen, sie ist ihm nur ein Mittel für seine Zwecke. Er regt in Martha zuerst den Gedanken an, ein Zufluchtshaus für junge, aufsichtslose Mädchen zu gründen, in dem sie tagsüber beschäftigt werden sollen, und mit Feuereifer erfaßt die Frau diese Idee. Bald ist die ganze Frauenwelt von Plassans für das Project gewonnen, und die Ausführung desselben wird mit allem Eifer in Angriff genommen. Der erste siegreiche Schritt zur Eroberung Plassans ist gethan, gleichzeitig der erste entscheidende Schritt sich ganz in den Besitz des Hauses Mouret's zu setzen. Und langsam, aber unaufhaltsam sind die Fortschritte, welche der tückische Pfaffe macht. Immer weitere Kreise, natürlich auch bald die Männer all der Frauen, welche sich an der Gründung jenes Asylhauses betheiligen, werden ihm günstig gestimmt, und als der Pfarrer von Saint Saturnin stirbt, weiß er beim Bischof selbst seine Ernennung an dessen Platz zu erzwingen. Und damit gewinnt er noch mehr an Macht und Ansehen.

„Im Hause Mouret's aber gilt jetzt nur mehr sein Wille; Mouret erkennt zu spät, wen er in sein Haus aufgenommen, an seinem Tische Platz gemacht. Er vermag nichts mehr gegen ihn, er vermag nichts mehr über die religiöse Exaltation seiner Frau.

Und jetzt tritt sein Mangel an Energie offen zu Tage; er wider=
strebt gar nicht, er läßt den Dingen ihren Lauf, er giebt Octave
nach Marseille in ein Geschäft, Serge in's Seminar und auch
Desirée, welche von ihrer Mutter völlig vernachläſſigt wird,
kommt zu ihrer alten Amme auf das Land. Mouret hat nun
kein Weib, er hat keine Familie mehr, er iſt allein, er iſt über=
flüssig, iſt mißachtet und von seiner Frau sogar gehaßt. Dafür
aber hält des Abbé Faujas Sippe, seine Schwester mit ihrem
Mann, ihren Einzug, und dieses verdächtige Raubgeſindel setzt
sich bald in Besitz aller Schlüssel, und führt ein wüſtes Lotter=
leben in dem Hause Mourets. Doch auch das iſt noch nicht genug.
Eines Nachts wird Martha von einer Nervenkriſe überfallen, sie
glaubt sich angegriffen, bedroht von ihrem Manne, der an nichts
Böses denkt, sie bringt sich in ihrem Wahnsinn selbſt Kratzwunden
bei und als man endlich herbeiſtürzt, glaubt man wirklich, Mouret
habe sie bedroht und mißhandlt. Mouret aber hat ſtarr vor
Entsetzen die Kriſe mit angesehen und weiß sich gar nicht zu
fassen. Die Anfälle wiederholen sich, werden immer heftiger,
man glaubt Martha gefährdet, man kommt immer mehr zur
Ueberzeugung, daß Mouret wahnsinnig geworden sei, — und
endlich führt man ihn in's Irrenhaus nach Toulettes, wo er
denn wirklich in Tobsucht verfällt.

„All' das aber rührt und beirrt den Abbé Faujas nicht. Er
fährt fort, Plassans zu erobern, und als endlich die Wahlen
herankommen, iſt's zum Erſtaunen der maßgebenden Kreise in
der That der Candidat der Regierung, ein ganz charakterloſes
Individuum, der Maire Delangre, welcher faſt einſtimmig als
Deputirter aus der Wahlurne hervorgeht. Man begreift gar
nicht, man wußte gar nicht, daß Plassans eine solche Einigkeit,
also auch eine solche Macht besitze. Man fühlt sich mehr denn je,
und ahnt nicht, daß man das willenloſe Werkzeug eines einzigen
schlauen Jesuiten gewesen iſt.

„Faujas aber triumphirt. Er beherrſcht jetzt die ganze Stadt,
wie er schon lange Herr iſt im Hause des unglücklichen Mouret.
Martha's Leidenschaft aber hat jetzt auch ihren Gipfelpunkt erreicht.
Nachdem sie jahrelang zerſtörend in ihr gewüthet, ihre Gesundheit

untergraben, das unglückliche Weib dem Tode entgegengereift hat, schlägt sie in helllodernden Flammen auf und Faujas muß ihr Rede stehen. Doch der empfindungslose Priester weist sie erst kalt und dann mit jener mitleidlosen, unmenschlichen, moralisch=pietistischen Entrüstung zurück, welche den asketischen Fanatimus kennzeichnet. Er schmettert das Weib zu Boden, er beschimpft sie, er erklärt sie sogar unwürdig der Zuflucht zu Gott. Da aber bäumt sich die unselige Frau endlich empor, sie erkennt ihren furchtbaren Fehl und Irrthum, sie erkennt die ganze Nichts=würdigkeit dieses Mannes, und nur ein Gedanke beherrscht jetzt ihren Geist und Willen, der Gedanke an ihren Gatten, der kommen und das Haus von dieser ganzen abscheulichen Brut säubern soll, welche sich darin eingenistet. Sie glaubt nicht, daß Mouret wirklich toll geworden und eilt nach Toulettes ihn zu holen, ihn zu befreien, ihm das Rächeramt zu übertragen. Von der alten Rose begleitet, sucht sie ihren Oheim Antoine Macquart auf, und dieser führt sie endlich, da alle Vorstellungen vergeblich sind, zum Irren=Aufseher, welcher ihr die Zelle ihres Gatten aufschließt. Der Anblick des wahnsinnigen Mannes aber, der vor ihr tobsüchtig wird, ist zu schrecklich; halbtodt wird sie in die Behausung Macquarts zurückgebracht, wo sie die Besinnung verliert. Nach einigen Stunden erholt sie sich jedoch so weit, um das Begehren stellen zu können, daß man sie sofort nach Plassans zurückbringe und wohl oder übel muß ihr Oheim dem Wunsche nachgeben, obgleich die Nacht schon hereinbricht. Vorerst aber hat er noch eine flüch=tige Unterredung mit dem Abbé Fenil, dem Todfeinde Faujas, welchen dieser gewissermaßen nach Toulettes verbannt hat, und geht nochmals in's Irrenhaus. Zu welchem Zwecke erfahren wir bald mit Schrecken. Es gilt die Zelle des Wahnsinnigen zu öffnen, ihm die Freiheit zu geben und so voraussichtlich den Abbé Faujas der Rache des Wahnsinnigen zu überliefern.

„In Plassans angelangt, versucht Macquart vergeblich in Mouret's Haus Einlaß zu erlangen; das Thor ist verschlossen, die Riegel sind vorgeschoben und Alles scheint bereits zu schlafen. Und so führt er denn die Sterbende in das Haus ihrer Mutter, wo sie noch in derselben Nacht in den Armen Felicitas' und ihres Sohnes Sergius, des Seminaristen, ihre Seele aushaucht.

„Ein furchtbares Rachewerk aber vollzieht sich mittlerweile im Hause Mouret's, und es ist bewunderungswürdig, wie der Dichter hier die Seelenvorgänge, das Denken und Handeln des Irrsinnigen erräth und zur Anschauung bringt. Ist schon der ganze Roman von höchstem psychologischen Interesse, so ist dies eine Kapitel geradezu ein Meisterwerk psychologischer Intuition zu nennen. Allerdings ist's ein Nachtstück, was ich Ihnen da= mit als Probe biete, aber ich glaube, Sie werden es mir dennoch Dank wissen:

Dunkle Nacht herrschte in der Irrenzelle von Tulettes. Ein eisiger Luftzug weckte Mouret aus dem Zustande kataleptischer Erstarrung, in welchem er nach dem Tobsuchtsanfall des Abends versunken war. An der Mauer kauernd blieb er einen Augenblick unbeweglich, die Augen weit offen, und rieb den Kopf leise an dem kalten Stein, wobei er greinte wie ein Kind, welches erwacht. Aber seine Beine waren einem so schneidigen feuchten Luftzug ausgesetzt, daß er sich erhob und um sich blickte. Und da gewahrte er vor sich die weitgeöffnete Thür der Zelle.

„Sie hat die Thür offen gelassen," sagte der Irre mit lauter Stimme, „sie erwartet mich wohl und da muß ich gehen."

Er ging hinaus, kehrte aber alsbald zurück, seine Kleider betastend, mit der Miene eines ordentlichen Mannes, welcher etwas vergessen zu haben fürchtet; dann schloß er die Thür sorgfältig zu. Den ersten Hof durchschritt er gemächlich wie ein flanirender Bürger. Als er in den zweiten Hof trat, sah er einen Wärter, welcher zu wachen schien. Er hielt an und überlegte einen Moment, — dann, als jener verschwand, ging er weiter und befand sich alsbald am Ende des Hofes vor einer zweiten offenen Thür, die in's Freie hinausführte. Diese schloß er hinter sich, ohne sich zu wundern, ohne sich zu beeilen.

„Sie ist doch ein gutes Weib," sprach er vor sich hin, „sie wird gehört haben, daß ich sie rief. Es muß spät sein und ich will hinein= gehen, um sie nicht zu beunruhigen."

Er schlug einen Weg ein. Es schien ihm ganz natürlich, daß er sich im freien Felde befand. Nach hundert Schritten vergaß er die Tulettes hinter sich. Er bildete sich 'ein, von einem Weinbauer zu kommen, dem er fünfzig Millerolles Wein abgekauft hatte. An einem

Kreuzweg angekommen, wo fünf Wege auseinander gingen, erkannte er die Gegend. Er lachte und sagte:

„Schön dumm bin ich! Fast wäre ich auf das Plateau von St. Eutrope zugegangen; ich muß mich aber links halten. In guten anderthalb Stunden bin ich in Plassans." Dann folgte er frisch ausschreitend der Chaussee und winkte jedem Kilometerstein zu, wie einem alten Bekannten. Vor einigen Feldern und Landhäusern hielt er an, als ob sie ihn interessirten. Der Himmel war aschgrau, mit großen röthlichen Streifen überzogen, welche die Nacht mit dem bleichen Widerschein eines ausgehenden Kohlenfeuers erhellten. Dicke Tropfen begannen zu fallen. Ein feuchter Ostwind wehte.

„Teufel, ich muß mich beeilen!" sagte Mouret und schaute den Himmel voller Unruhe an, „der Wind weht von Osten und da wird ein schöner Guß herunterkommen. Vor dem Regen komme ich nicht nach Plassans. Noch dazu bin ich nicht genug bekleidet."

Und er zog über seine Brust die große graue Leinenweste zusammen, die er in den Tulettes zerfetzt hatte. Am Kinnbacken hatte er eine große Wunde, an die er die Hand führte, ohne sich jedoch über den lebhaften Schmerz, den sie verursachte, Rechenschaft zu geben.

Die Landstraße blieb einsam, nur einem Karren begegnete er, der gemächlich bergab fuhr. Der schlafende Kutscher erwiderte Mouret's gutmüthigen Zuruf nicht. Bei der Viorne-Brücke überraschte ihn der Regen. Die Nässe war ihm sehr unangenehm, er kauerte sich daher schutzsuchend unter die Brücke, indem er brummte, daß sei unerträglich, und hätte er es gewußt, so hätte er einen Regenschirm mitgenommen; denn nichts verderbe die Kleider so wie der Regen. Eine halbe Stunde wartete er geduldig und vergnügte sich damit, dem Rauschen des Wassers zu lauschen. Dann war der Regenguß vorbei, und Mouret machte sich wieder auf den Weg und gelangte endlich nach Plassans. Unterwegs war er sorgsam den Wasserlachen ausgewichen.

Es war fast Mitternacht. Mouret aber meinte, es könne noch nicht acht Uhr geschlagen haben. Gleichwohl ärgerte er sich, wie er so die leeren Straßen durchschritt, daß er seine Frau so lange hatte warten lassen.

„Sie wird nicht wissen, was das zu bedeuten hat," dachte er.

„Das Essen ist sicher kalt geworden. Na! Rose wird mich schön empfangen!"

In der Rue Balande angekommen, stand er vor seiner Thür still.

„Hm!" sagte er, „ich habe ja den Schlüssel nicht!"

Er klopfte aber trotzdem nicht. Das Küchenfenster blieb finster, die andern Fenster der Hausfront waren gleichfalls nicht beleuchtet. Da bemächtigte sich heftiges Mißtrauen des Wahnsinnigen. Mit rein thierischem Instinkt ahnte er eine Gefahr. Er wich in den Schatten der Nachbarhäuser zurück und prüfte die Façade noch einmal, dann schien er einen Entschluß zu fassen. Er ging um das Haus herum nach der kleinen Gartenthür in der Sackgasse de Chevillottes. Doch diese war mit einem Riegel verschlossen. In einem plötzlichen Wuth-anfall warf er sich da mit übermenschlicher Gewalt gegen die Thür, so daß deren halbfaules Holz zerbarst.

Die Gewalt des Stoßes hatte ihn derart betäubt, daß er nicht mehr wußte, weshalb er die Thür eingestoßen hatte und die Holzstücke wieder aneinanderzufügen versuchte.

„Ein schöner Stoß das!" brummte er, von plötzlichem Bedauern erfaßt, „wo es so bequem gewesen wäre, nur zu klopfen. Eine neue Thür kostet mich mindestens dreißig Francs."

Er war jetzt im Garten, und wie er den Kopf hob, sah er das Schlafzimmer hell erleuchtet. Er glaubte, seine Frau sei im Begriff zu Bett zu gehen. Das verursachte ihm lebhaftes Erstaunen. Ohne Zweifel hatte er unter der Brücke während des Regengusses geschlafen. Es mußte schon sehr spät sein. In der That waren rings alle Fenster dunkel, ebenso die des Herrn Rastoil, wie die der Unterpräfectur. Er blickte nun wieder auf sein Haus, und da sah er das Licht einer Lampe im zweiten Stock, hinter den dichten Vorhängen des Abbé Faujas. Es war wie ein flammendes Auge, das an der Stirn der Façade brannte und ihm weh that. Er preßte die Schläfen zwischen die heißen Hände, ganz verloren, befallen von der Erinnerung an etwas Schreck-liches, — von einem furchtbaren Alpdrücken, in dem nichts sich klar hervorhob und er nur eine gespenstische, formlose Gefahr sich regen sah, die ihn und die Seinigen bedrohte, die langsam größer und größer geworden war, die entsetzlich grausenhaft wuchs, und die endlich auch sein Haus zu verschlingen drohte, wenn er es nicht rettete.

„Marthe, Marthe, wo bist Du?" stammelte er halblaut. „Rasch, rasch, bringe die Kinder in Sicherheit!"

Er suchte Martha im Garten. Doch er erkannte seinen Garten nicht wieder. Er schien ihm größer und leer, und öde, und einem Kirchhof ähnlich. Der Buchsbaumzaun war fort, die Salatbeete waren verschwunden, die Obstbäume schienen weiter vorwärts gerückt zu sein. Er kniete nieder um zu sehen, ob etwa die Schnecken das Alles aufgefreſſen hätten. Namentlich daß der Buchsbaumzaun, dieſer hohe grüne Wall verſchwunden war, das drückte ihm auf's Herz. Es war damit ein Stück vom Leben des Hauſes geſtorben. Wer hatte das gethan? Welche Sichel hatte das Alles niedergehauen, weggemäht, bis auf die Veilchentuffs, die er unten vor der Terraſſe gepflanzt hatte? Ein dumpfes Grollen ſtieg aus ſeiner Bruſt empor, als er dieſe Verwüſtung ſah.

„Marthe, Marthe, wo biſt Du denn?" rief er von Neuem.

Er ſuchte ſie in dem kleinen Treibhaus, rechts vor der Terraſſe. Der enge Raum war vollgepfropt mit den vertrockneten großen Buchsbaumbüſchen, deren Bündel ſich in Mitten der Obſtbaumſtumpfe aufhäuften, welch' letztere wie abgeſchnittene Glieder herumgeſtreut lagen. In einer Ecke hing der Vogelbauer von Déſirée an einem Nagel, mit zerbrochener Thür, in einem kläglichen Zuſtande, die verbogenen Drahtenden nach außen gedreht.

Der Wahnſinnige fuhr zurück, von einem Schreck erfaßt, als hätte ſich die Pforte eines Grabes geöffnet. Stammelnd, das Herz bis zum Hals hinauf ſchlagen fühlend, ſtieg er auf die Terraſſe und ſtrich vor der Thür und den geſchloſſenen Fenſtern umher. Der Grimm, der in ihm mehr und mehr wuchs, gab ſeinen Gliedern die Geſchmeidigkeit eines Raubthiers. Er raffte ſich auf, ſchritt geräuſchlos dahin und ſuchte irgend eine Oeffnung. Ein Kellerloch genügte ihm, er machte ſich dünn und glitt mit der Behendigkeit einer Katze durch das Loch, die Wand mit ſeinen Nägeln abkratzend. Endlich war er im Hauſe!

Die Kellerthür war nur zugeklinkt. Er kam in's Veſtibül und taſtete in der dichten Finſterniß deſſelben vorwärts, an der Mauer entlang, zur Küchenthür, die er aufſtieß. Die Schwefelhölzer mußten links ſtehen, auf einem Brette. Er ging direct dahin, rieb ein Zündhölzchen an, leuchtete und nahm eine Lampe vom Mantel des Feuerherdes, ohne etwas zu zerbrechen. Dann ſah er ſich um. Am ſelben Abend mußte hier eine große Schmauſerei ſtattgefunden haben. In der Küche herrſchte eine große Unordnung. Die Teller, die Schüſſeln, die ſchmutzigen Gläſer bedeckten den Tiſch; eine Menge Küchengeſchirr, das noch warm war, lag auf dem Boden, den Stühlen, dem Heerd, herum; eine Kaffeemaſchine, den Bauch hervorgeſtreckt, als wäre ſie betrunken, rauchte noch über einem Wärmer, wo man ſie vergeſſen hatte. Mouret ſtellte ſie fort und brachte das Küchengeſchirr in Ordnung; er roch daran, prüfte die Liqueurreſte in den Gläſern, zählte die Schüſſeln und Teller mit immer lauter werdendem Grollen. Das war nicht die reine und ordentliche Küche eines zur Ruhe geſetzten Kaufmanns, — da

hatte man die Vorräthe einer ganzen Gastwirthschaft verschwendet; all·
diese Unsauberkeit trug die Spuren der Unmäßigkeit und ihrer Folgen.

„Marthe, Marthe," rief er wieder, in den Hausflur zurücktretend,
seine Lampe in der Hand, „so antworte doch, sage mir, wo sie Dich
eingeschlossen haben; wir müssen fort, auf der Stelle müssen wir
fort!"

Er suchte sie im Eßzimmer. Die beiden Schränke, rechts und
links vom Ofen waren offen. Vorn auf einem der Bretter lag ein
großer grauer Papiersack, aufgeschlitzt, die Zuckerstücke waren bis auf
den Fußboden gerollt. Weiter oben erblickte er eine Cognacflasche, ohne
Hals, mit einem Wäscheflicken zugestopft. Und er stieg auf einen Stuhl,
um die Schränke zu untersuchen. Sie waren halb leer, die Gläser
mit den in Branntwein eingelegten Früchten alle zugleich ,angestochen,
die Confiturentöpfe offen und ausgenascht, die Früchte angebissen,
alle Speisevorräthe angenagt, beschmutzt, als wäre eine Armee Ratten
darüber gewesen.

Als er Marthe in den Schränken nicht fand, suchte er hinter den
Gardinen, unter dem Tisch, überall; dort lagen Knochen, inmitten von
verwüsteten Brodkrumen; auf dem Wachstuch des Tisches hatten die
Gläser süßklebrige Kreise hinterlassen. Dann durchschritt er den Korridor
und suchte sie im Salon. Aber auf der Schwelle hielt er still: er war
nicht mehr in seinem Hause. Die helle malvenfarbige Tapete, der
rothgeblumte Teppich, die frischüberzogenen kirschrothen Damast-Fau·
teuils versetzten ihn in eine große Verwunderung. Er fürchtete, in eine
fremde Wohnung eingedrungen zu sein und schloß die Thür wieder.

„Marthe, Marthe," stotterte er auf's neue voll Verzweiflung.

Er war wieder in die Mitte des Hausflurs zurückgekehrt, über·
legend, unfähig das rauhe Fauchen zu beruhigen, welches seine Brust
aufblähte. Wo befand er sich denn, daß er keines der Zimmer wieder
erkannte? Wer hatte das Haus derart umgestaltet? Und seine Erinnerungen verschwammen. Er sah nur noch Schatten, welche den Corridor
entlang schlichen; erst zwei schwarze Schatten, ärmlich, höflich, welche
verschwanden; dann zwei grüne, verdächtige Schatten, welche hohn-
lachten. Er hob die Lampe, deren Docht flackerte, empor; die Schatten
wuchsen, streckten sich längs der Wände, stiegen die Treppen hinan, er-
füllten, verschlangen das ganze Haus. Irgend ein Unrath, ein Element
der Zersetzung war eingedrungen, hatte das Holz faulen, das Eisen
rosten gemacht, die Mauern mit Rissen bedeckt. Nun hörte er, wie das
Haus sich wie in Krümel auflöste, gleich einem feuchtgewordenen Gips·

ſtück, wie es zerging gleich einem Salzklumpen, den man in laues Waſſer geworfen hat.

Da ertönte oben ein helles Lachen, welches ihm das Haar zu Berge trieb. Er ſetzte die Lampe auf die Erde und ſtieg hinauf, um Marthe zu ſuchen, auf allen Vieren, lautlos, mit der Geſchmeidigkeit und Behendigkeit eines Wolfes. In den Flur des erſten Stockes gelangt, kauerte er vor der Thür des Schlafzimmers nieder: ein Licht= ſtreifen leuchtete unter der Thür durch. Marthe mußte da zu Bett gehen.

„Ah, ah,“ ertönte die Stimme Olympia’s, „ihr Bett iſt ſehr behag‧ lich!“ Sieh doch, wie man einſinkt, Honoré, die Federn ſchlagen mir faſt übers Geſicht zuſammen.“

Sie lachte, ſie ſtreckte ſich behaglich, ſie wiegte ſich in den weichen Kiſſen.

„Soll ich’s Dir ſagen,“ begann ſie wieder, „ſeit dem erſten Tage, daß ich hier bin, habe ich Luſt gehabt, in dieſem Bettchen zu ſchlafen. Das war faſt wie eine Krankheit. Ich konnte nicht ſehen, wie dieſe Schindmähre von Eigenthümerin ſich dahinein pflanzte, ohne eine wüthende Luſt zu verſpüren, ſie hinauszuwerfen, und ihren Platz ein‧ zunehmen. Wie man gleich warm wird. Mir iſt, als wäre ich in Watte eingewickelt.“

Trouche, welcher ſich noch nicht niedergelegt hatte, kramte unter den Flaſchen der Toilette.

„Sie hat alle Sorten Parfüm!“ brummte er.

„Weißt Du,“ fuhr Olympia fort, „da ſie nicht hier iſt, können wir uns wohl das ſchöne Zimmer gönnen. Es iſt keine Gefahr, daß ſie kommt um uns ſtören! Ich habe die Riegel vorgeſchoben. . . Du wirſt Dich erkälten, Honoré!“

Er zog eben die Schublade der Kommode auf und kramte in der Wäſche.

„Zieh’ Du das an,“ ſagte er und warf Olympien ein Nachthemd zu, „es ſind lauter Spitzen daran. Ich habe längſt Luſt gehabt mit einer Frau zu ſein, die Spitzen am Hemd hat; ich werde dies rothe Seidentuch nehmen. Haſt Du übrigens die Bezüge gewechſelt?“

„Wahrhaftig, nein, daran habe ich nicht gedacht!“ erwiderte ſie, „aber ſie ſind noch rein. Sie iſt ſehr ſorgſam in Bezug auf ihre Perſon; ſie flößt mir keinen Ekel ein.“

Und als Trouche ſich endlich legte, rief ſie ihm zu:

„Setze den Grog auf den Nachttiſch; wir werden doch nicht immer aufstehen und bis an's andere Ende des Zimmers laufen, um zu trinken. — Na, mein lieber Dicker, jetzt sind wir hier wie die wirklichen Eigenthümer."

Sie hatten sich nebeneinander ausgestreckt, die Flaumkissen bis an's Kinn, und schmorten in einer behaglichen Wärme.

„Ich habe diesen Abend gut gegessen!" sagte Trouche nach einer kleinen Pause.

„Und was Gutes getrunken!" fügte Olympia lachend hinzu, „ich habe einen Spitz; Alles dreht sich mit mir. Dumm ist nur, daß Mama uns immer auf dem Halse sitzt; heut war sie ganz unausstehlich. Ich kann keinen Schritt mehr im Hause allein thun. Hat es doch gar keinen Zweck, daß die Eigenthümerin fortgeht, wenn Mama hier den Gensdarm spielen will. Das hat mir den Tag verdorben!"

„Denkt der Abbé denn nicht daran, den Platz zu räumen?" fragte Trouche nach einer neuen Pause. „Wenn man ihn zum Bischof ernennt, wird er uns wohl das Haus lassen müssen!"

„Man weiß nicht," sagte sie übellaunig. „Mama gedenkt vielleicht zu bleiben. Und wir würden uns allein so wohl fühlen. Ich würde die Eigenthümerin in der Kammer meines Bruders oben schlafen lassen, würde ihr sagen, daß es da gesünder sei . . Gieb mir das Glas herüber, Honoré."

Sie tranken Beide, dann verkrochen sie sich wieder unter den Decken.

„Bah!" machte Trouche, „leicht wäre es nicht, sie hinauszusetzen, aber man könnte es immerhin einmal versuchen. Ich glaube, der Abbé hätte schon die Wohnung gewechselt, wenn er nicht befürchtete, die Eigenthümerin werde einen Scandal machen, wenn sie sieht, daß er sie verläßt. Ich habe Lust, sie zu bearbeiten; ich werde ihr Geschichten erzählen, daß sie die Beiden an die Thür setzt."

Dann trank er wieder.

„Wenn ich ihr die Cour machte, was, Herzchen?" sagte er leise.

„Oh, nicht doch!" rief Olympia und lachte, wie wenn man sie kitzelte. „Du bist zu alt, Du bist nicht hübsch genug! Mir wäre es ganz gleichgiltig, aber sie würde nichts von Dir wissen wollen, das ist sicher. Laß nur mich, ich werde ihr den Kopf schon heiß machen. Ich werde Mama und Ovid schon hinaussetzen, da sie so wenig zuvorkommend gegen uns sind."

„Uebrigens, wenn es Dir nicht gelingt," brummte er, „werde ich herumgehen und allenthalben sagen, man hätte den Abbé mit der Befiterin überrascht. Das wird so viel Lärm machen, daß er wohl oder übel das Haus räumen muß.

Olympia setzte sich auf.

„Sieh," sagte sie, „das ist eine gute Idee! Damit müssen wir gleich morgen anfangen. Ehe ein Monat vergeht, gehört die Bude uns! Laß Dich dafür küssen!"

Das erheiterte sie sehr. Sie besprachen nun, wie sie das Zimmer einrichten wollten. Die Commode wollten sie umstellen, zwei Fauteuils aus dem Salon heraufholen. Ihre Zunge wurde immer schwerer. Endlich schwiegen sie ganz.

„Da, Du bist fertig," stammelte Olympia, „Du schnarchst mit offenen Augen. Laß mich nach vorne liegen. Wenigstens möchte ich meinen Roman noch auslesen. Ich habe noch keinen Schlaf."

Sie erhob sich, rollte ihn wie eine todte Masse gegen die Wand und fing an zu lesen. Aber gleich bei der ersten Seite wendete sie den Kopf unruhig gegen die Thür. Sie glaubte ein eigenthümliches Knurren auf dem Corridor zu hören.

Dann wurde sie böse.

„Du weißt wohl, daß ich diese Scherze nicht liebe," sagte sie zu ihrem Manne, und gab ihm einen Stoß mit dem Ellenbogen. „Schnarche doch nicht wie ein Wolf ... Fast möchte man glauben, daß ein Wolf vor der Schwelle liegt. Nun, wenn Du absolut willst, dann mach' nur weiter. Geh, Du bist recht unleidlich!"

Sie vertiefte sich wüthend wieder in ihren Roman, nachdem sie die Citronenscheibe in ihrem Grog ausgesogen hatte.

Mouret schlich geschmeidig von der Thüre fort, vor der er gelauert hatte. Er stieg in die zweite Etage und kniete vor der Thür des Abbé Faujas nieder, indem er sich mit dem Oberkörper bis zum Schlüsselloch aufrichtete. Er erstickte den Namen Marthe in seiner Kehle, sein Auge brannte und suchte in allen Ecken der Kammer, sich vergewissernd, daß man sie auch hier nicht verstecke. Die große und kahle Stube war ganz dunkel. Eine kleine Lampe, die auf dem Tischrand stand, ließ nur einen engen Lichtkreis auf den Fußboden fallen. Der Priester selbst, welcher schrieb, bildete nur einen dunklen Fleck inmitten dieses fahlen Lichtes. Nachdem Mouret hinter der Commode, hinter den Gardinen gesucht, blieb sein Blick auf dem Bett des Abbé haften, auf dem der Hut des Priesters wie ein Frauenchignon ausgebreitet lag. Offenbar war Marthe in dem Bett. Die Trouche's hatten es ja gesagt, daß sie jetzt hier schlief. Aber das Bett schien kalt, die

Leinentücher waren glatt gespannt, das Bett sah aus wie ein Grabstein. Endlich gewöhnte er sich an das Dunkel. Der Abbé Faujas mußte ein Geräusch gehört haben, denn er blickte nach der Thür. Als der Irre das ruhige Gesicht des Priesters sah, trat ihm das Blut in die Augen, ein leichter Schaum zeigte sich in seinen Mundwinkeln, er hielt ein Heulen zurück und kletterte auf allen Vieren die Treppe wieder hinab, leise wiederholend:

„Marthe, Marthe!"

Er suchte sie im ganzen Hause. Im leeren Zimmer Rose's, in der Wohnung der Trouche's, die angefüllt war mit den Möbeln aus den andern Zimmern; in den ehemaligen Kinderstuben, wo er schluchzend mit der Hand auf ein paar ausgetretene Kinderschuhe trat, welche Désirée einst getragen. Er lief hinaus, hinunter, klammerte sich am Geländer fest, glitt längs der Mauern hin, eilte tastend von Zimmer zu Zimmer, ohne anzustoßen, mit der außerordentlichen Behendigkeit eines schlauen Irren. Bald gab es im ganzen Hause keinen Winkel vom Keller bis auf den Boden, den er nicht durchsucht hätte. Marthe war nicht im Hause, die Kinder auch nicht, Rose ebensowenig. Das Haus war leer, das Haus konnte zu Grunde gehen.

Mouret setzte sich auf eine Treppenstufe zwischen dem ersten und zweiten Stock. Er unterdrückte das heftige Athmen, das ihm wider Willen die Brust anschwellte. Er wartete, die Hände in einandergelegt, den Rücken an das Geländer gelehnt, mit offenen Augen in die Finsterniß starrend, ganz versunken in die Idee, welche er geduldig reifen ließ. Seine Sinnesempfindung wurde so geschärft, daß er das leiseste Geräusch im ganzen Hause hörte. Unten schnarchte Trouche, und Olympia schlug zeitweilig die Blätter ihre Romans um. Er hörte dann die Finger leise über das Papier streifen. Im zweiten Stock raschelte die Feder des Abbé wie mit Insectenbeinen auf dem Papier, während im Nebenzimmer die schlafende Frau Faujas dieses kratzende Geräusch mit ihren starken Athemzügen zu begleiten schien. Mouret verbrachte so eine ganze Stunde, gespannt lauschend. Olympia schlief zuerst ein. Er hörte das Buch auf den Teppich fallen. Dann legte der Abbé die Feder hin und entkleidete sich. Er hörte die Pantoffel desselben leise schlurfen; die Kleider glitten weich herab, nicht einmal das Bett knackte. Das ganze Haus hatte sich zur Ruhe gelegt. Aber an dem zu leichten Athem des Abbé merkte der Irre, daß dieser noch nicht schlief. Allmälig wurden die Athemzüge stärker. Jetzt schlief das ganze Haus.

Mouret wartete noch eine halbe Stunde. Er horchte immer noch mit der größten Aufmerksamkeit, als hörte er die vier schlafenden Personen immer schwerer in die Betäubung des tiefen Schlummers versinken.

Das Haus, ganz im Finstern liegend, war sich selbst überlassen. Da erhob er sich und stieg langsam in den Hausflur. Er knirschte:

„Marthe ist nicht mehr da, das Haus ist nicht mehr da, nichts ist mehr da!"

Er öffnete die Thür nach dem Garten und ging zu dem kleinen Treibhaus. Da räumte er methodisch die großen trockenen Buchsbaumstücke heraus, ganze Arme voll schleppte er fort und stapelte sie vor den Thüren der Trouche's und der Faujas' auf. Wie wenn ihn ein Bedürfniß nach einer ungeheuren Helle erfaßt hätte, zündete er alle Lampen in in der Küche an, setzte sie auf die Tische in allen Zimmern und auf alle Treppenflure. Dann holte er den Rest der Buchsbaumbündel. Die Haufen überragten die Thüren. Bei dem letzten Gange aber fiel sein Blick auf die Fenster. Da kehrte er zurück, holte die Obstbäume und errichtete daraus einen Scheiterhaufen unter den Fenstern, in dem er überall Luftzuglöcher ließ, damit es eine schöne helle Flamme gäbe. Der Scheiterhaufen erschien ihm aber noch zu klein.

„Nichts ist mehr da!" wiederholte er, „und nun soll auch gar nichts mehr da sein!"

Da besann er sich, stieg in den Keller hinab und begann auf's Neue hin und her zu wandern. Zuletzt trug er die Winterheizvorräthe, Kohlen, Holz, Strauchwerk hinauf. Der Scheiterhaufen unter den Fenstern wuchs und wuchs. Mit jedem Bündel Strauchwerk, das er ordentlich und systematisch auf den Haufen packte, wuchs seine Befriedigung. Den Rest des Brennmaterials vertheilte er im Erdgeschoß, einen Haufen ließ er im Hausflur, einen andern in der Küche. Zuletzt legte er die Möbel um und fügte sie zu den Haufen.

Eine einzige Stunde hatte ihm zu seinem derben Stück Arbeit genügt. Ohne Schuhe, die Arme voll, hatte er sich überall hingeschlichen, überall die Materialien hingeschleppt, mit solcher Geschicklichkeit, daß ihm auch nicht ein Stück herabfiel. Ein neues Leben schien ihn erfaßt zu haben, eine außerordentliche Geschicklichkeit und Beweglichkeit. Er war, von seiner firen Idee beherrscht, ebenso kräftig als intelligent.

Als Alles fertig war, freute er sich einen Augenblick über sein Werk. Er ging von Haufen zu Haufen, lachte wohlgefällig über die nette viereckige Form der Scheiterhaufen, umkreiste jeden derselben und schlug sich mit dem Ausdruck höchster Befriedigung in die Hände.

10*

Einige winzige Kohlenstückchen waren auf die Stufen gefallen, er lief nach der Küche, holte einen Besen und fegte sorgfältig die schwarzen Stäubchen zusammen. In dieser Weise beschloß er die Besichtigung, mit der Miene eines sorgsamen Bürgers, welcher die Geschäfte wohl zu besorgen weiß, wie sie besorgt sein müssen, mit vollster Ueberlegung. Die Befriedigung machte ihn allmälig wild; er duckte nieder, er stand wieder auf allen Vieren, er lief auf den Händen, und fauchte vor wilder Freude.

Dann ergriff er ein Reisigbündel. Er zündete die Haufen an. Er begann mit den Haufen auf der Terrasse unter den Fenstern. Mit einem Sprung kehrte er zurück, entzündete die Haufen im Salon, im Eßzimmer, in der Küche, im Flur; dann sprang er von Etage zu Etage und warf die glimmenden Reste seines Bündels auf die Haufen, welche die Thüren der Trouche's und der Faujas' versperrten. Eine wachsende Wuth schüttelte ihn, die große Helle der Feuersbrunst machte ihn vollständig rasend. Mit tollen Sprüngen setzte er zweimal über die Treppen hinab, drehte sich um sich selbst, drang durch den dicken Rauch und blies die Flammen an, in welche er Hände voll glühender Kohlen zurückwarf. Der Anblick der Flammen, welche sich schon an den Plafonds brachen, veranlaßte ihn, sich auf einige Augenblicke niederzusetzen, und da lachte er und schlug, Beifall klatschend, die Hände mit aller Kraft zusammen.

Unterdeß begann das ganze Haus zu schnauben, wie ein zu voll gepfropfter Ofen. Der Brand brach auf allen Seiten zugleich los, mit einer Heftigkeit, daß der Fußboden barst. Der Wahnsinnige sprang wieder nach oben, mitten durch die Flammen, die Haare versengt, die Kleider geschwärzt. Er postirte sich in dem zweiten Treppenflur, auf die Fäuste gestützt, den Kopf brüllend vorgestreckt, wie ein Thier. Er bewachte den Durchgang, er verwendete keinen Blick von der Thür des Priesters.

„Ovide, Ovide!" kreischte eine grauenvolle Stimme.

Am Ende des Corridors hatte sich die Thür der Frau Faujas geöffnet; flugs schlug mit dem Brausen des Sturmwindes die Flamme hinein. Die alte Frau stand mitten im Feuer. Die Hände vorgestreckt, warf sie die brennenden Scheite auseinander, sprang in den Corridor, stieß mit den Füßen die Feuerbrände bei Seite, welche die Thür ihres Sohnes versperrten und fuhr fort dessen Namen voll Verzweiflung zu rufen. Der Wahnsinnige hatte sich noch mehr geduckt, seine Augen funkelten, und er stieß noch immer brüllende Klagelaute aus.

„Warte, warte,“ schrie die Frau, „spring nicht durch’s Fenster,“ und schlug an seine Thür.

Sie mußte sie einschlagen. Die Thür, welche brannte, gab leicht nach. Sie erschien wieder, ihren Sohn in den Armen haltend. Er hatte die Soutane übergeworfen; der Rauch erstickte ihn.

„Höre, Ovide, ich trage Dich,“ sagte sie mit wilder Energie; „klammere Dich an meinem Halse fest, faß’ mir in’s Haar, wenn Du gleitest — ich werde Dich retten!“

Sie lud ihn auf ihre Schultern, wie ein Kind und diese heldenhafte Mutter, diese alte Bäuerin, ergeben bis in den Tod, wankte nicht unter dem erdrückenden Gewicht dieses großen ohnmächtigen Körpers, der sich ihr vollkommen überließ. Mit den nackten Sohlen trat sie die Kohlen aus und brach sich Bahn, mit der offenen Hand die Flammen zurückstoßend, damit ihr Sohn von ihnen nicht berührt werde. Aber in dem Augenblick, da sie hinabsteigen wollte, sprang der Wahnsinnige, welchen sie nicht gesehen hatte, auf den Abbé und riß ihr denselben von den Schultern herab. Sein dumpfes Knurren steigerte sich zu einem furchtbaren Geheul, während ein Krampf seine Glieder schüttelte.

Sie lagen am Rande der Treppe, und der Wahnsinnige zerfleischte den Priester, zerkratzte ihn, würgte ihn.

„Marthe, Marthe!“ schrie er.

Und er rollte mit dem Körper die glimmenden Stufen hinab, während Madame Faujas, welche ihm die Zähne mitten in die Brust geschlagen hatte, sein Blut zu trinken schien.

Die Trouche’s verbrannten in ihrem Rausch ohne einen Seufzer. Das Haus stürzte, ausgebrannt und unterwühlt, inmitten eines Funkenregens zusammen.

Frau von S. hatte ihre Stickerei längst sinken lassen und war meiner Lectüre mit etwas vorgebeugtem Kopfe, in athemloser Spannung gefolgt. Jetzt, da ich geendet, überlief sie ein kalter Schauer und nachdem sie tief Athem geholt hatte, sagte sie in gedämpftem Tone, als scheue sie sich vor ihrer eigenen Stimme:

„Das ist wohl ein grausiges Nachtstück, und doch hatte ich keinen Augenblick die Empfindung, als sei auch nur ein Wort um des Effectes willen geschrieben, auch nur ein einziger Zug nicht wahr. Und wie wohl versteht es Zola, uns durch Vor=

führung dieses grundgemeinen Ehepaares, das sich im Schlaf=
gemache Mouret's breit und behaglich macht, für das schreckliche
Rachewerk des Wahnsinnigen zu gewinnen. Ich bin durchaus
keine dämonische Natur, aber dennoch konnte ich, während Sie
lasen, nur mit Mühe den bösen Gedanken abwehren: wenn
nur dieser Mouret in seinem Beginnen nicht gehemmt wird! —
Worüber lachen Sie?"

„Darüber, daß Sie Ihren Nichtdämonismus betheuern und
gleich darauf einem sehr dämonischen Gefühle Ausdruck geben.
Sie bestätigen mir damit nur meine längst gehegte Ueberzeugung,
daß überhaupt in jedem Weibe, selbst im klügsten und besten,
etwas Dämonismus schlummert. Und oft genügt ein ganz
äußerlicher Anlaß, um denselben zu wecken, zur Erscheinung zu
bringen. Uebrigens ging es mir ganz ebenso, wie Ihnen, mit
diesem Kapitel, als ich es zuerst las; auch ich hatte den bren=
nenden Wunsch, dem unglücklichen Mouret möge sein Rachewerk
gelingen. Und bis zu einem gewissen Grade entspringt dieser
Wunsch, dies Gefühl im gegebenen Falle unserem Rechtsbewußt=
sein. Wir wissen, daß diesen Abbé Faujas und seine Sippe
kein Gericht zur Rechenschaft ziehen und verurtheilen wird, und
darum begrüßen wir die That Mouret's als ein göttliches Straf=
gericht, dessen Vollziehung uns erst mit allem, was geschehen ist
und was wir mit angesehen, versöhnt."

Frau von S. nickte beifällig.

„Darin stimme ich vollkommen mit Ihnen überein," sprach
sie; „wo kommen Sie aber dann mit Ihrer jüngst geäußerten
Meinung hin, daß wir über Aristoteles und die beengende Theorie
von Schrecken= und Mitleid=Erweckung hinaus müssen?"

„Ich dachte mir, daß Sie diese Frage stellen würden. Und
ich antworte Ihnen mit einer Gegenfrage: Wäre die „conquête
de Plassans" ein weniger bedeutender oder ein ästhetisch ver=
werflicher Roman, wenn es z. B. der Mutter Faujas gelänge,
ihren Sohn zu retten, und Faujas zu allem Triumphe sich nun
auch mit dem Märtyrerkranze schmücken könnte? Würde die
Tragik des Unterganges von Mouret und seiner Frau dadurch
geringer, weil zu dem Gefühle der Furcht und des Mitleids

jetzt noch das der tiefsten Entrüstung hinzuträte? Würde nicht vielmehr unser sittliches Bewußtsein durch diesen Ausgang noch gewaltiger aufgerüttelt?"

„Das allerdings!" gestand mir Frau von S. kleinlaut zu. „Aber es bliebe dann doch eine gewisse Befriedigung aus."

„Welche? wenn ich fragen darf. Doch nur die sehr proble= matische und naive, das Böse bestraft zu sehen. Das aber ist eben die kindische Forderung, welche die Lüge in die Literatur eingeschmuggelt hat, — eine Forderung, die nach meiner Ueber= zeugung mit der Aesthetik und Ethik nichts zu thun hat, und auch als Regel gar nicht dem wirklichen Leben entspricht. Die Aesthetik fordert psychologische Wahrheit, die Ethik fordert eine solche Darstellung des Bösen, daß es uns zu seinem Wider= sacher macht, — und nur das Publikum, respective ein Theil desselben, fordert als Regel die Bestrafung des Bösewichts. Und wie ich Ihnen schon bedeutet, eben dieser nicht ästhetischen, und nicht ethischen Forderung im Sinne der Kunst fallen so viele bedeutende Stoffe und Talente zum Opfer; um dieser Forderung zu genügen, bedenken sich hunderte und hunderte von Schrift= stellern nicht, die Charaktere ihrer Gestalten willkürlich zu ändern, sie thun und denken zu lassen, was ganz außer der psychologischen Möglichkeit liegt; dieser Forderung zu Liebe ist unsere Literatur seicht, banal, verlogen und unnatürlich geworden. Ich aber sage: nur nichts dem Publikum zu Liebe,— Das muß der erste Grundsatz des Dichters sein, der sein Jahrhundert überleben will. Der Dichter steht oben, der Dichter schreibt und schafft die ästhetischen Gesetze, der Dichter zieht das Publikum zu seiner Höhe empor. Läßt er sich zu ihm herunter, — so fällt er sehr bald noch tiefer, unter das Niveau desselben, und wird vom Publikum fallen gelassen. Das Publikum und die Frauen sind in diesem Punkte gleich; sie bleiben nur demjenigen treu, der sie meistert. Sind Sie nun überzeugt?"

„Ja, ja, ich bin überzeugt!" gab Frau von S. sehr un= geduldig zurück. „Sie haben manchmal eine Manier, mit Be= weisen todtzuschlagen, die beinahe an geistige Brutalität streift. Und da ärgert man sich dann um so mehr, daß Sie recht haben.

Uebrigens hat Ihr Vergleich noch eine zweite Seite, die Sie wohl nicht werden vertreten können. Oder sind Sie etwa der Ansicht, daß das Weib den Mann hinabzieht, wie das Publikum den Dichter, welcher ihm nachgiebt?"

„Fast immer, verehrte Frau, und wenn er gesunken ist, so läßt sie ihn fallen, ganz wie das Publikum den Dichter, der sich nicht vorsieht. Die Frau veredelt den Mann nur passiv, indem sie ihn fortwährend nöthigt, an ihrer Veredelung zu arbeiten ... Die Anwesenden sind natürlich immer ausgenommen!"

Frau von S. kehrte mir mit komischer Entrüstung den Rücken zu.

„Was für ein Roman kommt jetzt an die Reihe?"

„‚Le ventre de Paris,' wenn Sie mich Ihrer Aufmerksamkeit noch würdigen wollen. Uebrigens werde ich Sie mit diesem etwas flüchtiger bekannt machen. Es ist dasjenige Werk, in welchem Zola's Schilderungspassion ihre größten Orgien feiert, und es ist das erste, in welchem sich Zola als intimer Kenner des Volkes, seiner Denkungsart, seiner Bestrebungen und seiner kleinlichen Conflicte offenbart. Die Heldinnen sind zwei Damen der Halle, Rivalinnen, nicht so eigentlich im Punkte der Liebe, als der Schönheit; der Held aber ist ein aus Cayenne entkommenes Opfer des Staatsstreiches. Die Handlung des Romanes selbst ist dürftig und fesselt darum weniger, weil der Held zu passiv ist und seine Beziehungen zu diesen beiden Frauen vom ersten bis zum letzten Moment ganz äußerlicher und unverfänglicher Natur bleiben. Die Figuren an sich aber sind geradezu prächtig gezeichnet und überraschend charakteristisch, und viele Episoden von bestrickender Liebenswürdigkeit.

„Florent, so heißt die Hauptfigur des Romanes, ist nach dem Tode seiner Mutter, einer armen Wittwe, aus einem kleinen Städtchen Frankreichs nach Paris gekommen, um sich und seinem kleinen Stiefbruder Quenu durch Stundengeben hier die Existenz zu fristen. Faul und gutmüthig wächst Quenu heran und tritt endlich in ein Restaurant als Küchenjunge und dann in das Fleischergeschäft seines geizigen Onkels Gondelle ein. Dort lernt er Lisa kennen, welche nach dem plötzlichen Tode Gondelle's sein e

Frau wird. Lisa ist die älteste Tochter des uns wohlbekannten
Antoine Macquart und hat von ihrer braven Mutter die Arbeit=
samkeit, von ihrem Vater den Egoismus geerbt. Eine dritte
Erbschaft an Baargeld machte sie in Paris, wohin sie als Kind
mit jener Frau aus Plassans gezogen war, die sie ihren Eltern
abgenommen hatte. Quenu aber hat den Fleischerladen und ein
ziemlich ansehnliches Vermögen als einziger Erbe seines Onkels
Gondelle überkommen und das junge Ehepaar etablirt nun in
unmittelbarer Nachbarschaft der Hallen ein großes Fleischer=
geschäft, welches ebenso gedeiht wie die Eheleute selbst, die auch
bald die Freude haben, ein kleines Töchterchen Pauline zu
liebkosen. Dennoch aber betrachten sie sich nicht als einzige
Besitzer ihres Vermögens, denn Florent hat rechtmäßigen An=
spruch auf einen Theil desselben.

„Florent nämlich, welcher während der Februartage in Paris
ein begeisterter Republikaner gewesen war, wurde in den De=
cembertagen des Staatsstreiches in dem Moment ergriffen, als
er sich entsetzt über die Leiche einer Frau beugte, die im Kampfe
gefallen war. Man erklärte ihn für den Mörder dieser Frau, für
einen Revolutionsmann, und schickte ihn mit vielen andern
Schuldigen und Unschuldigen nach Cayenne. Von dort gelang
es ihm nach einer Reihe von Jahren zu entfliehen und halb
verhungert kommt er nach Paris, wo er von Quenu und Lisa
nicht nur sehr wohl aufgenommen, sondern auch davon in Kennt=
niß gesetzt wird, daß ihm sein Erbtheil ungeschmälert jederzeit
zur Verfügung stehe. Doch Florent, ein vollblütiger Idealist,
will hievon nichts wissen, läßt sich nur das Nöthige für seinen
Bedarf geben und nimmt später eine Stelle als Marktaufseher
an. Hier verliebt sich nach einiger Zeit die schöne Normännin
und Fischhändlerin Louise Méhudin in ihn, was er ihr damit
vergilt, daß er ihren Taugenichts von Sohn, eine Frucht ver=
frühter Liebesbeweise, zu einem ordentlichen Jungen heranzubilden
sucht. Louise und Lisa sind, wie ich schon erwähnt, Schönheits=
rivalinnen und daher Todfeindinnen. Natürlich sieht Lisa dem=
zufolge den Verkehr Florent's mit den Méhudin's nicht gerne, noch
weniger gefällt es ihr aber, daß sich ihr Schwager einer Gesellschaft

revolutionärer Kannegießer anschließt, welche allen Ernstes daran
denken, Napoleon zu stürzen, und die Republik wieder herzustellen.
Dieses Complott nimmt immer bedenklicheren Charakter an und
Florent ist der literarische Projectenmacher desselben. Endlich
hält Lisa das Wohl ihres eigenen Hauses durch diese fatale
Richtung, welche Florent eingeschlagen hat. für gefährdet und
beschließt seine Papiere, deren sie sich bemächtigt, der Polizei zu
übergeben und dadurch sich sowohl wie ihren Gatten als völlig
unbetheiligt an des Schwagers Treiben zu documentiren. Mittler=
weile sind aber auch andere Anzeigen gegen Florent und seine
Genossen eingelaufen, und so ist das Ende der Geschichte, daß
er wieder nach Cayenne geschickt wird, jetzt allerdings mit mehr
Grund als das erste Mal.

„In dieses Rinnsal der Hauptaction münden nun zahlreiche
Nebenhandlungen ein und eine Fülle von Gestalten aus dem
Volke treten vor uns hin. Den Hauptfleiß verwendete Zola
aber auf die Schilderung des „milieu." Die ganze ober= und
unterirdische Welt der Hallen wird uns erschlossen, wir wandeln
bald zwischen Bergen von Gemüsen aller Art, dann kommen
wir auf den Fischmarkt und lernen die buntfarbige Fülle von
Flossen= und Schaalthieren kennen, dann steigen wir hinab in
die Fleischhallen, erfahren nicht ohne Enttäuschung, wie Butter
gemacht wird, und athmen den Duft einer ganzen Käsesymphonie
ein. Wir bewundern den Blumenmarkt, staunen über die
Schnelligkeit, mit welcher Hunderten von Tauben der Garaus
gemacht wird, und wenn wir endlich bei Quenu's ausruhen, so
bietet sich uns dort ein abgrundtiefer Einblick in die Geheimnisse
der Wurst=Fabrication; wir erfahren, wie ein Schwein geschlachtet,
wie ihm das Blut genommen wird, wie dies Blut aussehen muß,
um gute Würste zu versprechen, wie es gepfeffert und gesalzen,
wie viele Speckstücke hineingeschnitten, wie es und in was für
Därme es gefüllt wird, und endlich zerfließt uns solch ein Stück=
chen Wurst leibhaftig auf der Zunge, damit wir dieses Meister=
werk auch loben können."

Frau von S. lachte helllaut auf.

„Nicht doch!" rief sie, „das ist wieder eine Ihrer Bosheiten mit denen Sie selbst Ihren vielgeliebten Zola nicht verschonen. Sie übertreiben!"

„Ich sage nicht um ein Jota zu viel, und ich würde Ihnen zu meiner Rechtfertigung die betreffenden Stellen vorlesen, wenn ich nicht fürchten würde, daß all das viele Fett, welches wir da über uns ergehen lassen müssen, an den zarten Möbelstoffen Ihres niedlichen Boudoirs die schrecklichsten Verwüstungen anrichten wird. Denn dies Fett ist überwältigend, man geht darin unter. Und fett ist auch Quenu, und Lisa's hochgewölbter Busen spannt das Kleid so straff, daß auch nicht ein Fältchen sichtbar wird, ja selbst die kleine siebenjährige Pauline hat schon ein Paar Aermchen und ein Paar Patschhändchen von vielversprechender Rundung. Doch ich wollte wirklich nicht scherzen, denn in der That zeigt sich Zola hier als Virtuos der Schilderung, und es gelingt ihm sogar an einzelnen Stellen trotz der Masse von Detail, welches er aufzählt und kennzeichnet, doch einen großartigen Gesammteindruck zu erzeugen, einen Eindruck, der die Empfindung von Ueberfülle im Leser weckt, welche er in der That beabsichtigt. Ich spreche hier zwar aus subjectivem Gefühl, da ich selbst, wie Sie wissen, ein Freund solcher Marktwanderungen bin, und daher diesem Genre von Schilderungen ebensoviel Interesse als Verständniß entgegenbringe. Doch glaube ich, daß selbst platonische Aesthetiker der Kunst Zola's hier ihre Anerkennung nicht versagen werden. Ob auch die Berechtigung, diese Kunst in solchem Umfange zu üben, möchte ich allerdings bezweifeln."

„Und zu hören bekomme ich aus diesem Romane nichts?" fragte Frau von S., da ich schwieg. „Alle Stellen werden ja doch nicht in Fett schwimmen?"

„Ich wollte davon absehen, Ihnen etwas daraus vorzulesen, da ich voraussetzte, Sie würden sich als gute Hausfrau die Lectüre dieses Werkes nicht versagen. Da Sie es aber wünschen, so will ich Ihnen die kleine Episode lesen, wie der nichtsnutzige Sohn der schönen Normannin die tugendhafte Tochter der schönen Lisa verführte."

„Aber man kann's doch anhören?" fragte Frau von S. naiv.

„Ich glaube nicht, daß Sie erröthen werden, obwohl es dabei ganz so zugeht, wie bei erwachsenen Leuten. Hören Sie:

Pauline, welche gerade an diesem Tage ein neues Kleidchen mit blauen Streifen zum Geschenk erhalten hatte, wollte damit auch gleich großen Staat machen. Sie stand ganz aufrecht vor dem Laden, sehr artig, mit zusammengekniffenen Lippen und jener ernsten Miene einer sechsjährigen Dame, welche sich zu beschmutzen fürchtet. Ihre kurzen und sehr gestärkten Röcke bauschten sich wie die Röcke einer Tänzerin und ließen die wohlgespannten Strümpfe und ihre Lackstiefeletten von azurblauer Farbe sehen, während ihre große Schürze, weit ausgeschnitten, an den Schultern einen schmalen gestickten Streifen hatte, worunter ihre lieblichen Kinderarme nackt und rosig hervorragten. Sie trug mit Türkisen besetzte Ohrringe, ein Jeannettenkreuz am Halse, ein blaues Sammtband in dem wohlgekämmten Haar, und hatte das üppig-weiche Aussehen ihrer Mutter, die Grazie einer neuen Pariser Puppe.

Muche hatte sie von den Hallen aus bemerkt. Er warf gerade kleine todte Fische in das Rinnsal, die das Wasser fortschwemmte und die er längs des Trottoirs verfolgte, behauptend, daß sie schwämmen. Allein der Anblick Pauline's, so schön und so sauber, veranlaßte ihn die Straße zu überschreiten, ohne Mütze, mit zerrissener Jacke, während die Hose hinabglitt und das Hemd sehen ließ, in der ganzen Verwahrlosung eines siebenjährigen Gassenjungen. Seine Mutter hatte ihm streng verboten, jemals mit dem dicken dummen Ding zu spielen, das seine Eltern fütterten bis zum Zerplatzen. Deßhalb schlich er erst ein Weilchen um Pauline herum, näherte sich ihr dann aber und wollte ihr schönes blaugestreiftes Kleidchen angreifen. Pauline, anfangs geschmeichelt, machte ein prüdes Mäulchen, wich zurück, und sagte in unwilligem Tone:

„Laß mich ... Mama will nicht!"

Darüber mußte Muche lachen, welcher verschmitzt und sehr unternehmend war.

„Du bist aber schön dumm!" sagte er. „Das thut nichts, daß Deine Mutter es nicht erlaubt. Wir wollen uns ‚stoßen' spielen, magst Du?"

Offenbar hatte er die boshafte Absicht, Pauline schmutzig zu machen. Als diese aber sah, daß er sich anschickte, ihr einen Stoß in den Rücken zu geben, wich sie noch mehr zurück und machte Miene, in den Laden zu treten. Da wurde er sehr liebenswürdig und zog seine Hosen hinauf, wie ein Mann, der Lebensart besitzt.

„Bift Du bumm! Das ift zum Lachen . . . Du fiehft aber fehr hübfch aus. Gehört das Kreuzchen Deiner Mutter?" Da warf fie fich in die Bruft und fagte, es fei ihr Eigenthum. Er aber führte fie un- vermerkt bis an die Ecke der Pirouette-Straße; er betaftete ihre Kleider und fand es komifch, daß fie fo fteif waren; das aber machte der Kleinen ungeheures Vergnügen, denn feitdem fie die Schöne auf der Straße fpielte, verdroß es fie immer fehr, wenn fie nicht beachtet wurde. Aber trotz der Complimente Muche's wollte fie doch nicht das Trottoir verlaffen.

„Was für eine Dirne!" fchrie er da endlich grob werdend. „Ich werde Dich gleich in den Koth fetzen, weißt Du?"

Sie wurde fcheu. Er aber hatte fie an der Hand genommen, und da er wohl einfah, daß er einen Fehler gemacht, zeigte er fich wieder liebenswürdig und zog haftig einen Sou aus der Tafche.

„Ich habe einen Sou!" fagte er.

Der Anblick der Münze beruhigte Pauline. Er hielt den Sou mit den Fingerfpitzen vor fie hin, fo zwar, daß fie auf die Straße hinabftieg, ohne es zu bemerken, nur um den Sou zu erreichen. Ganz gewiß, der kleine Muche hatte viel Geld.

„Was ißt Du gern?" fragte er.

Sie antwortete nicht fofort; fie wußte es felbft nicht, fie aß zu vielerlei gerne. Er nannte ihr nun eine Menge Nafchereien, Süßholz, Syrup, Gummibonbons, geftoßenen Zucker. Der letztere koftete ihr viel Ueberlegung. Man taucht den Finger hinein und faugt dann daran; das fchmeckt fehr gut. Sie dachte lange nach und dann entfchied fie fich:

„Nein, ich möchte lieber Hörnchen."

Da ergriff er ihren Arm und entführte fie, ohne daß fie Wider- ftand leiftete. Sie überfchritten die Rambuteau-Straße und gingen das breite Trottoir der Hallen entlang bis zu einem Specerei-Händler in der Coffonnerie-Straße, welcher den Ruf der beften Hörnchen befaß. Diefe Hörnchen find kleine Papierdüten, welche die Specerei-Händler mit den Ueberreften ihrer Waare anfüllen, mit zerbrochenem Zuckerwerk, mit verzuckerten Kaftanien, welche in Stückchen zerfallen find, mit dem verdächtigen Rückftand der Bonbonbüchfen. Muche zeigte fich fehr galant, er ließ Pauline die Düte wählen, eine blaue Papierdüte, nahm fie ihr nicht weg und zahlte einen Sou. Auf der Straße leerte fie die allerlei Bröckchen in die beiden Tafchen ihrer Schürze, und diefe Tafchen waren fo eng, daß fie ganz voll wurden. Und nun begann fie zu knabbern, Krümchen um Krümchen, im Genuffe fchwelgend; und überdies machte fie ihren Finger naß, um auch die kleinften Stäubchen nicht zu verlieren so zwar, daß die Bonbons feucht wurden und bald zwei braune Flecken die beiden Schürzentaschen kennzeichneten. Muche lachte tückisch. Er hielt sie um die Taille gefaßt, und zerknitterte ihr Kleidchen ganz nach Herzenslust. An der Ecke der Straße Pierre Lescot ließ er sie nach der Seite des Innocenzplatzes umbiegen und fragte:

„Nun? Willst Du jetzt spielen? Das schmeckt wohl gut, was Du da in der Tasche hast? Du siehst also, daß ich Dir nichts zu Leide thun wollte, Du Dumme!"

Und jetzt fuhr er selbst mit seinen Händen bis auf den Grund ihrer Taschen. Sie kamen auf den Platz, und hierher hatte der kleine Muche offenbar seine Eroberung zu führen geplant. Er machte ihr die Honneurs des Platzes als eines ihm zugehörigen Gebietes, auf welchem er sich ganze Nachmittage herumtrieb. Niemals war Pauline so weit mitgegangen, und sie würde geweint haben, wie ein geraubtes Fräulein, wenn sie nicht in den Taschen Zuckerwerk gehabt hätte. Die Fontaine in der Mitte des Rasenplatzes, welcher in einzelne Beete abgetheilt war, sandte ihr Wasser in breiten zerrißenen Schleierfällen herab, und die Nymphen von Jean Goujon, blendend weiß in dem grauen Gestein, neigten ihre Urnen und zeigten ihre nackte Schönheit mitten in der düstern Umgebung des Viertels Saint - Denis. Die Kinder gingen ringsherum, sahen zu, wie das Wasser aus den sechs Bassins herabfiel, interessirten sich für die Gewächse und wünschten ohne Zweifel, das mittlere Beet zu durchschreiten, oder in das Dickicht von Stechpalmen und Rhobodenbron zu schleichen, welche längs des Gitters des Platzes gepflanzt waren. Endlich aber sagte der kleine Muche, dem es allmälig gelungen war, das schöne Kleidchen rückwärts zu zerknittern, mit einem überlegenen Lächeln:

„Nun wollen wir spielen, indem wir uns mit Sand bewerfen. Ist's Dir recht?"

Und Pauline ließ sich verführen. Sie warfen sich mit Sand, wobei sie die Augen schlossen. Der Sand glitt in das ausgeschnittene Leibchen der Kleinen und längs ihres Körpers hinab, bis zu den Schuhen und Strümpfen, und Muche hatte seine Freude daran, zu sehen, wie die weiße Schürze ganz gelb wurde. Doch fand er sie ohne Zweifel noch zu rein, denn er schlug plötzlich ein anderes Spiel vor:

„Wie wäre es, wenn wir Bäume pflanzten? Ich verstehe mich sehr wohl darauf, schöne Gärten zu machen."

„Ja! Gärten!" murmelte Pauline voll Bewunderung.

Da der Wächter nicht zugegen war, ließ er sie in einer Beet-

einfaſſung Löcher graben. Und ſie kniete nieder mitten in der weichen
Erde, legte ſich auf den Bauch und verſenkte ihre ſchönen kleinen
Aermchen bis an die Ellbogen in die Gruben, während er Holzſtückchen
ſuchte und Zweige abbrach. Das waren die Bäume des Gartens,
welche er in die Gruben Pauline's pflanzte. Allein, er fand die
Gruben niemals tief genug und behandelte das kleine Mädchen wie
eine nachläſſige Arbeiterin, mit der Grobheit des Herrn. Als ſie
ſich erhob, war ſie ſchwarz vom Kopf bis zu den Füßen; ſie hatte
ſelbſt in den Haaren Erde, war ganz beſchmutzt und ſah mit ihren
Kohlenbrenner-Armen ſo drollig aus, daß Muche in die Hände
klatſchend rief: „Und jetzt wollen wir ſie begießen, denn Du begreifſt
wohl, daß ſie ſonſt nicht wachſen würden."

Das war der Höhepunkt. Sie verließen den Platz, ſchöpften aus
dem Rinnſal mit ihren hohlen Händen Waſſer und kehrten eiligſt zurück
um die Holzſtückchen zu begießen. Auf dem Wege aber ließ die dicke
Pauline, welche nicht gut laufen konnte, alles Waſſer zwiſchen den
Fingern durchrinnen, welches an ihren Röcken herabfloß, ſo zwar, daß
ſie nach dem ſechſten Gange bereits ausſah, als hätte ſie ſich in der
Goſſe gewälzt. Und da ſie jetzt ſo recht ſchmutzig ausſah, fand Muche
ſie ſehr hübſch. Er ſetzte ſich mit ihr unter einen Rhododendron-Strauch
neben dem Garten, welchen ſie gepflanzt hatten. Er verſicherte ihr,
daß die Bäume nun bereits wüchſen, er ergriff ihre Hand und nannte
ſie ſeine kleine Frau.

„Du bereuſt es wohl nicht, daß Du hierher gekommen biſt, anſtatt
auf dem Trottoir zu bleiben, wo Du Dich ganz famos zu langweilen
ſchienſt? Du wirſt ſehen, ich weiß eine Menge Spiele auf der Straße
und darum ſollſt Du wiederkommen. Verſtanden? Nur erzählt man
dergleichen nicht der Mutter; man iſt nicht ſo dumm . . . Wenn Du
etwas ſagſt, ſo kannſt Du ſicher ſein, daß ich Dich beim Schopf er-
wiſche, ſobald ich wieder bei Euch vorbei komme.

Pauline ſagte nur immer „ja," während er als letzte Galanterie
ihr die Schürzentaſchen mit Erde vollſtopfte. Er drückte ſie an ſich
und ſuchte ihr weh zu thun, mit der Grauſamkeit eines böſen Jungen.
Doch ſie hatte keinen Zucker mehr, ſie wollte nicht mehr ſpielen, und
wurde unruhig. Und da er ſie zu kneipen begann, weinte ſie und
wollte gehen. Das erheiterte Muche ſehr und er ſpielte den Cavalier;
er drohte ihr, ſie nicht zu ihren Eltern zu führen. Die Kleine, nun
vollſtändig erſchreckt, ſtieß unterdrückte Seufzer aus, wie eine Schöne,
die ſich in irgend einem unbekannten Gaſthaus in der Gewalt ihres

Verführers sieht. Er aber würde sie gewiß schließlich noch geschlagen haben, damit sie ruhig sei, wenn nicht eine scharfe Stimme, die Stimme des Fräuleins Saget, plötzlich dicht bei ihnen vernehmlich geworden wäre.

„Gott verzeihe mir, das ist ja Pauline! ... Willst Du sie wohl in Ruhe lassen, Du abscheulicher Taugenichts?"

Die alte Jungfer faßte Pauline bei der Hand und war ganz außer sich über den jämmerlichen Zustand ihrer Toilette. Muche aber war durchaus nicht bange; er folgte ihnen, lachte tückisch über seinen gelungenen Streich und versicherte zu wiederholten Malen, daß sie es gewesen sei, die mit ihm kommen wollte, und daß sie sich aus freien Stücken auf dem Boden gewälzt habe.' —

„Und Sie sagen, daß Zola keinen Humor besitzt?" rief Frau von S. lebhaft, als ich geendet hatte. „Ich bitte Sie ... ich finde in dieser kleinen Episode einen entzückend=feinen Humor. Wie muß Zola die Kinder lieben, mit welcher Hingebung muß er sie beobachtet und belauscht haben, um ihr Thun und Treiben, ihre Denk= und Sprechweise so naturgetreu und verständnißvoll, und dabei mit dieser zärtlichen Ueberlegenheit zu schildern!"

„Ich wundere mich nicht, daß gerade Sie diese intimsten Vorzüge der Zola'schen Muse so wohl zu würdigen wissen. Auch ich finde diesen ganz köstlichen, harmlosen Humor ungemein an= ziehend und erquickend; doch werden wir mit dieser Anerkennung ziemlich allein stehen, zum mindesten habe ich bei den deutschen Zolafressern, welche sich bei aller Feindseligkeit doch den Anschein geben, als wollten sie Zola gerecht werden, ebenso wenig seine fein humoristische, wie seine kritische Begabung gewürdigt gesehen. Sie sprechen ihm vielmehr den Humor ganz ab und stellen ihn als kritischen Abenteurer und Ignoranten hin. Eine sehr ehren= volle Ausnahme macht M. G. Conrad, der bekannte Feuilletonist und Kritiker, welcher in seinen Pariser Briefen wiederholt auf die Bedeutung und auf die Gediegenheit Zola's hingewiesen hat. Das ist aber sehr begreiflich, denn Conrad gehört keiner Clique an, steht auf seinen eigenen, sehr festen Beinen und liebt es mit= unter in Ausdrücken voll Kern deutscher Unverblümtheit unseren accreditirten Literatur=Verderbern und unserem lieben Publikum die Wahrheit zu sagen: nicht nur über Zola natürlich, sondern

auch über andere Dinge, über welche man bei uns in Deutsch=
land die Wahrheit nicht gerne hört. — Was aber den Humor
Zola's betrifft, so ist es ganz eigenthümlich, daß er sich fast nur
in den Kinderepisoden äußert, und ich habe schon darauf hin=
gedeutet, daß an dieser Erscheinung wohl Zola's Pessimismus
Schuld trägt, von welchem er nur ‚die Kleinen' ausschließt.“

„Um so liebenswürdiger dann, wenn er sie ausschließt,“
sagte Frau von S., „denn echte Menschenhasser hassen den
Menschen auch schon in der ersten unschuldig=lieblichen Blüthe=
zeit. Und darum ist Zola für mich absolut nicht Pessimist.“

„Ich glaube sogar, daß überhaupt kein echter Dichter jemals
dem Pessimismus ganz verfallen kann. Es giebt meiner Ansicht
nach zweierlei Arten dieser Krankheit: Pessimisten aus Selbst=
sucht, die im Kampfe des Lebens schwere, herbe Erfahrungen
gemacht haben und darum zu Menschenfeinden wurden; und
Pessimisten aus Menschenliebe, welche das ewig sich erneuende all=
gemeine Leiden hart berührt, und die nirgends Rettung aus all'
dem Jammer sehen. Und zu diesen zähle ich unsern Freund Zola.“

„Diese Unterscheidung gefällt mir. Doch scheinen Sie sich
zu widersprechen. Denn wenn Zola's allgemeine Menschenliebe
wirklich so stark entwickelt ist, dann müßte er doch auch die er=
wachsenen Menschen mit Milde und Humor zu zeichnen vermögen?“

„Ihr Einwurf, verehrte Freundin, scheint richtig, doch Sie
vergessen, daß die Menschen zu dem allgemeinen Elend so viel
mit beitragen, daß sie es zum großen Theil selbst verursachen —
aus Egoismus. Und wenn Sie genau hinsehen, werden Sie
bemerken, daß nicht eigentlich Pauline und Muche mit mildem
Humor gezeichnet sind, sondern nur Pauline allein, und daß es
nur ein Streiflicht dieses Humors ist, welches auf Muche, den
bösen Jungen, fällt und seine Handlungsweise mehr komisch als
bösartig erscheinen läßt.“

„Es ist so, wie Sie sagen. Nur die kleine Pauline nimmt
uns gefangen und nur ihr Schicksal interessirt uns.“

In diesem Augenblicke wurde ein Besuch angemeldet und
ich verabschiedete mich.

Achter Abend.

Meine Vermuthung, daß Frau Baronin d'Elvert unsere
Zola=Abende nochmals mit ihrer Gegenwart beehren würde, sollte
ich wirklich bestätigt finden. Als ich das nächste Mal, — es war
kurz vor Weihnachten — bei Frau von S. eintrat, fand ich sie
bereits in die schwellenden Kissen des Divans gedrückt, mit der
Miene einer Frau, die nicht so bald daran denkt, diesen Platz
zu räumen. Neben ihr saß, aufrecht wie immer, die schöne Frau
des Hauses, mit der ihr eigenen stolzen Miene einer tugendhaften
Königin. Man könnte sich nicht leicht zwei Frauen von ver=
schiedenartigerem Charakter, auch blos was das Aeußere betraf,
denken. Die Eine klein, unruhig, spielerisch in ihren Bewegungen
wie eine junge Katze und doch dabei von jener eigenthümlichen
körperlichen Trägheit, welche Frauen eigen ist, die viel geliebt
haben, und die immer eines starken äußeren Impulses bedarf,
um der Lebhaftigkeit solchen Temperamentes zu weichen. Diese
Frau war unzuverläßig, falsch, treulos, ohne es eigentlich zu
wissen und zu wollen. Sie selbst hielt sich sogar für tugendhaft
und war es in ihrem Sinne auch von einem Fall zum andern.
Daß sie fiel, lag stets außer ihrer Berechnung. Plötzlich er=
faßte sie der Wirbelwind einer Leidenschaft und trug sie mit
sich fort. Und wenn sie zur Besinnung kam, lag sie an irgend
einer breiten Mannesbrust.

Frau von S. dagegen, groß, einfach, ruhig, nur in jenem
ganz leisen Grade coquett, in welchem es eine ihrer Schönheit
bewußte Frau immer sein wird, — in ihrem Handeln überlegt
und ihr Herz hütend; ihrem Gatten aber Freund und Geliebte,

zuverlässig wie dieser, hingebend wie jene. Und bei aller äußeren
Ruhe und Gemessenheit von einer Intensität des Gefühls, welche
den sogenannt leidenschaftlichen Frauen gänzlich fehlt, und von
jener körperlichen Elasticität, die von einer Schwere des Leibes
nichts weiß. Es war mir immer interessant, diese beiden Frauen
neben einander zu sehen, doch heute nahm noch eine dritte Erscheinung in dem Boudoir meiner Freundin meine volle Aufmerksamkeit in Anspruch, und das war mein Freund von S. selbst.
Da ich ihn als Verächter der schönen, namentlich der Romanliteratur jener entschwundenen Tage kannte, die den Geschmack
beherrschte, da er noch Jüngling war und die Geheimnisse von
Paris, den Glöckner von Notre-Dame und Leone Leonie ver-
schlang, so wunderte mich sein Erscheinen zu dieser Stunde sehr.
Es erklärte sich jedoch in einer ganz natürlichen und für mich
selbst nicht ungünstigen Weise.

„Angelie hat bei mir," sagte mein Freund, indem er sich
erhob und mir die Hand mit Wärme drückte, „für Deinen
Zola so viel Reclame gemacht, daß ich den heutigen freien Abend
benützte, um mir auch einmal ein Urtheil über ihn zu bilden.
Angelie ist keine Enthusiastin und auch ihr Lob Zola's klingt
sehr bedingt, eben darum aber hat es mein Interesse geweckt.
Ja, gerade ihre ,Aber' haben mich besonders intriguirt. Das
vernichtende Urtheil, welches Baronin d'Elvert soeben zum Besten
gegeben hat, bestärkte mich zudem noch mehr in meiner Meinung,
daß Zola mehr beabsichtigt, als dem Leser eine Stunde prickelnden
Nervenreizes zu bereiten. Im Uebrigen verspreche ich sehr artig
zu sein und nicht dreinzureden," fügte er lachend hinzu, „denn
ich weiß, wenn Du da bist, wird meine Anwesenheit hier nur geduldet." Natürlich ward ich jeder Antwort enthoben, denn beide
Damen fühlten sich von der etwas ironischen Art des Hausherrn
getroffen und begannen gleichzeitig zu sprechen, doch behielt die
Baronin die Oberhand und suchte in einem sprudelnden Wortschwall ihr Urtheil über Zola zu rechtfertigen. von S. aber,
der als Arzt Frauen gegenüber von souveräner Geradheit war,
unterbrach sie plötzlich mit dem entschiedenen Einwurf, daß über
Zola heute vorläufig Niemand das Recht habe zu sprechen als ich.

Das brachte sie sofort zum Schweigen und da nun wirklich
Niemand sprach, ergriff ich das Wort:

„Ich beabsichtige heute diejenigen zwei Romane von Zola
zur Sprache zu bringen, mit welchen er den größten Erfolg
errungen hat. Das „Assommoir," welches seinen Sieg entschied
und heute im achtundneunzigsten Tausend vorliegt, und „Nana,"
welche ihn so sehr in üblen Ruf brachte und Dank diesem Um=
stand bereits in hundertzweiundzwanzig Tausend Exemplaren
abgesetzt ist.

„Die Fabel des „Assommoir" ist von classischer Einfachheit
und erschütternder Tragik, und die glänzende Aufnahme, welche
das Werk trotz allen Widerspruchs der Kritik und der Clique
gefunden hat, beweist, daß die Lüge und der Conventionalismus
in der Literatur allmälig auch beim großen Lesepublikum den
Boden verliert, und unsern Dichtern nichts übrig bleiben wird,
als der Wahrheit in ihren Werken wieder ihr unveräußerliches
und unverweigerliches Recht einzuräumen. Diese glänzende
Aufnahme eines Buches, das mit schonungsloser Kühnheit den
verweichlichten Geschmack brüskirt, uns hundertmal und hundert=
mal beleidigt und uns dennoch so fesselt, daß wir es nicht fort=
legen können, ehe wir das letzte Blatt gelesen, — bis in die tiefsten
Tiefen unserer Seele durchwühlt und erschüttert, — diese glän=
zende Aufnahme des Buches beweist, daß Zola's Theorien kein
leeres Gefasel, sondern der Ausdruck dessen sind, was unser
Jahrhundert von der Dichtung will.

„Gerade ich bin am wenigsten geneigt, die Ausartungen,
deren sich Zola in diesem Werke wiederholt schuldig macht, zu
bemänteln oder gar sie als Vorzüge hinzustellen. Die Leiden=
schaft Zola's, der Wahrheit die Ehre zu geben, verführt ihn
gerade hier am häufigsten, ‚alles‘ zu sagen, auch das Unsagbare,
weil sich hier, wo wir uns in den unteren und untersten Schichten
der Gesellschaft bewegen, die Gelegenheit hiezu ganz besonders
bietet. Der Dichter soll aber gar nicht Alles sagen, — ob schön,
ob häßlich, er muß dem Geiste des Lesers auch ein klein wenig
Ergänzungs=Thätigkeit lassen. Der Dichter soll nur soweit
gehen, als es sein künstlerischer Zweck erfordert und gebietet,

und er kann diese Grenze einhalten, ohne der Wahrheit Abbruch zu thun. Eine allgemeine Regel hier aufzustellen, ist ganz unmöglich, denn das Wort „Si duo faciunt idem, non est idem" hat in veränderter Fassung in der Kunst volle Geltung. Eine ekelerregende Schilderung kann in einem Falle unstatthaft, in einem zweiten Falle aber eine noch schlimmere Schilderung künstlerisch geboten sein. Ich werde aus dem Roman selbst vorgreifend ein drastisches Beispiel wählen. In dem einen Falle wird ein Gastmahl geschildert mit all' der Virtuosität, welche Zola eigen ist, — ein Gastmahl bei gemeinen Leuten, welches demgemäß Unmäßigkeit im Essen und Trinken als integrirenden Schilderungsbestandtheil nicht entbehren kann. Es ist dem Dichter auch nicht verwehrt, die Folgen dieser Unmäßigkeit anzudeuten, zu kennzeichnen. Er darf sie uns aber nicht ausmalen, er darf uns keine Details geben, weil wir uns diese ganz wohl denken können, und weil keinerlei psychologische Wirkung auf die Betheiligten durch diese Details erzielt wird. Zola thut es und ich verdamme es.

„An einer andern Stelle aber führt uns Zola die Frau eines Trunkenboldes, ein im Grunde kernbraves Weib vor, das aber auch schon zu sinken beginnt, obgleich es sich mit aller Macht gegen den gänzlichen Fall sträubt und wehrt. Diese Frau besitzt in dem Momente, von welchem ich spreche, noch ihre Selbstachtung. Da kommt sie spät Abends mit ihrem früheren Geliebten, den sie sich bisher ferne zu halten suchte, weil sie ihn verabscheut, nach Hause. Der Geliebte bewohnt die Kammer, welche an ihre Stube stößt. Sie betreten die Stube und finden ihren Mann volltrunken auf dem Boden liegen, mitten in einer Lache; er hat sich in seiner Trunkenheit erbrochen und schläft nun, dahinein gebettet, — ein scheußlicher Anblick. Die Frau sieht das, und der furchtbare Ekel, der sie darob erfaßt, treibt sie empfindungslos in die Arme des Andern, eigentlich in die reine Kammer in das reine Bett des Andern. Sie wird Ehebrecherin aus Ekel vor ihrem Mann. Hier darf, ja hier muß der Dichter durch eine drastischere Schilderung diesen Ekel begreiflich machen, er muß uns begreiflich machen, daß dieser Ekel sie vollkommen außer Stand setzt, an

eine Reinigung der Wohnung auch nur zu denken. Denn nur
so erklärt sich uns ihr Fall, nur so wird er bis zu einem ge=
wissen Grade entschuldigt. An dieser einen Nacht, an der Schuld,
welche die Frau hier auf sich ladet, hängt aber die ganze weitere
Entwickelung des Romanes. Denn die Tragödie liegt ja eben
darin, daß Gervaise, dies ist die Heldin, durch den Trunkenbold
Coupeau, ihren Mann, und den gemeinen Lumpen und Schma=
rotzer Claude Lantin aus ihrer Bahn gelenkt wird und immer
tiefer sinkt; die Tragödie erreicht in jener Nacht ihren Höhe=
punkt, da sie nach ihrem Fall die rettende Hand eines braven
Mannes, der sie wirklich liebt, nicht mehr ergreifen darf. Und
da ist die sorgfältigste Motivirung, sei es was es sei, unabweis=
bare Pflicht des Dichters.

„Ich table also Zola nicht, daß er auch die bedenklichsten
Naturalia schildert, — aber ich table ihn, daß er sie auch dort
schildert, wo es nicht kategorisches, künstlerisches Gebot ist. Ich
table daher auch das allzuweitläufige Auskramen der schmutzigen
Wäsche in einem Kapitel, weil hier Andeutungen zur Genüge
charakterisiren würden, ich table die Aeußerung gewisser Schimpf=
worte und so manches Andere, was besser ungesagt geblieben
wäre, weil es uns verletzt, ohne den Werth des Ganzen irgend=
wie zu fördern. Man tilge diese Flecken und man hat im
„Assommoir" ein geradezu classisches und einziges Werk. Denn
auf der anderen Seite beweist der Dichter in der Schilderung
dieser Gervaise eine so grandiose dichterische Gewalt, er weiß
unsere Theilnahme, unser Mitleid für diese Gestalt so mächtig
zu wecken, so nachhaltig zu fesseln, daß wir ihr diese Theilnahme
dies menschliche Erbarmen bewahren bis zum letzten Athemzug,
bis sie wie ein armes Thier in einer Höhle verhungert und er=
friert. Und aus welchen Anfängen heraus gewinnt er uns diese
Theilnahme ab?

„Gervaise ist die Schwester der schönen Lisa aus „Ventre de
Paris." Aus der schlimmen Ehe Antoine Macquart's mit der
braven, aber dem Trunke ergebenen Josephine Gavauban hervor=
gegangen, früh an den Trunk gewöhnt, mit vierzehn Jahren von
Claude Lantin verführt, gebiert sie ihm im Laufe von drei Jahren

zwei Kinder, ohne daß ihr Vater die Heirath erlaubt. Lantin's Mutter übernimmt die Kinder und Gervaise muß nach wie vor für ihren Vater arbeiten, der auf Kosten seiner Kinder ein lüderliches Leben führt. Nach mehreren Jahren erbt Lantin einige Hundert Franken, und mit diesem Gelde und den Kindern geht das Paar aus Plassans nach Paris, um dort einen Haus= stand zu gründen. Doch bald legt sich Lantin auf die leichte Seite, das Geld ist binnen Kurzem aufgezehrt, die Noth klopft an die Thür und Lantin läßt Gervaise mit ihren Kindern im Stich, um einer Dirne nachzulaufen. Gervaise aber, welche von ihrer Mutter die Herzensgüte, aber auch den rechtschaffenen Sinn, die unermüdliche Arbeitskraft und =Lust geerbt hat, faßt sich rasch und beschließt, sich und ihre Kinder allein durch's Leben zu kämpfen. Von ihrer großen Energie giebt sie aber sofort einen ganz imposanten Beweis durch die drastische Justiz, die sie an der Schwester jener von Lantin bevorzugten Dirne übt, welche ihr Unglück noch verhöhnt. Diese Scene in der Wasch= küche gehört zu den größten Meisterstücken dramatisch=realistischer Schilderung, welche wir von Zola besitzen. Gervaise steht jetzt ganz auf eigenen Füßen, und nur schwer entschließt sie sich, den Zinn= arbeiter Coupeau zu heirathen. Doch sie thut es endlich doch, und die bescheidene Wirthschaft gedeiht auf's Beste. Bald sind Erspar= nisse gemacht, und Gervaise kann daran denken, ihren Lieblings= wunsch zu verwirklichen, einen schönen Laden zu miethen und das Geschäft einer Wäscherin in größerem Maßstab auf eigene Rechnung zu führen. Da trifft sie ein schweres Unglück; Cou= peau stürzt von einem Dache herab, und zwar in ihrer Gegenwart und den Sturz verschuldet zum Theil die kleine Tochter des Paares, Nana, welche hier das erste Unheil anrichtet.

„Wie aber ein Unglück selten allein kommt, so auch hier. Coupeau wird nicht tobt vom Platze getragen, sondern genest nach langwieriger Krankheit, welche nicht blos alle Ersparnisse Gervaise's aufgezehrt hat, sondern sie auch zwingt, bei dem braven Schmied Goujet Schulden zu machen. Dieser Schmied liebt sie und bleibt ihr in dieser hochpoetischen tiefen Neigung viele Jahre treu zugethan, eigentlich bis zu ihrem Tode. Denn solche Menschen, wie dieser Schmied, lieben nur einmal und dann für's Leben.

„Coupeau nun hat sich während seiner Krankheit und lang=
samen Genesung das Arbeiten abgewöhnt und da Gervaise in
ihrer unermüdlichen Energie, unterstützt von dem Schmied Goujet,
ihr Project nun dennoch verwirklicht und sich selbständig etablirt,
das Geschäft aber ein reiches Erträgniß abwirft, so weicht er
der Arbeit, die er lässig wieder aufgenommen, immer häufiger
aus, und ergiebt sich dem Trunke. Zu solchem Zwecke findet sich
immer Gesellschaft, und in solcher Gesellschaft entwickeln sich die
schlimmen Neigungen immer mehr. Coupeau wird wüster und
wüster und sinkt bald soweit, daß er mit Lantin, dem früheren
Geliebten seiner Frau, Freundschaft schließt und Gervaise zwingt,
ihm eine Kammer einzuräumen. Goujet aber, der den materiellen
Verfall des Geschäftes, den moralischen Verfall dieser Familie
mit ansieht, will Gervaise retten, denn er weiß, daß sie ihm gut
ist. Er macht ihr den Vorschlag, ihren Gatten zu verlassen und
mit ihr nach Amerika auszuwandern. So gerne jedoch Gervaise
darauf eingehen würde, sie kann sich nicht dazu entschließen. Sie
glaubt, ihre Pflicht, das Band der Ehe, zwinge sie bei ihrem
Mann auszuharren. Und sie harrt auch wirklich aus, das Ge=
schäft verfällt immer mehr, sie wird ein Opfer Lantin's, — und
nun ist sie ganz verloren. Denn nun fängt auch sie an zu
trinken. Es ist herzzerreißend zu sehen, wie dieses Weib nun
immer mehr allen Halt verliert und doch immer noch einen Halt
sucht, wie die Noth immer größer wird, bis der Mann dem
Säuferwahnsinn, Nana einem liederlichen Leben verfällt und
Gervaise selbst endlich elend verkommt. Zu den erschütterndsten
Scenen des Buches gehört jene, wie Gervaise vom Hunger bis
zum Wahnsinn gepeinigt, vom Frost bis auf's Mark durchkältet,
in stürmischer Winternacht die Straßen abläuft, um sich zu ver=
kaufen. Und wie sie erst den greisen Anstreicher Bru anspricht,
dessen beide Söhne im Krimkrieg gefallen sind und der nun
auch verhungern muß, weil er arbeitsunfähig und dieser Stützen
seines Alters beraubt ist. Und gleich darauf begegnet sie
Goujet, dem Schmied, der sie erkennt, sie brechenden Herzens

mit sich nimmt, ihr zu essen und zu trinken giebt und sie dann
entläßt, nur einen Kuß auf ihre Stirne drückend. Dieser Schmied
ist überhaupt ein Stück Naturpoesie, die uns mit all' dem Tadelns=
werthen in Zola's Roman versöhnt. Und noch poetischer ist die
kleine Lalie, die arme, kranke, mißhandelte Tochter des Säufers
Bijard, welche, selbst erst ein siebenjähriges Kind, die vollen
Mutterpflichten an ihren kleinen Geschwistern übt, das Haus in
Ordnung hält, wirthschaftlich das Unmögliche möglich macht,
und dafür von ihrem bestialischen Vater zu Tode geprügelt und
gepeinigt wird. Wie rührend dies Sterben des bejammerns=
werthen Geschöpfes, wie furchtbar wahr der Schmerz des Trunken=
boldes, da er nun plötzlich nüchtern wird und in diesem einen
hellen Moment seine ungeheuerliche That begreift! Es geht mir
ein schneidiges Weh durch's Herz, wenn ich mich an diese Scenen
zurückerinnere; es ist mir, als hätt' ich sie selbst geschaut. Und
das ist's, was dieses Werk so groß, so überwältigend macht, daß
es so durch und durch erlebt ist, so schrecklich wahr und doch von
so tiefer poetischer Wirkung durch die Kunst der Darstellung.
Und nirgends die Absicht zu rühren, nirgends ein falscher, sentimen=
taler Ton, nur nach dem Tode der kleinen Lalie ein kleiner Absatz,
in dem sich das entrüstete Herz des Dichters unbewußt Luft
macht: meines Wissens die einzige Stelle in einem Zola'schen
Romane, wo er selbst reflectirt. Und sehr bezeichnend, daß es
gerade diese Stelle ist.

„Ich bin zu Ende, oder ich müßte noch einmal anfangen,
denn dies Buch bietet fast unerschöpflichen Stoff sich in Einzel=
heiten zu ergehen, die ebenso interessant als charakteristisch sind.
Und aus diesem Reichthum im Einzelnen, aus dieser Groß=
artigkeit im Ganzen erklärt sich auch sein durchschlagender, heute
kaum mehr bestrittener Erfolg.“

Ich schwieg und auch die Andern schwiegen.

Endlich ergriff mein gelehrter Freund das Wort.

„Donnerwetter!“ sagte er in seiner derb ursprünglichen
Weise, „das ist aber doch kein Roman?“

„Es macht mir Freude,“ gab ich zurück, „daß gerade Du
diese treffende Bemerkung äußerst, Du, der gar keinen ästhetischen,

fondern nur einen Maßstab natürlichster Empfindung an meine
Erzählung legt. In der That, Zola's Romane sind gar keine
Romane mehr im hergebrachten Sinn, und er selbst ist sich
dessen bewußt; er selbst sagt, daß die Bezeichnung den Begriff
nicht mehr decke, und er schlägt die andere, bessere vor: „étude humaine," was sich im Deutschen allerdings auch nicht gut übersetzen
läßt, wenn auch eher als das ganz unübersetzbare Wort Roman."

„Aber auch dies Wort muß doch eine ursprüngliche Bedeutung haben?" fragte von S. mit lebhaftem Interesse.

„Allerdings, und zwar bezeichnete es im Mittelalter, als
es entstand, zunächst die Volkssprache im Gegensatze zur lateinischen
Kirchen- und Gelehrtensprache, in übertragener Bedeutung aber
später Erzählungen in Versen und in Prosa, welche in der Volkssprache abgefaßt wurden. Da nun aber im Laufe der Zeit die
Volkssprache zur Schriftsprache erhoben und entwickelt wurde,
und die Kirchen- und Gelehrtensprache aus der schönen Literatur
immer mehr und endlich ganz verdrängte, so verlor auch das
Wort „Roman" diese ursprüngliche und wesentliche Bedeutung
und wurde zur Bezeichnung einer im Aufblühen begriffenen
Dichtungsgattung, des Romans, gebraucht. Der Roman in seinen
Anfängen aber war durchaus nicht das, was er immer mehr sein
will, ein Bild des wirklichen Lebens, er knüpfte zwar an das
wirkliche Leben an, verquickte sich aber bald mit der Märchen-
und Wunderwelt des Orients, und gefiel sich in einer Aneinander-
reihung der fabelhaftesten Abenteuer. Und diese Form des Aben-
teuerromanes behielt er lange Zeit, wenn auch nachgerade die
Wunderwelt ausgeschieden wurde. Der Drang nach Wahrheit
machte sich immer mehr geltend, doch die Fabulirkunst feierte
ungeachtet dessen ihre Triumphe und Orgien bis in die aller-
neueste Zeit herein, wenn sie auch immer mehr an Boden verlor,
an Boden im Volke, welches kritischer geworden ist und sich nicht
mehr mit den Hirngespinnsten erfindungsreicher Köpfe begnügen
mag, sondern Wahrheit haben will und Wirklichkeit."

„Und das könntest Du bereits wissen," wandte sich nun
Frau von S. zu ihrem Manne, „wenn Du uns schon früher
die Ehre gegeben hättest. Wir wiederholen uns nicht gerne."

Baronin d'Elvert aber schmiegte sich noch mehr in die Sophakissen und seufzte mit schwermüthigem Augenaufschlag: „Ach ja, die Poesie stirbt aus."

„Diese Poesie mag auch immerhin aussterben!" erwiderte etwas derb mein Freund, „Maculatur wird sie ja doch immer wieder, von zehn zu zehn Jahren. Bleiben wir also bei der „étude humaine" Zola's, und laß uns nun auch etwas von der „Nana" hören."

„Und keine Probe aus dem „Assommoir"? wandte Frau v. S. ein.

Ihr Gatte aber schüttelte protestirend den Kopf. „Dieses Buch," sagte er, „kauft man und liest man. Proben sollen nur beweisen — nach dem, was ich aber soeben über diesen Roman gehört habe, braucht's da wahrhaftig keines Beweises mehr, daß es ein Meisterwerk ist."

Auch die sentimentale Baronin wollte nichts von Proben wissen aus dem gemeinen Buch, welches wahrhaftig nur für Aerzte passe, und so verzichtete auch meine Freundin und ich konnte gleich auf „Nana" übergehen:

„Ein deutscher Schriftsteller," begann ich wieder, „welcher sich in den Sechziger Jahren durch seine scharfen literarischen Kritiken einen Namen gemacht hat, führte in einem sehr ober= flächlichen und gegen Zola feindseligen Tendenz=Artikel aus, daß dessen „Nana" das verlotterte Frankreich unter Napoleon versinnbildlichen solle. Man muß lachen, wenn man solchen Unsinn liest. Oder soll man sich ärgern, daß ein Schriftsteller den Mund über Zola vollnimmt, und das deutsche Publikum über dessen Bedeutung belehren will, welcher diesen Autor kaum mehr als dem Namen nach kennt? Angesichts des Ansehens, das Zola heute genießt, kann man wohl lachen.

„Das verlotterte Frankreich unter Napoleon schildert der ganze Rougon=Macquart=Cyclus, nicht sinnbildlich, sondern realistisch wahr und historisch getreu. Und Nana als Roman ist ein integriren= der Theil dieser Schilderung, nichts weiter. Nana als Indivi= duum ist aber nicht im Entferntesten sinnbildlich gemeint, sondern als entarteter Sproße des genannten Geschlechtes. In den Enkeln und Urenkeln kommt die Entartung des Blutes einer Familie erst zu vollem Durchbruch. Nana aber ist eine Urenkelin von

Adelaide Fouque, der halbverrückten Stammmutter der Rougon=
Macquart. Voilà tout.

„Wenn ich nun diesen Roman kritisch beurtheilen soll als
selbstständiges Einzelwerk und nicht als Theil des ganzen Cyclus,
so werde ich einen ganz wesentlichen künstlerischen Mangel nam=
haft machen müssen.

„Die Fabel ist sehr dürftig, und es wird genügen, sie nur
anzudeuten. Nana ist, nachdem sie mit fünfzehn Jahren den
Beruf einer Straßendirne gewählt und wie eine Sumpfpflanze
sich trotz allen Glückswechsels solcher Existenz zu üppigster Schön=
heitsblüthe entfaltet hat, in den Hafen eines kleinen Boulevard=
Theaters eingelaufen, wo sie in einem schamlosen Stücke die scham=
lose Rolle der Göttin vulgivaga in ebenfalls schamlosem Costüm
spielt und dadurch mit einem Schlage populär, das heißt eine
der gesuchtesten Courtisanen von Paris wird. Es ist eine seltsame
Männergemeinde, welche sich um derlei Weiber drängt; diese
Gemeinde hat den befremblichen Geschmack, ein Weib um so
begehrenswerther zu finden, je größer die Zahl beglückter Vor=
gänger in ihrem Besitze ist. Solche Courtisane ist wie ein Mode=
artikel, der im Preise steigt, je mehr er gefragt wird, und diese
Herren setzen eine Art von Cavaliers=Ehre darein, sagen zu
können, daß auch sie einmal diese Farben getragen haben. Mir
ist das unverständlich, aber die tolle Erscheinung im Leben unserer
Gesellschaft kann ich doch nicht ableugnen.

„Solch eine Männergemeinde drängt sich nun an Nana heran
und bald ist sie von Ueberfluß umgeben, sie braucht gar nicht
erst den Preis ihrer Gunst zu steigern. Sie ist eine Aktie, die
blind haussirt wird. Das Allerkomischeste dabei ist aber,
daß Jeder, welcher diese Allerweltsbeglückerin in seinen Besitz
bringt, von ihr Treue verlangt. Solche Weiber sind aber wie
das Geld, sie müssen immer cursiren, sonst kommen sie außer
Curs. Und solche Weiber können auch gar nicht treu sein,
und könnten sie's, sie würden nie das geworden sein, was sie
sind. Nicht einmal dem Gelde sind sie treu, sie verkaufen sich
dem Einen, um sich dem Andern verschenken zu können. Sie
wollen eben auch lieben.

„Und auch Nana steht unter diesen höheren Gesetzen. Auch sie läßt plötzlich alle Pracht und Herrlichkeit im Stich, die ihr ein Banquier Steiner, die ihr ein Graf Muffat geboten, um mit einem mäßigen Capital, das sich zufällig in ihrer Schublade angesammelt hat, ein stilles Liebesidyll mit einem ganz gemeinen Komödiantensujet zu beginnen; dieser Mensch nimmt ihr das Geld und prügelt sie, und schließt sie endlich aus ihrer Wohnung aus, in welche er sich eine Andere genommen.

„Zum Glück hat das Idyll nicht lange gedauert, Nana ist noch nicht außer Curs, es wird sogar noch stärker auf sie geboten als früher. Und ihr Uebermuth, ihre Tollheit, ihr Courtisanen= Größenwahn steigert sich in Folge dessen bis in's Ungeheuerliche. Sie verschlingt ganze Vermögen und ist dabei immer in Geldver= legenheit, sie entwürdigt Diejenigen, die ihr huldigen, weil sie instinctiv den Haß des verlorenen Weibes gegen sie im Herzen trägt, und diesen Haß befriedigen will; und haßt sie umsomehr, je mehr sie sich entwürdigen lassen; sie wird die Ursache tragischer Begebenheiten, beklagt diese Ereignisse mit aufrichtigem Empfin= den, denn: „gutmüthig sind sie Alle," wie Schiller sagt, — spricht sich selbst aber von aller Schuld frei, und spielt das tolle Spiel weiter. Sind ja doch immer neue Narren da, die sich für sie ruiniren wollen und ruiniren.

„Und eines Tages verläßt sie den Schauplatz ihrer sicheren Triumphe, um wie irgend eine ehrgeizige Schauspielerin ihr Glück anderswo zu versuchen, und auch anderswo zu triumphiren.

„Das ist Nana, das ist das Wesentliche ihrer Geschichte, das ist die Geschichte aller Nanas. Das Ende ist natürlich immer Tod, nie aber eine Tragödie, denn die wirklichen Nanas sind keine tragi= schen Figuren, die Cameliendamen existiren nur in der Phantasie der Dichter. Sie sind keine tragischen Figuren, weil bei ihnen die guten und die bösen Regungen nur wie Launen auftauchen, weil sie auch keine tiefere Empfindung, kein tieferes Bewußtsein von den elenden Lagen haben, in die sie selbst gerathen. Sie sind unserer Theilnahme nicht würdig, weil ihnen selbst die Fähigkeit tieferer Theilnahme für das fremde oder selbst das eigene Geschick mangelt. Ob sie im Glück sterben oder im Elend läßt uns darum auch gleichgiltig. Nana stirbt im Glück, an den Blattern, die sie sich bei ihrem blatternkranken Kinde geholt hat. Von uns aus könnte sie auch weiterleben, der Dichter kann ihre Geschichte abschließen, wo er will, denn diese Geschichte hat überhaupt kein Ende, so lange die Gattung fortlebt. Und nur als Gattung lassen wir Nana gelten, nur als Gattung hat sie Interesse, kulturhistorisches Interesse für uns, kein persönliches als Individuum.

„Daß nun Zola diese Wirkung der Nichttheilnahme für seine Heldin beim Leser bezweckt, liegt für mich außer Zweifel, und daß er sie erzielt, beweist zur Genüge, wie wahr er sie gekennzeichnet, wie psychologisch tief er seine Aufgabe durchgeführt hat. Ebenso liegt es in der stofflichen Natur⸗dieses Romanes, daß ihm eine wirklich interessante Handlung fehlt. Eine interessante Handlung ist nur möglich, wo Charaktere auftreten, die interessiren, die unsere Theilnahme wecken, sei's im Guten, sei's im Bösen. Die Männer aber, die den Nana's nachlaufen, sind nicht schlecht und nicht gut genug für unser Interesse, für unsere Theilnahme: vorausgesetzt, daß Nana die Hauptfigur bleibt. Sobald sie aber aufhört es zu sein, heißt der Roman auch nicht mehr „Nana.“ Und hier bin ich bei dem Momente angelangt, wo ich das Werk angreifen und tadeln muß, und wo mir der Dichter nicht wird entgegnen können. Ich behaupte, daß eine Nana niemals der Mittelpunkt, die Hauptfigur eines Romanes oder eines Stückes sein kann und darf, nicht aus moralischen, sondern aus ästhetischen Gründen, welche ich durch die Charakteristik Nana's und ihrer Wirkung auf den Leser namhaft gemacht habe. Ein Kunstwerk muß unsere Seele bewegen, sei's zu Zorn oder zu Mitleid, zu Haß oder zu Liebe. Ein Kunstwerk darf uns nicht kalt lassen, und Nana läßt uns kalt. Und darum ist sie als Hauptfigur nicht möglich, darum ist Nana als Roman nicht vollgiltig, nicht vollwerthig.

„Der Dichter hat also darin gefehlt, daß er nicht eine Handlung erfand, in welcher Nana wohl eine hervorragende, nicht aber die erste Rolle spielte. Er mußte ihr eine Figur überordnen, deren Schicksal durch Nana schwere Schläge erleidet, die aber trozdem unserer Theilnahme vollwürdig bleibt. Und in der That existirt diese Figur in dem Werke, es ist die alte ehrwürdige Madame Hugon, deren beide Söhne Nana zum Opfer fallen. Diese erhaben=schöne Gestalt mußte in den Vordergrund gestellt werden, ihr ohnmächtiger Kampf gegen die unwillkürliche Macht Nana's mußte tief geschildert, ihre zu große Schwäche gegen ihre Söhne als ihre Schuld in die Waagschale gelegt werden. Nana blieb dabei immer dieselbe, mußte sogar dieselbe bleiben; aber der Roman, die Wirkung des Romans würde eine andere, eine tragisch=erschütternde, unbeschadet der Naturwahrheit.

„Anstatt dessen stellte Zola seiner Nana den Grafen Muffat zur Seite, und dieser Graf ist ein zu jämmerlicher Geselle, um unsere Theilnahme zu erwecken. Er thut uns manchmal recht leid, aber dies Erbarmen verflüchtigt sich gleich wieder, es faßt nicht Wurzel in uns. Und was von diesem Muffat gilt, gilt von allen andern Figuren des Romanes; eben nur Madame Hugon ausgenommen, welche Zola nicht genug zur Geltung ge= bracht. Die ethische Wirkung des Werkes wäre aber dadurch auch nach der anderen Seite hin erwachsen. Denn selbst wenn unser Gefühl verletzt worden wäre durch den Sieg Nana's über die Macht dieser unglücklichen Mutter, so wäre uns dadurch doch der verderbliche Einfluß, die gefährliche Macht dieses Weibes nur um so eindringlicher zum Bewußtsein gelangt. Und auch das wollte Zola zum Ausdruck bringen, ohne daß es ihm in vollem Maaße gelungen ist."

„Sie sprechen mir aus der Seele," sagte die Baronin d'Elvert jetzt, da ich schwieg. „Das waren auch meine innersten Gedanken, das war auch meine Empfindung bei der Lectüre dieses Romanes."

Ich verbeugte mich tief geschmeichelt, da mir nichts Anderes übrig blieb, war aber meinem Freunde sehr dankbar, daß er mich durch eine rasche Frage einer Entgegnung überhob.

„Du hältst also diesen Roman für schlecht?" sagte er etwas bedenklich.

„Nicht für absolut schlecht! Zola wird überhaupt bei seinem genialen Talent der Schilderung und Charakteristik uns selbst in einem mißlungenen Roman immer etwas geben. Aber für nicht überlegt genug im Plane, ich möchte sagen, für schief= gewickelt, um meine Empfindung anzudeuten."

„Mir kann er auch nicht behagen; ja, was Sie da er= zählt, fand ich sogar höchst uninteressant," ergriff jetzt die schöne Frau vom Hause das Wort. „Wie aber erklären Sie dann den ungeheuren Erfolg gerade dieses Buches?"

„Dies Räthsel, meine Gnädige, ist bald gelöst. Der große Erfolg dieses Buches ist nicht so sehr ein künstlerischer, als ein stofflicher. Zola hatte dem Publikum durch sein „Assommoir" einen glänzenden überwältigenden Beweis gegeben, daß er der Shakespeare'schen Forderung, der Dichter müsse seiner Zeit einen Spiegel vorhalten, in einem Grade genüge, wie kein zweiter Zeitgenosse. Und nun hielt er seiner Zeit den Spiegel so vor, daß sie darin die Geheimnisse der Coulissenwelt, die Bühne und die Schauspielergarderoben erblickte; er zeigte ihr darin das Interieur einer Courtisane, und wie sie lebt, und was sie treibt, und wer ihr huldigt. Das aber sind für einen großen Theil des Publikums unbekannte Welten, in die es einen Blick zu thun von Kindheit auf eine brennende, meist unbefriedigte Neugier verspürt. Und nun kommt noch die große Zahl jener Leser hinzu, welche diese Kreise kennen, welche in diesen Kreisen leben, und welche sehen wollen, wie Zola all' das geschildert hat. Einzig die Neugierde zu befriedigen, trieb viele Tausende an, dies Buch zu kaufen und zu lesen, daher sein colossaler Erfolg. Und ich bin überzeugt, daß der Erfolg des „Assommoir" den= selben noch weit übertroffen hätte, wenn das Romanlesen in jenen Kreisen Brauch wäre, in welchen dieser Roman spielt."

Frau von S. nickte befriedigt und ihr Gatte nahm der Baronin, die eben lebhaft Miene machte zu sprechen, das Wort vom Mund weg, indem er sagte:

„Du hast da eben das berühmte Wort Shakespeare's vom Spiegel gebraucht, welchen der Dichter seiner Zeit vorhalten soll, und giebst zu, daß Zola dieser Forderung in hohem Grade ge= nüge. Und dennoch tadelst Du seine ‚Nana'. Wie kannst Du das in Uebereinstimmung bringen?"

Ich mußte über die Beharrlichkeit meines Freundes lächeln. „Wie es scheint," gab ich zur Antwort, „willst Du für ‚Nana‘ eine Lanze einlegen und meine Kritik ad absurdum führen. Das aber wird Dir diesmal nicht gelingen. Eigentlich habe ich Deine Frage auch schon beantwortet; ich will mich aber noch klarer ausdrücken; und ich will auch bei dem trefflichen Vergleiche mit dem Spiegel bleiben. Du weißt wohl, daß es nicht genügt, einen Spiegel zu besitzen, es kommt auch wesentlich darauf an, wie man ihn aufhängt. Hängt ein Spiegel schief, oder zu hoch, oder zu niedrig, oder in schlechtem Licht, so wird das Bild, das er reflectirt, darunter leiden, ohne an Naturwahrheit zu verlieren. Es bedarf also einer gewissen Ueberlegung und sogar künst= lerischen Verständnisses, um einen Spiegel richtig zu postiren; der gute Spiegel allein genügt noch nicht. Und so ist auch die Thätigkeit des Dichters eine doppelte. Sein Schilderungstalent ist der Spiegel, wenn ich so sagen darf, und sein Compositions= talent ist die Kunst, diesen Spiegel aufzuhängen. Ist die Com= position in irgend einem Punkte verfehlt, so wird das Bild, das wir im Spiegel seiner Schilderung sehen, darunter leiden, ohne an Naturwahrheit zu verlieren. Und — wie ich schon gesagt — eben die Composition der ‚Nana‘ scheint mir im wesentlichsten Punkte mangelhaft. Ich hoffe, daß nun der scheinbare Wider= spruch meiner Ausführungen zu Deiner Befriedigung gelöst ist."

„Ich bin überzeugt und geschlagen!" erwiderte heiter mein kritischer Gegner; „und da wir unter diesen Umständen ‚Nana‘ nicht lesen werden, — zumal mich gerade stofflich dies Buch gar nicht interessirt und meine Frau nichts davon wissen will —, so bitten wir um eine kleine Probe. Womöglich etwas recht Saftiges," fügte er bei, „damit ich Zola doch auch von seiner berühmten Schattenseite kennen lerne."

„Aber, Friedrich!" mahnte Frau v. S. „Was Dir wieder ein= fällt!" Friedrich aber lachte übermüthig. Es war ihm in der That gar nicht um eine ‚saftige‘ Stelle zu thun, doch liebt er es, seine schöne Frau manchmal mit dem Zurschautragen des Cynismus eines jungen Mediciners zu necken. Und er fuhr, gegen die Baronin gewendet, darin fort, indem er sprach: „Vielleicht sind

Sie so freundlich, eine Stelle vorzuschlagen, da Sie sich ja als
eine gründliche Kennerin dieses Romans geoffenbart haben."

Die Baronin wurde purpurroth vor Aerger und wandte
Friedrich mit den Worten: „Sie sind abscheulich!" sehr oftentativ
den Rücken. Frau von S. aber wandte sich zu mir und sprach:
„Ich bitte, lesen Sie, was Ihnen passend scheint; Friedrich ist
wieder unausstehlich, und dem muß ein Ende gemacht werden,
sonst stört er uns den Abend."

Friedrich neigte mit demüthigem Humor sein Haupt und
ich hatte wieder das Wort:

„Weich angelegten Naturen wird es vielleicht nicht ganz
gerechtfertigt erscheinen, daß ich den Grafen Muffat trotz seines
jämmerlichen Geschickes, welches ihm seine Leidenschaft für Nana
bereitet, unseres Mitleids nicht würdig halte; daß ich behaupte,
das Erbarmen mit ihm verflüchtige sich immer wieder, es könne
nicht Wurzel fassen in uns. Um dies zu rechtfertigen und mit
einem Schlage den Charakter dieses Mannes, sowie sein Verhältniß zu ‚Nana‘ zu kennzeichnen, habe ich eine, allerdings
etwas stark realistische, Stelle gewählt, welche man aber immerhin anhören kann. Die Stelle beweist gleichzeitig, mit welcher
unerbittlichen Consequenz und Kühnheit Zola die Eiter-Beulen
an dem Organismus unserer vornehmen Gesellschaft bloßlegt."

„Sie wollen doch nicht die Nana's zur vornehmen Gesellschaft zählen?" protestirte Baronin d'Elvert, sich jähe aufrichtend.

„Leider, Frau Baronin, sind sie ein integrirender Theil derselben; sie sind ein Product dieser Gesellschaft: nicht die Ursache
einer Krankheit, sondern eine Folgekrankheit. Weil die Moral in
diesen Kreisen so lax, weil die Ehebande so locker, weil das
Familienleben ein so wenig innerliches ist, sind die Nana's
möglich, können sie eine so furchtbare Macht erlangen, einen so
zerstörenden Einfluß üben. Der Giftpilz gedeiht nur auf sumpfi-
gem Boden, der Hausschwamm nur an feuchtem Gemäuer.
Roden sie den Boden um, legen sie das Gemäuer trocken, und
jene werden von selbst verschwinden, weil ihnen die Existenz-
bedingungen fehlen. Und hier finde ich die Entschuldigung, ja
die Rechtfertigung Zola's, daß er seine ‚Nana‘ zum dominirenden

Mittelpunkt des gleichnamigen Romanes machte, insofern ich
das Werk als Theil des ganzen Cyclus betrachte. Denn nicht
besser konnte er die Demoralisation, die innere Verlottertheit dieser
Gesellschaft unter Napoleon kennzeichnen, als indem er eine
‚Nana‘ als Herrscherin darin auftreten ließ: man empfängt den
Eindruck, wie von einem großen, in hellrothen Farben gleißenden
Fliegenpilze über einem Morast.“

„Also hat Zola schließlich doch Recht behalten!“ triumphirte
mein Freund, der, Naturalist von Beruf, ästhetischen Gründen
schwer zugänglich war. Und ich begann ohne jede Einleitung,
welche hier ganz überflüssig war, weil wir fast unmittelbar in
die Situation treten:

Ein Schwindel wie von Trunkenheit überfiel den Grafen Muffat,
wenn er in Nana’s Zimmer trat. Er vergaß selbst die Schaar von
Männern, welche hier aus und ein gingen. Draußen auf offener Straße
weinte er oft vor Scham und Empörung und schwor, niemals wieder
zu ihr zu gehen. Und sobald die Portière hinter ihm sank, war er
wieder gefangen, fühlte er sich erschlaffen in der feuchten Wärme dieses
Gemaches, in dieser duftgeschwängerten Luft und eine wollüstige Begierde nach Vernichtung erfaßte ihn. Als frommer Katholik an die
Entzückungen in reich ausgestatteten Kapellen gewöhnt, empfand er
hier ganz genau dieselben Gefühle eines Gläubigen, der, unter einem
Kirchenfenster knieend, der berauschenden Wirkung des Orgelspiels und
der Weihrauchdüfte erliegt. Dies Weib beherrschte ihn mit dem eifersüchtigen Despotismus eines zornigen Gottes, indem sie ihn bald
zittern machte, bald ihm Augenblicke heftigsten, krankhaften Entzückens
gewährte, für die er dann wieder in Stunden schrecklicher Qual mit
allen Visionen der Hölle und der ewigen Verdammniß büßen mußte.
Es war dasselbe Gestammel, es waren dieselben Gebete und verzweifelten Stimmungen, und auch dieselben Demüthigungen eines verdammten Geschöpfes, welches untersinkt im Schmutze seines Ursprungs.
Seine sinnlichen Begierden vermischten sich mit seinem tiefsten Seelen-
bedürfniß und schienen vereinigt emporzusteigen aus den dunklen Tiefen
seines Wesens, wie eine einzige Blüthe seiner Lebenskraft. Er gab sich
der Gewalt der Liebe und des Glaubens ganz hin, deren vereinte Macht
die ganze Welt erhebt. Und immer, trotz allem Widerstreits seiner
Vernunft, fühlte er sich im Zimmer Nana’s wie von Wahnsinn ergriffen

12*

und ließ sich überwältigen vom Geschlecht, wie er außer sich gerieth vor dem großen Unbekannten, das der Himmel für ihn barg.

Und da Nana ihn so widerstandslos ergeben wußte, feierte sie ihren tyrannischen Triumph. Sie besaß eine instinctive Wuth, Alles zu entwürdigen. Es genügte ihr nicht, die Dinge zu zerstören, sie mußte dieselben auch besudeln. Ihre so feinen Hände hinterließen scheußliche Spuren, und sie zersetzten unwillkürlich all' das, was sie zuerst verdorben hatten. Und er gab sich in seiner Schwäche diesem Spiele preis mit der unbestimmten Erinnerung an die Heiligen, welche von Ungeziefer gefressen wurden und ihren eigenen Auswurf aßen. Wenn sie bei geschlossenen Thüren mit ihm allein war, bereitete sie sich das Freudenfest der Erniedrigung des Mannes. Anfangs hatten sie nur gescherzt; sie gab ihm leichte Schläge, machte ihn ihren tollen Einfällen willfährig, ließ ihn stottern wie ein Kind und einzelne abgebrochene Phrasen nachsprechen:

„Sage wie ich ... und pst! Coco macht sich nichts daraus.“ Und er zeigte sich gelehrig bis zu dem Grade, daß er auch ihre Betonung wiedergab.

„... Und pst! Coco macht sich nichts daraus!“

Oder auch sie machte einen Bären, indem sie im Hemd auf allen Vieren auf ihrem Pelzwerk herumkroch und sich mit Brummlauten gegen ihn wandte, als wolle sie ihn auffressen, sie biß ihn sogar im Scherze leicht in die Waden. Dann erhob sie sich.

„Nun mußt Du ein bischen den Bären machen; ich wette, daß Du es nicht so gut kannst wie ich.“

Und das war noch entzückend. Sie amüsirte ihn als Bär, mit ihrer weißen Haut und ihrer Mähne von rothen Haaren. Er lachte, er ließ sich auch auf alle Viere nieder, brummte, biß sie in die Waden, während sie vor ihm floh mit der Miene tödtlichen Schreckens.

Und dann meinte sie: „Was? sind wir dumm! Du hast gar keinen Begriff, wie häßlich Du bist, mein Kätzchen! Oh! wenn man Dich so sehe in den Tuilerien!“

Aber diese kleinen Spiele arteten bald aus. Das war nicht Grausamkeit bei ihr, denn sie war im Grunde ein gutmüthiges Ding; es war wie ein Hauch des Wahnsinns, der in das geschlossene Zimmer eindrang und sich darin allmälig ausbreitete. Ihr unzüchtiges Leben verwirrte Nana und machte sie zur Beute fieberhafter sinnlicher Vorstellungen. Das frühere fromme Entsetzen ihrer schlaflosen Nächte wandelte sich jetzt in eine Sucht nach thierischen Ausschreitungen, in eine Wuth, auf allen Vieren herumzukriechen, zu brummen und zu beißen. Dann aber, eines Tages, als er wieder den Bären machte, stieß sie ihn so heftig, daß er gegen ein Möbelstück fiel, und als sie wahrnahm, daß er sich an der Stirne eine große Beule geschlagen habe, brach sie in unwillkürliches Gelächter aus. Und von nun an behandelte sie ihn als Thier, schlug ihn und verfolgte ihn mit Fußtritten.

„Vorwärts! Vorwärts! Du bist das Pferd! Dia! Hü! Elende Mähre, willst Du wohl laufen?"

Ein andermal wieder war er ihr Hund. Sie warf ihr parfümirtes Taschentuch an das andere Ende des Zimmers und er mußte es holen und es mit den Zähnen aufheben, indem er auf Händen und Knieen hinkroch.

„Bring schön, Cäsar! Warte, ich will Dir helfen, wenn Du nicht rascher bist! Sehr gut, Cäsar! Brav, artig! Schön aufwarten!"

Und er liebte seine Erniedrigung, und empfand einen Genuß, ein Vieh zu sein. Er wünschte sogar noch tiefer zu sinken und schrie:

„Schlag stärker zu! Wau! Wau! Ich bin wüthend, schlag doch zu!" ...

„Schon genug! Schon zu viel!" rief Frau von S., die ganz nervös geworden war, und die Baronin meinte: „Hab' ich nun recht, wenn ich sage, daß dieser Zola abscheulich ist?"

Der Herr des Hauses aber rief: „Das ist von ganz colossaler psychologischer Wahrheit und Tiefe! Noch einen Absatz, wenn ich bitten darf."

Und da dieser Absatz mir ganz besonders kennzeichnend schien, so war ich so ungalant, weiter zu lesen:

Plötzlich erfaßte sie die Laune, von ihm zu verlangen, er solle eines Abends in seiner großen Kammerherrn-Uniform zu ihr kommen. Und als er diesem Wunsche willfahrte, fand sie kein Ende des Lachens und Spottens über diesen ganzen Anzug, über den Degen, den Hut, die weiße Hose, den rothen goldverbrämten Frack und über den symbolischen Kammerherrenschlüssel, welcher rückwärts am linken Schooße befestigt war. Besonders dieser Schlüssel machte ihr Spaß, und begeisterte sie zu einer Fülle gemeiner Bemerkungen. Immer lachend, erfaßt von einer Mißachtung aller Größe, von der Lust, ihn zu erniedrigen in dem feierlichen Gepränge dieses Costüms, stieß sie ihn, kneipte sie ihn, und rief ihm zu: „Lauf doch, Kammerherr!" welchen Ruf sie mit Fußtritten begleitete; und diese Fußtritte galten gleichzeitig auch den Tuilerien, der Majestät des kaiserlichen Hofes, welche hoch oben thront über der Furcht und der Erbärmlichkeit Aller.

Sie drückte damit aus, wie sie über die Gesellschaft dachte. Das
war ihre Rache, eine unbewußte Familienrache, welche ihr im Blute
lag. Und da der Kammerherr nun entkleidet war und seine Kleider
auf dem Boden ausgebreitet lagen, befahl sie ihm darauf zu springen,
und er sprang; sie befahl ihm darauf zu spucken und er spuckte; sie
befahl ihm auf die Goldborten, auf die Adler, auf die Orden zu treten
und er trat darauf. Huit! Nichts war mehr da, sie zerstörte Alles.
Sie vernichtete einen Kammerherrn wie sie ein Parfum-Fläschchen
oder eine Confectschale zerbrach, und sie wandelte ihn in Schmutz, in
einen Haufen von Koth in irgend einem fernen Winkel.

„Bis hierher und nicht weiter!" erklärte Frau von S. mit
großer Entschiedenheit, mich unterbrechend. „Und ich verbitte
mir," fuhr sie zu ihrem Gatten gewendet fort, „jede weitere wissenschaftliche Erörterung dieser ganz abscheulichen Scene, in welcher
uns Mann und Weib in ihrer tiefsten Entwürdigung entgegen-
treten. Wenn Du später darüber noch sprechen, und Deine physiologischen Ansichten äußern willst, so magst Du es auf Deinem Zimmer
thun. Für unsere weiblichen Ohren ist das absolut nichts, und
Dein wissenschaftlicher Trieb läßt Dich gerade so alle Schranken
überschreiten, wie Zola sein naturalistischer Trieb nach Wahrheit."

Dann wandte sie sich wieder zu mir und sagte: „Ich danke
Ihnen übrigens, daß Sie uns diese Stelle vorgelesen; sie ist
gerade abschreckend genug, um mir auch die letzte Lust, diesen
allgelesenen Roman noch näher kennen zu lernen, für immer zu
vertreiben. Dagegen möchte ich Sie bitten, daß Sie uns nun
doch eine besonders ansprechende Stelle aus dem „Assommoir"
zum Besten geben. Ich weiß gewiß, Sie haben eine vorbereitet.
Und wenn wir das Buch auch später lesen, so thut es nichts,
wenn wir einen schönen Passus zwei Mal hören. Ich möchte
nämlich nicht, daß wir uns unter dem verstimmenden Eindruck
dieser „Nana" zum Souper setzen."

„Ich bin mit Vergnügen bereit und Sie können die Stelle
selbst wählen, oder vielleicht ist auch Frau Baronin d'Elvert so
freundlich, eine Scene zu bestimmen, die ihr einen günstigeren
Eindruck machte. Denn ganz und gar kann sie ja doch diesen
Roman nicht verwerfen. Ich habe nämlich die Uebersetzung von
W. König mitgebracht, von der ich Ihnen schon Erwähnung

that, und möchte Ihnen nicht ungerne eine Probe davon liefern. Wenn ich also bitten darf Frau Baronin ...."

Die kleine Baronin griff rasch nach dem Buch, blätterte einen Augenblick sinnend darin und reichte es mir dann aufgeschlagen. „Da — das lesen Sie!" sprach sie, mit dem feinen Zeigefinger einen Absatz mitten im Buch bezeichnend. „Das liest sich in der That ganz prächtig. Sie erinnern sich doch. Gervaise geht gegen Abend in die Schmiede zu Goujet, unter dem Vorwande, ihren Sohn Etienne, welchen Goujet in die Lehre genommen hat, nach Hause abzuholen. Es ist das erste Mal, daß sie den Weg macht, sie ist ganz fremd am Orte und ein Arbeitsgenosse Goujet's, der trunksüchtige Nagelschmied, weist ihr den Weg. Nun lesen Sie fort."

Mich überraschte die Wahl, welche die Baronin getroffen hatte, nicht. Die Stelle ist ganz einzig schön und mußte auf eine so nervös-sinnliche Natur, wie diese, ganz besonderen Eindruck machen. Dabei war die Stelle in der That an und für sich ganz unverfänglich.

Ich wandte mich also nur noch rasch zu Friedrich, den ich fast verletzt glaubte in Folge des energischen Einschreitens seiner Frau und wollte ihn fragen, ob er auch geneigt sei zuzuhören. Er aber hatte die vergnügteste Miene von der Welt und sagte, ich solle nur beginnen. In diesem Zimmer sei er ohnedies mit seiner Cigarre nur geduldet, und er wisse sehr wohl Ordre zu pariren. Denn es geschehe ihm ja doch kein Unrecht. In solchen Dingen sei es immer gut, sich den weiblichen Wünschen unter zuordnen.

Und nun begann ich zu lesen:

„Aber Herr Goujet arbeitet doch hier?" fragte Gervaise.

„Ah! Goujet! ja!" sagte der Arbeiter, „Goujet kenne ich! ...... Wenn Ihr Goujet sprechen wollt, so geht nur nach hinten."

Er wandte sich um und rief mit einer Stimme, die wie der Ton eines gesprungenen Kupferkessels klang:

„Heda! Löwenmaul! da ist eine Dame, die Dich sprechen will!"

Ein starkes Getöse herunterrollender Eisenstangen übertönte diesen Schrei. Gervaise kam an eine Thür und streckte den Kopf vor. Sie sah in einen großen Saal hinein, in dem sie vorerst noch Nichts unterscheiden konnte. Das fast erloschene Schmiedefeuer sah in der Ecke wie ein bleicher Stern aus und verdüsterte die tiefen Schatten noch mehr, in welche der ganze Raum gehüllt war. Hin und wieder schoben sich schwarze Körper vor das Feuer und verdeckten so mit ihren Massen diesen letzten Funken von Helligkeit. Die Männer erschienen unverhältnißmäßig groß, man ahnte ihre mächtigen Glieder. Gervaise, die sich nicht weiter vorwagte, rief von der Thür aus mit schwacher Stimme: „Herr Goujet! Herr Goujet!".......

Nun wurde plötzlich Alles hell. Von dem Windzug des Blasebalges hervorgerufen, leuchtete eine helle Flamme auf. Der Schuppen schien ein Bretterverschlag zu sein, dessen Ecken man durch etwas Mauerwerk dauerhafter gemacht hatte. Der schwarze Kohlenstaub erfüllte diese ganze Halle mit einem schmutzigen Dunst. An dem Gebälk der Decke hingen Spinngewebe, als ob es zum Trocknen aufgehängte Lumpen wären, in denen sich seit Jahren Staub und Schmutz verfangen hatten. Längs der Wände, auf Gestellen oder an Nägeln und in den düstern Ecken hingen und lagen in wirrem Durcheinander alte Eisenstücke, worunter Werkzeuge von ungeheurer Größe ihre harten, bizarren Formen zeigten. Die weiße Flamme wurde immer noch größer, wie die aufgehende Sonne erleuchtete sie den unebenen Boden, auf dem die Stahlkörper von vier Ambossen in silbrigen und goldigen Lichtern schimmerten.

Nun erkannte Gervaise Goujet vor dem Schmiedefeuer an seinem schönen blonden Bart; Etienne zog den Blasebalg. Es waren noch zwei andere Arbeiter da, doch sie sah nur Goujet und ging grade auf ihn zu.

„Sieh da! Madame Gervaise!" rief er mit freudigem Gesicht, „Das ist einmal eine Ueberraschung!"

Als er sah, was die Kameraden für schnurrige Gesichter machten, nahm er Etienne und brachte ihn zu seiner Mutter, indem er fortfuhr: „Ihr kamt her, um den Kleinen zu sehen?...... Er ist gut und fleißig und bekommt auch schon eine kräftige Faust."

„Das ist ja schön," sagte sie, „es war nicht leicht hierher zu finden...... Ich glaubte hier wäre die Welt mit Brettern vernagelt......" Sie erzählte, wie sie dorthin gekommen war. Dann fragte sie, wie so es denn käme, daß man in der Werkstätte nicht Etienne's Namen kenne. Goujet erklärte ihr lachend, daß ihn hier Jedermann Zouzou nenne, weil seine Haare so ganz kahl abgeschoren seien und er deshalb wie ein Zuave aussähe. Während sie mit einander sprachen, zog Etienne nicht den Blasebalg, deshalb wurde die Flamme immer kleiner, das rosige Licht verschwand und der Schuppen wurde wieder dunkel. Der Schmied betrachtete ganz gerührt die lächelnde junge Frau, die bei dem ersterbenden Licht ganz frisch und rosig aussah. Als beide in der steigenden Dunkelheit zu sprechen aufgehört, schien er sich plötzlich auf Etwas zu besinnen und brach das Schweigen:

„Ihr erlaubt wohl, Madame Gervaise, ich habe da noch Etwas fertig zu machen. Ihr bleibt doch ruhig noch ein Bischen hier, nicht wahr? Ihr stört hier Niemand."

So blieb sie. Etienne hatte sich nun wieder an den Blasebalg gehängt. Das Schmiedefeuer flammte mit einem Sprühregen von Funken empor und das um so mehr, als der Kleine, der seiner Mutter seine Faust zeigen wollte, einen wahren Orkan mit dem Blasebalg entfesselte. Goujet stand beim Schmiedefeuer und überwachte eine Eisenstange, die er glühend machte, er hatte seine Zange in der Hand. Die große Helligkeit fiel ganz auf ihn, ohne einen Schatten. Sein Hemb, dessen Aermel zurückgeschlagen waren und dessen Kragen offen stand, ließ seine nackten Arme und die nackte Brust sehen, deren rosige Haut mit kleinen blonden Haaren bedeckt war. Wie er so dastand, den Kopf zwischen den mächtigen Schultern, deren Muskeln sich wölbten, ein wenig gesenkt, mit dem hellen Auge ohne ein einziges Zucken aufmerksam in die Flamme sehend, glich er einem ruhenden Coloß, einem Bilde selbstbewußter Kraft. Als die Eisenstange weißglühend war, ergriff er sie mit der Zange und schlug auf einem Ambos mit dem Hammer regelmäßige Stücke davon ab, mit so leichten Schlägen, als ob die Stange von Glas gewesen wäre. Dann legte er die Stückchen wieder ins Feuer und nahm sie eines nach dem andern, um sie zu formen. Er schmiedete Rietnägel mit sechseckigen Köpfen. Zuerst steckte er das Stückchen Eisen in ein Loch des Ambosses, zerschmetterte das darüber hinausstehende Ende, welches den Kopf bilden sollte, und formte die sechs Seiten desselben; den fertigen Nagel, dessen Rothgluth langsam erlosch, warf er auf den schwarzen Fußboden. Das Alles that er mit gleichmäßigen Schlägen, mit solcher Leichtigkeit schwang sein rechter Arm den fünf Pfund schweren Hammer und formte mit jedem Schlage irgend ein Detail mit solcher Geschicklichkeit, daß er ruhig dabei sprechen und Jedermann ansehen konnte. Es schien ihm sehr wohl zu sein, kein Schweißtropfen zeigte sich und er schlug mit so gutmüthiger, harmloser Miene, daß er sich ebensowenig dabei anzustreugen schien, als wenn er Abends bei sich zu Hause Bilder ausschnitt.

„Oh, das sind nur kleine Nägel von zwanzig Millimeter," sagte er, um auf Gervaise's Fragen zu antworten. „Man kann davon bis

zu dreihundert Stück täglich machen . . . . . . Aber es gehört Uebung
dazu, sonst erlahmt der Arm bald . . . . . ."

Als sie fragte, ob nicht doch gegen Abend die Faust ermüdete,
lachte er gutmüthig. Glaubte sie denn, daß er ein Fräulein wäre?
Seine Faust habe in den letzten fünfzehn Jahren genug graues Eisen
geschlagen und sich so viel an den Werkzeugen gerieben, daß sie selber
fast wie Eisen geworden sei. Uebrigens habe sie Recht: ein Herr, der
nie einen Nagel oder Haken geschmiedet hat und mit seinem Fünf-
pfundhammer spielen wollte, der würde sich nach zwei Stunden keine
schlechten Muskelschmerzen zugezogen haben. Das sieht so aus, als
ob das gar Nichts wäre, aber es bringt manches Mal die strammsten
Burschen schon in ein Paar Jahren auf den Hund. Indessen schlugen
auch die anderen Arbeiter Alle darauf los. Die großen Schatten der
Männer schwankten bei der Helligkeit hin und her, die rothleuchtenden
Blitze, welche von dem Eisen ausgingen, fuhren in die dunklen Tiefen
und ganze Strahlenbündel von Funken, die unter den Hammerschlägen
den Eisenstücken auf den Ambossen entsprühten, ließen diese wie Sonnen
erscheinen. Gervaise fühlte sich so traulich angemuthet von diesem besonderen Schauspiel, daß sie nicht fortging. Sie wollte sich eben, um
sich nicht die Hände zu verbrennen, auf einem großen Umweg Etienne
nähern, als sie den schmutzigen bärtigen Arbeiter eintreten sah, an den
sie sich vorher im Hofe gewendet hatte.

„Nun, Madame, haben Sie gefunden?" sagte er mit seiner Miene
eines schelmischen Trunkenboldes. „Du weißt doch, Löwenmaul, daß
ich Madame zu Dir geschickt habe? . . . . . ." Er hieß Säuglingsschnabel, genannt Sauf-aus-ohne-Durst, der Forscheste unter den Forschen,
der Nagelschmied, wie er sein soll, der seine Eisen jeden Tag mit einem
Liter Fusel begießt. Er war nur weggegangen, um einen Schluck zu trinken, denn er fühlte sich nicht mehr fest genug, um noch bis sechs Uhr auszu-
halten. Als er hörte, daß Bouzou Etienne hieß, fand er das zu komisch
und lachte, daß man alle seine schwarzen Zähne sah. Dann entsann er
sich auf Gervaise. Erst gestern Abend hatte er mit Coupeau einen Schop-
pen getrunken. Ja, ja, man konnte Coupeau nach dem Säuglingsschnabel,
genannt Sauf-aus-ohne-Durst, fragen, da würde er gleich sagen: Das ist
ein famoser Junge! Aha! dieses Vieh, der Coupeau! er ist sehr splendid
und ponirt öfter mal einen Satz, ehe die Reihe an ihn kommt.

„Es freut mich, zu erfahren, daß Ihr seine Frau seid," sagte er.
„Er verdient eine so hübsche Frau . . . . . . Nicht wahr, Löwenmaul,
Madame ist eine hübsche Frau?"

Er war von so zudringlicher Artigkeit, und rührte die Wäscherin fortwährend an, so daß diese ihren Korb wieder aufnahm, um ihn sich vom Leibe
zu halten. Goujet ärgerte sich, denn er verstand wohl, daß der Kamerad
ihn wegen seiner Freundschaft für Gervaise aufzog und rief ihm zu:

„Sage mal, Du Flausenmacher, wie wird es denn mit den vierzig Millimetern? . . . . . . Haft Du Lust, daran zu gehen, jetzt, wo
Du die Hucke voll hast, Du Süffel?"

Der Schmied wollte von einer Bestellung auf sehr große Nägel
sprechen, zu denen zwei Schläger am Ambos nöthig waren.

„Wenn Du willst, jetzt gleich, Du große Schreipuppe!" antwortete
Säuglingsschnabel, genannt Sauf-aus-ohne-Durst. „So Einer lutscht
sich am Daumen und thut, als ob er ein Mann ist! Wenn Du auch
noch länger wärst, ich bin schon mit ganz Anderen fertig geworden!"

„So ist es recht, gleich! Komm nur her!"

„Hier bin ich, mein Bursche!"

Sie trauten einander nicht, die Gegenwart von Gervaise hatte sie
entflammt. Goujet legte im Voraus geschnittene Stücke Eisen in's
Feuer, alsdann befestigte er auf dem Ambos ein sehr starkes Nagel-
eisen. Mittlerweile hatte der Kamerad zwei Zwanzigpfundhämmer
von der Wand genommen, die beiden großen Schwestern der Werkstatt,
welche von den Arbeitern Fifine und Débèle genannt wurden. Er
fuhr noch immer fort zu prahlen und sprach von einem halben Groß
Bolzen, die er für den Leuchtthurm von Dünkirchen geschmiedet hatte,
das seien solche Meisterwerke gewesen, daß man sie hätte in einem
Museum aufstellen können, so vollendet waren sie. Den Teufel auch!
er fürchtete keinen Nebenbuhler; ehe man einen Bengel wie ihn fände,
da müßte man schon alle Buben von Paris auf den Kopf stellen.
Das wird was zu lachen geben, man wird schon sehen, was man da
zu sehen bekommen wird!

„Madame wird selbst urtheilen", sagte er, zur jungen Frau gewandt.

„Genug geschwatzt!" rief Goujet. „Zieh fest, Zouzou! Das hitzt
nicht genug, mein Junge!"

Aber der Säuglingsschnabel, genannt Sauf-aus-ohne-Durst,
fragte noch:

„Also wir schlagen zusammen?"

„Im Gegentheil! Jeder seinen Bolzen für sich, mein Bursche!"

Dieser Vorschlag wirkte wie eine kalte Douche, und dem Kameraden wurde trotz seiner Prahlerei der Mund trocken. Bolzen von
vierzig Millimeter von einem einzigen Mann hergestellt, das hatte man

bisher noch nicht gesehen, umsomehr, als diese Bolzen runde Köpfe
haben mußten, das war eine Arbeit, die ihre verdammten Schwierigkeiten hatte, es war ein Meisterstück, so Etwas zu machen. Die drei
anderen Arbeiter der Werkstatt hatten ihre Arbeit verlassen, um zuzu-
sehen; ein großer, magerer Kerl wettete einen Liter, daß Goujet unterliegen würde. Nun ergriff Jeder der beiden Schmiede mit geschlossenen
Augen einen Hammer, denn Fifine wog ein halbes Pfund mehr als
Dédèle. Säuglingsschnabel, genannt Sauf-aus-ohne-Durst, hatte das
Glück, die Hand auf Dédèle zu legen, Löwenmaul erfaßte Fifine.
Während sie auf das Weißglühen des Eisens warteten, fing der Erste
vor dem Amboß wieder zu prahlen an, seine Zuversicht war ihm
wiedergekommen und er warf zärtliche Blicke auf die Wäscherin; er
stellte sich in Positur, machte Ausfälle nach vorn, wie ein Herr, der
sich schlagen will, und markirte schon die Armbewegungen, mit denen
er Dédèle in vollem Schwunge durch die Luft führen werde. Ah! ein
heiliges Donnerwetter! er fühlte sich; wie er da war, hätte er aus der
Vendômesäule einen Mußbrei gemacht!

„Vorwärts! fange an!" sagte Goujet und legte dabei selbst ein
Stück Eisen von der Größe einer Mädchenfaust in das Nagelloch.

Der Säuglingsschnabel, genannt Sauf-aus-ohne-Durst, stürzte sich
vorwärts und brachte Dédèle mit beiden Händen in den Schwung.
Klein und ausgemergelt wie er war, mit seinem Bocksbart und seinen
glitzernden Wolfsaugen, die zwischen den Strähnen einer schlecht ge-
kämmten Perrücke hervorleuchteten, brach er fast bei jedem Schwunge
zusammen, den er dem Hammer gab, und sprang in die Höhe, als ob
der geführte Hieb ihn vom Boden aufhöbe. Er war ein Wütherich,
der ärgerlich auf sein Eisen losschlug, weil er es so hart fand; er stieß
sogar ein wohlgefälliges Grunzen aus, wenn er ihm einen recht tüch-
tigen Hieb versetzt zu haben glaubte. Bei anderen, da machte der
Branntwein wohl die Muskeln schlaff, aber er gebrauche den feurigen
Saft, der ihm statt des Blutes durch die Adern laufen müsse; der
Schluck, den er da eben genommen, der wärmte ihm den Leib wie eine
Wärmflasche; er fühle eine verdammte Kraft in sich, wie eine Dampf-
maschine. Dann fürchtete sich auch das Eisen vor ihm, heut Abend
da werde er es schlagen, daß es weicher wie Brei werden solle. Und
wie tanzte Dédèle, man mußte das sehen! Sie führte da die großen
Sprünge aus, immer mit den Hacken in der Luft, als ob sie ein Stamm-
gast im Elysée-Montmartre wäre, die ihre Wäsche zeigt; hier handelte
es sich darum nicht, die Zeit zu vertrödeln, das Eisen ist so hinter-

listig, daß es gleich kalt wird, nur um sich über den Hammer lustig zu machen. Mit dreißig Schlägen hatte Säuglingsschnabel, genannt Sauf=aus=ohne=Durst, den Kopf seines Nagels geformt. Aber er athmete schwer, seine Augen waren weit aus ihren Höhlen getreten und eine unsinnige Wuth erfaßte ihn, als er seine Arme knacken hörte. Außer sich, wie er war, versetzte er tanzend und heulend dem Nagel noch ein Paar Schläge, nur um sich an ihm für die Mühe zu rächen, die er ihm gemacht hatte. Als er ihn aus dem Loche zog, hatte der unför=mige Bolzen einen schiefaufgesetzten Kopf wie ein Buckliger.

„Nun, wie ist das gemacht?" sagte er nichtsdestoweniger mit seiner unverschämten Sicherheit, indem er Gervaise seine Arbeit zeigte.

„Ich verstehe ja nichts davon, mein Herr," antwortete die Wäscherin mit Zurückhaltung. In Wirklichkeit bemerkte sie sehr wohl auf dem Kopf des Bolzens die beiden letzten Fußtritte Débèle's, und sie war sehr erfreut darüber, sie biß die Lippen zusammen, um nicht zu lachen, denn jetzt hatte Goujet alle Chancen.

Nun war das Löwenmaul daran. Ehe er anfing, warf er der Wäscherin einen Blick zu, der voll von vertrauender Zärtlichkeit war. Er beeilte sich nicht, nahm seinen Abstand und ließ seinen Hammer von oben herab in großen, regelmäßigen Schwingungen niederfallen. Er hatte den wahrhaft classischen Hammerschlag, der ebenso berechnet wie gewandt war. Fifine tanzte, von seinen beiden Händen geführt, nicht eine tolle Tanzbodenquadrille, bei der man die Röcke mit den Füßen in die Höhe wirft; sie hob sich empor und fiel im Tacte wieder nieder, wie eine Edelfrau, die mit ernster Miene die Touren eines alten Menuets ausführt. Die Hacken Fifine's schlugen ernst und gewichtig den Tact; mit durchdachter Kunst drangen sie in das rothe Eisen ein, welches den Kopf des Bolzens bilden sollte; zuerst platteten sie das Eisen in der Mitte ab und dann rundeten sie es mit einer Reihe Schläge von rhythmischer Sicherheit. Das war nicht Branntwein, was das Löwenmaul da in den Adern hatte, das war Blut, reines Blut, welches mächtig schlug, bis in seinen Hammer hinein, und so seine Schaffenskraft bethätigte. Dieser Schlingel! was bot er bei der Arbeit für einen prachtvollen Anblick! Die große Flamme des Schmiede=feuers beleuchtete ihn gerade von vorn. Seine kurzen Haare, die auf der niedrigen Stirn sich kräuselten, und sein schöner, goldgelber Bart, der in Wellen herniederfiel, schienen zu brennen und das ganze Gesicht mit den goldigen Fäden zu erleuchten, so daß es in Wahrheit aussah, als sei sein Kopf von Gold. Dabei hatte er einen Nacken, der einer

Säule glich und dabei weiß wie ein Kinderhals war; seine Brust war
so weit und mächtig, daß ein Weib genug Platz gehabt hätte, sich in
der Quere darauf zur Ruhe niederzulegen; Schultern und Arme waren
von so mächtiger Bildung, als ob irgend ein Riese im Museum für
sie zum Modell gedient hätte. Wenn er zum Schlage ausholte, so
sah man seine Muskeln schwellen, wahre Berge von Fleisch rollten und
verhärteten sich da unter seiner Haut; seine Schultern, seine Brust und
sein Nacken erweiterten sich, und eine Helligkeit umfloß ihn, er war in
dem Augenblick schön und allmächtig wie ein Gott. Schon zwanzig
Mal hatte er Fifine niederfallen lassen, die Augen fest auf das Eisen
gerichtet, athmete er bei jedem Schlage hoch auf, nur an seinen beiden
Schläfen rannen zwei dicke Schweißtropfen nieder. Er zählte: einund-
zwanzig, zweiundzwanzig, dreiundzwanzig. Immer wieder verbeugte
sich Fifine mit der Würde einer Hofdame.

„Dieser Geck!" murmelte hohnlachend Säuglingsschnabel, genannt
Sauf-aus-ohne-Durst.

Gervaise, die dem Löwenmaul gerade gegenüber saß, betrachtete
ihn mit gerührtem Lächeln. Mein Gott, was waren diese Männer
doch dumm! Schlugen die Beiden da nicht auf ihre Bolzen los,
nur um ihr den Hof zu machen? Oh, sie fühlte das sehr wohl, man
kämpfte um sie mit Hammerschlägen, so, wie ein Paar rothe Hähne
sich einer kleinen weißen Henne wegen in die Kämme fahren. Auf
was für Ideen man kommt, nicht wahr? Das Herz findet oft seltsame
Mittel, sich zu erklären. Ja, ja, das war ihretwegen, dieses Donnern
von Dédèle und Fifine auf den Ambossen, das war ihretwegen, all
das zerschmetterte Eisen, ihretwegen zitterte die Schmiede, flammte
dieser Brand und flogen diese leuchtenden Funken. Aus Liebe für sie
schmiedeten die Beiden und stritten miteinander, wer am besten schmieden
würde. Wahrlich, das bereitete ihr eine tiefinnere Freude; denn alle
Frauen lieben es, wenn man ihnen Schmeicheleien sagt. Besonders
die Hammerschläge Löwenmaul's tönten in ihrem Herzen ebenso wieder,
wie auf dem Ambos, sie klangen ihr wie helle Musik, die das starke
Wallen ihres Blutes begleitete. Das scheint eine Thorheit, aber sie
empfand, daß da Etwas auf sie eindrang, das so mächtig, so fest war
wie das Eisen des Bolzens. In der Dämmerstunde, ehe sie hierher
gekommen war, als sie auf dem feuchten Trottoir dahinging, empfand
sie ein unbestimmtes Verlangen, die Lust, irgend etwas Gutes zu essen;
jetzt war sie befriedigt, als ob die Hammerschläge Löwenmaul's sie genährt hätten. Oh! sie zweifelte nicht an seinem Siege. Ihm mußte

sie angehören. Säuglingsschnabel, genannt Sauf-aus-ohne-Durst, war zu häßlich, wie er da mit seinem schmutzigen Rock und seiner zerrissenen Blouse wie ein weggelaufener Affe umhersprang. Sie war sehr roth und doch glücklich in der großen Hitze, ein wollüstiger Schauder überlief sie, als die letzten mächtigen Schläge von Fifine sie vom Kopf bis zu den Füßen erschütterten.

Goujet zählte noch immer.

„Und achtundzwanzig!" rief er endlich, indem er den Hammer an die Erde legte. „Es ist gethan, Ihr könnt es ansehen!"

Der Kopf des Bolzens war glatt und sauber, ohne eine Erhöhung oder Vertiefung, eine wahre Goldschmiedsarbeit, als ob der Kopf auf dem Schleifstein abgeschliffen sei. Die Arbeiter betrachteten das und nickten zustimmend mit den Köpfen; da war Nichts dagegen zu sagen, das war gemacht, um sich davor auf die Kniee zu legen. Säuglingsschnabel, genannt Sauf-aus-ohne-Durst, versuchte wohl ein Bischen zu lästern, aber er stotterte, und kehrte schließlich mit gekniffener Miene zu seinem Ambos zurück. Unterdeß drängte sich Gervaise dichter an Goujet heran, angeblich, um besser sehen zu können. Etienne hatte den Blasebalgzug losgelassen und die Schmiede fiel schnell wieder in's Dunkel zurück, als ob ein großer rother Stern am Himmel untergegangen sei und die schwarze Nacht sich plötzlich herabsenkte. Als der Schmied und die Wäscherin sich von dieser Nacht umhüllt sahen, empfanden sie das wie eine Wonne; in diesem von Ruß und Feilspänen geschwärzten Schuppen, wo die Gerüche alten Eisens aufstiegen, fühlten sich die Beiden so allein, als ob sie sich im Vincenner Gehölz befänden, oder sich an irgend einem im Laub versteckten Winkel ein Rendezvous gegeben hätten. Und er ergriff ihre Hand, als ob er sie erobert hätte.

„Ist das nicht prächtig?" rief die kleine Baronin mit blitzenden Augen, da ich das Buch zuschlug. „Das ist wahre Poesie trotz der Rohheit des Ausdrucks. Man fühlt sich ganz zurückversetzt in die Ritterromantik. Man sitzt auf hohem Ballone und sieht dem Tournier der Ritter zu: furchtbar schlagen die Lanzen in die vorgehaltenen Schilder ein, sich bäumend prallen die Rosse zurück, während die kühnen Kämpfer in den Sätteln wanken. Und das Herz der stolzen Frau, der dies gilt, jubelt laut. Und wieder sprengen mit letztem wuchtigen Stoße die beiden Ritter auf einander los, und jetzt hat der mit den blonden Locken und der breiten schwarz umpanzerten Brust den.

Speer so glücklich auf den Gegner gerichtet, daß dieser rücklings von seinem Berber=Rosse in den Sand stürzt. Und lauter Beifall ertönt und tief erröthend neigt sich die schöne stolze Frau herab, um dem blonden Ritter den Preis seines Sieges, ihren brennenden Mund, zum Kusse zu reichen!"

„Halt, halt, halt!" rief mein Freund lachend. „Sie echappiren ja in's Mittelalter, liebe Baronin, und zaubern uns die tolle Liebesromantik Ulrich's von Lichtenstein vor die Augen. Solche Absichten hatte aber Zola gewiß nicht, als er den biedern Schmied Goujet diese Probe seiner Kraft und Geschicklichkeit der schönen Gervaise zu Ehren ablegen ließ. Und wahrhaftig gerade das gefällt mir, gerade das lobe ich mir, daß er solch poetische Wirkung mit so naiven Mitteln zu Wege brachte. Am meisten aber staune ich über seine Sachkenntniß im Schmiedehandwerk. Er muß das geradezu studirt haben!"

„Mehr als das!" antwortete ich. „Er hat längere Zeit alle seine freien Stunden in einer Schmiede zugebracht, und aus der verklärten Erinnerung heraus schildert er nun dies wackere kraft=volle Treiben, und darum wirkt er damit so poetisch berückend. Er erzählt uns von dieser Zeit, einer bitteren, harten seiner Jugendjahre in dem zweiten Band der Erzählungen an Ninon in einer Skizze: ‚Der Grobschmied‘ betitelt, welche in ihrer urkräftigen Frische einen ganz besonders erfreulichen Eindruck macht, einen zwar weniger romantischen, aber vielleicht noch tieferen Eindruck als dieses Duell der Schmiede, welches allerdings ganz einzig dasteht in der Literatur."

„Das muß ich lesen!" rief die lebhafte Baronin, während Frau von S. sich nur begnügte Beifall zu nicken. Mein Freund aber hatte sich erhoben, und erklärte, diese Schmiede=Arbeit habe ihm Appetit gemacht und er denke wohl, der Tisch werde schon bestellt sein.

Damit ging er in den Speisesaal voran und während des Soupers ward lange und lebhaft über Zola weiter debattirt. Und selbst die Baronin ließ sich endlich dazu bewegen, ihm einige gute Eigenschaften zuzugestehen.

Neunter Abend.

———

Die Weihnachts= und Neujahrstage hatten eine kleine Unter=
brechung in unseren Zola=Abenden eintreten lassen und erst in
der Woche nach dem Drei=Königsfeste sah ich Frau von S. wieder.
Sie war allein, und da sich in meinem Gesichte wohl eine gewisse
Befriedigung darüber spiegeln mochte, sprach sie heiter:

„Sie sind wohl froh, daß wir nicht wieder durch ungebetene
Gäste gestört werden? Und ich bin es auch. Vielleicht sogar
mehr als Sie selbst, da mich das Dazwischenreden, ja selbst schon
die Anwesenheit Anderer irritirt, meine Aufmerksamkeit zersplittert,
und mich hindert, mir über das Gehörte ein ruhiges Urtheil zu
bilden, selbständige Bedenken zu äußern. Ich bin nie dümmer
als in großer Gesellschaft.“

„Und auch mir geht es so,“ beeilte ich mich zu erwidern.
„Ueberdies aber ist es nicht leicht, den subjectiven Einwendungen
verschiedener Individualitäten immer gleich in schlagfertiger Weise
zu begegnen. Denn es genügt nicht, auf eine Frage die an und
für sich richtige Antwort zu geben, man muß sich, wenn man
eine überzeugende Wirkung erzielen will, nicht blos dem Bildungs=
grade, sondern auch dem Vorstellungs= und Ideenkreise des Fra=
genden anschmiegen. Das gilt nicht allein, was die Anwendung
von technischen Ausdrücken, sondern auch was die Wahl der
Vergleiche betrifft. Erstere wird man in vielen Fällen ganz ver=
meiden müssen — und auch können, letztere aber wird man am

13

Besten stets aus Gebieten herholen, welche dem Fragenden be=
sonders vertraut sind."

„Sagen Sie das doch einmal meinem Mann; der tritt aus
seinem Ideenkreise nie heraus, und wenn man ihm dahin nicht
folgen kann, ihn daher nicht versteht, so ärgert er sich regel=
mäßig schrecklich."

„Das ist eben Gelehrten=Art, die aber nach und nach wird
abkommen müssen, wie die lateinische Sprache abgekommen ist,
welche so lange die Wissenschaften nur einem exclusiven Kreise
zugänglich sein ließ. Immer mehr bricht sich die Tendenz Bahn,
die Wissenschaften zu popularisiren, das bedeutet aber nicht etwa,
wie das gelehrte Bonzenthum hochnasig meint, die Mittheilung
eines unzulänglichen Scheinwissens, sondern die Mittheilung des
unverkürzten Wissens in einer, von allem todten gelehrten Rüst=
zeug entkleideten, ausgereiften, lebendigen Form. Freilich bedarf
es dazu etwas mehr als eines zeitlebens einseitig gebliebenen
Gelehrtenwissens, es bedarf des umfassenden Verständnisses aller
Lebenserscheinungen und ihrer höchsten Blüthe, der menschlichen
Natur. Auch der Mann der Wissenschaften wird nachgerade
aufhören müssen, in der engen Gelehrtenstube und im Bücher=
staub zu leben und zu lehren und zu sterben, — auch er wird
hinaustreten müssen in das Leben, in die Welt, und die innigen
Beziehungen zwischen allem Wissen und dem Leben werden seine
Lehrmethode durchdringen müssen. Die Koryphäen der Natur=
wissenschaft gehen voran, die Historiker folgen, und die Philologen
und Juristen werden endlich auch des trockenen Tones satt werden
müssen. Bleiben noch die Philosophen. Diese aber werden
immer mehr in den Naturwissenschaften unter= und aufgehen, je
mehr Boden die experimentale Methode des Forschens gewinnt."

„Und die Theologen?" fragte schalkhaft Frau von S., welche
eine Erzheidin ist.

„Den Pfaffen gehört das Himmelreich .... und Theologie
ist keine Wissenschaft. Nun aber wieder zu Zola. Ich habe mir
vorgenommen, Sie heute mit den beiden poetischesten Romanen
des ganzen Rougon=Cyclus bekannt zu machen. Darf ich be=
ginnen?"

„Ich bin ganz Ohr und werde Sie möglichst wenig durch Fragen unterbrechen," wiederholt Frau von S., und nahm eine Häkelei zur Hand, denn die Stickerei, an welcher sie bisher immer gearbeitet hatte, zierte bereits in Gestalt einer Kalender=Umrahmung den Schreibtisch ihres Gatten. Ich aber begann zu erzählen:

„Une page d'amour" ist der Titel desjenigen Romanes von Zola, welcher mich am meisten überrascht hat, weil der Dichter darin allen tendenziösen Absichten entsagt, und deshalb auch am reinsten wirkt. Der Roman ist durch und durch naturalistisch, und steht in dieser Beziehung den andern Werken des Cyclus nicht nach. Zola erzählt uns darin eine Lebens= und Liebes=episode mit der vollen Kraft seiner Darstellungsgabe, mit der vollen warmen Empfindung seines dichterischen Naturells, — und er erzählt uns diese um ihrer selbst willen: das aber ist der große Vorzug, welchen ich diesem Werke nachrühme. Und jetzt kann ich es auch aussprechen, daß ich von ästhetischem Stand= punkte mit Unternehmungen, wie Zola's „Rougon=Cyclus" oder Sacher=Masoch's „Vermächtniß Kains" nicht ganz einverstanden bin. In solchen großen Compositionen liegt ein innerer Wider= spruch. Sie wollen in ihren Theilen als zusammenhängendes Ganzes beurtheilt sein, und doch auch wieder jeder einzelne Theil als selbstständiges Ganzes. Das aber ist in der Kunst nicht gut möglich und ich werde Zola hier mit seinen eigenen Waffen zu schlagen suchen, ohne die aristotelische Theorie von dem Um= fange eines Kunstwerkes in Anspruch zu nehmen. Zola geht bei seiner Menschendarstellung von dem ganz richtigen Grund= satze aus, daß der Mensch von seiner Umgebung, die ihn ergänze, vervollständige und erkläre, nicht zu trennen sei. Und doch will Zola es für zulässig und möglich halten, daß wir eine Reihe von Romanen, welche in organischem Zusammenhange entstanden sind, sich gegenseitig ergänzen und erklären, dennoch auch ganz unabhängig von diesem Zusammenhange beurtheilen. Er nennt sein Werk „histoire naturelle et sociale d'une famille au second empire," und sagt damit: das ist ein zusammenhängendes Ganzes, die Geschichte einer Familie, in welcher gleichzeitig die sozialen

13*

Zustände des zweiten Kaiserreiches geschildert und erklärt werden. Und in der That ist der Zusammenhang der Theile im All= gemeinen ein so inniger, bei den einen mit dem Ursprungswerk, bei den andern mit der Zeit des zweiten Kaiserreiches, daß sie nur aus dem einen, oder nur aus dem andern, oder aus allen beiden erklärt werden können. Selbstständig sind sie nur in Bezug auf die Fabel, welche für jeden Roman eine besondere, in jedem Roman eine von den übrigen Fabeln unabhängige ist. Das ist aber auch der einzige Umstand, auf welchen hin von einer selbst= ständigen Beurtheilung der einzelnen Romane die Rede sein könnte. Und auch hier werden wir in einzelnen Fällen zu zweierlei Urtheilen gelangen müssen, was nur die Fabel selbst betrifft. „Nana" war der Beweis hiefür. Die Fabel, die Compositionsweise der Nana hält Stich, wenn wir sie als Theil des Ganzen nehmen, sie wird mangelhaft, sobald wir sie als selbstständiges Ganzes nehmen. Und zwar darum, weil ihr dann nach der socialen Seite hin die richtige Beleuchtung fehlt, wie ich dies jüngst ausgeführt. —

„Anderseits aber ist der Umstand, daß die Fabeln in diesem Roman=Cyclus nicht zusammenhängen, daß sie mehrere und nicht eine sind, wieder nachtheilig für die Beurtheilung des Cyclus als Ganzes. Es ist gewissermaßen ein doppelter Kreis gezogen: der äußerste schwarze ist die Zeit, in welcher alle diese Romane spielen, der zweite rothe ist das Blut, welches in den Haupt= personen der Romane fließt. Diese zwei Kreise berühren sich, sie fließen selbst ineinander, indem das Blut die Zeit sogar ein wenig färbt: aber — es fehlt diesem Doppelkreise ein Mittel= punkt; wenn man genau hinsieht, erblickt man eine Menge klei= nerer Kreise mit selbstständigen Mittelpunkten in dem Doppelkreis, — nur sein Centrum ist nicht bezeichnet, ist leer. Wir haben also, wenn wir den Cyclus als Ganzes betrachten, Mittelpunkte, aber keinen einheitlichen Mittelpunkt des Interesses, wir haben Handlungen, aber keine einheitliche Handlung, wir haben eine Umfassungsmauer, innerhalb welcher eine Anzahl Häuser stehen, aber wir haben keinen großen architektonischen Bau: und eben diesen wollen wir ja beurtheilen, eben diesen großen einheit=

lichen Bau muß ein Kunstwerk haben. Darum aber werden wir die Romane als einzelne betrachten müssen, und gerade diejeni= gen, welche nicht nur in Bezug auf die Fabel, sondern auch in Bezug auf die herebitäre und sociale Tendenz des Cyclus sich am unabhängigsten entwickeln, werden uns am meisten befrie= digen, weil sie am meisten unsern ästhetischen Ansprüchen von der inneren und äußeren Abgeschlossenheit eines Kunstwerkes genügen. Von den bisher vorliegenden Romanen des Cyclus ist nun „Une page d'amour" der unabhängigste, er könnte von Jemandem vollkommen beurtheilt werden, der gar nicht weiß, daß ein Rougon=Cyclus existirt. Er ist ein Kunstwerk für sich im eminentesten Sinne des Wortes, ohne Tendenz, außer die der Naturwahrheit. Er erklärt sich vollständig aus sich selbst. Und darum ist er mir der liebste."

Frau von S. hatte mir sehr aufmerksam zugehört, dabei nahm aber ihre Miene einen immer bedenklicheren Ausdruck an, und jetzt konnte sie nicht länger an sich halten.

„Aber, mein Herr!" rief sie lebhaft, „da ertappe ich Sie ja auf einem ganz colossalen Widerspruch! Ich besinne mich so genau auf das, was Sie sagten, als Sie den Rougon=Macquart= Cyclus einleiteten, daß ich darauf einen Eid ablegen könnte. Damals rühmten Sie es gerade, daß Zola die Erblichkeits= Theorie und das Napoleonische Regime in diesem Cyclus zu verwerthen und zu schildern unternahm, und sagten ausdrücklich, daß gerade der hieburch bedingte Zusammenhang der ganzen Roman=Serie das Interesse an den einzelnen Werken erhöht. Und nun greifen Sie all' dies an und beweisen geradezu, daß Zola sich eines großen Irrthums schuldig gemacht habe durch die Composition dieses Werkes, deren Bedeutung Sie selbst anerkannten!"

„All' das, verehrte Freundin, leugne ich keinen Augenblick. Damals hatte ich aber auch nur den ganzen Plan des Werkes zu entwickeln, ich hatte auf das physiologische und stoffliche Interesse desselben hinzuweisen, ich hatte den Zusammenhang der einzelnen Romane zu kennzeichnen; ich hatte mich, mit einem Worte, nur referirend und erklärend zu verhalten: ebensowohl um dem Dichter gerecht zu werden, als um die Theilnahme und das Interesse für sein Werk in Ihnen zu wecken. Damals wäre es sehr verfehlt gewesen, eine apriorische Kritik des Werkes von ästhetischem Standpunkte zu geben, schon darum verfehlt, weil Sie mir nur in der Theorie, nicht aber in der Praxis, durch Controllirung meines Urtheils an der Hand der Thatsachen hätten folgen können. Nun aber kennen Sie bereits eine Serie dieser Romane, Sie haben sich selbst ein Urtheil bilden können über ihren Einzelwerth, über ihren Werth im Zusammenhange, — nun können Sie mir also auch ganz ruhig und positiv wider= sprechen, wenn Ihnen meine ästhetischen Bedenken in dieser Be= ziehung unrichtig erscheinen."

Frau von S. schüttelte bedenklich den Kopf.

„Diese ästhetischen Bedenken halte ich allerdings für voll= kommen berechtigt," sagte sie, „aber ich halte das ganze Unter= nehmen und seine Ausführung dennoch für sehr bedeutend."

„Wogegen ich nie Einsprache erheben werde. Die Einheit der Idee, welche dieses Werk beherrscht und zusammenhält, ver= leiht ihm sogar einen monumentalen Charakter, dessen imponirender Macht wir uns beugen, sobald wir es von einer gewissen Ent= fernung betrachten. Und in dieser Entfernung stand auch der Dichter von seinem Werke, als er den großen Plan entwarf. Je näher wir aber treten, desto stärker drängen sich die einzelnen Theile vor und nehmen uns gefangen, und desto mehr verliert das Werk als Ganzes seine Macht über uns. Das aber beweist, daß die Einheit der Idee bei einem Kunstwerk die Einheit der Handlung nie ersetzen kann. Und Lessing mußte sehr wohl, als er die mißverstandenen aristotelischen Einheiten des französischen Klassicismus so schonungslos bekämpfte, warum er an das Gesetz von der Einheit der Handlung nicht rührte. Dies ist heilig und unverletzlich, und die größte Idee kann eine Versündigung gegen dasselbe nicht wieder gut machen. Und daß Zola sich gegen dies Gesetz vergangen, ist ein Irrthum, den ich namhaft machen mußte, wenn ich ihn auch aus der Genesis des Werkes erklären kann und der Bedeutung, sowie den sonstigen Vorzügen des= selben im vollen Maaße gerecht werde."

Frau von S. lächelte befriedigt und sprach:

„Jetzt ist mir Ihr Standpunkt klar und nun kann ich Ihnen ruhig weiter folgen. Fangen wir also noch einmal an: „Une page d'amour ...“

„Une page d'amour“ führt uns eine junge Wittwe Helene vor, welche nach dem Tode ihres Gatten mit ihrem Töchterchen Jeanne, einem sehr nervösen und reizbaren Mädchen von sieben Jahren, nach Passy übersiedelt ist, um dort in stiller Zurück= gezogenheit, das lebensvolle Paris wie ein unenthülltes Geheimniß vor Augen, der Erziehung ihres Kindes und ihren mehr schön= geistigen Neigungen zu leben. Ein alter biederer Junggeselle, Herr Rambeaud, und sein Freund, der greise Pfarrer des Ortes, Jouve, die allwöchentlich einmal zum Abendessen kommen, sind in der ersten Zeit ihr einziger Verkehr. Ein Dienstmädchen Rosalie besorgt das Hauswesen und der alte Bezirksarzt Boudin ist nun Jeannens willen öfter im Hause zu sehen, denn Helene selbst, ein Weib von seltener Schönheit und harmonischem Wesen, blüht in Gesundheit und der Fülle ihrer dreißig Jahre und bedarf keiner ärztlichen Fürsorge ... Nichts stört den Frieden dieses Hauses. Da eines Nachts erkrankt Jeanne plötzlich sehr heftig und nachdem Helene vergebens um Dr. Boudin gesandt hat, eilt sie selbst, kaum zur Noth bekleidet, zu einem andern Arzte, der im Nachbarhause wohnt, und ihren Bitten gelingt es, den bereits zur Ruhe gegangenen Mann zu einem Besuch zu bewegen. Dieser Arzt ist Doctor Deberle, welcher in glücklicher Ehe mit seiner Frau lebt, einen Knaben im gleichen Alter mit Jeanne hat, und über eine große Praxis in Paris und ein großes Ver= mögen verfügt.

„Die Erkrankung Jeanne's ist in der That eine schwere, doch gelingt es dem Arzt nach mehrstündiger Bemühung, die unmittel= bare Gefahr abzuwenden; und jetzt erst sieht er auch die Mutter aufmerksam an, die in ihrer Todesangst um ihr Kind an das verfängliche Negligée, in dem sie sich befindet, nicht gedacht hat. Der erste zündende Funke einer starken Leidenschaft flammt da in dem jungen Arzte auf, und auch sie fühlt sich zu ihm hingezogen. Da Tags darauf Dr. Boudin von einer kurzen Reise wieder

zurückkehrt und die weitere Behandlung Jeanne's übernehmen
kann, so hat Helene nichts mehr zu thun, als bei Doctor Deberle
ihre Dankvisite zu machen. Sie findet aber von Seiten der Frau
des Arztes, die sie empfängt, so freundliche Aufnahme, daß sie
das Anerbieten eines innigeren Verkehrs der beiden Familien
nicht zurückweisen kann und sobald das Frühjahr kommt, ist sie
der tägliche Gast im Garten des Arztes. Und unversehens webt
sich zwischen ihr und Henri Deberle ein immer innigeres Band
geistigen Verständnisses, welches aber in strengen Grenzen zu
halten ihr auf die Dauer nicht gelingt. Während eines Kinder=
balles, den Madame Deberle giebt, erklärt Henri ihr mit glühen=
Worten seine Liebe, und sie flieht, entzückt und erschreckt zugleich,
in ihr Haus.

„Es ist aber, als hätte der Arzt in diesem heißen Geständniß
sein Genügen gefunden; er begegnet ihr nunmehr wieder ruhiger,
gehaltener, er offenbart ihr eine hochachtende Verehrung, welche
sein wildes Blut im Zaum hält. Und das beglückt Helene un=
säglich und auch sie giebt sich nun dem Gefühl hin, welches sie
zu Henri hinzieht. So vergehen Monate, als Jeanne's Brust=
übel neuerdings sehr heftig auftritt. Der Arzt erfährt davon
und erscheint ungerufen, um zu helfen. Und wieder ist's eine lange
bange Nacht, die er mit Helene an dem Lager der Kleinen durch=
wacht, bis es gelingt, die augenblickliche Gefahr zu bekämpfen.
Das Kind aber will von nun an nur ihn, und nicht mehr Doctor
Boudin bei sich sehen, und die Bedenklichkeit ihres Zustandes
zwingt Helene, diesem Wunsche zu entsprechen. Henri kommt
nun täglich, er giebt sich ganz der Sorge für das Kind hin,
und als er nach drei Wochen das Wort ausspricht: ‚Sie ist ge=
rettet‘! da bricht die Leidenschaft der jungen Frau durch, sie um=
schlingt und küßt ihn, und sagt ihm, daß sie ihn liebt. Dennoch
bleibt das Verhältniß dieser beiden Menschen ein reines, ein
schuldloses. Und Unreines muß dazwischen treten, um es zu
einem schuldigen zu machen.

„Gelegentlich eines Diners bei Frau Deberle, welchem auch
Helene beiwohnt, belauscht letztere unfreiwillig ein Gespräch
zwischen ersterer und einem ganz einfältigen Gecken und macht

die alarmirende Entdeckung, daß diese Frau im Begriffe steht, ihren Mann zu hintergehen. Sogar die Stunde des Rendezvous erfährt sie und ein scheinbarer Zufall setzt sie rechtzeitig auch von dem Orte desselben in Kenntniß. Und nun erwachen alle bösen Dämonen in ihrer Brust. Wenn sie jene Frau verräth, wenn sie ihrem Mann von dem Stelldichein Nachricht giebt, so steht ihrem eigenen Glücke kein Hinderniß entgegen. Einige Zeilen mit verstellter Schrift würden genügen, — und sie schreibt diese Zeilen wirklich. Doch nachdem der Brief abgesandt, nachdem es unmöglich ist, den Verrath ungeschehen zu machen, fühlt sie das Niedrige, das Verwerfliche ihrer Handlungsweise und im letzten Augenblicke beschließt sie, Frau Deberle zu retten, ihrem Gatten den Schmerz und die Schande zu ersparen, seine Frau als Ehe= brecherin zu ertappen. Nicht achtend die Bitten Jeanne's, welche sich von ihr schon lange vernachlässigt fühlt und jetzt eine heim= liche Eifersucht gegen den Arzt hegt, stürzt sie im strömenden Regen davon, jenem fernen einsamen Hause zu, in welchem das Rendezvous stattfindet. Jeanne aber eilt weinend zum Fenster, öffnet dieses, ruft ihrer Mama nach, zerstreut sich dann am An= blick des Regens und der Gießbäche, welche durch die Straßen fließen, und schlummert endlich, im Fenster liegend, ein.

„Helene ist rechtzeitig, gerade da Malignon sich der Frau Deberle bemächtigen will, dazwischen getreten, sie warnt, selbst entsetzt und außer Athem, das entsetzte Paar, welches über eine Hintertreppe flüchtet, sie allein zurücklassend. Und nun stürzt auch schon Henri herein, findet anstatt seiner Gattin Helene, und begreift erst nicht, wie das möglich, dann aber kommt er auf den Gedanken, daß sie ihm in solch' kühner Weise ein Rendezvous gegeben, und faßt sie in seine Arme, entzückt, in Flammen gesetzt. Und Helene kann keine Ausrede für ihr Hier= sein finden, — um Frau Deberle zu retten, muß sie seine Voraus= setzung bestätigen. . . . .

„Als sie aber nach mehreren Stunden nach Hause zurückkehrt, findet sie Jeanne durchnäßt, fiebernd, krank, am offenen Fenster liegen. Und wenn der Roman sich bis hieher durch die glückliche psychologische Führung auszeichnet, so zeigt sich Zola in diesen

letzten Capiteln als ganz vollendeter Künstler. Nach dem ersten
jähen Erschrecken, nach dem ersten Aufblitzen eines Schuld=
bewußtseins ihrem Kinde gegenüber, beruhigt sich Helene bald,
und dies umsomehr, als die Krankheit diesmal scheinbar nicht
allzuheftig auftritt. Daß jedoch dieser Nachmittag den Todes=
keim in die Brust Jeanne's geworfen, nimmt sie nicht wahr;
sie hört nicht das kurze, trockene Husten des Kindes, sie beachtet
nicht die Veränderung in dem ganzen Wesen desselben, sie glaubt
nicht der warnenden Stimme Dr. Boudin's, — sie ist zu alledem
nicht fähig, denn ihr ganzes Sinnen und Empfinden gehört dem
Manne, dem sie sich hingegeben, ihr ganzes Trachten ist darauf
gerichtet, wieder in seinen Armen zu liegen. Und endlich kann
sie diesem heißen Drange nicht länger widerstehen, sie giebt ihm
ein Stelldichein zu später Stunde, im eigenen Hause. Als aber
Henri kommt, wird er von dem Dienstmädchen empfangen mit
der Botschaft, Jeanne sei von einem Blutsturz befallen und er
schon lange erwartet... Und diesmal ist seine Hilfe vergebens,
sein ärztliches Wissen und Können erweist sich als ohnmächtig,
nach Stunden schwersten Kampfes mit der Krankheit, muß der
Arzt der unglücklichen Mutter sagen: Jeanne ist todt. — Mit
diesen Worten aber spricht er sein eigenes Urtheil, — er existirt
für Helene nicht mehr, ihre Leidenschaft ist verflogen, und sie
begreift gar nicht, daß sie zu diesem Manne jemals hatte eine
Leidenschaft fassen können. Der Schmerz um ihr Kind hat die
Liebe in ihr getödtet.

„Das ist in den Hauptzügen der Inhalt des Romanes „Une
page d'amour," losgelöst von seinem Zusammenhange mit dem
Rougon=Macquart=Cyclus. Ich habe die Fäden, die hinüber
führen, zerschnitten, ohne dem Werke irgend einen Schaden zu
thun, ohne das Interesse an den Begebenheiten und Personen
im Geringsten zu schmälern. Und wenn Sie nun auf die Ge=
schlechtstafel der Rougon=Macquart blicken, werden Sie rechts
den Namen Helene und darunter den Namen Jeanne finden;
die Namen der Hauptpersonen dieses Romanes. Helene ist eine
Tochter des Hutmachers Mouret in Marseille, eine Schwester
des unglücklichen François Mouret aus dem Roman „La con-

quête de Plassans." Mit 19 Jahren heirathete sie einen reichen jungen Mann, Namens Grandjean, in Marseille und aus dieser Ehe entsprang Jeanne, in welcher sich das krankhafte, reizbare unstäte Blut und Wesen der Stammmutter Adelaide Fouque in so schlimmer Entartung reproducirt, daß es den jungen zarten Körper frühzeitig zerstören muß. Dieser Umstand aber kann die Schuld der Mutter, durch deren Nachlässigkeit des Kindes Tod noch früher herbeigeführt wird, nicht aufheben, ja nicht einmal mildern. Der Eindruck, den wir erhalten, ist ein tief erschütternder, und in Helene hat Zola eine seiner poetisch=wahrsten Frauengestalten geschaffen, deren so menschliche Schuld, deren so furchtbare Sühne unser Herz im Innersten bewegen. Und wie rührend einfach ist neben ihr die Figur des schüchternen, aber innig liebenden Rambeaud, des greisen milden Priesters Jouve, wie seltsam muthet uns dies Kind an mit seiner eifersüchtigen Liebe zur Mutter, die es mit Niemandem theilen will. Und wie vortrefflich in Gestaltung und Charakteristik ist der heißblütige Arzt, seine coquette Frau, dieser Geck Malignon, Alle mehr oder minder seichte Naturen, welche nur dazu dienen, der anderen Gruppe ein stärkeres Relief zu geben. Auch hat der Dichter hier, trotz seiner Vorliebe für Detailschilderung mit Ausnahme der schon früher erwähnten fünf Beschreibungen von Paris sich starke Mässigung auferlegt und das descriptive Element bleibt immer in denjenigen Grenzen, welche seinem Zweck in der Dichtung entsprechen. Mit einem Wort: in diesem Roman Zola's herrscht die größte Harmonie, unbeschadet der größten Naturwahrheit, und darum ziehe ich ihn von rein ästhetischem Standpunkte allen andern vor.

"Nicht das gleiche Lob kann ich demjenigen Romane zollen, welcher mit dem genannten in Bezug auf die novellistisch einfache Handlung und Composition eine Verwandtschaft hat, und welchen ich schon aus diesem Grunde hier anreihe. Es ist der Roman „La faute de l'abbé Mouret" und gehört, wie auch die beiden folgenden, „Pot-Bouille" und „Au bonheur des dames" der Mouret=Gruppe des Rougon=Macquart=Cyclus an. Auch hier ist überdies nur die verwandtschaftliche und hereditäre Beziehung der verbindende Faden mit dem Cyclus, und die Zeit, in der er spielt, das Napoleonische Regime, von keiner Bedeutung für die Handlung. Und darum kann auch er leicht aus dem Zusammenhange gelöst, außer dem Zusammenhange gelesen und beurtheilt werden.

„Das Ehepaar Mouret in Plassans, welches dem Abbé Faujas zum Opfer fiel, hinterließ drei Kinder: den leichtsinnigen, lebenslustigen Octave, die Hauptfigur in den weiter folgenden Romanen, die ich eben genannt, — dann Serge, welcher sich dem Priesterstande gewidmet hat und die beschränkte Desirée. Die zuletztgenannten finden wir in „La faute de l'abbé Mouret" wieder; ihn als jungen Pfarrer von les Artaud, sie als Beherrscherin des Wirthschaftsraumes der Pfarre, wo sie eins ist mit den Thieren, die sie wartet und pflegt, beschränkt wie ein Kind trotz ihrer körperlichen Vollreife, und nicht viel mehr als ein animalisches Leben führend, in dem sie aber voll Glückseligkeit aufgeht. Serge ist ihr voller Gegensatz, er vergeistigt sich ganz in der Anbetung Gottes, einem schwärmerischen Mariencult in makelloser Reinheit huldigend, die er sich bis zur Stunde bewahrt hat. Er übt seine Pflichten als Priester mit all' der Hingebung, welche solcher exaltirten Auffassung seines hohen Berufes entspricht, und fügt sich mit Demuth darein, daß seine Pfarrkinder ein wildes, gottloses, unsittliches Volk sind. Von all' diesen der Schlimmste ist der Schloßvogt Jeanbernat, ein rüstiger Greis, der völlig einsam, als Menschenfeind und Atheist, als erbitterter Feind der Pfaffen, im Schloß le Paradon lebt, über welches er die Aufsicht führt. Dieses alte verfallene Schloß, an welches ein unabsehbarer, zur Wildniß gewordener Park stößt, den eine Mauer von aller Welt abschließt, liegt auf einer Anhöhe unweit les Artaud und ist vom Zauber der Legende umwoben. Pascal Rougon, der Arzt, welcher öfter in die Gegend kommt, ist der einzige Mensch, dem Jeanbernat in seine Behausung Einlaß gewährt, und dieser ist's auch, der eines Tages, als er die Nachricht erhält, der Greis sei vom Schlage gerührt, auf dem Wege dahin Serge mitnimmt, um nöthigenfalls einen Priester zur Seite zu haben. Doch Jeanbernat hat sich selbst zur Ader gelassen und ist schon wieder frisch und munter; er zeigt sich auch sehr unwirsch, da er den Priester sieht, läßt ihn aber als Neffen Pascal's, den er hochschätzt, nicht vor der Thür. Die drei Männer trinken sogar ein Glas Wein mitsammen, und plötzlich taucht die Zauberprinzessin dieses Märchenschlosses, die sechzehn= jährige Albine auf, welche Jeanbernat nach dem Tode ihres Vaters zu sich genommen hat und hier ebenso verwildern läßt, wie das Paradou selbst. Albine ist das Gegenspiel zu De= sirée, auch sie geht auf in der Natur, wie jene, doch dieses Auf= gehen hat einen geistigen Charakter, es ist ein Aufgehen in der Schönheit der Natur, wie bei Desirée ein Aufgehen in der Fruchtbarkeit. So wie sie uns der Dichter schildert, ist Albine die Weib=gewordene Blume, und darum die Königin all' der Blumenpracht des Paradou. Und Serge wird von dem Anblick dieses reinen Mädchens sofort gefangen genommen; seine Sinne erwachen und in namenloser Angst vor der Sünde kniet er Nachts vor dem Marienbilde in seinem Zimmer und fleht zu der heiligen Jungfrau, sie möge ihn wieder zum Kinde machen, sie möge ein Wunder an ihm üben, seine Mannheit von ihm nehmen. Es ist dies der ekstatische Keuschheits=Paroxismus eines schwärmerischen Asketen, welcher in heftige Krankheit ausartet. Am nächsten Morgen findet die alte Teuse, die Wirthschafterin des jungen Priesters, denselben bewußtlos in Fieber=Phantasien auf den Dielen liegen, und Onkel Pascal, der die eminente Gefahr des Zustandes sofort erkennt, verordnet seine geheime Ueberführung nach dem Paradou, von dessen tiefer Stille und herrlicher Luft er die Rettung des Todtkranken erhofft, wenn überhaupt noch Rettung möglich.

„Albine wird dort seine treue Pflegerin. Doch erst nach Wochen schweren Ringens mit dem Tode kehrt Serge das Bewußtsein zurück, und lange noch währt es, ehe er den Ge= brauch seiner geistigen Fähigkeiten wieder ganz erlangt, ehe sich ihm der Sinn öffnet für die Schönheit seiner Umgebung, für die Schönheit und Lieblichkeit Albine's. Dann aber giebt er sich mit der trunkenen Lust eines durch Krankheit neugeborenen Menschen dem Entzücken und der Liebe hin, welche sein Herz erfüllen, das herrliche Paradou ist seine Welt und was drüben liegt, hat er vergessen. Es ist todt, es ist nie gewesen für ihn.

„Und wir selbst verlieren fast das Bewußtsein der realen Welt, indem wir dem Fluge von Zola's Phantasie folgen. Er schafft ein neues Paradies, ein neues erstes Menschenpaar mit der vollen Unschuld und Unwissenheit eines solchen vor dem Sündenfall: endlich auch den Sündenfall selbst. Da erscheint aber auch bereits der Engel mit dem feurigen Schwert in Gestalt des Laienbruders Archangias, welcher endlich das Versteck Mouret's ausgespürt hat und ihn mit Donnerwort aus dem Paradiese treibt. Wie mit einem Schlage ist all' der Zauber verschwunden, und Serge tritt aus dem schönen Stande reinen Menschenthums zurück in sein gottanbetendes Priesterthum, — nun aber unrein, mit Sünde beladen. Und mit brennenderem, fanatischerem Eifer als früher obliegt er seinem heiligen Berufe, mit übermenschlicher Gewalt bekämpft er sein Blut und seine Triebe; seine Kraft der Askese ist so groß, daß er selbst der Geliebten zu widerstehen vermag, als sie in ihrer vollen leib= lichen Schönheit vor ihn hintritt und ihn für sich zurückfordert kraft des Bandes, das die Natur um sie geschlungen, als ihr unverweigerliches Besitzthum. Er weist sie zurück, er klagt sich und sie der Sünde an und mahnt sie, auf den Knieen vor Gott Buße zu thun, wie er selbst Buße thue. Und Albine muß ihn lassen, halb zornig und empört, halb gebrochen und schmerz= erfüllt, ohne ihn noch verloren zu geben. In der That kommt auch ein Moment, wo seine Natur sich auflehnt gegen alle Vergewaltigung, wo er seinen göttlichen Beruf aufzugeben und mit Albine zu fliehen beschließt. Es ist der letzte Sieg seines Menschenthums, ihm fehlt jedoch die Kraft zur Ausführung desselben. Wohl sucht und findet er Albine in Paradou, wohl betheuert er ihr seine Liebe, allein er ist im Innersten gebrochen und jetzt giebt sie ihn selbst frei, da sie fühlt, daß er für sie verloren ist. Mit ihm aber giebt sie sich selbst auf. Die ganze Blüthenwelt des Paradou trägt sie in ihrem Zimmer zusammen, verstopft mit Blumen alle Ritzen und Spalten von Thür und Fenster und im Blumenduft haucht sie ihre eigene Blumenseele aus. Serge aber segnet ihre Leiche ein und spricht das „Requiescat in pace!" über ihrer Gruft, ohne daß seine Stimme zitterte, kühl bis an's Herz hinan. Sein Blut ist todt, ihm kann nichts Menschliches mehr begegnen, er gehört nun ganz seinem Gott."

Frau von S. sah mich mit ihren großen dunklen Augen verwundert und befremdet an.

„Auf diesen Schluß war ich nicht gefaßt," sagte sie, „es ist ein schrecklicher Schluß."

„Er ist aber unanfechtbar wahr. Dieser Serge, welcher schon als Knabe am liebsten im Brevier gelesen, welcher mit einem wahren Feuereifer all' die Stufen bis zum Priesterthum emporgeklommen, welcher immer nur in Gott und in der Jungfrau gelebt hat, ist der Menschheit verloren. Er kann irren, er kann fallen, wenn ein Ausnahmezustand in seinem Leben eintritt, er wird aber immer wieder zum Altar und zum Räucherfaß zurückkehren: denn das sind seine eigentlichen Existenz-Bedingungen, und ohne sie wird er verzweifeln. Erst wenn man dies Buch liest, erst wenn man staunend wahrnimmt, wie vollkommen sich der Dichter in das Denken und Fühlen eines solchen jungen Fanatikers hineinversenkt, hineingelebt hat, versteht man diesen Schluß der Novelle ganz. Es wäre nicht allein psychologisch unwahr, diesen Priester mit seinem transcendentalen Gottesdienst jetzt menschlich fühlen, in Schmerz und Reue vergehen zu lassen an der Leiche Albine's, denn nach der letzten Scene mit der Geliebten ist er solchen Fühlens garnicht mehr fähig; — es wäre auch künstlerisch verfehlt, denn es würde dadurch ein Mitleid, eine Theilnahme für ihn wachgerufen, die er unbedingt nicht verdient. Unser ganzes Gefühl gehört Albinen, und von ihrem Mörder müssen wir uns mit derselben Entrüstung abwenden, wie sein braver Onkel Pascal. Und das thun wir auch. Somit aber ist neuerdings der Beweis geliefert, daß die psychologische und die künstlerische Wahrheit sich vollkommen decken, daß sie eins sind."

„Ich verstehe das Werk, die Intention Zola's jetzt vollständig," sagte Frau von S. beistimmend, „ich weiß aber nicht, was Sie dann an dieser hochpoetischen Dichtung zu tadeln haben können."

„Mein Tadel betrifft in der That auch nicht den Inhalt und die Entwicklung, sondern das Ueberwiegen des descriptiven Elementes in dieser Novelle. Sowohl in der Schilderung der religiösen Exaltation als auch in der detaillirten Schilderung der Pflanzen= und Blumenwelt des Paradou scheint mir der Dichter hier wie auch anderswo das Maaß des Zulässigen überschritten zu haben, und nur die wahrhaft geniale Art, wie dies geschieht, kann uns einigermaßen mit diesem Zuviel versöhnen, ja es uns stellenweise sogar vergessen machen. Dennoch stört es den har= monischen Eindruck, welchen die Novelle sonst auf uns ausüben müßte. Lassen Sie mich Ihnen nun aber eine kleine Probe dieser Schilderungen des Paradou geben; Sie werden kaum glauben können, daß der „Dichter der Gosse," wie man Zola zu nennen liebt, dies geschrieben hat, und doch wieder vermöchte kein anderer als Zola ein solches Füllhorn von sinnlicher Schön= heit über uns auszuschütten:

Albine's Teint hatte in den wirbelnden Sonnenstäubchen eine schnee= weiße Färbung, über welche ein Lichtreflex zarten goldigen Schimmer breitete. Sie verschwand in der Fülle von Rosen, um sie und auf ihr wie in einem Rosenmeer. Ihr blondes Haar, welches der Kamm mit Mühe festhielt, gewährte den Anblick eines untergehenden Gestirns, das ihren Nacken mit dem flackernden Gewirr seiner letzten Flammen= strahlen überfluthete. Sie trug ein weißes Kleid, welches ihre Reize rückhaltlos verrieth, da es an ihrem Körper gewissermaßen Leben gewann und ihre Arme, ihre Büste und ihre Beine unbedeckt ließ. Sie zeigte die unschuldvolle Reinheit ihres Leibes, der sich ungehindert ent= faltet hatte, der Blume gleich, welche in ihrem eigenen Wohlgeruche emporblüht.· Sie richtete sich zu ihrer vollen, nicht allzustattlichen Höhe empor, geschmeidig, wie eine Schlange, die zarten Rundungen und schöngeschwungenen Linien ihres reizenden Wuchses offenbarend, in der vollen Anmuth ihres aufblühenden Körpers, über dem noch die Un= schuld der Jugend lag, der aber doch schon die Spuren reiferer Ent= wickelung trug. Ihr längliches Gesichtchen mit der schmalen Stirne und den ein wenig üppigen Lippen strahlte die ganze Welt von Zärt= lichkeit aus, welche ihre blauen Augen in sich schlossen. Und doch sah sie ernsthaft aus mit ihren lieblich zarten Wangen und dem vollen Kinn, so natürlich schön, wie die Bäume sind.

„O, wie ich Dich liebe!" sagte Sergius, indem er sie an sich zog.... Lange hielten sie sich in zärtlicher Hingebung umschlungen. Sie küßten sich nicht, sie hatten einander nur umfangen, Wange an Wange gelehnt, in stummer Vereinigung, voller Entzücken, jetzt nur noch eins zu sein. Um sie her blühten die Rosenstöcke. Es war ein üppiges liebe-glühendes Aufblühen voll lachender, rother, rosiger und weißer Farben. Die zum Leben erwachten Blumen enthüllten ihre ganze Schönheit und ließen wie durch ein offenes Gewand den schwellenden Busen sehen. Da schaute man gelbe Rosen, welche die goldschimmernde Hautfarbe von Barbarenmädchen hatten, strohgelbe, citronen- und sonnenfarbige Rosen, alle möglichen Schattirungen der von südlicher Sonne goldgebräunten Rosennacken. Dann wurden die Farben milder, die Theerosen zeigten eine entzückende Mattheit der Tinten, enthüllten die schamhaft ver-borgenen Geheimnisse ihres Kelches, dessen Inneres von einer seidenen Weichheit und von einem blauschimmernden Adernetz durchzogen war. Dann entfaltete sich das heitere Leben der Rosen: die weiße Rose, die von einem ganz leisen röthlichen Schimmer angehaucht ist wie der schneeige Fuß einer Jungfrau, welchen das Wasser einer Quelle benetzt. Die blasse Rose, discreter in der Farbe als ein blendend weißes Knie, welches man im Fluge sieht oder der Schimmer eines jugendlichen Armes, welcher aus einem weiten Gewand hervorlugt; die offene Rose, unter deren Atlaskleid das Blut durchschimmert, mit entblößten Schultern und Hüften, die unverhüllte, lichtumflossene Schönheit einer Frau zeigend; die lebhafte Rose mit schön gerundetem Blüthenkelch und halbgeöffneten Lippen, welche den süßen Duft ihres lauen Odems aus-strömen. Und die Ranken-Rosen, ausgebreitete Sträucher mit einer Fülle weißer Blüthen, umgaben alle diese Rosen, alle diese Leiber mit dem Spitzenschleier ihrer Blüthentrauben, mit der Unschuld ihres luftigen Mousselin-Gewandes, während hie und da saftige Weinrosen von fast schwarzer Blutfarbe, mit wildem Ungestüm sich vordrängend, der unschuldig-reinen hochzeitlichen Rosenbraut blutige Wunden zu schlagen schienen. Hochzeit machte der duftige Wald, welche den un-schuldigen Mai für den Fruchtsegen des Juli und August vorbereitete. Der erste Kuß zwischen unschuldsvollen Wesen wurde getauscht, duftig wie ein Blumenstrauß, den man am Hochzeitsmorgen pflückt. Bis hin an die Waldwiese standen Moosrosen mit ihren geschlossenen Kleidchen aus grünem Wollenstoff, und harrten der Liebe. Längs des ganzen

14

Waldpfades, der von Sonnenstrahlen beleuchtet wurde, schwärmten Blumen umher, drängten sich Blumenangesichter vor, welche die flüchtigen Winde im Vorbeiwehen grüßten. Unter dem entfaltetem Zeltdach der Waldlichtung sah man das verschiedenartigste Lächeln auf den Rosen-Gesichtern glänzen, kein Erblühen glich dem andern. Jede Rose liebte in ihrer besonderen Weise. Die einen verstanden sich nur dazu, die Knospe ein wenig zu öffnen, voller Schüchternheit mit erröthenden Wangen, während andere mit offenem Mieder, hochathmend mit weitgeöffneten Blüthen, ganz aufgelöst schienen, fast bis zum Sterben von ausgelassener Lust erfüllt. Man sah darunter kleine lebhafte, heitere Rosen, die mit einer Cocarde am Häubchen eine hinter der andern einhertrippelten; ferner ungeheuer große Rosen, die in der Ueberfülle ihrer Reize fast barsten, mit den runden Formen üppiger Haremsfrauen; weiterhin frechblickende Rosen mit dem Wesen von Dirnen, coquett decolletirt, deren weiße Blüthenblätter wie mit Puder überstreut schienen; dann sittsame Rosen mit dem Kleidausschnitt anständiger Bürgersfrauen; aristokratische Rosen von geschmeidiger Eleganz, von einer zulässigen Originalität der Erscheinung, welche über neue Morgentoiletten nachzudenken schienen. Die in Kelchform erblühten Rosen strömten ihren Duft wie aus einer kostbaren Krystallschaale aus, die Rosen, welche umgekehrten Urnen glichen, ließen ihn tropfenweise abfließen; die runden, Kohlköpfchen ähnlichen Rosen hauchten den Duft aus in regelmäßigen Athemzügen wie eingeschlummerte Blumen; die Knospen der Rosen hielten ihre Blätter noch fest geschlossen und ließen in der unbestimmten Sehnsucht ihrer Jungfräulichkeit vorerst nur Seufzer ihrer Brust entsteigen.

„Das ist in der That herrlich!" rief Frau von S. ganz entzückt, „herrlich trotz der Ueberschwänglichkeit, mit welcher Zola hier das Blumenleben zu verkörpern, zu personificiren sucht. Wie muß er all' diese Rosen studirt, wie muß er sich in ihre Eigenartigkeiten versenkt haben, um solche Buntheit der Erscheinung vor uns hinzuzaubern!"

„Und doch giebt es Leute, die behaupten, Zola habe hier nur Blumen-Kataloge abgeschrieben. Doch hören Sie weiter:

„Ich liebe Dich, ich liebe Dich!" wiederholte Serginz mit leiser Stimme.

Und Albine war nun selbst zu einer großen Rose geworden, zu einer blaßfarbigen, die der Morgen erschlossen hatte. Ihre Füßchen

und ihre Kniee waren weiß, das Haar blond, die Büste wunderbar
fein geädert, schneeig und von zartestem Farbenton. Sie strömte einen
lieblichen Wohlgeruch aus und bot Lippen zum Kusse, die ihren noch
schwachen Duft wie in einem Korallenkelch spendeten. Und Sergius
nahm den Duft ihres Wesens in sich auf, indem er sie stürmisch an
seine Brust zog.

„O," sagte sie lachend, „Du thust mir nicht weh, Du darfst mich
hinnehmen voll und ganz."

Sergius lauschte entzückt ihrem Gelächter, das dem melodiösen
Gesang eines Vogels glich. „Du allein bist im Staube so zu singen,"
sagte er, „niemals habe ich Töne von gleicher Lieblichkeit gehört! Du
meine Wonne!"

Und sie lachte noch heller auf, sie ließ ganze Perlen-Scalen hell-
schmetternder hoher Flötentöne hören, welche, allmälig schwächer werdend,
in tiefen Lauten ausklangen. Es war ein Lachen ohne Ende, ein Girren
der Kehle, eine rauschende triumphirende Musik, welche die Seligkeit
ihres Erwachens verherrlichte. Alles lachte mit bei dem Lachen dieses
zur Schönheit und Liebe erblühenden Weibes, die Rosen, der duftige
Wald, das ganze Paradon. Bisher hatte diesem großen Garten der
letzte Reiz gefehlt, eine gottbegnadete Stimme, die den Bäumen, dem
Wasser, der Sonne heiteres Leben einflößte. Jetzt war der große
Garten mit dem Zauber ihres Lachens beschenkt.

„Wie alt bist Du?" fragte Albine, nachdem sie ihren Gesang in
einem gezogenen, immer schwächer werdenden Ton hatte ausklingen lassen.

„Bald sechsundzwanzig Jahre!" antwortete Sergius.

Das kam ihr wunderbar vor. Wie? Er war nicht älter als
sechsundzwanzig Jahre? Er selbst war ganz betroffen darüber, daß er
so leichthin diese Antwort hatte geben können. Es kam ihm vor, als
wäre er nicht einen Tag, nicht eine Stunde alt. „Und Du? Wie alt
bist Du?" fragte er nun seinerseits.

„Ich? Sechszehn Jahre!" Und sie brach von Neuem in Lachen aus
mit all' ihrer Lebhaftigkeit, indem sie ihr Alter wiederholte, indem sie
ihr Alter gewissermaßen sang. Sie lachte darüber, daß sie erst
sechszehn Jahre zählte, lachte so fein und zart, daß man das Rieseln
eines Bächleins zu hören glaubte, welches von dem Wohllaut
ihrer Stimme bewegt, sanft dahinrauschte. Sergius betrachtete sie
in nächster Nähe, entzückt von diesem lebendigen Lachen, welches
das Gesicht des Mädchens verklärte. Er konnte sie fast nicht wieder-
erkennen mit ihren Grübchen in den Wangen, den schöngeschwun-

14*

genen Lippen, welche das feuchte Rosenroth ihres Mundes erschlossen, und den blauen Augen, welche glänzten wie ein Stück blauen, von einem aufgehenden Gestirn beleuchteten Himmels. Sie wandte sich zu ihm und legte ihm ihr heißes, von Lachen geschwelltes Kinn auf die Schulter.

Er hob den Arm und suchte mit mechanischer Handbewegung etwas hinten in ihrem Haar.

„Was willst Du?" fragte sie.

Und, plötzlich sich besinnend, rief sie:

„Du willst meinen Kamm! Du willst meinen Kamm!"

Dann gab sie ihm ihren Kamm und ließ die schweren aufgelösten Flechten ihres Haares herabgleiten. Sie gewährten den Anblick eines entfalteten Goldteppichs. Ihr Haar fiel ihr bis zum Gürtel herunter. Die Strähne, welche ihr vorne auf die Brust fielen, vollendeten ihr königliches Aussehen.

Sergius konnte bei der plötzlichen Entwickelung solchen Glanzes einen leisen Ausruf des Staunens nicht unterdrücken. Er küßte jede Locke und versengte sich die Lippen wie an der Strahlengluth der sinkenden Sonne.

Aber Albine entschädigte sich nun für ihr langes Schweigen. Sie plauderte, fragte, ohne innezuhalten.

„Ah! Was habe ich Deinetwegen gelitten! Ich existirte nicht mehr für Dich und lebte zweck- und willenlos dahin, an mir selbst als an einem zu nichts fähigem Wesen verzweifelnd. Und doch hatte ich Dir während der ersten Tage Deiner Krankheit Linderung verschafft. Deine Augen ruhten auf mir, Du sprachst mit mir. Erinnerst Du Dich nicht des Tages, an dem Du auf Deinem Krankenlager an meine Schulter gelehnt, einschliefst, und flüstertest, daß Dir in meiner Nähe wohl sei?"

„Nein," sagte Sergius, „nein, ich kann mich nicht entsinnen. Bisher habe ich Dich noch nicht gesehen, sondern soeben zum ersten Mal wahrgenommen, wie Du so schön, so strahlend, so unvergeßlich bist."

Sie schlug voller Ungeduld die Hände zusammen und rief wieder:

„Und mein Kamm? Du wirst Dich doch daran erinnern, daß ich, als Du wieder zum Kind geworden warst, Dir, um Ruhe zu haben, meinen Kamm gab? Soeben hast Du ihn ja noch gesucht."

„Nein, ich erinnere mich nicht .... Von welch' feiner Seide Deine Haare doch sind! Und noch niemals habe ich Deine Haare geküßt."

Sie wurde böse, suchte ihm bestimmte Einzelheiten in's Gedächtniß zurückzurufen, und erzählte ihm von einer Reconvalescenz in dem

Zimmer mit dem blauen Plafond. Er aber legte ihr schließlich immer lächelnd die Hand auf die Lippen und sagte mit ausbrechender Ungeduld:

„Nein! sei still! Ich weiß es nicht mehr, ich will es nicht mehr wissen. Ich bin nun erwacht und habe Dich mit Rosen bedeckt an meiner Seite gefunden, das ist mir genug."

Er hielt sie dann wieder lange, wie im wachen Traume, umschlungen, und flüsterte:

„Vielleicht habe ich schon einmal gelebt, aber das muß schon sehr lange her sein. Ich liebte Dich damals wie in einem beängstigenden Traum. Du hattest schon damals Deine blauen Augen, Dein ein wenig längliches Gesichtchen, Deine kindliche Miene. Aber Dein Haar verbargst Du sorgfältig unter einem Tuche, und ich wagte nicht, dies Tuch zu lüften, weil ich vor Deinem Haar Furcht hatte, als ob es mir den Tod bringen könnte. Heute ist Dein Haar und die Anmuth Deines Wesens nur noch eins. Dein Haar allein birgt den ganzen Duft Deines Wesens in sich; es giebt mir, wenn ich es in meiner Hand halte, Deine vollendete Schönheit ganz zu eigen. Wenn ich es küsse, wenn ich mein Gesicht darin vergrabe, so trinke ich Dein Leben."

Er wickelte ihre langen Locken um seine Hand und preßte sie an seine Lippen, als wollte er Albinen alles Blut aus den Adern saugen. Nach kurzem Stillschweigen fuhr er fort:

„Merkwürdig! Bevor man geboren wird, träumt man vom zukünftigen Leben .. Ich lag irgendwo unter der Erde eingeschlossen. Mich fror. Ich hörte über mir das Geräusch der Außenwelt; aber ich hielt mir voller Verzweiflung die Ohren zu, weil ich mich an meine finstere Höhle, wo sich mir peinliche Freuden boten, gewöhnt hatte, so daß ich nicht einmal daran dachte, mich von der Erdenlast, die auf meiner Brust lag, zu befreien. Wo war ich denn da? Wer hat mich endlich an's Tageslicht gezogen?"

Er dachte angestrengt nach, während Albine ängstlich wurde und zu fürchten begann, daß er sich wirklich erinnern könnte. Da nahm sie lächelnd eine Handvoll ihrer Haare, schlang dieselben um den Hals des jungen Mannes, und kettete ihn so an sich. Ihr Spiel machte seinem träumerischen Nachsinnen ein Ende.

„Du hast Recht," sagte er, „ich gehöre Dir, was liegt an allem Uebrigen! Du bist es ja doch, die mich aus meinem unterirdischen Gefängniß befreit hat. Ich muß unterhalb dieses Gartens gelegen haben. Was ich hörte, waren wohl Deine Schritte, welche die kleinen Stein-

chen des Weges in's Rollen brachten. Du suchtest mich. Du vereinig-
test über meinem Haupte Vogelgesang, Nelkenduft und Sonnenwärme
und ich nahm sicher an, daß Du mich schließlich finden würdest. Sieh!
ich wartete lange auf Dich, aber ich konnte nicht hoffen, Dich ohne
jenes Tuch jemals kennen zu lernen, mit aufgelöstem Haar, mit Deinem
furchteinflößenden Haar, welches ich nun in solcher Anmuth vor mir sehe."

Er zog sie zu sich auf den Schooß und legte seine Wange an
die ihrige.

"Sprechen wir nicht mehr. Wir sind für alle Zeit vereinigt. Wir
lieben uns."

Noch lange hielten sie sich in Selbstvergessenheit unschuldig umschlungen. Die Sonne stieg höher und heißere Gluth senkte sich von
den Zweigen der Bäume herab. Die gelben, weißen und rothen Rosen
waren nunmehr nur noch ein Widerschein ihrer Freude, ein Spiegelbild
ihres Lächelns. Sie hatten sicher die Knospen um sich her zum Erblühen gebracht. Rosen bedeckten ihr Haupt und wanden ihnen Guir-
landen um die Hüfte. Der Rosenduft wurde dann so stark, voll solcher
Liebeszärtlichkeit, daß es der süße Hauch ihres Athems selbst zu sein schien.

Sergius ging daran, Albine's Haar wieder zu ordnen. Er nahm
es mit reizender Ungeschicklichkeit in seine beiden Hände und steckte den
Kamm von der Seite in die gewaltigen Haarmassen. Endlich war es
ihm gelungen, ihr Haar entzückend zu ordnen. Er erhob sich dann,
reichte ihr die Hände, faßte sie um die Taille, um ihr beim Aufstehen
zu helfen. Und alle Beide lächelten in einem fort ohne zu sprechen.
Dann gingen sie langsam auf dem Pfade von dannen.

"Nun verehrte Freundin, wie sind Sie zufrieden mit dieser
kleinen Probe?"

"Ganz ausnehmend, ja, wenn ich ehrlich sein darf, zufriede-
ner mit der Probe als mit der allzunüchternen Kritik, welche Sie
diesem Roman haben angedeihen lassen, und mit welcher Sie
meine Erwartungen sehr herabgestimmt haben," erwiderte meine
schöne Freundin. "Gerade das ist ein Buch, welches ich in meiner
Bibliothek haben will."

"Das beweist nur, daß auch Ihnen der Romanticismus
noch ein wenig im Blute sitzt, was ja auch gar nicht anders
möglich ist. Denn stark romantisch angehaucht ist diese Dichtung
trotz einzelner, überaus ,naturalistischer' Partieen, welche um des
Contrastes willen nur noch schroffer wirken. Uebrigens will ich

Ihnen die Freude nicht verderben. Lesen Sie und — ärgern
Sie sich einmal recht gründlich über Zola."

„Ich will's auf die Gefahr hin wagen."

„Um mir nachträglich stillschweigend Recht zu geben."

„Dann haben Sie jedenfalls viel verschwiegen."

„Wenigstens nur diskret angedeutet. Uebrigens will ich
mich freuen, wenn Sie mich Lügen strafen. — Nun aber muß
ich um einen kleinen Urlaub bitten."

„Sie reisen?" fragte Frau von S. überrascht.

„Nicht doch. Aber es sind Umstände eingetreten, welche
mir nicht gestatten, unsere Zola=Abende in dem gleich raschen
Tempo fortzusetzen. Der Abdruck des letzten Zola'schen Romanes
„Au bonheur des dames" im Voltaire geht nicht so rasch von
statten, wie ich erwartete; es werden noch einige Wochen ver=
gehen, ehe er zum Abschluß gelangt. Und erst dann werde ich
in der Lage sein, meine Besprechung des Rougon=Macquart=
Cyclus, soweit derselbe vorliegt, zu Ende zu führen.

„Mittlerweile wollte ich Ihnen aber über Zola's drama=
turgische Ansichten und seine Thätigkeit als dramatischer Dichter
sprechen, und da bin ich auf einige Schwierigkeiten gestoßen,
welche mich wesentlich aufhalten. Welcher Natur diese Schwierig=
keiten sind, werde ich Ihnen sagen, sobald ich mit mir selbst im
Reinen bin. Eben dazu bedarf es aber einigen Nachdenkens.
Auch muß ich die Dramen nochmals durchlesen, um sie frisch
im Gedächtniß zu haben.

„Sobald ich jedoch mit alledem fertig bin, etwa in vierzehn
Tagen, komme ich wieder. Mittlerweile wird dann auch „Au
bonheur des dames" abgeschlossen werden. Von diesem Roman
aber verspreche ich mir, ehrlich gesagt, nicht besonders viel; allein
nicht aus dem Grunde, weil er ‚zu anständig' ist, was Zola
sehr übel vermerkt wird, sondern weil mir der darin behandelte
Gegenstand — die Putzsucht der Frauen — platt und langweilig
vorkommt, und allzubreit ausgesponnen scheint. Einen ‚Con=
fections=Roman' möchte ich das Werk nennen, und das ist nicht
das Genre, für welches ich mich begeistern kann."

„Das sieht Ihnen sehr ähnlich!" lachte Frau von S., „und,

was den Stoff betrifft, kann ich Ihnen da nur beistimmen. Hoffen wir aber, daß Zola es noch gnädig machen wird, so daß auch Sie ihm gnädig sein können. Wann also sehe ich Sie wieder?"

„Spätestens in drei Wochen. Sie können mittlerweile die nähere Bekanntschaft des ‚schönen Thieres‘ Desirée machen."

„Vielleicht aber," scherzte Frau von S., „thue ich besser, mich für Ihren dramaturgischen Vortrag durch das Studium von Gustav Freytag's ‚Technik des Drama's‘ vorzubereiten?"

„Ich glaube nicht, daß Sie nöthig haben werden, sich noch mehr mit Vorurtheilen gegen das, was ich zu sagen beabsichtige, zu wappnen. Uebrigens kommt es mir darauf nicht an. Je mehr Vorurtheile ich zu bekämpfen habe, um so werthvoller wird mein Sieg sein!"

„Und dieses Sieges sind Sie so gewiß?" protestirte Frau von S.

„Bei ihrer Einsicht kann er mir nicht fehlen!"

„Damit entwaffnen Sie allerdings meinen Widerspruch, — doch nur für heute! Also — auf Wiederseh'n in vierzehn Tagen! . . ."

Zehnter Abend.

„Sie haben mich sehr lange warten lassen!" rief Frau von S. heiter, indem sie mir freundschaftlich die Hand entgegenstreckte, als ich erst nach Ablauf von drei Wochen wieder bei ihr eintrat. „Zola als Dramaturg hat Ihnen also wirklich viel Kopfzerbrechen gemacht? Und, soll ich ehrlich sein, so glaube ich nicht, daß es Ihnen gelingen wird, ihm auch auf diesem Gebiete Geltung zu verschaffen. Zola ist, soviel ich nach Allem, was ich von ihm gehört, zu urtheilen vermag, allzusehr Epiker, um auch die dramatische Form der Dichtkunst vollkommen erfassen und durchdringen zu können: ganz zu schweigen davon, daß er sie auch in einem selbstständigen Werke zu bewältigen vermöchte."

„Wie ich sehe, haben Sie sich gegen meine Gründe und Beweise vom Gegentheil in der That ganz entschieden gewappnet, und wollen es mir dadurch recht schwer machen, Sie zu überzeugen. Und ich lasse das gerne gelten, ich bitte Sie sogar, mir nicht das kleinste Beweistitelchen nachzusehen, ich gestatte Ihnen sogar, mir mit Sophismen in die Quere zu kommen, denn in der That ist die dramaturgische Frage schwieriger zu behandeln, als jede andere; allein nicht an und für sich, sondern eben nur in Ansehung der herrschenden Vorurtheile. Man hat sich nachgerade daran gewöhnt, das Theater als unter ganz anderen ästhetischen, ethischen, logischen und psychologischen Gesetzen stehend zu denken, als jede andere Kunst. Ja man hat sogar eine ganze Fülle von Regeln und Gesetzen geschaffen, welche das Theater, welche die dramatische Dichtkunst einengen und in ihrer Entwicklung hemmen, welche aber durchaus nicht in der Natur dieser Kunst liegen, welche nicht organisch daraus hervorgewachsen sind. Und es wird große Anstrengung kosten, unzählige Opfer werden fallen, schwere materielle Katastrophen werden eintreten müssen, ehe man mit diesen Ueberlieferungen bricht, und damit auch der dramatischen Dichtkunst wieder das Recht einräumt, naturwahr zu gestalten, aus dem unerschöpflichen Born der Erscheinungswelt zu schöpfen, Menschen auf die Bühne zu stellen und nicht hundert und tausend Mal dagewesene Theaterfiguren."

Frau von S. lachte helllaut auf.

„Sie führen nicht übel Krieg," rief sie, „man macht sich auf ein galantes Kleingewehrfeuer gefaßt, und Sie donnern sofort mit einer schweren Geschützsalve los!"

„Mit zarten Redensarten ist hier nichts zu machen. Das moderne Theater taugt nichts. Diese Thatsache steht fest. Und es wird von Jahr zu Jahr schlechter. Auch dieser Thatsache ist nichts anzuhaben. Es bleibt uns also nichts übrig, als zu fragen: warum es nichts taugt, warum es immer schlechter wird. Kennen wir die Ursache der Krankheit, so kennen wir vielleicht auch die Heilmittel."

Frau von S. war merkwürdig rasch mit ihrer Antwort fertig.

„O ja," sagte sie, „die Ursache der Krankheit kennen wir und auch die unerreichbaren Heilmittel. Wir haben keine dramatischen Talente und wir können sie nicht schaffen."

„Sie haben ein großes Wort gelassen ausgesprochen, — oder eigentlich nachgesprochen. Aber lassen Sie mich so unhöflich sein und Ihnen erklären: dies Wort ist falsch. Wir haben dramatische Talente, wenn auch keine Genies, aber diese Talente können sich nicht naturgemäß entwickeln, sie können nichts wirklich hervorragendes leisten, weil sie alle unter dem Banne der Bühnen-Convention stehen, unter dem Banne eben jener Regeln und Gesetze, welche in dem Jahrhundert schiefer Entwicklung unseres Theaters aus rein äußerlichen Nöthigungen und Zugeständnissen an das Publikum, an die Schauspieler, an

die „Cassa" hervorgegangen sind und nun das ganze Theater=
leben überwuchern und ersticken. Der Fluch der deutschen Bühne
ist, daß sie nicht aus der englischen des Shakespeare, sondern
aus der französischen Tragödie des Racine und Corneille einer=
seits und aus dem durch Diderot nach dem englischen bürger=
lichen Rührstück begründeten, durch den Romanticismus und
Nachromanticismus gefälschten französischen Conversationsstück
andererseits hervorwuchs. Und der Fluch jener französischen
Tragödien=Dichter wieder war es, daß sie ihr Theater aus
den mißverstandenen Regeln des Aristoteles construirten. Soviel
Gutes Aristoteles durch Lessing gestiftet hat, so ist er doch mit
seiner imposanten Autorität der Entwicklung des Theaters sehr
verhängnißvoll geworden. Und zwar aus einem ganz ent=
scheidenden Grunde.

„Die Gesetze des Aristoteles sind ein Resultat seiner Studien
der griechischen Dichter, des griechischen Theaters. Ist nun aber
schon die antike, die griechische Vorstellungswelt, was die Religion
betrifft, eine der unsern vielfach widersprechende, so hat das um
so mehr Bedeutung, als das religiöse Element in ihren drama=
tischen Schöpfungen wie in ihrer ganzen Kunst eine eminente
und charakterisirende Rolle spielt. Ich habe hiervon schon Er=
wähnung gethan und muß nun ausführlicher darauf eingehen.
Denn nun kommt noch das griechische Theater hinzu, welches
mit dem, was wir thatsächlich darunter verstehen, kaum mehr
als den Namen gemein hat. Ueber = lebensgroß ist da alles
nach unsern Begriffen. Die Bühne und der Zuschauerraum, die
Darsteller mit ihrem Kothurn und der Persona, die Masse des
Chors, die ungeheuerlichen Vorgänge mit ihren Fürsten= und
Königsgeschlechtern, welche sich titanenhaft gegen die Götter
empören und für diesen Frevel von Geschlecht zu Geschlecht ge=
straft werden bis zur Vernichtung: überlebensgroß kann man
endlich auch die Darstellungs=Dauer dieser Trilogien nennen,
überlebensgroß auch das Publikum, — ein ganzes Volk auf
einmal. —

„So betrachtet kann es uns nicht mehr Wunder nehmen,
daß das griechische Theater, seine Dichtung mit inbegriffen, ein

für sich ganz abgeschlossenes Kunstgebiet war mit seinen ganz eigenthümlichen Regeln und Gesetzen, wie sie die besonderen Verhältnisse vorgeschrieben haben. Alle diese besonderen Verhältnisse der griechischen Welt nun existirten für das französische Theater nicht, dennoch aber schuf man es so, als ob sie zwingend darauf einwirkten. Man griff die Stoffe selbst aus der griechischen Geschichte und Sage, man octroyirte dem Dichter nicht blos Einheit der Handlung, sondern auch des Ortes und der Zeit, man octroyirte dem Schauspieler die unglaublichste Unnatur in Sprache und Bewegung zu seinem griechischen Costüm, Vers und Reim war unerläßlich, und was man solchermaßen auf die Bühne stellte, waren keine leibhaftigen Menschen, sondern Abstractionen von Menschen.

„So entstand die Meinung, das Theater sei ein Ort für sich, auf dem Alles anders sein müsse als in der Wirklichkeit. Und das war die Convention aller Conventionen, das war der Uraberglauben, aus dem sich aller andere theatralische Aberglauben entwickelte, bis zu einem gewissen Grad entwickeln mußte. Und so sind wir dahin gekommen, wo wir heute stehen, zu dem völligen Untergang des Theaters in Deutschland und in Frankreich. Mit einem wahren Fanatismus hielten wir immer am französischen Theater fest, an seiner Routine, Convention und Unnatur, obgleich der große Messias Shakespeare, der große Erlöser von theatralischer Convention und Routine und Unnatur, auch bei uns längst das Bürgerrecht erlangt und eine zahlreiche Gemeinde von Bewunderern um sich geschaart hatte. Jedoch nur von Bewunderern, die selbst den Stein aufhoben gegen jeden, welcher dem Naturalisten der Bühne, welcher Shakespeare auf seinen Spuren folgen wollte. Göthe selbst ward um dieser Kühnheit willen gescholten, und doch sind sein Götz und seine Faustdichtung — den mystischen Theil abgerechnet — von seinen dramatischen Schöpfungen die bedeutendsten: denn hier hatte er alle Vorschriften des Bühnenhandwerks mit Füßen getreten und ganz der Natur nachgedichtet.

„Die Convention aber hatte nicht allein den Zweck, dem Publikum zu Gefallen die Wahrheit zu fälschen, anstatt des

wirklichen Lebens mit seinen Härten und seiner schmerzlichen
Folgerichtigkeit eine schöngefärbte, glattpolirte, ‚idealisirende‘
Theaterwirklichkeit zu schaffen: die Convention hatte auch den
Zweck, dem Dichter freie Bewegung zu schaffen für alle denk=
baren theatralischen Ueberraschungen. Der Bühneneffekt
wurde über alles andere gestellt, und das ‚bühnengerechte‘
Arbeiten zur höchsten Forderung erhoben. Diese Forderung:
‚bühnengerecht‘ zu arbeiten, ist aber bei uns in Deutschland der
große Donnerkeil geworden, mit welchem man alle echten Re=
gungen und Schöpfungen aufstrebender Talente niederschmetterte.
Du darfst flach sein, unwahr, unnatürlich, verzerrt und verlogen,
du darfst dich versündigen gegen alle ewigen Gesetze der Kunst,
du darfst deine Charaktere zu wahren Chamäleons machen, die
Handlung in der willkürlichsten Weise zusammenschweißen, dem
deus ex machina vollen Spielraum gönnen, — alles das darfst
du, wenn du nur bühnengerecht bist.

„Bühnengerecht sein heißt aber, jedem Darsteller gute
Abgänge machen, die Akte mit einem Knalleffekt enden, die
Spannung bis zum fünften Akte hinauf raffinirt steigern und
versöhnend und erbaulich das Machwerk schließen, damit das
Publikum in der entsprechend duseligen Stimmung nach Hause
geht. Mit einem Wort: bühnengerecht arbeiten, hieß und heißt
in erster Linie die Ansprüche der Darsteller, der Regie und des
sogenannten Publikums berücksichtigen und um jeden Preis
berücksichtigen; selbst auf Kosten der Logik, der Psychologie, der
künstlerischen Wahrheit und Schönheit, des gesunden Menschen=
verstandes. In derselben Zeit, in welcher die Lüge und die
Schönfärberei in die Romanliteratur eingeführt wurde, in der=
selben Zeit, in welcher der Roman aufhörte das Werk eines
logisch entwickelnden Geistes zu sein, der dem Vorbilde der Natur
nachstrebt, — in derselben Zeit wurde unsere dramatische Dichtung
‚bühnengerecht.‘ Und wie der Romandichter seine Romane nicht
mehr aus dem Leben herausschuf, sondern aus einer abenteuernden
Phantasie und einem zusammenklügelnden Verstande, in letzter
Linie aber aus andern Romanen; — ebenso versenkte sich der
Dichter ganz in dem Bühnenmechanismus, schuf aus der so=

genannten höchst fragwürdigen ‚Bühnenphantasie' heraus eine
bühnengerechte, in fünf Akte wohl eingetheilte Fabel und brachte
da die hundert und tausend Mal dagewesenen Bühnentypen mit
andern Namen und in etwas andern Situationen wieder in
Gang. Die Bühne war ein Ort für sich, und auf den Brettern,
welche die Welt bedeuten sollen, mußte es vor Allem ganz anders
zugehen als in der wirklichen Welt. Je verlogener und edel=
muthtriefender ein Schauspiel, je verrückter und hanswurstmäßiger
ein Lustspiel, desto mehr Gefallen fand das Publikum daran.

„Doch seltsam! Während die Dichter so der bühnengerechten
Unnatur huldigen mußten, vollzog sich auf der Bühne selbst
unmerklich eine wunderbare Veränderung. Und so widerspruchs=
voll dies erscheinen mag, — das Publikum begrüßte dieselbe mit
großem Beifall. Zuerst brach sich in der Schauspielkunst die
naturalistische Richtung Bahn, die Convention in der Darstellung,
das falsche Pathos, der Sing=Sang wurde perhorrescirt und
machte einer natürlichen Sprechweise Platz, die heute schon für
unabweisliche Bedingung gilt; die outrirten Masken und Costüme,
die steifen Bewegungen, das coulissenreißerische Rasen, das thea=
tralische Herausschlagen der Worte beim Abgang — all' das
überließ man den Schmieren=Schauspielern, den Meerschweinchen;
in allen diesen Fragen ward Rückkehr zur Natur höchstes ästhe=
tisches Gebot. Aber man blieb hierbei nicht stehen, nicht nur
Rückkehr zur Natur wollte man, sondern volle, ganze, unver=
fälschte Darstellung der Natur und je überzeugender einem
Schauspieler die Verkörperung des Menschen und seiner Leiden=
schaften gelang, für desto größer, für desto genialer galt er.
Man lernte endlich Rossi bewundern, und die Triumphe, die
Booth, dieser Erzfeind aller Convention und allen Bühnen=
effektes, heute mit rein geistigen Mitteln feiert, sie beweisen, daß
das Publikum, was die Darstellung betrifft, bereits naturalistisch
ist bis in die äußersten Consequenzen.

„Der Schauspieler aber, der in seiner Kunst naturalistischen
Principien huldigt, verlangt, daß auch seine todte Umgebung,
welche die Wirkung seines Spieles unterstützt, dies Spiel zum
Theil erklärt und ergänzt, möglichst naturwahr sei. Und so hat

denn allmälig eine Umgestaltung der Bühne auch nach dieser Richtung hin stattgefunden. Selbst im letzten Possentheater strebt man jetzt möglichste Täuschung in Bezug auf das „milieu" an, und die Meininger haben es ausdrücklich zu ihrem Princip erhoben, in der Ausstattung der Wirklichkeit so nahe zu kommen wie möglich und wo es sich überhaupt machen läßt, dieselbe an die Stelle des Scheines treten zu lassen; von den wirklichen Zimmern mit Thüren, die eine wirkliche Klinke und ein wirkliches Schloß haben, bis zu den wirklichen Rüstungen der Pappenheimer und wirklichen Fellbekleidung der alten Germanen.

„Sie sehen nun deutlich wo wir sind. Auf dem heutigen Theater herrschen zwei grundverschiedene Richtungen: der Natura=lismus, was den ganzen Darstellungsapparat betrifft, der Con=ventionalismus, was das Substract der Darstellung, die Dichtung betrifft. Lassen Sie mich nun die theoretischen Folgerungen aus dieser höchst merkwürdigen Erscheinung ziehen, ehe ich auf die praktischen Folgen hinweise.

„Jedermann weiß, daß, je treuherziger, mit je wahrhaftigerem Ausdruck eine Lüge vorgebracht, um so leichter geglaubt wird. Und das wird auch auf der Bühne gelten. Der Naturalismus der Darstellung wird also bis zu einem gewissen Grade über die Unwahrheit und Unnatur des Darstellenden hinwegtäuschen können. Andererseits aber werden gerade durch die Wahrheit der Darstellung unsere Sinne geschärft und dadurch befähigt, die Unwahrheit des Dargestellten zu erkennen. Der Widerspruch zwischen der vollkommen naturwahren Gestalt, welche der Schau=pieler in einer ebensolchen Umgebung schafft, und der psychologi=schen Unwahrheit dessen, was er spricht und thut, wird um so greller hervortreten, wo ihn die Darstellung nicht mehr decken kann. Es wird also einer ungeheuren Kunst des Dichters bedürfen, um in der Conventiod zu bleiben und durch den Naturalismus der Darstellung nicht Lügen gestraft zu werden.

„Diese Virtuosität im Zusammenreimen des Ungereimten, diese theatralischen Taschenspielerkünste nun sind es, welche den modernen Franzosen, Sardou an der Spitze, den Ruhm der technischen Meisterschaft eingetragen haben. Eine pfiffig erfun=

bene Fabel scheinbar logisch und psychologisch zu entwickeln, dabei den Schauspielern sogenannte glänzende Rollen mit famosen Abgängen auf den Leib zu schreiben, und mit allen möglichen Bühneneffecten und packenden Actschlüssen dem Publikum den Rest seiner Urtheilskraft zu rauben, das ist ihre Kunst gewesen und mit dieser Kunst haben sie die ganze Welt erobert.

„Eine solche Kunstfertigkeit aber kann keinen Bestand haben und thatsächlich sehen wir heute schon das französische Theater im Zustande der Agonie. In den neuesten Producten äußert sich bereits ein krampfhaftes Haschen nach Effecten, welches in seiner impotenten Zähheit vor plumpen Handgriffen nicht zurück= schreckt. Das Publikum aber hat längst gelernt, — und zwar unter dem mächtigen Einfluß der naturwahren Darstellung ge= lernt, seine dramatischen Dichter nur als geschickte Bühnentechniker und um dieses Geschickes willen zu bewundern, und weiß nun auch vortrefflich die Ungeschicklichkeit derselben zu controliren. Das Stück gilt nur noch als Subtract der Darstellung, es steht in zweiter Linie, und diese um ihrer genialen Naturwahrheit willen in erster. Man sieht heute Fédora um der Sarah Bernhardt willen an, und nicht Sarah Bernhardt um Fédora's, — des Stückes willen. Und wo die große Darstellerin fehlt, dort ist das Stück todt.

„Was beweist das aber? Nichts anderes als den Sieg des Naturalismus auf der Bühne.

„Und was wird die Consequenz sein müssen?

„Daß auch der dramatische Dichter zurückkehrt zur Natur. Wenn also Zola sagt: „Notre théâtre sera naturaliste ou il ne sera pas!" so ist das eine These, an welcher nicht gerüttelt werden kann.

„Sehen wir uns nun noch besonders in Deutschland um, und constatiren wir, wie die Verhältnisse hier stehen.

„Leider werden wir sagen müssen, noch schlimmer als in Frankreich, als in Paris. Die Hauptstützen unseres Repertoirs, die Sardou, Augier, Dumas versagen hier noch mehr den Dienst als in Frankreich selbst, weil ihnen keine so vortreffliche Dar= stellung zu Hilfe kommt wie hier, weil unseren Schauspielern jene Grazie und Leichtigkeit fehlt, welche in Frankreich selbst plump-gearbeitete Stücke erträglich machen. Die jüngere Sippe französischer Autoren aber degenerirt in abenteuerlichen Frivoli= täten, und ihre Hervorbringungen haben bei uns um so weniger Glück, weil wir nur die erhabene Lüge auf der Bühne ver tragen, und nicht die scabreuse; und auch hier verdirbt die plumpe Darstellung den Rest, von der Schwerfälligkeit der Ueber= setzung ganz abgesehen. Französische Stücke, die überdies sehr theuer sind, bringen unseren Directoren also heute schon in vielen Fällen Verlust anstatt Gewinn. Unsere deutsche Production aber sinkt gleichmäßig mit der französischen, nur steht sie immer um einige Stufen tiefer, denn sie arbeitet nach denselben Grundsätzen wie diese, doch nicht mit denselben Mitteln. Es hieß unserem deutschen Theater ganz dieselbe Gewalt anthun, als man es nach französischem Muster bildete, wie dem französischen, als man es vor dreihundert Jahren nach dem griechischen zu bilden unternahm. Die französische Convention der Bühnentechnik und des theatralischen Kunsteffectes entspricht uns ebensowenig, als den Franzosen die griechische Drei=Einheit entsprach. Dennoch hielten wir daran fest und schworen auf sie, wie auf das Sakra= ment. Wir verleugneten grundsätzlich das ernste Genre, welches uns und unsern Darstellern zusagt, wir zwangen unsere jungen Talente im französischen Sinne bühnengerecht zu schaffen, nicht aus der Natur, nicht aus dem Leben, nicht aus dem Wesen unseres Volkes heraus zu schöpfen und zu gestalten, wir ließen nur das gelten, was nach der Bühnenschablone der Franzosen gemacht war, nur noch plumper, noch verlogener. Wer von uns sich das Theater erobern wollte, mußte Rollen schreiben, nicht Charaktere schaffen, er mußte ein geschicktes Scenarium zu machen wissen, nicht eine Handlung logisch zu entwickeln. „Aus dem Theater für das Theater!" war die Parole, das Theater ist aber bald erschöpft, wenn man seine Anregungen nur von ihm holt. Es sind schließlich immer dieselben Karten, und wenn man sie in allen möglichen Variationen gelegt hat, steht man vor der Wiederholung, das heißt endlich vor dem Bankerott. Und unser deutsches Theater ist heute in der That bankerott.

15

„Nicht das ist also wahr, daß wir keine dramatischen Talente haben, wohl aber das Andere, daß diese Talente in eine falsche Bahn gelenkt, vor die Wahl gestellt, entweder Schablonen=Stücke zu schreiben oder nicht anerkannt zu werden, das erstere vorzogen und nun wahrnehmen müssen, daß sie aus einer versiegten Quelle schöpfen. Und so werden wir, da wir uns von den Franzosen leiten ließen, gleich ihnen auf dem Umweg über den Classicismus und den Conventionalismus zu dem Naturalismus Shakespeare's gelangen müssen. Hier aber haben wir größere Chancen als die Franzosen; denn Shakespeare liegt der deutschen Natur sowohl was Dichtung als was Darstellung betrifft, unendlich näher als der französischen.

„Das Shakespeare'sche Theater aber steht unter dem Banne keiner wie immer Namen habenden Convention. Das Shake= speare'sche Theater ist die „étude humaine" in dramatischer Form, wie der Roman die „étude humaine" in epischer Form. Nichts weiter. Die Verschiedenheit der Form ändert aber nichts an den Gesetzen der Naturwahrheit und der Harmonie, welchen alle echte Poesie, alle echte Kunst in gleichem Maaße untersteht.

„Sie werden nun sagen: die dramatische Form — das eben sei es, da liege der Stein des Anstoßes. Ich aber sage Ihnen, auch das ist nur ein Aberglauben. Die dramatische Form bietet durchaus keine so ungeheuerlichen Schwierigkeiten, wenn man sich erst frei macht von der theatralischen Convention; ja wenn man genau hinsieht, so erkennt man bald, daß das Dramatische immer auch im conventionellen Sinne theatralisch wirksam ist, während das Theatralische nur in Einzelfällen wirklich auch dramatische Kraft besitzt. Die theatralische Wirkung ist nur eine dramatische Scheinwirkung und fristet daher auch nur eine Scheinexistenz.

„Die ganze Gretchentragödie zum Beispiel ist durch und durch dramatisch, schlägt dabei aller theatralischen Convention in's Gesicht, und ist auf der Bühne doch von sieghafter Wirkung. Und dasselbe gilt von den Dramen Shakespeare's, die wohl im vollsten Gegensatze stehen zu den theatralischen Meisterwerken eines Scribe, Dumas oder Sardou, und heute noch die Bühne beherrschen, während jene immer mehr aus der Mode kommen. Sie werden mir vielleicht sagen, jene zwei waren Genies, diese sind nur Talente. Das beweist nichts gegen mich, denn das, was Sie genial nennen an Goethe und Shakespeare, ist einzig nur, daß sie die Natur belauschten und darstellten während die Franzosen der theatralischen Wirkung nachspürten, die Natur nach dieser modelten und daher unnatürlich wurden.

„Wodurch unterscheidet sich nun aber, nachdem Sie ja gewiß zugeben, daß Drama und Roman nichts anderes sein sollen als „études humaines," die dramatische Gestaltung einer solchen „étude" von der epischen? Einzig und allein dadurch, daß der dramatische Dichter seine Menschen handelnd vorführt, während der epische sie handelnd schildert. Die Handlung des Drama's begiebt sich in unserer Gegenwart, vor unseren Augen, in der kurzen Spanne Zeit, welche ein Theaterabend dauert, und nur die Zwischen=Acts=Intervalle und die scenischen Verwand= lungen, also die Ortwechsel, darf der Dichter benützen, um auch in der Zeit der Handlung vorzurücken. Hier aber steht ihm das Recht zu, Stunden, Tage, Monate, ja selbst Jahre dazwischen zu legen, nur darf dies nie auf Kosten des Zusammenhanges, auf Kosten der Klarheit der Entwickelung geschehen. Er muß es verstehen, die Theile der Handlung so aneinanderzurücken, daß uns keine Lücke fühlbar wird.

„Der dramatische Dichter ist also in der That ebensowenig beschränkt in Bezug auf die Zeit und auf den Ort, wie der epische, — er ist nur beschränkt in Bezug auf die Zeitdauer der Darstellung seiner Handlung. Im Uebrigen liegt ihm nur ob, logisch und psychologisch zu entwickeln, eine Entwickelung in der Dichtkunst bedeutet aber immer eine Steigerung und einen Ab= schluß. Worauf wird es also dem dramatischen Dichter vor Allem ankommen müssen? Darauf, eine Handlung zu finden, welche sich zwischen den handelnd vorgeführten Personen und durch sie in der Zeitdauer eines Theater=Abends logisch und psychologisch entwickeln, steigern und abschließen läßt. Die Be= schränkungen aber, welche dem dramatischen Dichter auferlegt sind, indem er nur durch Handlung darstellen darf und ihm

15*

hiezu nur eine bestimmte Anzahl von Stunden gegönnt ist, — diese zwei einzigen Beschränkungen zwingen ihn dementsprechend viel sorgfältiger in der Wahl einer Fabel zu sein, ja sie enthalten schon die Bestimmungen in sich, wie beschaffen diese Fabel sein muß. Diese wesentlichen Bestimmungen aber sind: Einfachheit der Entwickelung und Mächtigkeit der Bewegung. Die Einfachheit der Entwickelung ermöglicht die Darstellung der Handlung in der bestimmten Zeit, — die Mächtigkeit der Bewegung, die rasche Steigerung zum Höhepunkt und den eindrucksvollen Abschluß.

„Ich bin daher auch ganz damit einverstanden und stimme Aristoteles vollkommen bei, wenn er ein so ungeheueres Gewicht auf die Erfindung der Fabel legt. Denn dies ergiebt sich aus dem Wesen der dramatischen Form. Und aus dem Wesen der dramatischen Form ergiebt sich noch weiter die Knappheit der Sprache, die Condensirtheit des Ausdrucks, welche dem dramatischen Dichter obliegt, — während der epische Dichter sich in dieser Beziehung ebenso gehen lassen kann, wie in den beiden andern, obgleich auch er mit einer einfachen und bewegten Handlung und einem mehr knappen Ausdruck naturgemäß stärkere Wirkungen erzielen wird.

„Andere Unterschiede als die genannten durch die Form bedingten existiren aber meiner Ansicht zwischen dem Drama und dem Epos nicht.

„Aristoteles und Lessing aber wollen für die Tragödie einen solchen inneren Unterschied anerkannt wissen, und stellen dafür ein ganz besonderes Gesetz auf.

„Sie erlauben nun, daß ich Ihnen die weiteren Ausführungen vorlese. Es dürfte mir schwer werden, meinen Gedankengang aus dem Gedächtniß entsprechend präcis wiederzugeben:

„Ich habe, als ich Ihnen von Zola's Romanen sprach, wiederholt dieses Aristotelischen Gesetzes der Erweckung von Furcht und Mitleid Erwähnung gethan und darauf hingewiesen, daß wir über dieses Gesetz, welches uns stofflich allzusehr einengt, hinausgehen müssen. Ich that das aber, wenn auch mit Absicht, so doch insofern ohne Berechtigung, als Aristoteles die Erweckung von Furcht und Mitleid als allerwesentlichste Bedingung von der Tragödie fordert, ja geradezu behauptet, daß nur die Tragödie diese Affecte hervorrufen kann; und Lessing sucht mit allen Mitteln die Correctheit dieser Ansicht zu vertheidigen.

„Bleiben wir aber vorerst bei Aristoteles und sehen wir, wie er zu seinem Gesetz kam, und warum der geistesklare und scharfsinnige Lessing ihn hier nicht corrigirte.

„Ich wies schon auf die exceptionelle Stellung des griechischen Theaters und auf den intimen Zusammenhang, auf die Verschmelzung und Durchdringung der griechischen Kunst mit den griechischen religiösen Vorstellungen hin. Die ästhetischen Gesetze nun entwickeln sich aus der Kunst, aus den Kunstwerken, und nicht umgekehrt. Das aber ist ein großes Glück, sonst wäre ein Fortschritt in der Kunst unmöglich. Das Gesetz ist ein Gesetztes, das so lange gilt, bis es von einem andern Gesetzten verdrängt oder durch dieses completirt wird. Es ist wohl veränderlich, aber nicht von innen heraus, sondern von außen hinein, es ist also nicht entwicklungsfähig im organischen Sinne. Die Kunst aber ist entwicklungsfähig, und darum schreibt die Kunst die Gesetze vor, und der Aesthetiker giebt ihnen die Gesetzesform, den verbalen Ausdruck.

„Aristoteles nun schöpft seine Gesetze aus der griechischen Kunst, aus der griechischen Tragödie, welche der religiösen Vorstellung nicht entbehren konnte. Die griechischen Tragödienstoffe sind der griechischen Sagenwelt entlehnt, und in der griechischen Sagenwelt spielen die Götter in ihrer sehr menschlichen Verkörperung, — nicht nur was den Leib, sondern auch was Gefühle und Leidenschaften betrifft, — eine große Rolle.

„Die rächenden Götter sind es vor allem, die das Strafgericht halten über die frevelnden Menschen. Ihr Arm erreicht jeden, der sich versündigt, es waltet eine göttliche Gerechtigkeit. Ja, das Bedürfniß der Griechen, ihre Götter gerecht zu erkennen, und ihre hohe Verehrung derselben führt sie zu der Vorstellung, daß die Götter, um irgend einen Frevel, der an ihnen selbst begangen wurde, auch mit der entsprechenden Strafe zu belegen, diesen Frevel an dem ganzen Stamme des Frevelnden bis in's letzte Glied ahndeten. Und diese aus solcher religiösen Vor-

stellung erwachsene Furcht vor den Göttern war meiner Ansicht
nach die ursprüngliche Tragödienfurcht, das Mitleid mit den
von dem göttlichen Strafgericht betroffenen Menschen aber das
ursprüngliche Tragödienmitleid; die Reinigung dieser
Affecte in den Zuhörern der halbreligiöse Zweck der Tragödie.
Und so kam es, daß man ursprünglich die Erweckung von
Furcht und Mitleid als das ausschließlichste und höchste
Kennzeichen der Tragödie namhaft machte, so kam es, daß
man der Tragödie den höchsten Rang unter den Künsten
zugestand, sie als eine ganz besondere Kunstgattung be=
trachtete.

„Allmälig aber vermenschlichte sich die griechische Tragödie,
der ursprünglich religiöse Charakter derselben verwischte sich immer
mehr: die Götter spielen eine immer unwesentlichere Rolle, selbst
der Chor tritt immer mehr zurück, und der Mensch mit seinen
Leidenschaften kommt zu seinem natürlichen Rechte. Das Gesetz
von der Erweckung der Furcht und Leidenschaft bleibt aber
dennoch bestehen, Aristoteles findet es vor, und er deutet es
nach seinem Sinne, als rein menschliche Furcht, als rein mensch=
liches Mitleid. Das aber war ein Fehler.

„Doch Aristoteles konnte diesen Fehler immerhin begehen,
weil er doch noch unter dem Banne der griechischen Vorstellungen
stand und unter dem Banne des religiösen Ursprungs der Tra=
gödie und weil er auf die ethische Wirkung derselben sein
Hauptaugenmerk richtete. Es ist also eine Art griechischer Conven=
tion, ein Zugeständniß an die Denk= und Vorstellungsweise des
griechischen Volkes, daß die griechischen Dichter sich in ihren
Tragödien auf die Erweckung von Furcht und Mitleid beschränkten,
und insofern sie es thaten; — diese Beschränkung entspricht
aber nicht der Naturwahrheit, sie entspringt auch nicht aus
der dramatischen Form, sie ist auch keine ästhetische, sondern eine
ethische Forderung, sie ist ein Specificum der griechischen
Tragödie. Wir aber schreiben keine griechische Tragödie und
wir schreiben nicht für die Griechen vor zweitausend Jahren. Wir
schreiben für unsere Zeit, für unser aufgeklärtes Jahrhundert, —
und doch sollen wir uns durch jene Regel des Aristoteles in

der Wahl unserer Stoffe, in der Darstellung des Lebens, in der Nachahmung der Natur beschränken lassen?

„Das fällt doch als eine ganz unberechtigte Forderung zur Genüge in die Augen, und man könnte darüber hinweggehen, wie über eine abgethane Frage, wenn nicht Lessing in seiner Dramaturgie so nachdrücklich, und mit einem solchem Aufwand von Erörterungen der Begriffe Furcht und Mitleid dafür eingetreten wäre.

„Sehen wir also, wie Lessing diese Sache anpackt. Vor Allem muß ich da betonen, daß er ganz auf dem Standpunkte Aristoteles steht, ja, wie mir scheint, noch peinlicher als dieser selbst. Für Lessing ist die Tragödie ‚die Nachahmung einer mitleidswürdigen Handlung, und ihr ausschließlicher Zweck die Erweckung von Furcht und Mitleid, und nur dieser Affecte, zum Behufe der Reinigung dieser und dergleichen Leidenschaften.‘ Für Lessing darf es also ebenso wie für Aristoteles keine ganz tugendhaften und keine ganz bösen Menschen in der Tragödie geben, weil das Schicksal dieser uns auch Bewunderung Schrecken, Abscheu, Entsetzen einflößen könnte, was dem Zweck der Tragödie widerspräche; und speciell was den Schrecken betrifft, welchen uns ein Bösewicht einflößt, so sucht er die absolute Verwerflichkeit desselben unter Anderem durch folgenden Satz zu beweisen: ‚Dieses Schrecken,‘ sagt er, ‚ist so wenig eine von den Absichten des Trauerspiels, daß es vielmehr die alten Dichter auf alle Weise zu mindern suchten, wenn ihre Personen irgend ein großes Verbrechen begehen mußten. Sie schoben öfters lieber die Schuld auf das Schicksal, machten das Verbrechen lieber zu einem Verhängnisse einer rächenden Gottheit, verwandelten lieber den freien Menschen in eine Maschine, ehe sie uns bei der gräßlichen Idee wollten verweilen lassen, daß der Mensch von Natur einer solchen Verderbniß fähig sei.‘

„Wie mich bedünkt, so kehrt Lessing hier das Verhältniß geradezu um. Für ihn sind es die Dichter, welche den Göttern imputiren, sie zwängen die Menschen zu Verbrechen, um — den griechischen Schönheitssinn nicht zu verletzen. Ob aber die Griechen eine solche Verunglimpfung ihrer Götter wohl geduldet hätten? Und ob die Dichter es gewagt hätten, sich einem reli=

giösen Volke gegenüber gegen die Götter so zu vergehen, indem
sie ihnen Handlungen unterschoben, welche der Vorstellung des
Volkes von der Gerechtigkeit der Götter zuwiderlaufen? Das
ist ganz undenkbar, und ist auch nicht wahr. Die griechischen
Dichter strebten vielmehr, wie es ja in der Natur der Ver=
hältnisse lag, eine immer mildere Auffassung der Göttervorstellung
an, und die ursprünglich verderbenbringende Ate wurde allmälig
zu einer blos rächenden, die Geschöpfe der griechischen Dichter
aber wurden immer mehr zu selbstständigen, mit voller Selbst=
bestimmungsfähigkeit ausgestatteten Menschen. Aus dem unab=
wendbaren Verhängniß ward die tragische Schuld. Wenn die
griechischen Dichter aber das Verhängniß walten ließen, so thaten
sie dies nicht eigenmächtig, sondern sie knüpften an eine Vor=
stellung des Volkes an. Sie schufen diese Vorstellung nicht,
sondern sie benützten dieselbe nur, ob mit der Absicht, den
Menschen zur Maschine zu machen, um seinen Charakter, seinen
Frevel in einem milderen Lichte erscheinen zu lassen, möchte ich
sehr bezweifeln, denn ob die Wirkung der Tragödie dadurch
milder würde, ist kaum glaublich. Zum mindesten sagt Lessing
selbst an einer anderen Stelle in Uebereinstimmung mit Aristo=
teles: ‚Der Gedanke ist an und für sich selbst gräßlich, daß es
Menschen geben kann, die ohne all' ihr Verschulden unglück=
lich sind.‘ Ein Mensch aber, der zur Maschine gemacht wird, freveln
muß und dafür furchtbar leiden muß, weil es die Götter so
wollen, macht dann doch auch einen gräßlichen Eindruck und
das Gräßliche ist aus der Tragödie ausgeschlossen. Furcht
und Mitleid, und nur diese zu erwecken ist ihr Zweck und um
das zu beweisen, um zu beweisen, daß ein Bösewicht in der
Tragödie schon bei den alten Dichtern nicht möglich war, hat
er ja doch jenen merkwürdigen Satz hingestellt. Er hat also
nicht nur falsche Thatsachen angeführt, um zu beweisen, sondern
er hat sogar mit diesen falschen Thatsachen das Gegentheil be=
wiesen. Denn immer wird uns noch ein Bösewicht in der
Tragödie erträglicher sein als ein Mensch ohne alles Selbst=
bestimmungsrecht, der zum Freveln und zur furchtbaren Buße
dieses Frevels gezwungen wird — von den Göttern. —

„Ich suche nun weiter nach Beweisen, warum die Erweckung von
Furcht und Mitleid und nur dieser Affecte Zweck der Tragödie
sein müsse. Ich folge der Auslegung und Deutung dieser Worte
durch Lessing unermüdlich und hoffe immer den Punkt zu finden,
der mich überzeugt, der mich wenigstens überzeugt, daß die
‚Tragödie‘ wirklich die erhabenste Dichtungsgattung ist. Und
da stoße ich endlich auf folgende merkwürdige Stelle im 86. Stück
der Hamburgischen Dramaturgie: ‚Wozu die saure Arbeit der
‚dramatischen Form? wozu ein Theater gebaut, Männer und
‚Weiber verkleidet, Gedächtnisse gemartet, die ganze Stadt auf
‚einen Platz geladen, wenn ich mit meinem Werke und mit der
‚Aufführung desselben weiter nichts hervorbringen will, als einige
‚von den Regungen, die eine gute Erzählung, von Jedem zu Hause
‚in seinem Winkel gelesen, ungefähr auch hervorbringen würde?
‚Die dramatische Form ist die einzige, in welcher sich Mitleid
‚und Furcht erregen läßt; wenigstens können in keiner anderen
‚Form diese Leidenschaften auf einen so hohen Grad erregt werden,
‚und gleichwohl will man lieber alle andern darin erregen als
‚die; gleichwohl will man sie lieber zu allem Andern brauchen als
‚zu dem, wozu sie so vorzüglich geschickt ist.‘

„Sehen wir uns diese Sätze genau an.

„Also weil es nach Lessing’s Meinung eine besonders saure
Arbeit ist, in dramatischer Form zu schreiben, weil es so großen
Aufwandes bedarf, um ein Stück aufzuführen, und weil, wie
Lessing behauptet, die dramatische Form zur Erweckung von
Furcht und Mitleid so vorzüglich geeignet ist — darum soll die
dramatische Form nur Furcht und Mitleid erwecken, damit sich
diese Mühe und dieser Aufwand auch lohne. Ist das nicht in
in der That eine ganz ungehörige, für den ästhetischen Forscher
ganz unzulässige Zusammenstellung von Motiven?

„Und nun dieser sich selbst widersprechende Satz: ‚Die drama=
tische Form ist die einzige, in welcher sich Furcht und Mit=
leid erwecken lasse,‘ und gleich darauf: ‚Wenigstens können in
keiner anderen Form diese Leidenschaften auf einen so hohen
Grad erregt werden.‘ Sie können also doch erregt werden, also
ist die dramatische Form nicht die einzige, in der sie erregt

werden können, — also ist die Erregung von Furcht und Mit=
leid gar nicht das besondere charakteristische innere Merkmal der
dramatischen Form. Das Drama im allgemeinen ist also gar keine
exclusive, unter besonderen inneren Gesetzen stehende Kunst=
gattung.

„Das aber galt in erster Linie auch von dieser Seite her zu
beweisen, denn damit ist meine Behauptung bewiesen, daß es
nur einen Unterschied der Form gebe, daß nur diese formellen
Gesetze verschieden sind, daß aber die dramatische und die epische
Gattung was ihren Inhalt, was ihre Wirkung betrifft, denselben
ethischen Ansprüchen zu genügen haben, unter denselben ethischen
Gesetzen stehen. Ob wir einen und denselben tragischen Vorgang
im Roman oder im Drama zur Darstellung bringen, die Wirkung
auf den Leser wird die gleiche sein, nur in ihrem Grad ver=
schieden, weil ja die Unmittelbarkeit, mit welcher das aufgeführte
Drama auf uns einstürmt, eine stärkere Wirkung bedingt.

„Nun aber behauptet Lessing weiter, daß die dramatische
Form so ganz besonders geschickt ist, Furcht und Mitleid zu
erwecken. Und dieses bestreite ich ihm nicht im Entferntesten.
Ist damit aber auch zugegeben, daß die dramatische Form
nur Furcht und Mitleid erregen soll, ist damit zugegeben, daß
sie ihre höchste Vollkommenheit erreicht, wenn mit ihr, wie
Lessing es will, nur Furcht und Mitleid erweckt wird? Daß
dies bei der griechischen Tragödie der Fall sein soll, haben wir
zu begreifen gesucht. Aber gilt es auch für unsere Tragödie?
Ist die dramatische Form denn nicht ebenso vorzüglich geschickt,
alle anderen Affecte, Zorn, Bewunderung, Freude, Schrecken,
Entrüstung u. s. w. zu erwecken? Liegt denn ihr vorzügliches
Geschick der Erweckung von Affekten nicht ausschließlich darin,
daß sie dieselben stärker, intensiver erweckt, als die epische Form?
Ich glaube, das wird Niemand bestreiten. Wenn aber die drama=
tische Form gleich geschickt ist, alle Affekte zu erwecken, warum
soll sie nur als ‚Tragödie‘ Geltung haben, nur als ‚Tragödie‘
verwerthet werden? Warum ihr diese Beschränkung auferlegen?

„Alle andern Kunstgattungen dürfen alle möglichen sittlichen
Affecte wecken, insoferne ihnen die Macht hiezu innewohnt, also

ebenſo Schrecken, Zorn, Abſcheu, Entrüſtung, Bewunderung,
Freude u. ſ. w. wie Furcht und Mitleid. Und ſind nicht alle dieſe
ſittlichen Affecte bis zu einem gewiſſen Grade einander eben=
bürtig? wirkt nicht jede reinigend auf unſer Gemüth, wenn ſie
erweckt wird? Ich denke doch! Jede ſittliche oder ‚ethiſche‘
Wirkung iſt eine veredelnde, eine reinigende. Alſo ſtehen viel=
leicht Furcht und Mitleid ſo hoch über ihnen allen? Und darum
ſind nur ſie würdig, durch die dramatiſche Form erweckt zu
werden? Ich frage deshalb bei Ariſtoteles=Leſſing an und er=
halte folgende Antwort: Nur ſolche Furcht und nur ſolches Mit=
leid ſind in der Tragödie zu wecken, welche die Furcht für unſer
eigenes Wohl, das Mitleid mit uns ſelbſt einſchließt. Solche
Furcht und ſolches Mitleid aber ſind thatſächlich die untergeord=
netſten ſittlichen Regungen, weil ſie unſerer Selbſucht entſprin=
gen. Indem alſo die Tragödie nur ſolche Regungen erwecken darf,
beſchränkt ſie ſich nicht nur in ihrer Wirkung, verzichtet ſie nicht
nur auf die Erweckung aller andern edleren ſittlicheren Regungen,
ſie ſetzt ſich ſogar herab, indem ſie auch nur die Reinigung dieſer
gemeinſten ſittlichen Regungen anſtrebt. Wohl aber hat ſie anderer=
ſeits einen großen Vortheil, der merkwürdig übereinſtimmt mit
Leſſing's früher angeführtem Satze, daß man möglichſt viel Furcht
und Mitleid erwecken müſſe, damit es ſich doch der Mühe lohne.
Denn in der That ſind gerade Furcht und Mitleid, dieſe unter=
geordnetſten ſittlichen Regungen, auch naturgemäß diejenigen,
welche man bei allen Menſchen, alſo auch bei der großen rohen
Maſſe erwecken kann. Indem die Tragödie alſo nur Furcht
und Mitleid erweckt, iſt ſie des Verſtändniſſes, der Empfänglich=
keit bei der großen Maſſe am ſicherſten, ſie hat quantitativ
den größten Erfolg zu erwarten. Denn ſie wird Rührſtück, für
welches Leſſing thatſächlich eine beſondere Vorliebe zeigte. Um das
Quantitative ſcheint es ſich aber in der That bei der Tragödie
zu handeln.

„Ich ſtelle die Reſultate zuſammen: Die Tragödie iſt die
Nachahmung einer mitleidswürdigen Handlung. Mitleid und
Furcht ſind die am leichteſten geweckten und am allgemeinſten
zugänglichen Affecte. Die dramatiſche Form vermag dieſe Affekte

am intenſivſten zu wecken. Dieſe Form verurſacht aber eine ſaure Arbeit, ſie koſtet ſo ungeheuer viel Mühe und Auf= wand, daß wir uns durch die reichlichſte Hervorrufung dieſer Affecte dafür entſchädigen müſſen,' alſo darf ſie nur Furcht und Mitleid erwecken d. h. nur Tragödie ſein.

„Das iſt die ſtrenge Zuſammenſtellung der von Leſſing für das Geſetz von der ausſchließlichen Erweckung von Furcht und Mitleid namhaft gemachten Gründe; alle dieſe Gründe aber ſind Nützlichkeitsgründe; wir finden keinen einzigen äſthetiſchen darunter, denn die Erzeugung der Katharſis ſelbſt iſt kein äſthe= tiſcher, ſondern ein ethiſcher Grund, und ſelbſt dieſer iſt nicht qualitativ, ſondern quantitativ in Betracht gezogen.

„Und um dieſer Gründe willen ſollen wir uns den pein= lichen und unnatürlichen Beſchränkungen unterwerfen, welche jene antike ariſtoteliſche Formel bedingt? Und um dieſer Gründe willen iſt die Tragödie eine ganz exceptionelle und überdies die höchſte Dichtungsgattung? Wir lehnen uns gegen die Formel auf, wir werfen ſie mit allen ihren Folgerungen über Bord, — und wir leugnen überdies, daß die Tragödie in dieſem Sinne, wie ihn die Formel und die Leſſing'ſche Begründung derſelben ergiebt, die höchſte Gattung der Poeſie iſt.

„Und Leſſing ſelbſt iſt's, auf den wir uns, was die Auf= lehnung betrifft, ſtützen, denn Leſſing ſpricht mit Bezug auf die von ihm ſo hochgeſtellten Tragödien Shakeſpeare's, deren Miſch= form von andern Anhängen des formellen Claſſicismus ſchwer getadelt wurde, das große Wort aus: „Nichts kann ein Fehler ſein, was eine Nachahmung der Natur iſt.“ Damit aber erkennt Leſſing ſelbſt in Bezug auf die dramatiſche Dichtkunſt die volle Berechtigung des naturaliſtiſchen Standpunktes an, den wir anſtreben.

„Kann man ſich nun wohl grellere Widerſprüche denken? In den Abhandlungen über Ariſtoteles ein verzweifeltes Kämpfen für die nothwendige Berechtigung einer antiken Formel und das Streben dieſe Formel unſerer Dichtung aufzuzwingen. Und an anderer Stelle die begeiſtertſte Anerkennung des Shake= ſpeare'ſchen Genie's und ſeiner gegen dieſe Formel tauſendfältig

verstoßenden Werke und das Hinausschleudern des großen be=
freienden Wahrwortes: „Nichts kann ein Fehler sein, was eine
Nachahmung der Natur ist."

„Ich aber führe, nachdem ich den negativen Beweis der Un=
zulässigkeit der aristotelischen Formel zu erbringen gesucht, aus
diesem großen Wahrworte heraus auch den positiven Beweis für
unser Recht, diese Formel mit all' ihren Folge=Regeln zu ver=
werfen, zu ignoriren.

„Wenn, so schließe ich, nichts ein Fehler sein kann, was
Nachahmung der Natur ist, dann haben auch solche Regeln und
Gesetze keine Berechtigung, welche den Künstler in der Nach=
ahmung der Natur beschränken; dann sind solche Regeln und
Gesetze als willkürliche oder irrthümliche Beschränkungen des
künstlerischen Schaffens absolut zu verwerfen. Die einzigen Ge=
setze, welche der Künstler dann zu befolgen hat, sind die formellen
derjenigen Kunstgattung, welche er zur Darstellung seiner Fabel
gewählt hat und das Gesetz der Naturwahrheit, welches schon
darum unanfechtbar ist, weil wir die Aufgabe der Kunst in der Nach=
ahmung der Natur erkannt haben. Eine Nachahmung aber, welche
das Nachgeahmte gar nicht oder nur unzulänglich oder absichtlich
verändert wiedergiebt, ist eben gar keine oder eine unzulängliche
oder eine falsche Nachahmung, was eines so verwerflich als das
andere. Je getreuer also ein Künstler die Natur nachahmt, je
naturwahrer er gestaltet, desto vollkommener wird auch sein
Kunstwerk sein.

„Es gilt jetzt nur noch die letzte Frage: beschränken die
Regeln der antiken Tragödie, wie wir sie kennen gelernt, die
Regeln von der ausschließlichen Erweckung von Furcht und
Mitleid, wirklich unser künstlerisches Schaffen?

„Wir werden diese Frage unbedingt bejahen müssen in
Ansehung des Umstandes, daß uns diese Regeln zu dem
Glauben verführen, die dramatische Form stehe unter anderen
ästhetischen und ethischen Gesetzen als alle anderen Dichtungs=
formen. Wir werden diese Frage aber auch unbedingt bejahen
müssen, sobald wir die großen Meisterwerke Shakespeare's und die
großen naturalistischen Meisterwerke Goethe's und Schiller's und

Lessing's selbst betrachten, und auf sie diese Regeln anwenden. Wir finden überall die Erweckung von sittlichen Affecten, aber nicht blos von Furcht und Mitleid, sondern auch von Schrecken, Zorn, Haß, Entrüstung, Bewunderung, Liebe, Freude und wie sie heißen mögen. Wir finden sogar absolute Bösewichte darin, wie Richard den Dritten, Franz Moor, den Präsidenten und Wurm, Marinelli, Jago und absolut tugendhafte Menschen wie Cordelia, Ophelia u. a.... Fast alle unsere großen Dramen, den einzigen Rückhalt unseres Theaters, mit ihren so herrlichen, so erschüttern= den Wirkungen besäßen wir nicht, wenn Shakespeare, Schiller, Goethe, Kleist unter der beschränkenden Formel der ‚Tragödie‘ geschaffen hätten. Was aber beweist dies nochmals? Daß jene Formel für uns keine Giltigkeit haben darf, daß wir sie ein für allemal abschütteln und abschwören müssen, daß wir sie aus unseren Gesetzbüchern streichen müssen, wie den französischen Conventionalismus, der so ungeheuren Schaden gethan hat auf unserer Bühne. Wir müssen alle Fesseln zerbrechen, welche uns einengen, wir müssen frei werden, ganz frei. Weder die Rücksicht auf das Publikum, noch auf die Schau= spieler, noch auf die Kasse, noch auf die Erweckung von Affecten, welchen Namen sie immer haben mögen, darf uns irgendwie zu Concessionen veranlassen, zur Anerkennung von Regeln, welche nicht aus dem Wesen der dramatischen Form organisch entspringen. Möglichste Vollendung in der Form, möglichste Naturwahrheit in der Gestaltung, das ist unser höchstes, unser einziges Ziel. Erreichen wir dies, so wird das Publikum entzückt sein, die Schauspieler werden dankbare Rollen haben, die Directoren volle Kassen, und die ethischen Wirkungen werden nicht ausbleiben, denn all' das sind nothwendige Folgen, sie sind nur die Ernte einer guten Saat.

„Mit einem Wort, wir müssen naturalistisch werden auch in der dramatischen Dichtung, wie wir bereits naturalistisch sind in der dramatischen Darstellung, in der Ausstattung der Bühne. Und das galt zu beweisen.

„— Nun bin ich zu Ende.“

Während ich mein Manuscript zusammenfaltete, fand ich Zeit, Frau von S. zu betrachten.

Sie saß da mit dem Ausdruck ängstlicher Theilnahme und hatte die Hände nervös ineinander geschlungen. Und jetzt sprach sie tief aufathmend: „Schrecklich! Man wird Sie steinigen!"

„Wenn ich geirrt und dem Dioskurenpaar Aristoteles=Lessing Unrecht gethan habe, — so verdiene ich nichts Besseres. Wenn ich aber Recht habe, so werden sich auch Männer finden, die mich gegen die Angriffe der Autoritäts=Fanatiker vertheidigen. Und wie denken Sie darüber?"

„Ich," erwiderte Frau von S. bescheiden, „habe nicht das Wissen, um Sie zu controliren, ich kann nur sagen, daß Alles, was Sie gesagt, mir vollkommen klar und logisch erschien, mich also überzeugt hat. Andererseits begreife ich aber nicht, wie Lessing sich derart irren konnte? Und über diesen Punkt möchte ich gerne aufgeklärt sein."

„Diese Aufklärung war ich auch mir selbst zu geben verpflichtet, und ich glaube einige Momente gefunden zu haben, die wesentlich hiezu dienen können, uns den ganzen merkwürdigen Fall psychologisch und auch logisch zu erklären.

„Das wesentliche Moment scheint mir zu sein, daß Lessing der Ansicht des Aristoteles, nur die dramatische Form könne Furcht und Mitleid erwecken, beipflichtete, obgleich er sie selbst als unrichtig erkannte. Seine Schlußfolgerungen waren demgemäß trügerisch genug und drehten sich im Kreise herum. Er schloß folgendermaßen: Aristoteles behauptet, daß nur die dramatische Form Furcht und Mitleid erwecken könne. Das ist nun allerdings nicht richtig, denn auch andere Dichtungsformen können dies. Aber die dramatische Form vermag dies am stärksten, also soll sie nur Tragödie sein, nur Furcht und Mitleid erwecken, denn jede Dichtungsart muß nur das erwecken, was sie am stärksten erwecken kann. Und nun kam er noch weiter in den Zirkel hinein, indem er sagte: Weil die Tragödie nur Furcht und Mitleid erwecken darf, und weil sie diese Affecte am stärksten erwecken kann, so ist die Tragödie eine ganz exclusive und die höchste Dichtungsform.

„Dabei aber vergaß er ganz, daß die dramatische Form überhaupt alle Affecte am stärksten erweckt, und was noch viel schlimmer, er vergaß ganz zu untersuchen, welche Bedeutung Furcht und Mitleid ursprünglich hatten, und welchen Rang sie in ihrer menschlichen Form unter den Affecten einnehmen. Es ge= nügte ihm, zu beweisen, daß sie die allermenschlichsten, die all= gemeinsten, die zugänglichsten sind. Und dabei übersah er, daß es viel edlere, viel vornehmere Affecte giebt, solche, die nicht der Selbstsucht, sondern größerem Fühlen ihren Ursprung danken, dennoch aber auch der Reinigung bedürfen, der Reinigung durch die Dichtkunst ganz besonders würdig sind.

„Das ist aber die Consequenz, wenn sich der Dichter vom Gelehrten meistern läßt, und, anstatt die ästhetischen Gesetze aus den Kunstwerken heraus zu erörtern, uns beweisen will, das Kunstwerk müsse so und so sein, weil irgend ein Gelehrter dieses abstrakte Gesetz namhaft gemacht hat.

„Das ist die logische Entwickelung des Ursprungs seines Irr= thums. Die psychologische aber liegt in seiner erbitterten Ver= nichtungswuth des französischen Classicismus. Sein Kampf gegen Corneille ist in dieser Beziehung ganz merkwürdig. Corneille hält an der Convention der classischen Dreieinheit fest und springt mit der Formel von Furcht und Mitleid nach seinem Belieben um. Lessing bekämpft das Recht der classischen Dreieinheit und hält an der Formel von Furcht und Mitleid fest. Und nun scheinen ihm die französischen Tragödien nicht blos darum schlecht, weil sie kalte Abstractionen des Menschen geben und an der Dreieinheit festhalten, sondern sie sind ihm überhaupt keine Tra= gödien, weil sie die Formel von Furcht und Mitleid nicht so beherzigen und befolgen, wie sie Lessing gedeutet haben will. Und um den Franzosen zu beweisen, daß seine Deutung die richtige, also alle andern Deutungen schlecht, also auch ihre Stücke schlecht sind, verirrt er sich noch mehr in Zirkeldefinitionen von Furcht und Mitleid.“

„Meine schöne Hörerin nickte verständnißvoll und sprach:

„Das ist sehr einleuchtend, und wenn ich mich erinnere wie Lessing dem Herrn von Voltaire das Leben sauer gemacht hat, so muß ich diese psychologische Erklärung wohl haltbar finden. Die andere logische leuchtet mir aber vollkommen ein. Etwas ist mir aber noch aufgefallen in Ihren Ausführungen. Sie erwähnen der tragischen Schuld nur einmal ganz flüchtig. Und doch weiß ich, daß sie eine große Rolle spielt in der Beurtheilung von Dramen und daß Sie nichts wissen wollen von ihr, glaube ich auch, nach Allem was Sie gesagt."

„Und ich will in der That nichts von ihr wissen, insofern sie uns in der Wahl unserer Stoffe beschränkt und uns überhaupt beschränkt. Was heißt eigentlich tragische Schuld? Es können zwei Definitionen gegeben werden: 1. Tragische Schuld ist eine solche Schuld, welche den Untergang des Helden nothwendig bedingt, als Sühnung, damit unserem Gerechtigkeitsgefühl entsprochen werde; und 2. Tragische Schuld ist eine solche Schuld, welche den Untergang des Helden als Sühne durchaus nicht bedingt, wohl aber in Folge des Zusammentreffens von Umständen, diesen Untergang herbeiführt, wodurch unserem Gerechtigkeitsgefühl also nicht nur nicht entsprochen, sondern unter Umständen sogar widersprochen wird. Eine Schuld also, welche keine Schuld ist. Welche nun ist die richtige? Sollen wir als Maaßstab unser Gerechtigkeitsgefühl nehmen, so müssen wir eine ganze Reihe unserer Meisterwerke verurtheilen, denn weder Shakespeare's Romeo und Julia noch Othello, noch Emilia Galotti, noch Egmont, noch Ferdinand und Louise, noch Lear haben eine Schuld begangen, welche vom Standpunkte der Menschlichkeit und Gerechtigkeit ihren Untergang bedingt. Das Alles sind aber so anerkannte Meisterwerke von so ungeheurer, erschütternder Wirkung, daß sie an und für sich schon beweisen, daß unser Gerechtigkeitsgefühl nichts dreinzusprechen hat. Also werden wir sagen müssen, tragische Schuld ist die eine und die andere, aber sie sind grundverschieden. Dann sind sie aber wohl nur mit demselben Namen bezeichnet und die zweite ist fälschlich damit bezeichnet, das Wort Schuld paßt gar nicht auf sie, weil eben von einer wirklichen Schuld gar nicht die Rede sein kann. Nur von einem tragischen Geschick kann bei ‚Romeo und Julia‘ oder ‚Othello‘, um zwei festzuhalten, die Rede sein. Also kann es auch Tragödien geben ohne tragische Schuld.

16

„Aber, werden Sie sagen, einigermaßen versündigt haben
sich diese doch. Romeo und Julia, indem sie sich liebten, ob=
gleich ein Zwist in ihrem Hause war. Sehr schön. Wenn nun
aber durch die Vereinigung dieser Beiden der Zwist des Hauses
behoben worden wäre, was ja thatsächlich, nur zu spät geschah?
Dann wäre ihre Liebe eine schöne gewesen. Also war doch nicht
ihre Liebe, sondern jener Zwist die Schuld, sie sühnen also die
Schuld ihrer Ahnen, was der längst verworfenen Schicksals=
tragödie nahe käme. Das aber wollte Shakespeare gewiß nicht.
Shakespeare wollte vielmehr nur zeigen, wie zwei ganz unschul=
dige Menschen durch eine Verkettung von Umständen zu Grunde
gehen, und wollte damit, wenn er überhaupt eine ethische Wir=
kung bezweckte (?), uns vor Zwistigkeiten warnen. Oder ist das
Stück für Pensionate berechnet, um den Mädchen zu zeigen,
wohin man kommt, wenn man einen Liebsten gegen den Willen
der Eltern nimmt? Dann allerdings, aber nur dann wäre die
Schuld Julia's und Romeo's erwiesen. Aber diese Pensionats=
moral paßt schlecht zu dem sonstigen Inhalt des Stückes. Und
ich glaube auch nicht, daß Schiller mit ‚Kabale und Liebe‘ oder
derselbe Shakespeare mit ‚Othello‘ eine solche Pensionatsmoral
bezweckte. Bei Othello ist die Sache noch ganz besonders auf=
fällig, denn die Handlungsweise Jago's steht in keiner Beziehung
zu der vorgeblichen Schuld Desdemona's, ihrem Papa davon=
gelaufen zu sein, und er würde Othello's Eifersucht bis auf's
Aeußerste stacheln, auch ohne ihn auf diesen Umstand aufmerksam
zu machen. Wenn wir in dieser Tragödie Jemandem den Unter=
gang wünschen, so ist es Jago, und nicht Othello und nicht Desde=
mona. Es kann also immer nur von einem tragischen Geschick und
nicht von einer tragischen Schuld die Rede sein. Die Schuld ist also
durchaus nicht Bedingung einer guten Tragödie, und darum will
ich auch von dieser verwirrenden und das Talent stofflich beschrän=
kenden Regel nichts wissen. Wenn uns ein Dichter einen völlig
unschuldigen Menschen hinstellt, dessen Untergang durch ein
tragisches Geschick bedingt wird, so mag er es thun. Er braucht
uns nur zu zeigen, daß alle Umstände, welche diesen Untergang
bedingten, wirklich so ineinander verkettet sind, daß sein Unter=

gang als Resultat dieser Verkettung erscheint. Mit einem Wort, er braucht blos logisch und psychologisch zu entwickeln, als Dramatiker in dramatischer Form, wie der Romandichter in epischer. Aus der dramatischen Form allein gehen alle künstlerischen Regeln hervor, welche er zu befolgen hat — und um andere, als diese hat er sich nicht zu kümmern, am allerwenigsten um einen ethischen Codex, der ihm vorschreibt, welche Apotheker-Mischung von Tugend und Laster seine Menschen haben müssen, und welche sittlichen Affecte er erwecken darf. Seine eigene sittliche Wesenheit wird ihn davor bewahren, selbst wenn er einen unsittlichen Charakter, einen unsittlichen Vorgang darstellt, deshalb auch unsittlich zu wirken, denn des Dichters Wesenheit durchdringt sein Werk. Wir haben das bei Zola am deutlichsten und am grellsten gesehen. Ist aber seine Wesenheit nicht sittlich oder gar unsittlich, dann wird es nur eine verlogene Moral sein können, die er predigt, und man wird den Pferdehuf unter der Kutte hervorlugen sehen. Nun aber habe ich den Namen Zola genannt und kehre wieder zu ihm zurück, vorausgesetzt, daß Sie kein Bedenken mehr haben."

„Doch noch eines," gab Frau von S. zurück, „und es liegt mir schon lange auf der Zunge. Sie weisen immer auf Shake-speare hin, als denjenigen, den wir uns als Muster nehmen sollen. Ich finde aber, daß der Aufbau von Shakespeare's Stücken — ich meine die vielen Verwandlungen — störend auf den Zuschauer wirkt, und daß nur das große Genie uns darüber hinwegzuhelfen vermag. Und ich denke mit Schrecken daran, daß minder geniale Dichter sich diesen Aufbau zum Muster nehmen könnten."

„Das wäre in der That auch schrecklich, und es ist sogar bis zu einem gewissen Grade unmöglich. Schon der Umstand, daß wir auf das Milieu, auf die Naturwahrheit der Ausstattung so großen Werth legen, zwingt uns, mit den Verwandlungen ökonomischer zu sein, denn sie brauchen meistens längere Zeit, wogegen sie bei dem Stande der Shakespeare'schen Bühne das Werk einer Secunde waren. Das ist aber nur ein ganz äußerlicher Grund, wenn auch ein für die dramatische Wirkung wesentlicher. Abgesehen hiervon aber haben wir gerade in Bezug auf die dramatische Composition im Laufe des letzten Jahrhunderts große Fortschritte gemacht, und dieses große Verdienst der Franzosen muß gebührend gewürdigt werden. Es ist vielleicht auch die einzige gute Wirkung des Classicismus, in welchen sie so lange formell eingeschnürt waren. Man konnte nicht gut aus dem spanischen Stiefel der Drei=Einheiten in den Pantoffel englischer Ungebundenheit gleiten und man hatte gar nicht das Bedürfniß dazu. Man fühlte den Drang und auch das Talent möglichst geschlossen zu componiren, und man gelangte darin zu solcher Meisterschaft, daß man die complicirtesten Intriguen durch Zusammendrängen der Begebenheiten in fünf Akte mit nur wenigen oder gar keinen Verwandlungen abspinnen konnte. Diese Meisterschaft wurde allmälig zur Virtuosität und schließlich legte man den hauptsächlichen Werth auf effectvolle theatralische Technik und verleugnete darüber die Naturwahrheit und die dramatische Wirkung. Damit aber sind wir glücklich dort angelangt, wo wir begonnen haben, bei der französischen Convention. Und wir können den letzten Schluß ziehen: Das möglichste Zusammendrängen der Begebenheiten in Bezug auf Zeit und Ort ist die Forderung der dramatischen Form, möglichste Nachahmung der Natur die Forderung der Poesie überhaupt, und aus der Vereinigung Beider erst geht das höchste und vollkommenste Werk der Kunst, das Drama hervor; das höchste und vollkommenste, weil es, dargestellt, die vollkommenste Nachahmung der Natur ist, die höchste künstlerische Wirkung erzielt.

„Beides zu vereinigen wird also das Ideal des dramatischen Dichters sein müssen, damit aber ist Ihre Frage, ob wir uns in der Form Shakespeare zum Muster oder auch nur zur Ausrede nehmen dürfen, wie ich denke, bündig und organisch beantwortet.

„Damit aber lassen Sie mich heute auch schließen, zumal Sie selbst müder sein dürften als ich es bin. Denn in der That ist das Anhören und geistige Aufnehmen so difficiler Erörterungen, wie ich sie Ihnen heute zumuthen mußte, anstrengender als das Vortragen derselben. Auch muß ich Sie um Entschuldigung bitten, daß ich von meinem eigentlichen Programme ein wenig abgewichen bin und anstatt nur von Zola, auch von Aristoteles und Lessing gesprochen habe. Zola thut es in seinen Büchern über den Naturalismus am Theater, in welchen er die von mir entwickelten Ansichten mit einziger Rücksicht auf das französische Theater ausführlich darlegt und den glänzendsten Feldzug gegen den Conventionalismus führt, natürlich nicht. Die Franzosen haben heute keine Tragödie und Lessing existirt für Zola nicht, es war also kein Anlaß für ihn vorhanden, die Fragen von Furcht und Mitleid, tragischer Schuld und so weiter zu berühren. Wir aber müssen danach streben, auch in der Tragödie, nicht nur im Schauspiel und Lust= spiel einer neuen Blüthezeit vorzuarbeiten, und alles wegzu= räumen von alten Regeln, was dieser Entwicklung hin= derlich sein könnte. Dies ist nicht nur meine Entschuldigung, daß ich das Thema erörtert, es mußte mich auch rechtfertigen, wenn ich es gewagt, an der Autorität Lessing's zu rütteln. Ich bin dem Genie Lessing's zu größtem Dank verpflichtet, ich habe mich an ihm und fast nur an ihm gebildet, ich habe ihm blind geglaubt, ich habe ihn für unfehlbar gehalten. Und erst jetzt, da ich meine und Zola's Ansichten über die Berechtigung des Naturalismus in der Dichtkunst, in der dramatischen Dicht= kunst entwickelte, fand ich einen Widerspruch zwischen diesen Ansichten und dem, was mir von Lessing's Lehren im Geiste gegenwärtig war. Und nun schlug ich, irre geworden in meinen eigenen Ueberzeugungen, nach, um zu sehen, wie er motivirt, in wieferne sich diese widersprechenden Ansichten vereinigen lassen. Und da stieß ich denn auf all' die Widersprüche und Fehl= schlüsse, welche ich nun darzulegen mich für verpflichtet hielt, um der Sache willen, die mir immer über der Person, die mir über allen anderen Interessen steht."

Frau von S. lächelte. „Bei mir brauchen Sie sich deshalb nicht zu rechtfertigen," sprach sie, „denn ich weiß, daß es für Sie eigentlich nur drei große Männer giebt: Shakespeare, Lessing und Beethoven. Und des letzteren Septuor will ich Ihnen nun vorspielen, das wird uns beiden die Köpfe frei machen, denn ich wette, Ihnen brummt er ebenso wie mir!"

Elfter Abend.

——

„Ich bin Ihren weitläufigen theoretischen Ausführungen über das Theater, wie Sie und Zola es sich in Zukunft denken, mit großem Interesse gefolgt," begann Frau von S. unsere nächste literarische Plauderei, „dafür aber will ich heute entsprechend belohnt sein, indem Sie mich nun auch mit den dramatischen Werken Zola's bekannt machen. Oder sind Sie mit den Theorien noch nicht zu Ende?"

„Allerdings ließe sich über diesen Punkt noch sehr viel sagen, viel mehr als ich in wenigen Stunden erschöpfen könnte. Sie mögen das daraus ermessen, daß Zola außer dem diesbezüglichen, grundlegenden Aufsatz in dem Buche „Le roman expérimental" noch zwei stattliche Bände veröffentlicht hat, von denen der erste „Le naturalisme au théâtre" wieder in zwei Theile „Les théories" und „Les exemples" zerfällt, während der zweite Band „Nos auteurs dramatiques" sich einer eingehenden Kritik der dramatischen Werke der zeitgenössischen französischen Autoren von Victor Hugo bis auf Erckmann=Chatrian befleißigt, welcher eine Studie über das classische französische Theater vorausgeschickt ist. Dem Verfasser auf all' diesen Spuren zu folgen geht nicht gut an, es entbehrt für uns Deutsche auch einigermaßen des vitalen Interesses. Wohl aber glaube ich, daß es Sie interessiren wird, Emil Zola's eigene Bedenken gegen die Verwirklichung des naturalistischen Theaters kennen zu lernen, das heißt, jene Schwierigkeiten und Hindernisse, welche sich einestheils dem Schaffen naturalistischer Dramen von Seiten unserer Autoren, anderentheils der Anerkennung dieser Dramen von Seiten des Publikums — nach Zola's Ansicht — entgegenstellen dürften. Keine unüberwindlichen Schwierigkeiten und Hindernisse allerdings, aber immerhin solche, deren Ueberwindung viel Zeit und Arbeit kosten wird, weil sie von einer inneren Umwälzung bedingt sind.

„Für uns Deutsche spielt meiner Ansicht nach nur die erste Schwierigkeit eine große Rolle, die auf das Schaffen der dramatischen Werke bezügliche, und ich glaube am besten zu thun, wenn ich über diesen Punkt Zola selbst das Wort gebe. In seinen ‚Theorien‘ findet sich ein Aufsatz, überschrieben „Les Jeunes“ — Die Jungen — und dieser faßt seine Ideen in ebenso knapper als klarer und allgemein verständlicher Weise zusammen.

Zola schreibt:

Ich hörte eines Tages einen sehr geschickten dramatischen Faiseur sagen: ‚Man spricht uns immer von der Originalität der ‚Jungen;‘ aber wenn ein Junger ein Stück schreibt, so verwendet er dazu jeden abgenützten Faden, er häuft all die aus der Mode gekommenen Verwickelungen zusammen, welche wir selbst nicht einmal mehr verwenden wollen.‘ — Und man muß wohl gestehen, das ist wahr. Ich habe selbst beobachtet, daß die kühnsten Neulinge tief im gewöhnlichen Geleise einherschritten. Worin aber hat wohl diese nahezu allgemeine Verirrung ihren Grund? Man zählt zwanzig Jahre, man macht Anstalten, die Bühne zu erobern, man hält sich für sehr kühn und sehr neu; und dennoch zeigt sich fast immer, wenn man ein Drama oder eine Komödie zu Stande gebracht, daß man das Repertoire Scribes oder d'Ennery's geplündert hat. Es ist schon das Aeußerste, wenn es dem Autor gelang, die Situationen zu entstellen und zu verunstalten, welche er Jenen entlehnt hat. Und dennoch behaupte ich die vollkommene Unbewußtheit dieser Aehnlichkeiten, — man bildet sich sogar ein, einen ganz beträchtlichen Aufwand von Originalität gemacht zu haben. Die Kritiker, welche aus dem Theater eine Wissenschaft machen und die absolute Nothwendigkeit der theatralischen Mechanik behaupten, werden diese Thatsache mit den Worten erklären, daß man Schüler sein müsse, ehe man Meister wird. Ihnen erscheint es absolut nothwendig, daß man nur über Scribe und d'Ennery zur Kenntniß aller Feinheiten des Handwerks gelangt. Man studirt in ihren Werken das Gesetzbuch des Uebereinkommens. Die Kritiker selbst finden in dieser unbewußten Nachahmung den bestätigenden Beweis für ihre Theorien. Sie sagen, das Theater sei bis zu einem solchen Grade das reine Zimmermanns-Handwerk, daß die Neulinge gegen ihren Willen fast immer damit beginnen, die alten vergessenen Balken zu sammeln, um daraus ein Gerüst für ihre eigenen Werke zu machen.

Ich meinerseits ziehe aus dieser Erfahrung ganz andere Schlüsse. Ich bitte um Verzeihung, wenn ich mich selbst als Beispiel anführe; aber ich glaube, die besten Beobachtungen sind jene, welche man an sich macht. Warum kam ich, da ich mit zwanzig Jahren Pläne von Schau- und Lustspielen ersann, immer auf alte Theatereffecte? Warum zeigte sich mir jede Idee zu einem Stück in Gestalt von bekannten Combinationen, in einer Weise, welche nach der Bretterwelt roch? Die Antwort ist einfach; mein Geist war bereits erfüllt von den Stücken, welche ich spielen gesehen, ich glaubte bereits, das Theater sei ein Ort für sich, in welchem die Handlungen und die Reden gewaltsam einen anderen, und zwar einen im vorhinein bestimmten Weg nehmen müssen.

Ich erinnere mich meiner Jugend, welche ich in einer kleinen Stadt zugebracht. Das Theater spielte wöchentlich dreimal, und ich hatte eine Leidenschaft dafür. Ich versäumte das Essen, um der Erste bei der Pforte zu sein, vor Eröffnung der Kasse. Und in diesem engen Saale sah ich im Laufe von 5—6 Jahren das ganze Repertoire des Gymnase und der Porte Saint Martin. Eine beklagenswerthe Erziehung, deren unauslöschlichen Eindruck ich heute noch in mir fühle. Verdammter kleiner Saal! Dort habe ich gelernt, wie eine Person kommt und geht; ich lernte dort die Symmetrie der Scenenfolge, die Nothwendigkeit der sympathischen und moralischen Nothlügen, all die Abirrungen von der Wahrheit zu Gunsten einer Geberde oder einer Tirade; dort lernte ich das complicirte Gesetzbuch des ‚Uebereinkommens‘ kennen, dieses Arsenal von Drähten, welches bei uns das zu Stande brachte, was die Kritik mit dem absoluten Worte ‚das Theater‘ bezeichnet. Ich war damals wehrlos.

Man sollte den ungeheuren Eindruck, welchen das Theater auf den Geist eines der Schule kaum entwachsenen Jünglings ausübt, nicht für möglich halten. Man ist ganz frisch, man ist bildsam wie weiches Wachs. Und die stille Arbeit, welche sich in uns vollzieht, zögert nicht, uns diesen Grundsatz einzuprägen: Das Leben ist ein Ding, und das Theater ist ein anderes. Und daraus folgt, wenn man Theater machen will, handelt es sich darum, das Leben zu vergessen, und seine Personen nach einer besonderen Weise handeln zu lassen, deren Regeln man lernt.

Und nun wundere man sich noch, daß die Neulinge keine originellen Werke fertig bringen! Sie sind verdorben durch zehnjährigen Theaterbesuch. Wenn sie die Idee des Theaters wachrufen, so zieht eine lange Reihe von Vaudevilles und Melodramen an ihnen vorbei und richtet sie zu Grunde. Sie haben die Ueberlieferung im Blut, und um sich von dieser verabscheuenswerthen Erziehung zu befreien, bedarf es langer Anstrengungen. Ich glaube bestimmt, daß ein junger Mann, welcher nie den Fuß in ein Schauspielhaus gesetzt hat, eher im Stande wäre, ein originelles Stück zu schreiben, als ein anderer, dessen Geist den Eindruck von hundert Vorstellungen empfangen hat.

Und man erräth sehr wohl daraus, wie sich die theatralische ‚Convention‘ bildet. Es ist, so zu sagen, eine andere Sprache, die man sprechen lernt. In reichen Familien hat man eine englische oder deutsche Gouvernante, deren Aufgabe es ist, ihre Sprache mit den Kindern zu sprechen, so daß sie dieselbe lernen, ohne dessen selbst gewahr zu werden. Und in derselben Weise geht die theatralische Convention in uns über. Unbewußt überlassen wir uns derselben wie einer ganz selbstverständlichen und natürlichen Sache. Sie packt uns als ganz junge Leute und läßt nicht mehr von uns. Und uns erscheint es nun nothwendig, daß man sich auf den Brettern anders gebe, als im täglichen Leben. Wir gelangen sogar dahin, gewisse Dinge als speziell dem Theater eigen zu bezeichnen. „Das — das gilt für die Bühne,“ sagen wir, und unterscheiden solchermaßen zwischen dem was ist und zwischen dem, was wir angenommen haben.

Das Schlimmste aber ist, daß diese Phrase: ‚ça, c’est du théâtre!‘ beweist, bis zu welchem Punkte der simplen Mache wir unser nationales Theater erniedrigt haben. Hätte wohl zu den Zeiten Molières, oder Racine’s irgend ein Kritiker es gewagt, ihre Meister-Werke zu loben mit den Worten: ‚c’est du théâtre!‘ ‚Das ist bühnengerecht?‘ — Ich wiederhole noch einmal: Daß wir so tief gesunken, kommt daher, weil die Intrigue und das Handwerk in unserer dramatischen Literatur Alles erdrücken. Der Theater-Codex, welchen der allgemeine Geschmack aufgestellt hat, ist kaum hundert Jahre alt, und ich werde wüthend, wenn ich sehe, wie man ihn für ein höheres unwandelbares Gesetz ausgiebt, das immer war und immer sein wird. Wenn man sich damit begnügen wollte, diesen vorgeblichen Kodex für eine vorübergehende Formel an-

zufehen, welche morgen durch eine andere Formel verdrängt werden
wird, dann allerdings wäre die Sache richtig und man hätte keinen
Grund, sich zu erzürnen.

Uebrigens kann man immerhin zugeben, daß die fragliche Formel,
welche gegenwärtig im Absterben begriffen ist, von Männern erfunden
wurde, die Gewandtheit und Geschmack besaßen. Den europäischen Erfolg gewahrend, welchen diese Formel errang, konnten sie wohl einen
Augenblick glauben, sie hätten das Theater erfunden, das alleinige, das
einzige. Alle benachbarten Nationen haben seit fünfzig Jahren unser
modernes Repertoire geplündert und von nichts gelebt, als von unseren
dramatischen Nichtigkeiten. Und das kommt daher, daß die Formel
unserer Dramaturgen und unserer Vaudevillisten dem großen Haufen
behagt, weil sie denselben bei der Neugier und dem rein äußerlichen
Interesse faßt. Im Uebrigen ist's aber doch nur eine seichte Literatur,
von leichter Verdaubarkeit, die keine große Anstrengung ihres Verständnisses erfordert. Der Feuilletonroman hatte einen ähnlichen Erfolg in
Europa.

Ganz gewiß, wir dürfen nicht stolz sein — nach meiner Meinung
— auf die Vorliebe Rußlands und Englands zum Beispiel für unsere
jetzigen Stücke. Diese Länder entlehnen uns auch die Moden unserer
Frauen, — und man weiß, daß es nicht eben unsere besten Schriftsteller sind, welche dort applaudirt werden. Hatten die Russen und
Engländer jemals den Gedanken, unser classisches Repertoire zu übersetzen? Nein. Aber sie sind vernarrt in unsere Operetten. Ich wiederhole es: Der Erfolg unserer modernen Stücke in Europa kommt gerade
von ihren mittelmäßigen Qualitäten — ein glückliches Gaukelspiel, ein
Räthsel, das man zu errathen giebt, ein modisches Spielzeug, von
leichter Faßlichkeit für alle Bildungsgrade und für alle Nationalitäten.
Uebrigens werde ich bei den Fremden selbst mein letztes Argument
gegen die falsche Annahme irgend eines Absoluten in der dramatischen
Kunst entlehnen. Man muß das russische und das englische Theater
kennen. Die russische Literatur weist einige ausgezeichnete Dramen auf,
welche sich mit einer höchst charakteristischen Originalität der Formen entwickeln; und ich brauche wohl nicht zu erwähnen, welch' packende Gewalt, welch' freier Geist die englische Bühne beherrscht.

Freilich haben wir diese Völker mit unserem Spielzeug à la Scribe
angesteckt, aber ihre National-Theater sind nichtsdestoweniger da, um
uns zu zeigen, was man wagen darf.

Unbedingt aber beweisen die dramatischen Hauptwerke der anderen
Nationen, daß unser zeitgenössisches Theater, weit davon entfernt, eine

absolute Formel zu bedeuten, nichts Anderes ist als ein wohlfrisirtes Bastard-Kind. Es ist der Ausdruck eines Verfalles, es hat all' die Rauhheiten des Genies eingebüßt und rettet sich nur durch die Anmuth einer geschickten Mache.

Und es ist die höchste Zeit, es wieder zu stählen in den Quellen der Kunst, in dem Studium des Menschen und in der Achtung vor der Naturwahrheit.

„Wie Sie sehen, nimmt Zola kein Blatt vor den Mund. Das französische, das in ganz Europa gefeierte und speciell den deutschen Autoren als Muster hingestellte französische Theater stellt er als ‚wohlfrisirtes Bastardkind‘ an den Pranger. Mit wuchtiger Faust zerschlägt er die niedlich geformte Nuß und zeigt uns, daß sie innen leer ist, ohne Kern, ohne Saft, ohne Kraft. Und wohlbedacht weist er die eitlen, bewunderten Franzosen an, bei den genialen, freien Schöpfungen der dramatischen Kunst anderer Nationen in die Schule zu gehen, den ganzen landläufigen theatralischen Formenkram über Bord zu werfen, und ganz neu zu beginnen: als Vorbild die Natur, die Wahrheit, die Dinge, wie sie wirklich sind, und nicht, wie wir sie uns für den Theatergebrauch fälschen.

„Darin aber liegt eben die erste ungeheuer große Schwierigkeit für unsere Dichter, mit der ganzen Vergangenheit, mit diesem ganzen Formenkram, welcher sich in ihrer Vorstellung einge- nistet, zu brechen, nicht mehr theatralisch zu denken, sondern dramatisch. Denn so wie es leichter ist einen Menschen zum Schauspieler zu bilden, welcher noch nie auf der Bühne ge- standen, als einen solchen, der alle die tausend Unarten und Manierirtheiten unserer kleinen Provinz-Dawisons angenommen hat, ebenso — und Zola übertreibt hier in der That nicht — wird es einem Schriftsteller, der nie ein Theater gesehen hat, leichter sein, ein natürliches urwüchsiges Stück zu schreiben, mit bloßem Festhalten an den allgemeinen Regeln, welche die dramatische Form organisch in sich schließt, — als einem routi- nirten Autor, welcher in dem Momente, wo er nur an die Conception eines Stückes geht, schon bestimmte Schauspieler vor sich sieht, bestimmte Redewendungen hört, die Effect machen, an gewisse theatralische Situationen und Kniffe denken muß, weil er eben gar nicht anders mehr kann."

„Haben Sie an sich selbst auch schon diese Erfahrung gemacht?" fragte Frau von S. schalkhaft.

„Sie bringen mich mit dieser Frage in große Verlegenheit, da ich von mir nicht sprechen will. Aber ich kann Ihnen ja wohl kurz antworten. Allerdings habe ich, sobald ich mich an einen heiteren Stoff wagte, regelmäßig diese Erfahrung gemacht. Völlig unbewußt gerieth ich in der Situation aus dem Lustspiel in die Posse, in der Charakteristik aus der humoristischen Zeichnung in die Carricatur. Das ist mir aber um so auffälliger, als ich im ernsten Stück mich streng an die Natur zu halten vermag."

„Und Zola?"

„Zola befindet sich merkwürdiger Weise ganz genau in derselben Lage. Es liegen von ihm — abgesehen von den nicht von ihm dramatisirten Romanen „Nana" und „Assommoir," die ich nicht in Betracht ziehe, — drei Stücke vor: ein bürgerliches Trauerspiel „Thérèse Raquin" und zwei Lustspiele „Les héritiers Rabourdin" und „Le bouton de rose." Das erste dieser Stücke ‚Thérèse Raquin‘, welches er später, nachdem es auf der Bühne abgelehnt worden war, in einen vorzüglichen Roman umgestaltete, den man ganz mit Unrecht einen Schauerroman nennt, ist in der That das Muster eines naturalistischen Drama's."

„Und dennoch abgelehnt?" fragte Frau von S. lebhaft.

„Nicht doch! Eben darum abgelehnt! müssen Sie sagen. Und hier eben berühren wir die zweite Schwierigkeit, welche der Geltendmachung des naturalistischen Drama's entgegensteht: das Publikum. Das Publikum, welches die unmittelbare, ungeschminkte Wahrheit von der Bühne herab noch nicht verträgt, das Publikum, welches selbst die Bühne noch für einen Ort für sich hält, an dem eine gewisse Schönfärberei, ein Mildern, und Abschwächen, — mit einem Wort die ‚Convention‘ herrschen muß: an welchem es nicht so zugehen darf, wie in der Wirklichkeit. In dieser Beziehung nun ist das französische Publikum allerdings noch viel verweichlichter und verwöhnter als das unsere, weil es nur ausnahmsweise Shakespeare'sche Dramen sieht,

und ich glaube darum auch, daß wir hier leichteres Spiel haben
werden, wenn es auch immer einen Kampf kosten wird. Und
darum halte ich es auch nicht für ganz unmöglich, daß Zola's
‚Thérèse Raquin‘ an einem guten deutschen Theater mit Erfolg
aufzuführen wäre. Doch urtheilen Sie selbst — ich werde Ihnen
den Inhalt des Stückes möglichst präcis exponiren:

„Thérèse Raquin ist halb gegen ihren Willen mit Camille,
dem kränklichen, verwöhnten und im höchsten Grade selbstsüchtigen
Sohn der Wittwe Raquin verheirathet worden. Alles, was das
Weib vom Manne in der Ehe zu fordern das Recht hat, ist ihr
versagt, sie hat nur die Pflichten einer Krankenpflegerin zu er=
füllen und wenn sie diesen nicht vollkommen genügt, so ist sie
den unbilligsten Vorwürfen von Mutter und Sohn ausgesetzt.
Solches Weib ist natürlich mehr als jedes andere der Gefahr
ausgesetzt, in heftiger Leidenschaft für einen andern Mann zu
entbrennen — und auch Thérèse erliegt dieser Gefahr. Laurent,
Camille's Jugendfreund, der viel im Hause Raquin verkehrt —
und zwar mit Willen Camille's und seiner Mutter — ist dieser
Mann, und während Thérèse den Ihrigen gegenüber Widerwillen
gegen ihn heuchelt und sich über die Bevorzugung beklagt, welche
Laurent zu ihrem Nachtheil im Hause zu Theil wird, drängt ihr
ganzes Wesen zu ihm hin, und kaum allein gelassen mit ihm,
hängt sie an seinem Halse, schwelgt sie in seinen Küssen. Doch
diese Momente stets gefährdeten Beisammenseins sind den Lieben=
den nicht genug, sie wollen sich immer haben, und den Mann
drängt dieser Wunsch auf die Bahn des Verbrechens. Am Schluß
des ersten Acts wird zwischen Camille und Laurent die Verab=
redung zu einer Kahnfahrt auf der Seine getroffen, an welcher
auch Thérèse Theil nehmen muß, und wir wissen, daß diese Kahn=
fahrt den Tod Camille's bedeutet. Und auch Thérèse weiß es,
und hindert es nicht.

„Diese Exposition ist von einer ganz unwiderstehlich packen=
den Gewalt, und so sehr wir uns abgestoßen fühlen durch die
gräßlich drohende Perspective, so fühlen wir uns dennoch wie
von einer unsichtbaren Macht gezwungen, dem Dichter in den
schwindelnden Abgrund zu folgen, den er vor uns aufgethan.

Denn daß es sich hier nicht um eine gewöhnliche Mordgeschichte, sondern um ein psychologisches Problem handelt, das erkennen wir sofort aus der Anlage des Charakters der Thérèse. „Wittwe!" sagt sie nach einer stürmischen Unterredung mit Laurent, in welcher dieser ihr die Glückseligkeit geschildert hat, wenn sie plötzlich Wittwe würde, — und in diesem einzigen Worte liegt eine Reihe von Gedanken, welche den Zwiespalt ihrer Seele kennzeichnen: der Wunsch, Wittwe zu werden, die Billigung, es durch einen Gewaltact zu werden, und doch wieder die Abwehr, von diesem Gewaltact zu wissen. Und hierin liegt auch der Keim zum Conflicte des Stückes, nicht in der brutalen Thatsache. Was Laurent mit Camille beginnt, ihr gilt es gleich, und sie würde nie danach forschen, — doch Laurent macht sie zur Mitwisserin, zur Zeugin seiner That, dadurch aber belastet er ihr sein organisirtes Gewissen, und nun leidet sie unter dieser Mitwissenschaft, und leidet um so mehr, als sie sich schuldlos sprechen will, aber es nicht kann. Und wird ihr in Folge dessen einerseits Laurent verhaßt, so übt sie andererseits ihre dämonische Macht auf ihn aus, indem sie nun auch sein schwerfälligeres Gewissen aufrüttelt und die Empfindlichkeit desselben allmälig bis zur Ueberspannung und Gespensterfurcht steigert. Und nun tritt der Rückschlag auch bei Laurent ein, der sich überdies dadurch, daß Thérèse ihm in der Hochzeitsnacht und auch späterhin ihren Besitz versagt, um den Preis seiner schrecklichen That betrogen sieht: — auch er beginnt Thérèse zu hassen. Was sie vereinen gesollt, wird zum schauerlichen Abgrund, der sie trennt, und ihr Haß wird durch die Furcht vor der dritten Mitwisserin des Verbrechens, vor der Wittwe Raquin, noch genährt. Diese hat in der grauenvollen Hochzeitsnacht durch Zufall, doch durch einen vom Dichter wohl vorbereiteten und psychologisch wohl motivirten Zufall von dem schrecklichen Geheimniß Kenntniß erhalten, wurde aber durch diese, für eine zärtliche Mutter geradezu entsetzliche Offenbarung vom Schlage gerührt und ist seitdem völlig gelähmt, der Sprache und Bewegung beraubt. Das unheimliche Feuer allein, welches in den Augen der Greisin glimmt, giebt Zeugniß, daß das Leben noch nicht erloschen, und es bedroht gleichzeitig in erschreckender Weise die beiden Schuldigen. Allerdings scheint die Gefahr, von ihr verrathen zu werden, ferne zu liegen, — urplötzlich aber tritt sie ihnen auf die Fersen, da die Wittwe eines Abends den Gebrauch einer Hand wiedererhält. Nun kann sie schreiben, wenn auch nicht sprechen. Und sie beginnt wirklich, in Gegenwart Fremder, auf dem Tische Schriftzeichen zu machen: ‚Thérèse und Laurent haben . . .‘ Weiter kann sie nicht oder — will sie nicht. Doch nun wissen Beide, daß sie jeden Augenblick den Gerichten überliefert werden können. Und dieses Bewußtsein versetzt sie in die furchtbarste Aufregung. Jedes will sich entlasten, jedes wälzt die ganze Schuld auf das Andere, jedes der beiden unglücklichen Geschöpfe droht dem andern, zu Gericht zu gehen — und keines hat den Muth dazu. Jedem ist das Weiterleben des Andern unerträglich, jedes denkt daran, sich von dem Andern zu befreien, und im selben Augenblick überraschen sie sich bei diesem Gedanken, bei der Ausführung desselben, und schaudernd lassen sie die erhobenen Arme sinken. ‚Erinnere Dich, Laurent,‘ sagt Thérèse, ‚mit was für heißen Küssen wir begonnen haben, und nun stehen wir einander drohend gegenüber mit Gift und Dolch!‘ — Eine furchtbare Wandlung der Gefühle, der Verhältnisse. — Und in diesem Augenblick macht Madame Raquin Miene zu sprechen, sie bewegt die Lippen, — und mit dem offenen Messer stürzt Laurent gegen sie. Die Greisin aber richtet sich langsam auf und ruft: ‚Mörder meines Kindes, wage nun auch die Mutter zu tödten!‘ Und da sich Thérèse ihr nun zu Füßen wirft und fleht: ‚Gnade! Liefere uns nicht den Gerichten aus!‘ sagt die alte Frau mit furchtbarem Hohn: ‚Ich dachte daran, doch die menschliche Gerechtigkeit wäre zu schnell. Ich will Euch langsam verkommen sehen, hier in diesem Zimmer, aus dem ihr mir all mein Glück geraubt! Ich werde Euch der Gerechtigkeit nicht ausliefern; Ihr gehört mir, mir allein, und ich bewache Euch!‘

„Diese Straflosigkeit erscheint jedoch den davon Betroffenen zu schwere Strafe.

„„Wir richten uns und wir verurtheilen uns!‘ ruft Thérèse und trinkt von dem bereitgehaltenen Gift — Laurent folgt ihrem

Beispiel — Beide sinken todt zu den Füßen der Wittwe Raquin nieder. —

„Niemand wird leugnen, daß dieses Sujet in seiner emi= nenten Vertiefung und in seiner ebenso lebenswahren als logi= schen Entwickelung und Steigerung hochdramatisch ist, daß es ethische Wirkungen anstrebt und erzielt in so hohem Grade, daß es wohl im Stande wäre, zwei Menschen, welche in ihrer blin= den Leidenschaft Aehnliches planen, wie Laurent und Thérèse ausgeführt haben, von der Ausführung dieses Planes abzuhalten. Zola giebt uns hier wirklich „l'homme tout entier,“ und im scenischen Aufbau sowohl wie in der Gruppirung und Ver= werthung der Nebenfiguren hält er sich in diesem Stücke streng an die Natur, er lauscht ihr die intimsten Züge ab und ver= werthet sie auf seinem Bilde. Nichts thut er der Theater= wirkung, nichts dem Publikum zu Liebe. Und insofern darf dieses Stück in seiner Art als Musterleistung anerkannt werden, als ein Werk, in welchem der Verfasser seine dramaturgischen Grundsätze verkörpert.“

Frau von S. schüttelte sehr bedenklich den Kopf.

„Sie mögen dies Stück loben, wie Sie wollen,“ sprach sie abwehrend, „ich möchte es doch nicht sehen. Es ist zu erschüt= ternd, zu haarsträubend. Das liegt aber wohl nicht am Stück, nicht an der Mache, sondern am Stoff!“

„Das erwartete ich zu hören, und doch sage ich Ihnen: am Stoffe liegt's nicht, es liegt am Costüm. Resumiren wir ein= mal die Handlung von Shakespeare's „Hamlet‘, um eines der beliebtesten Shakespeare'schen Stücke zu nennen, und ändern wir darin nur das Eine, daß wir aus den Königen, Königinnen und Großen, die da agiren, Bürgersleute von heute machen .... wir werden das Stück nicht mehr ansehen können, — es würde uns in dieser Form allzusehr ins Mark gehen. Oder versuchen wir das Umgekehrte: machen wir aus der Krämerin Madame Raquin eine Königin, aus Camille ihren Sohn und Mitregenten, aus Thérèse eine Prinzessin von Geblüt, aus Laurent einen Cavalier bei Hofe und desgleichen aus den anderen Figuren Höflinge, und verlegen wir die Handlung ein paar Jahrhunderte zurück, — Niemand wird Bedenken tragen gegen Stoff und Stück. Und ebenso würden wir z. B. Hebbel's ‚Maria Magdalena' als historisches Stück im ‚Costüm' sehr wohl goutiren, während es uns jetzt abstößt. Vertragen wir ja doch selbst ‚Othello' mit seinen Mordscenen. Othello ist durch den Schurken Jago irregeführt und erwürgt darum sein engelreines Weib! Man versuche diese Handlung in einem modernen Stück wieder-zugeben — den Mohren kann man ja als bürgerlichen Mohren behalten, als reichen Kaufmann zum Beispiel; — ob das Publikum noch applaudiren wird? Oder man degradire die Personen in Lessings ‚Emilia Galotti' und lasse die Handlung auf einer Villa bei Wien oder Berlin spielen. All' das wird unmöglich sein. Denn wenn ein Dichter es heute wagen will, uns die Menschen vorzuführen, wie sie wirklich sind, wie sie wirklich fühlen und handeln, fehlen und fallen, — wenn er uns Wahrheit zeigen und sagen will, so muß er sie wenigstens anders kleiden als wir herumgehen und sie in längst vergangener Zeit leben lassen. Dann sind Incest, Vater- und Brudermord, und welche Verbrechen sonst noch beliebt werden, gestattet, — in unserer Zeit, in unserer Kleidung darf ein Dichter seine Personen die Wahrheit nur streifen lassen; der — Ehebruch ist das einzige theaterfähige Verbrechen, er ist eben so allgemein, daß man nichts Schlimmes mehr dahinter sieht, er ist — das moderne Ver-brechen. Und die Mode sanctionirt sogar dieses. Auf diese letzte Convention des fremdartigen Costüms und der vergan-genen Zeit wollen wir eben absolut nicht verzichten: auf dem Theater wenigstens nicht, wenn wir uns auch in Romanen die grellste Wahrheit bereits im modernsten Costüme bieten lassen: wofür Zola's ‚Thérèse Raquin' einen drastischen Beweis liefert, welche als Roman viel gelesen wurde und verschiedene Auflagen erlebte."

„Und wie erklären Sie mir das?" fragte Frau von S. sehr gespannt.

„Der Grund dieser so auffälligen Erscheinung, daß wir von der Bühne herab im Allgemeinen schwere Conflicte, wie sie das menschliche Leben, die menschliche Seele in Fülle birgt, uns

17

im Gewande unserer Zeit nicht bieten lassen wollen, liegt in der
grellen Wirkung, die Alles von der Bühne herab auf uns ausübt und welche zu ertragen wir noch zu verweichlicht sind. Auf
der Bühne lebt eben alles wirklich, es nimmt Fleisch und Blut
und volle Körperlichkeit an, und darum wollen wir, um durch
den Eindruck nicht allzutief getroffen zu werden, eine gewisse
Entfernung zwischen uns und dem vor uns sich entrollenden
Bilde haben, — eine ideale Entfernung. Wir wollen belogen
sein darüber, daß Aehnliches in unserer Zeit geschehen kann
und geschieht. Und dies wird eben erreicht durch ein Zurück-
verlegen der ganzen Handlung in eine andere Zeit, unter andere
Menschen, mit anderen Sitten und Bräuchen, in anderem Gewande. Und daß Zola diese Forderung nicht beachtete, nur das
erklärt den Mißerfolg seiner ‚Thérèse Raquin‘ im Theater. Sie
dürfen mich übrigens nicht mißverstehen. Ich stelle das Sujet
dieses Stückes nicht als mustergiltig hin, wohl aber will ich
zeigen, daß ebensowenig eine Berechtigung vorliegt, dieses Sujet
an und für sich zu verwerfen, als das Sujet in ‚Hamlet,‘
‚Othello‘ und anderen classischen Dramen. Dies aber umsoweni-
ger, als Zola in der Gestaltung seines Stoffes große psychologische Schärfe, überraschendes, technisches Geschick und eine
überwältigende dramatische Kraft geoffenbart hat. Und wenn
Sie erlauben, werde ich Ihnen durch Reproduction einiger Scenen
aus ‚Thérèse Raquin‘ einen Beleg für diese meine Ansicht liefern.
Ich wähle hiezu den Schluß des ziemlich kurzen dritten Actes.
Dieser Act spielt in der Hochzeitsnacht, ein Jahr nach der
Ermordung Camille's. Es ist drei Uhr Morgens. Die alte
Frau Raquin und die Brautjungfer haben Thérèse verlassen,
welche sich vor dem brennenden Kaminfeuer niederläßt. Laurent,
noch im Hochzeitsstaat, tritt leise ein, schließt die Thür und
nähert sich ihr mit sichtlicher Befangenheit.

Laurent: Thérèse, meine Geliebte . . .

Thérèse (stößt ihn zurück): Nein! Laß mich! Mir ist kalt!

Laurent (nach einer Pause): Nun sind wir endlich allein, meine
Thérèse, fern von den Andern, und dürfen uns lieben . . . Das Leben
gehört uns, dies Zimmer gehört uns, und Du gehörst mir, theures

Weib, weil ich Dich erobert habe und weil Du Dich mir gerne geben wolltest. (Er sucht sie zu umarmen.)

Thérèse: Nein, jetzt nicht, mich schüttelt ein Frost.

Laurent: Armes Herz! . . . Gieb Deine Füße, daß ich sie in meinen Händen erwärme. (Er kniet vor ihr nieder und will ihre Füße ergreifen, welche sie aber zurückzieht.) Die Stunde ist endlich da. Erinnere Dich . . . ein Jahr bereits warten wir, ein Jahr arbeiten wir an dieser Liebesnacht. Sie thut uns aber auch noth, nicht wahr? sie soll uns für alle unsere Klugheit entschädigen und für all' das, wovon Du weißt, für unsere Leiden, für unsere Seelenangst . . . .

Thérèse: Ich erinnere mich . . . Bleib' nicht auf den Knieen. Setz' Dich einen Augenblick. Wir wollen plaudern.

Laurent (sich erhebend): Warum zitterst Du? Ich habe die Thür geschlossen und ich bin Dein Gatte . . . Ehemals, wenn ich kam, zittertest Du nicht; Du lachtest, Du sprachst laut, auf die Gefahr hin, daß wir überrascht würden. Und jetzt sprichst Du mit gedämpfter Stimme, wie wenn Jemand an der Wand uns belauschte . . . Nicht doch! Wir können laut sein, lachen und uns lieben. Das ist unsere Hochzeitsnacht und Niemand wird uns stören.

Thérèse (erschreckt): Sag' das nicht! Sag' das nicht! . . . Du bist noch bleicher als ich, Laurent, und Deine Zunge stammelt, während sie all' dies spricht. Spiele nicht den Muthigen. Wart bis wir es wagen uns zu umarmen . . . Du fürchtest wohl den Eindruck eines blöden Liebhabers zu machen, wenn Du mich nicht einmal küssest. Du bist thöricht. Wir sind nicht Eheleute wie andere. Setz' Dich . . . Wir wollen plaudern. (Er geht rückwärts an ihr vorbei zum Kamin, wo er sich anlehnt, während sie in verändertem, gleichgiltigem Tone das Gespräch wieder aufnimmt.) Es wehte heute ein starker Wind.

Laurent: Ein sehr kalter Wind. Nachmittag ließ er ein wenig nach.

Thérèse: Ja wohl. Man sah schöne Toiletten auf den Boulevards. Nichtsdestoweniger werden die Aprikosenbäume klug thun, sich mit der Blüthe nicht zu beeilen.

Laurent: Die Märzfröste sind sehr schädlich für die Fruchtbäume. In Vernon, — Du erinnerst Dich doch? . . . . (Er hält inne. Beide stehen einen Augenblick in Sinnen verloren.)

Thérèse: In Vernon — da waren wir Kinder. (Wieder in gleichgiltigem Gesprächston.) Leg' doch ein Scheit in das Feuer. Es beginnt, behaglich zu werden. Glaubst Du wohl, daß es schon vier Uhr ist?

17*

Laurent (er sieht auf die Wanduhr): Nein, noch nicht. (Er geht nach links und setzt sich an's andere Ende des Zimmers.)

Thérèse: Es ist merkwürdig, wie lang die Nacht! ... Bist Du wie ich? ich fahre nicht gerne im Fiacre. Nichts ist dümmer als stundenlang so zu rollen. Mich schläfert's ein ... Auch verabscheue ich es, in einem Restaurant zu speisen.

Laurent: Man fühlt sich nirgends so wohl wie zu Hause.

Thérèse: Auf dem Lande, dagegen will ich nichts sagen.

Laurent: Man bekommt vortreffliche Dinge zu essen auf dem Lande ... Erinnerst Du Dich der Schenke am Flußufer ... (er steht auf).

Thérèse (springt gleichfalls auf; mit rauher Stimme): Schweig! Warum weckst Du die Erinnerungen? Ich höre sie gegen meinen Willen in Deinem und in meinem Kopfe toben, und das grausame Bild rollt sich vor uns auf ... Nein; sprechen wir nichts mehr, denken wir nichts mehr. Hinter den Worten, die Du sprichst, höre ich andere; ich höre was Du denkst, und was Du nicht sagst .... Nicht wahr? Deine Gedanken waren bei einem Ereigniß? Schweig! (Pause.)

Laurent: Thérèse, sprich! Ich beschwöre Dich! Dies Schweigen ist zu schrecklich! Sprich zu mir ...

Thérèse (setzt sich rechts, die Hände an die Schläfen gedrückt): Schließ' die Augen! Versuche Dich selbst zu vergessen.

Laurent: Nein, ich muß den Ton Deiner Stimme hören. Sag' mir etwas, — was Du willst, wie soeben, daß das Wetter schlecht ist, daß die Nacht lang ist ...

Thérèse: Ich denke trotzdem, — ich bin nicht im Stande, nicht zu denken. Du hast Recht, das Schweigen taugt nichts, und die Worte würden mir von selbst über die Lippen springen .... (sie sucht zu lächeln, mit heiterer Stimme) In der Mairie war es heute sehr kalt. Ich hatte ganz eisige Füße. Aber ich habe mir dieselben in der Kirche über einem Heizrohr gewärmt. Du hast das Heizrohr gesehen? Es war neben der Stelle, wo wir niederknieten.

Laurent: Ganz richtig ... Grivet blieb darauf stehen während der ganzen Ceremonie. Er hatte eine wahre Jubelmiene, dieser Teufels kerl von Grivet! Er sah sehr komisch aus, nicht wahr? (sie zwingen sich beide zu lachen.)

Thérèse: Die Kirche war ein wenig dunkel, in Folge des Wetters. Hast Du die Spitzen des Altartuches beachtet? Das sind Spitzen, wenigstens zehn Frank der Meter. Ich habe nicht so schöne in meinem Laden .... Die Weihrauchdüfte waren so süß, daß mir fast übel wurde ... Ich glaubte Anfangs, wir wären ganz allein in dieser großen leeren Kirche, und das gefiel mir (ihre Stimme nimmt allmälig eine düstere Färbung an) Dann ertönte Gesang — du mußtest es hören — in einer Kapelle, auf der andern Seite des Kirchenschiffs? ...

Laurent (zögernd): Ich habe Leute mit Wachskerzen gesehen, scheint mir.

Thérèse (von steigender Angst ergriffen): Das war ein Begräbniß. Als ich die Augen erhob, hatte ich vor mir das schwarze Tuch mit dem großen, weißen Kreuz ... (Sie erhebt sich und weicht langsam zurück.) Der Sarg wurde dicht bei uns vorbeigetragen. Ich habe ihn angesehen. Ein armer Sarg, kurz, eng, ganz dürftig; irgend ein erbärmlicher Todter, von Leiden abgezehrt ... (Sie ist bei Laurent angekommen und stützt sich auf seine Schulter, sie zittern alle Beide. Dann beginnt sie wieder mit leiser, leidenschaftlicher Stimme:) Du hast ihn gesehen — in der Morgue, Laurent?

Laurent: Ja.

Thérèse: Schien er viel gelitten zu haben?

Laurent: Furchtbar.

Thérèse: Er hatte die Augen offen und er starrte Dich an, nicht wahr?

Laurent: Ja, er sah wild aus, blau und aufgebläht vom Wasser. Und er lachte mit verzogenem Mundwinkel.

Thérèse: Er lachte, glaubst Du? ... Sag' mir, sag' mir Alles, sag' mir, wie er aussah ... In meinen schlaflosen Nächten hab' ich ihn niemals ganz deutlich gesehen, und ich hab' eine wahre Wuth ihn zu sehen.

Laurent (mit entsetzter Stimme, Thérèse schüttelnd): Schweig! Wach auf! ... Wir schlafen alle Beide ein. Wovon sprichst Du mir? Und wenn ich geantwortet habe, so habe ich gelogen. Ich habe nichts gesehen, nichts, nichts ... Was für ein blödes Spiel treiben wir da, wir Beide!

Thérèse: Ah! Ich fühlte wohl, daß uns die Worte wider Willen auf die Lippen steigen würden. Alles hat uns zu ihm zurückgeführt, die blühenden Aprikosenbäume, die Schenken am Ufer des Flusses, die ärmlichen Särge, welche vorübergetragen werden ... Geh! für uns giebt es kein gleichgültiges Gespräch mehr. Er ist am Ende aller unserer Gedanken.

Laurent: Umarme mich!

Thérèse: Ich hörte wohl, daß Du mir nur von ihm sprachst, und daß ich Dir nur von ihm antwortete. Das ist nicht unsere Schuld, wenn die häßliche Erinnerung sich unserer bemächtigt hat und wenn wir endlich mit lauter Stimme davon sprachen.

Laurent (will sie in die Arme nehmen): Umarme mich, Thérèse, unsere Küsse werden uns heilen. Wir haben geheirathet, um unser Gewissen in unseren Umarmungen zu beruhigen ... Umarme mich und laß uns vergessen, Geliebte!

Thérèse (stößt ihn zurück): Quäle mich nicht, ich bitte Dich. Noch einen Augenblick ... Beruhige mich, sei gut und heiter wie früher. (Pause. Laurent macht einige Schritte; dann geht er rasch durch die Thür im Hintergrunde ab, wie von einer plötzlichen Idee erfaßt.)

Vierte Scene.

Thérèse (allein): Er läßt mich allein ... Verlaß mich nicht, Laurent, ich gehöre Dir ... Er ist nicht mehr da und ich bin nun allein ... Die Lampe brennt matter, wie mir vorkommt. Wenn sie ganz auslöschen würde, wenn ich allein im Finstern bleiben müßte.... Ich will nicht allein sein, ich will nicht, daß es finster wird ... Warum auch habe ich ihm diesen Kuß verweigert? Ich weiß nicht, was ich hatte, meine Lippen waren kalt wie Eis, mir war, als würde mich dieser Kuß tödten ... Wo kann er hingegangen sein? (man klopft an die kleine Thür) Großer Gott! Das ist der Andere, der jetzt wiederkommt! der wiederkommt zu meiner Hochzeitsnacht! Hast Du ihn gehört? Er klopft an dem Bettgestell, er ruft mich auf das Kissen ... Geh fort! ich fürchte mich. (Sie bleibt schauernd stehen, die Hände vor den Augen. Es wird aufs Neue geklopft; allmälig beruhigt sie sich und lächelt.) Nein, nein, das ist nicht der Andere, das ist mein Geliebter, er, der soeben fortging ... Dank für Deinen guten Einfall, Laurent, ich erkenne Deinen Ruf. (Sie öffnet, Laurent tritt ein.)

„Zum besseren Verständniß dieser Scene muß ich einfügen, daß Thérèse ihren Geliebten früher immer durch diese kleine Thür empfing.

Fünfte Scene.
Laurent. Thérèse.
(Sie wiederholen genau dasselbe Spiel wie im Beginn der fünften Scene des ersten Actes.)

Thérèse: Du, mein Laurent! (Sie hängt sich an seinen Hals) Ich fühlte, daß Du kommen würdest, mein Geliebter, ich dachte Dein. Es ist lange her, daß ich Dich nicht so halten konnte wie jetzt, ganz für mich allein.

Laurent: Gedenkst Du's noch? Du hattest von mir Besitz genommen, bis in meine Träume. Und ich dachte immer, wie wir's beginnen, um uns nicht mehr zu trennen... In dieser Nacht ist der schöne Traum verwirklicht, Thérèse, Du liegst hier, an meiner Brust, für alle Zeit.

Thérèse: Das wird eine Freude ohne Ende sein, ein langes Lustwandeln in der hellen Sonne.

Laurent: Nun aber küsse mich, Geliebte!

Thérèse (reißt sich heftig aus seinen Armen, außer sich). Nein! Nimmermehr! — Wozu diese Komödie der vergangenen Zeit spielen? Wir lieben uns nicht mehr, das ist klar. Wir haben unsere Liebe getödtet. Glaubst Du etwa, daß ich nicht fühle, wie eiskalt Du in meinen Armen bist? Verhalten wir uns ruhig. Denn das Andere wäre grausam und gemein.

Laurent: Du gehörst mir und ich werde Dich heilen von Deiner nervösen Furcht. Grausam wäre es, uns nicht mehr zu lieben und anstatt des geträumten Glückes einer quälenden Angst zur Beute zu fallen... Komm', leg' nochmals Deine Arme um meinen Hals.

Thérèse: Nein, man soll sein Leiden nicht willkürlich hervorrufen.

Laurent: Begreife doch, wie lächerlich es ist, hier, wo wir so verwegenen Liebesglückes genossen, eine solche Nacht zu verbringen .. Es wird Niemand kommen.

Thérèse (mit Schaudern): Du hast das schon gesagt, wiederhole es nicht, ich bitte Dich ... Er könnte sonst doch kommen.

Laurent: Willst Du mich denn wahnsinnig machen?... (sie wendet sich nach links und er schreitet auf sie los) Ich habe Dich theuer genug erkauft, auf daß Du Dich mir nicht verweigern darfst.

Thérèse (sich wehrend): Gnade! ... Das Geräusch unserer Küsse würde ihn herbeirufen. Ich habe Furcht, Du siehst es ja, ich habe Furcht! (Laurent will sie umfassen, da erblickt er das [von ihm selbst gemalte] Portrait Camille's, über dem Buffet.)

Laurent (entsetzt): Sieh! Sieh! ... Camille! ...

Thérèse (mit einem Sprunge an seiner Seite): Ich habe Dir's gesagt ... Ich fühlte einen kalten Hauch in meinem Rücken ... Wo siehst Du ihn?

Laurent: Dort ... im Schatten ...

Thérèse: Hinter dem Bett?

Laurent: Nein, zur Rechten ... Er rührt sich nicht, er starrt uns an, lange, lange ... Er ist, wie ich ihn gesehen habe, bleich, besudelt, mit dem zu einem Lächeln verzogenen Mundwinkel.

Thérèse (gleichfalls hinsehend): Aber das ist doch sein Bild, was Du siehst!

Laurent: Sein Bild...

Thérèse: Ja, das Bild, welches Du selbst gemalt hast. Weißt Du noch?

Laurent: Nein, ich weiß nicht mehr. Du glaubst, das ist sein Bild? Ich habe aber seine Augen sich bewegen sehen. Halt, sie bewegen sich noch!... Sein Bild! Wohlan, so wollen wir es herabnehmen. Er stört uns mit seinem starren Blick.

Thérèse: Nein, ich wag's nicht.

Laurent: Aber ich bitte Dich darum.

Thérèse: Nein!

Laurent: Wir wollen es gegen die Wand kehren, dann werden wir uns nicht mehr fürchten und uns vielleicht umarmen können.

Thérèse: Nein... Warum gehst Du nicht allein hin?

Laurent: Weil seine Augen mich nicht verlassen. Ich sage Dir, seine Augen bewegen sich. (Er nähert sich langsam.) Ich werde den Kopf senken, und wenn ich ihn nicht mehr sehe... (er reißt das Bild mit einer wüthenden Bewegung ab.)

Sechste Scene.
Laurent. Madame Raquin. Thérèse.

Madame Raquin (auf der Schwelle der Thür): Was haben sie denn? Ich hörte schreien.

Laurent (hält noch immer das Bild und betrachtet es wider Willen): Es ist abscheulich. Er sieht aus, wie damals, als wir ihn in's Wasser geworfen hatten.

Madame Raquin: Gerechter Gott! Sie haben mein Kind getödtet! (Thérèse, starr, stößt einen Schreckensschrei aus. Laurent, entsetzt, wirft das Bild auf das Bett und weicht vor Madame Raquin zurück, welche stammelt:) Mörder! Mörder! (Sie wird von Athemnoth befallen, wankt bis zum Bett, will sich an einem der Vorhänge festhalten, welchen sie herabreißt, und bleibt einen Augenblick an die Wand gelehnt, leuchend und furchtbar anzusehen; Laurent, von ihren Blicken verfolgt, läuft nach rechts und flüchtet sich zu Thérèse.)

Laurent: Das ist die Krisis, von welcher sie bedroht war. Der Schlaganfall breitet sich aus und faßt sie an der Kehle.

Madame Raquin: (schreitet nochmals vorwärts mit dem Aufgebot ihrer letzten Kräfte). Mein armes Kind... Die Elenden! Die Elenden!

Thérèse: Entsetzlich!... Sie ist wie von einem Schraubstock erfaßt. Ich wage nicht, ihr zu helfen.

Madame Raquin: (rückwärts taumelnd, sinkt auf einen Stuhl links) Jammer... Ich kann... ich kann nicht mehr... (sie bleibt starr und stumm, die glühenden Augen auf Thérèse und Laurent gerichtet, welche schaudern.)

Thérèse: Sie stirbt.

Laurent: Nein, ihre Augen leben, ihre Augen drohen uns.... Oh! Daß doch ihre Lippen und ihre Glieder zu Stein würden.

(Der Vorhang fällt.)

„Nun, was meinen Sie zu Zola als Dramatiker?" Mit dieser Frage wandte ich mich, nachdem ich gelesen, zu Frau von S.

Doch der Beifall, den ich erwartet hatte, blieb aus. Frau von S. schüttelte nur noch energischer ihren Kopf und wiederholte, daß sie dieses Stück nicht sehen möchte, auch nicht im Costüm.

„Und doch bin ich überzeugt, daß die ethische Wirkung dieses Stückes in seiner unbitterlichen psychologischen Wahrheit eine urgewaltige sein muß: eine ähnlich starke, wie jene der alten Griechentragödie gewesen sein mag, von welcher uns Schiller in seinen „Kranichen des Ibykus' erzählt. Dennoch aber wollten Sie, dennoch will das Publicum von diesem Stücke nichts wissen. Was beweist das? Entweder, daß wir in der That sehr verweichlicht sind, oder daß die stärksten ethischen Wirkungen, welche ein Kunstwerk erzielen kann, uns nicht entschädigen können für einen Mangel an Schönheitswirkung, welche demselben innewohnen soll. Diese Schönheitswirkung, wir haben sie außer in ,Nana' bisher in keinem der Zola'schen Romane vermißt, wir vermissen sie aber in seinen Dramen. Auch in den Heiteren. Das aber scheint mir darin seinen Grund zu haben, daß Zola sich allzusehr zum Epiker entwickelt hat, um auch in der knappen Form des Drama's sich ganz ausleben zu können. Die Rauhheiten seines Genie's, nicht gemildert durch die Liebenswürdigkeiten der Detailgebung, berühren uns nur um so schroffer und verletzen uns sogar. Zola dürfte als Dramatiker nur sehr zahme Stoffe behandeln, und dann fürchte ich, würde er mittelmäßige Stücke liefern. Oder aber wir müssen mit etwas stärkeren Nerven an die Lectüre und vollends an das Schauen seiner Stücke gehen."

Frau von S. unterbrach mich.

„Sind denn auch," fragte sie, „seine Lustspiele so stark wirkend?"

„Eines allerdings, wie Sie sich sofort überzeugen werden. Was aber das Schlimme ist, hier schlägt dem Dichter auf Schritt und Tritt der in der Convention aufgewachsene Faiseur in's Genick. Bei dem ersten Stücke: „Les héritiers Rabourdin" zeigt sich das schon in der Stoffwahl, welche den Autor geradezu zwingt im Rahmen der hergebrachten Komödie zu bleiben. Rabourdin ist ein kleiner Geschäftsmann, der sich mit sechzig Jahren zur Ruhe gesetzt hat und fälschlicher Weise des Rufes genießt, er sei ein reicher Mann. Es finden sich daher eine Menge theilnehmender Verwandten, welche alle auf die große Erbschaft hoffen, und ihr zu Liebe den alten Rabourdin mit Liebe und Geschenken überhäufen: auf der anderen Seite aber ihren Credit darauf fußen, daß sie Aussicht auf diese große imaginäre Erbschaft haben. Rabourdin läßt sich nun diese eigennützigen Wohlthäter von Herzen gern gefallen, und ohne Zweifel würde er dieselben noch lange ausnützen, wenn nicht seine Dienerin Charlotte nicht nur hinter sein Geheimniß, sondern auch dahinter gekommen wäre, daß Rabourdin auch ihr Heirathsgut verthan habe, das ihm als ihrem Vormund anvertraut war. Um nun zu ihrem Gelde zu kommen, zwingt sie Rabourdin sich todtkrank zu stellen, und weiß dann glücklich einer der Erbinnen den genannten Betrag zu entlocken unter dem Vorwande, sie habe das Testament gelesen und wisse bestimmt, daß die Betreffende als Universalerbin eingesetzt sei. Mittlerweile aber quälen den alten Rabourdin seine theilnahmsvollen Erben derart, daß es ihm endlich zu rund wird und er aufhört den Todtkranken zu simuliren. Anderseits aber wird die vielverheißende Kasse, die immer vor aller Augen steht, geöffnet und bis auf den Boden leer gefunden. Natürlich ist die Enttäuschung und die Wuth groß, doch am Ende bleibt nichts übrig, als die ganze Erbschaftskomödie mit Rücksicht auf die Gläubiger weiterzuspielen. Und dementsprechend schließt das Stück mit der Versöhnung Rabourdin's und seiner Erben. —

„Diese Idee ist gewiß nicht ohne Originalität und einen stark ironischen Zug; dabei aber fehlt eben in Folge des Umstandes, daß alle Leute in dieser Komödie Komödie spielen, der Entwicklung der Charaktere jene frische Naturwahrheit, welche wir gerade bei Zola am wenigsten entbehren mögen. Und dann ist nicht eine interessante Figur darunter, lauter kleinliche, nach kläglichem Gewinn haschende Individuen. Selbst die Dienerin Charlotte ist eine Schelmin, und alle Bemühungen des Verfassers, sie zur sympathischen weiblichen Hauptfigur zu machen, verfangen nicht. Sie zieht die Dräthe, die Anderen tanzen danach, — man empfängt nicht den lebensvollen Eindruck eines natura= listischen, sondern den mechanisch=todten eines Marionettentheaters. Und wir können wohl über Einzelnes lächeln, wir können aber nicht herzlich lachen.

„Ganz anders ist die Wirkung des dritten Lustspieles „Le bouton de rose." Es regt unwiderstehlich zur Heiterkeit an durch die Tollheit seiner Einfälle, durch die naive Verwegenheit, mit der Zola hier Alles wagen zu dürfen glaubt in seinem naturalistischen Fanatismus. Nicht aber hieran stoße ich mich, sondern daran, daß er gerade in dem tollsten, was er sich erlaubt, nicht naturwahr ist, so zwar, daß ich ihm fortwährend zurufen muß: Ça — c'est du théâtre! Ursprünglich als Lustspiel gedacht, ist aus dem Stück, mit welchem Zola etwas ganz Besonderes geben wollte, eine tolle, echt französische Farce geworden, welche eben ihrer unerlaubten Tollheit wegen mit vollem Recht in Paris ausgepfiffen wurde.

„Wenn Sie sich die Ohren zuhalten wollen, werde ich Ihnen den Inhalt unter der Blume erzählen. . . ."

Frau von S. lachte.

„So arg ist die Sache? Dann werde ich lieber gar nicht zuhören?" fragte sie.

„Halten Sie das, wie Sie wollen. Ich erzähle:

„Le bouton de rose" ist aus einer Erzählung Balzac's: „Le frère d'armes" herausgearbeitet. Es handelt sich in dieser darum, daß ein junger Officier, der nach Piemont reisen muß, seine reizende junge Frau seinem Waffenbruder, dem Sieur de

Lavallière, in Obhut giebt. Dieser ist ein Ehrenmann und
nimmt die Sache ernst. Marie d'Annebault dagegen, die junge
Frau, versucht erst durch ausgesuchte Coquetterie den Braven zu
ködern, „auf daß er der Freundschaft zum Vortheil der Galanterie
untreu werde." Und da sie damit nicht zum Ziele gelangt, wird
sie ernstlich toll verliebt in Lavallière, welcher sich schließlich gar
nicht mehr zu retten weiß. Und nur mit Hilfe einer helden=
müthigen Lüge gelingt es ihm, dem zurückkehrenden Freunde
sein Weib „unberührt am Körper, wenn auch nicht im Herzen"
zurückzugeben.

„Nun räumt Zola selbst ein, daß an diesem Sujet wesent=
liche Aenderungen vorgenommen werden müßten, um es bühnen=
fähig zu machen. Und er geht sogar noch weiter, er will dem
Stücke noch eine moralische Idee zu Grunde legen, wonach man
Frauen nicht bewacht, sondern wonach sie sich selbst bewachen.
Die Valentine seines „bouton de rose" denkt also nicht daran,
ihren Gatten, der ihr am Abend der Hochzeit selbst entzogen
wird, zu betrügen. Ein Betrug könnte ja ohnedies bei solchem
Stande der Dinge nicht verborgen bleiben. Valentine fühlt
auch nicht die geringste Neigung für den Lebemann Ribalier,
den Hüter ihrer jungfräulichen Ehre. Wohl aber steckt genug
weibliche Teufelei in ihr, um diesem Ribalier in jeder möglichen
Weise die Hölle heiß zu machen und ihn, dessen Tugend nicht
eben auf festen Füßen steht, so weit zu Fall zu bringen, daß
er vor ihr, vor ihrem bräutlichen Gatten und vor sich selbst
gänzlich compromittirt erscheint. In solcher Umgestaltung nun
ließe sich die Handlung, wenn sie mit der nöthigen Discretion
und Feinheit geführt wird, auf der Bühne denken. Es gäbe
zwar ein sehr pikantes, aber immerhin ein sinnreiches und bei
glücklicher Charakterisirung der Valentine, welche ihren Gatten
wirklich lieben müßte, sogar ein in gewissem Sinne moralisches
Lustspiel. Denn die Liebe zum Mann ist der sicherste Schild
für die Tugend des Weibes, die Liebe vor Allem ist es, die das
Weib vor Verführung schützt. Wir müssen aber, um der Ent=
wicklung dieses Sujets mit Ruhe folgen zu können, im Vorhin=
ein die Gewähr haben, daß Valentine unzugänglich ist.

„Doch Zola denkt daran nicht. Von Liebe weiß seine Valentine nichts, und Brochard, ihr Gatte, ist so geschildert, daß wir ihr's nicht verargen können. Ihr jungfräulicher Stand also muß als Garantie für ihre Tugend gelten. Dieser aber macht die Situation gerade gefährlicher für sie, verfänglicher für uns. Und welchen Apparat setzt der Verfasser in Bewegung, um Valentine vor Ribalier compromittirt erscheinen zu lassen, um seine Leidenschaft und Eifersucht zu erwecken, und um ihn zum Aeußersten zu treiben! Ihm scheint dazu „une assemblée d'hommes" nöthig, und da kommt ihm sofort die Idee einer — Kaserne! Er setzt voraus, daß Valentine die Tochter eines Officiers ist, daß sie bei einer Tante erzogen wurde, welche einer Pension für Officiere vorstand und daß Valentine nun mit diesen Officieren, welche sie als Kind gekannt hatte und die in dem Hotel der Herren Brochard und Ribalier verkehren, sich ins Einverständniß setzt, „pour faire croire à son gardien, que tout un régiment l'a courtisée." Im zweiten Act kommt es nun zu einem Bachanal, bei welchem Valentine die Marketenderin spielt, über das Ribalier auch Anfangs im höchsten Grade entrüstet ist, um endlich mitzuwirken, sich zu berauschen und den Beschluß zu fassen, aus einem Beschützer Valentinens ein Besitzer derselben zu werden.

„Und nun geräth Zola noch mehr auf die Abwege der scabreusen französischen Boulevard=Posse. Es scheint ihm nöthig, daß Ribalier in die volle Täuschung versetzt werde, er habe das ihm anvertraute Gut wirklich veruntreut, sei aber bei dieser Gelegenheit von Brochard ertappt worden und seinen Fäusten mit knapper Noth entronnen. Zu diesem Behufe führt er ein Ehepaar in die Handlung ein, welches seines Gleichen sucht. Eine Frau von sehr leichten Grundsätzen und einen Mann, der die ungetreue Gattin immer bei einem Delict ertappen will, dabei aber jedesmal Fiasco macht. Dieses Ehepaar Chamourin wohnt im Hotel und die Frau hat Ribalier bereits ihre volle Gunst gewährt, ist aber von ihm fallen gelassen worden. Und sie ist's nun, welche im entscheidenden Momente für Valentine eintritt, ihr Mann aber ist's, der das Paar überrascht. Ribalier verharrt jedoch im Irrthum, welcher die Quelle zu komischen Mißverständnissen im dritten Acte wird. Das Stück schließt dann damit, daß Brochard die Unschuld seiner bräutlichen Gemahlin erkennt und dem betrogenen Ribalier der Dank Chamourin's zu Theil wird für den großen Dienst, den er ihm geleistet . . .

„Das ist's, was Zola aus dem Stoffe Balzac's gemacht hat, — ein geradezu tolles Stück, über dessen komische Scenen man trotz innersten Widerstrebens selbst beim Lesen helllaut lachen muß, dessen Darstellung aber nur einem Pariser Theater=Director, Pariser Schauspielern und — Emile Zola möglich er=scheinen konnte. Die Aufnahme von Seiten des Premièren=Publikums, welches nicht einmal gestattete, daß das Stück zu Ende gespielt werde, sollte sie eines Besseren belehrt haben. Zola aber ist unbelehrbar in dieser Hinsicht; er hegt heute noch die Ueberzeugung, daß sein „bouton de rose" nur in Folge des Dazwischentretens einer parteiischen und rücksichtslosen Kritik vom Publikum fallen gelassen wurde. Inwiefern er darin Recht hat, wollen wir nicht untersuchen. Uebrigens ist diese Frage auch gar nicht das punctum saliens. Wenn wir Zola schlagen wollen, müssen wir ihn mit seinen eigenen Waffen schlagen. Und das können wir. Zola fordert mit Recht Naturwahrheit von dem dramatischen Dichter und verdammt Alles, was nur auf der Bühne für wahr gilt. Und gerade gegen diese Forde=rung vergeht er sich im besprochenen Stücke in unverzeihlicher Weise. Seine ‚Valentine‘ vor Allem ist eine vollkommen er=logene, unwahre Gestalt. Ein anständiges Mädchen — und das soll ja Valentine sein — wird sich nie zu einer Komödie hergeben, wie Zola sie in dem Stücke spielen läßt, geschweige denn daß sie diese Komödie selbst anzettelt; ein anständiges Mädchen wird eher sterben, als im Kreise junger Officiere ein Lied singen, wie Zola es direct aus der Kaserne geholt und ihr in den Mund gelegt hat. Von der letzten Täuschung gar nicht zu sprechen. Thut aber ein Mädchen all' dies, dann ist es wirk=lich das lüderliche Geschöpf, welches es nur zu scheinen vorgiebt, und dann wird es auch gar nicht dabei stehen bleiben, Komödie zu spielen, und — die Officiere auch nicht. Aber auch Ribalier's ganzes Gebahren — namentlich im zweiten Acte — ist in der Wirklichkeit ganz undenkbar. „Ça, c'est du théâtre!" rufen wir, wenn wir sehen, daß dieser Mann, anstatt mit aller Energie einzuschreiten, den Unfug geschehen läßt und endlich es dabei am tollsten treibt. Denn selbst im Falle Ribalier ein ganz aus= gemachter Roué ist, und gerade dann erst recht wird er Valentine, unter dem Vorwande sie zu behüten, den Officieren entziehen, wenn auch nur, um sie für sich allein zu haben. —

„In diesem Stücke also, welches ja doch eine psychologische Aufgabe lösen oder mindestens auf psychologisch=dramatischem Wege den Satz demonstriren will, daß eine Frau sich selbst be= wacht und keines anderen Tugendwächters bedarf, macht Zola einen Saltomortale, der ihn mitten auf die Bühne, mitten in die Schaar der dramatischen Faiseurs von heute hineinwirft."

Frau von S. hatte mir mit der ihr in kritischen Momenten eigenen Gelassenheit zugehört. Nur manchmal zuckte ein über= müthiges Lachen wie ein Blitz über ihr Gesicht, welches aber sofort wieder den Ausruck kritischen Ernstes annahm. Nun ich mit meinen Ausführungen zu Ende war, ergriff sie das Wort.

„Ich weiß nicht," sprach sie, „worüber ich mich mehr wundern soll, über die Geschmacklosigkeit, mit welcher der tüchtige und geistvolle Zola hier einen prächtigen Lustspielstoff verdarb und seinen besten Grundsätzen untreu wurde, oder über die Rücksichts= losigkeit, mit welcher Sie ihn deshalb herunterkanzeln. Ich dächte doch, wenn man sich in dieser Weise für einen Autor in's Zeug gelegt hat, wie Sie für Zola, müsse man das Bestreben haben, seine Fehler und Schwächen mindestens zu bemänteln und zu entschuldigen, wenn man sie schon nicht todtschweigt. Oder glauben Sie Zola mit einer solchen Kritik zu nützen?"

„Zunächst, verehrte Freundin, steht die Frage, ob ich Zola nütze oder nicht, für mich völlig im Hintergrund. Mir gilt die Sache und nur die Sache, und dieser würde ich ent= schieden Nachtheil bringen, wenn ich nicht voll und rücksichtslos die Wahrheit sagte. Denn die Gegner dieser Sache würden nun die Schwächen Zola's namhaft machen und damit, daß sie mir nachweisen könnten, ich habe einen Theil der Wahrheit ver=

verschwiegen, meine Zuverlässigkeit, meine Wahrheitsliebe, meine Objectivität in Frage ziehen. Sie würden mich als zweifelhaften Zeugen brandmarken und damit die Sache selbst in schiefes Licht stellen. Und was hier von der Sache, von dem naturalistischen Princip gilt, das gilt von Zola selbst. Nur indem ich ihn dort rücksichtslos table, wo er es verdient, kann ich verlangen, daß auch das geglaubt wird, was ich zu seinen Gunsten sage."

Frau von S. nickte.

„Das ist freilich ein sehr scharfer Calcul und Sie mögen vollkommen Recht damit haben. Aber wissen Sie, daß mir das Sujet dieses Lustspiels, so wie Sie es angedeutet, und nicht in dem Sinne Zola's oder Balzac's ganz ausnehmend gefällt? Und zwar darum, weil es mein subjectivstes Denken berührt und zum Ausdruck bringt. Ich war selbst nahe daran, im Anfang meiner Ehe mit Friedrich unter Obhut gestellt zu werden. Er hatte eine kleine Neigung zur Eifersucht, welche aber nicht etwa durch Heimlichkeiten und Winkelzüge, sondern gerade durch meine Offenheit und Aufrichtigkeit geweckt worden war. Und da begann er mich zu bewachen, zu belauschen. Anfangs merkte ich es gar nicht, denn derlei liegt mir wie alles Mißtrauen vollkommen ferne. Endlich aber konnte ich es nicht mehr verhehlen und fühlte mich tief unglücklich. Und lange ertrug ich diesen Zustand nicht, denn es ist ein ganz unnatürlicher Zustand, wenn man, gewöhnt offen und ehrlich zu sein, plötzlich gezwungen wird, jede seiner Bewegungen zu überwachen, jedes Wort auf die Waagschale zu legen, jeden Blick zu dämpfen, aus Furcht vor Mißdeutung. Und solcher Zustand wird endlich unerträglich.

„Ein äußerer Anlaß führte den Ausbruch des Conflicts herbei. Friedrich sollte auf acht Tage verreisen, um einem naturwissenschaftlichen Congreß beizuwohnen. Er konnte nicht daran denken, mich mitzunehmen, da ich verurtheilt gewesen wäre, den größten Theil des Tages und selbst der Abende im Hotel allein zu sitzen. Und allein in der Stadt lassen wollte er mich auch nicht. Da war er toll genug zu prätendiren, ich solle für diese acht Tage auf unser Gut nach Schlesien reisen, wo damals meine Mutter noch lebte. Natürlich sträubte ich mich dagegen, die weite Reise zu machen, zumal wir einen Monat später doch hinwollten. Auch schämte ich mich vor meiner Mutter. Er aber bestand darauf und wurde endlich ganz wild. Ich dagegen fühlte, daß es sich hier um mein ganzes Lebensglück handle, und deshalb beschloß ich den Kampf aufzunehmen: biegen oder brechen. Vertrauen muß in der Ehe herrschen, volles unbedingtes Vertrauen, sonst ist alles Glück illusorisch, und besten Falles eines der beiden Theile zu steter Selbstverläugnung und sogar zur Heuchelei gezwungen. Ich aber wollte nicht das Eine noch das Andere. Ich liebte meinen Gatten aufrichtig, aber doch nicht so sehr, daß ich darüber meine Individualität um einer solchen Schwäche willen geopfert hätte, welche ihn überdies unglücklich machen mußte. Denn je nachgiebiger ich mich zeigte, je mißtrauischer mußte er werden. Ich zwang ihn also Farbe zu bekennen. Und er that es endlich. Er sagte, er halte mich für zu jung, für zu unentwickelt in meinem Charakter, für viel zu schwach, um mich der Gefahr des Alleinseins auszusetzen. Und nun gab ich ihm die gebührende Antwort. Ich fragte ihn, ob er denn wohl glaube, daß sich ein Weib überhaupt bewachen lasse?

„Diese Frage verblüffte ihn. Und nun fuhr ich fort: Ob er denn wirklich glaube, daß er selbst im Stande wäre, mich vor dem Fall zu bewahren, wenn ich fallen wollte? Und was ihm denn mein Besitz werth sein könne, wenn er ihn nur seiner Wachsamkeit verdanke? Was überhaupt eine Frau werth sei, die nur treu sei, weil sie nicht untreu sein kann, und die untreu sein würde bei jeder ersten Gelegenheit? . . . .

„Ich war sehr zornig, denn ich fühlte mich in meinem edelsten Empfinden gedemüthigt und verkannt. Und er gerieth ganz außer Fassung darüber, daß ich eine solche Sprache führte. Er hatte sich dessen nicht versehen. Als ich ihm aber schließlich erklärte, daß ich mir selbst genug sei, um über mich zu wachen, und daß das beste Mittel, mich auf Abwege zu bringen, sein Mißtrauen wäre — weil ich ihn dann zu lieben aufhören müßte: da wurde er nachdenklich, ging einige Male im Zimmer auf und ab und . . . schloß mich endlich stürmisch in die Arme.

„Den nächsten Morgen reiste er ab und seitdem genieße ich
18

jener vollen Freiheit, wie sie einzig der weiblichen Würde, der Würde des Mannes, der Würde des Ehebundes entspricht."

Frau von S. war ganz warm geworden während dieser mich selbst überraschenden Erzählung ihres ersten ernsten ehelichen Conflictes und schloß jetzt mit liebenswürdigem Lächeln:

„Sie sehen, daß ich tiefpersönliche Gründe hatte, dem Sujet dieses Lustspiels mit besonderer Aufmerksamkeit zu folgen. Der Fehler, welchen nach meiner Ansicht sowohl Balzac als auch Zola schon in der Anlage gemacht haben, ist, daß sie den be= wachenden Freund des Mannes zur Hauptfigur machen, während in der That die Frau diese Hauptfigur sein muß. Und Sie haben das Richtige getroffen, wenn Sie behaupten, die Frau müsse ihren Gatten lieben und uns dürfe über ihre Tugend keinen Augenblick ein Zweifel aufkommen. Psychologisch richtig wäre es dann allerdings, der Frau den dämonischen Zug beizu= legen, daß sie ihren Wächter zu ihren Füßen niederzwingt, und so den Gatten von der Absurdität seiner Bewachungstheorie überzeugt. Und dahin wäre nach meinem Dafürhalten auch der komische Knotenpunkt des Lustspieles zu verlegen. Warum machen Sie das nicht?"

„Wenn Sie meine Mitarbeiterin sein wollen, mit Vergnügen. Ich bin nicht dämonisch genug, um mich in all' die Finessen hineinzudenken, welche eine tugendhafte Frau anwenden könnte, um den biederen Freund ihres Gatten zu blamiren."

„Aber boshaft genug," lachte meine Freundin, „um mir diese Fähigkeit zu imputiren. Und ja — ich leugne es nicht — das könnte ich sehr wohl! Das liegt in der weiblichen Natur!"

„Ich nehme Sie beim Wort! Sobald wir mit Zola fertig sind . . . ."

„Und wird das noch lange dauern?" fragte meine Freundin etwas aufrichtig.

„Das heißt wohl," gab ich zurück, „Sie sind schon etwas Zola=müde?"

„Wenn Sie mit diesem Worte sagen wollen, daß mein In= teresse an seinem Schaffen und Streben nachgelassen habe, so stimmt das nicht zu. Wohl aber stumpft sich mein Geist ab, wenn er immer und immer derselben Eigenart begegnet; ich bin nicht mehr so genußfähig, ich kann seine Vorzüge nicht mehr entsprechend würdigen. Und darum wäre mir eine kleine Unterbrechung lieb gewesen. Sie mißdeuten diese Worte doch nicht?"

„Nicht im geringsten. Ich finde sie sogar ganz natürlich. Es wird aber einer Unterbrechung nicht mehr bedürfen, denn in der That denke ich bereits an unserem nächsten Abend mit Zola abzuschließen."

„Dann ist es mir um so lieber," rief Frau von S., „denn ich bin selbst keine Freundin solcher in letzter Stunde unterbrochener Lectüre. Und als eine Art lebendiger Lectüre betrachte ich Ihre freundlichen Mittheilungen. Lesen wir aber noch das letzte Capitel über Zola und dann —"

„. . . beginnen wir unser Lustspiel!"

Zwölfter Abend.

„Wenn Sie erlauben, verehrte Freundin, werde ich heute vor allem den Rougon=Macquart=Cyclus abschließen, soweit er bis jetzt vorliegt, denn der Abdruck des letzten Romanes „Au bonheur des dames" ist im ‚Voltaire' nun glücklich zu Ende gediehen."

„Und sind Sie auch jetzt noch so unbefriedigt von diesem ‚Confections=Roman', wie Sie ihn genannt haben?" fragte Frau von S. mit lebhaftem Interesse.

„Das müßte ich lügen. Ich gestehe sogar ein, daß das raschere Tempo, welches der Dichter im letzten Drittel des Ro= manes annimmt, verbunden mit dem Accent starker, unterdrückter Leidenschaft, welche darin zum Ausdruck kommt, eine sehr schöne dramatische Steigerung erzielt, und man sich mit der ebenso feinen, als psychologisch wahren Durchführung der Charaktere vollkommen zufrieden geben muß. Uebrigens greifen Sie mir mit Ihrer Frage vor, denn ich habe früher noch mit einigen Worten des Romanes „Pot-bouille" zu gedenken, welcher thatsächlich erst im „Bonheur des dames" seinen Abschluß findet, insofern er den Charakter des Helden Octave Mouret erst in das richtige Licht stellt. Ich begriff Anfangs gar nicht, wie Zola „Pot-bouille" so ganz äußerlich mit einer nichtsagenden Heirath abschließen konnte. Jetzt sehe ich klarer und weiß, daß dieser Roman nur der erste Band einer Romanfolge ist — denn ein dritter Band ist nach meiner Meinung nicht ausgeschlossen — welche den Ge= sammt=Titel „Octave Mouret" führen müßte, und dessen zweiter Band viel glücklicher „Denise" als „Au bonheur des dames" betitelt wäre. Doch lassen Sie mich organisch entwickeln, und laſſen Sie mich Ihnen nochmals zeigen, wie gefährlich es iſt, wenn ein Künſtler in ſeinem Kunſtwerk zwei einander durchaus nicht coordinirte Abſichten — eine künſtleriſche und eine tendenziöſe verfolgt. In einzelnen Fällen kann es wohl gelingen, in anderen geht das Werk dabei in die Brüche.

„Zola wollte uns in „Pot-bouille" die Chronique scandaleuse eines Pariſer Bürgerhauſes zur Zeit des Napoleoniſchen Regimes vorführen, er wollte uns zeigen, wie vollkommen demoraliſirt der Bürgerſtand zu jener Zeit war, und wie der Ehebruch in allen Stockwerken eines ſolchen Hauſes ſich breit machte. Er wollte die Behauptung: Wenn im gemeinen Volk Umgebung und Erziehung die Mädchen der Proſtitution in die Arme werfen, ſo reifen Umgebung und Erziehung in der bürgerlichen Klaſſe die Mädchen für den Ehebruch heran — dieſe Behauptung wollte Zola im genannten Roman beweiſen. Die Begebenheiten des Romanes ſind daher auch nicht erfunden, ſondern thatſächlich wahr, und um dieſe Begebenheiten in einen, wenn auch nur äußerlichen Zuſammenhang zu bringen, verlegte er den Schau= platz derſelben in ein und daſſelbe Haus und machte Octave Mouret, den Bruder Serge Mouret's des Prieſters, zum Helden all' dieſer Liebesabenteuren, zum Ehebrecher par excellence.

„Octave Mouret war ſchon in ſeiner Jugend ein leichtes Tuch, lernte in Marſeille das Modewaarengeſchäft und erfreute ſich ſchon dort der Gunſt aller Frauen und Dirnen. Von Mar= ſeille kommt er nach Paris, wo er in dem Modengeſchäft „Au bonheur des dames" des Herrn Hédouin, welches aber von deſſen ſchönen Frau geführt wird, eine Anſtellung erhalten hat. Ein Freund aus Plaſſans, der Architekt Campardon, hat ihm ein Zimmer in demſelben Hauſe beſorgt, in welchem auch er wohnt, und hier beginnt er nun ſeine Eroberungen mit ebenſoviel Glück als Raffinement. Dieſen Hauptinhalt des Buches muß man nun nachgerade überſchlagen, denn er bietet kaum pſychologiſches Intereſſe, was die Frauen, und er ſtößt geradezu ab, was die Männer, insbeſondere aber Octave Mouret ſelbſt betrifft, welcher die Frauen ebenſoſehr verachtet, als er ſie leicht gewinnt, und welcher ſich's zum Lebensplan gemacht hat, mit Hilfe dieſer ver=

achteten Frauen zu Macht und Reichthum und Ansehen empor-
zuklimmen. Die erste Stufe aber erreicht er, indem er nach Ver-
lauf einiger Jahre die schöne und tugendhafte Madame Hédouin
heirathet, welche mittlerweile Wittwe geworden ist und ihn zum
Chef des Confectionshauses „Au bonheur des dames" macht.

„Sieht man von diesem dünnen rothen Faden der Haupt-
handlung oder eigentlich der leitenden Idee, soweit sie den Helden
betrifft, ab, so zerfällt der ganze Roman in ein Stückwerk von
Einzelhandlungen, die weder organisch in einander greifen, noch
treibend auf einander einwirken. Wir fühlen uns hin und her
gezerrt von einer malpropren Wirthschaft und Ehegemeinschaft
zur anderen und müssen dem Autor schließlich allerdings beistimmen, wenn er eine seiner Personen über das ganze Haus
die Kritik üben läßt: „C'est Cochon et Compagnie!" Wir halten
aber dafür, daß es auch nicht des naturalistischen Dichters Aufgabe sein kann, uns ein solches Ensemble von Cochonnerie vorzuführen. Wir gestatten das dem Culturhistoriker, — der Romanschriftsteller aber kann immerhin eine culturhistorische Mission
erfüllen, doch er muß dabei immer ein Kunstwerk schaffen. Und
das ist „Pot-bouille" absolut nicht. Dieser Roman ist weder
künstlerisch aufgebaut, noch von einer künstlerischen oder auch nur
sittlichen Idee getragen; und die einzige Entschuldigung für seine
Existenz ist der nun folgende Roman „Au bonheur des dames,"
als dessen schmutziges, unordentliches, abscheuerregendes Entrée
er gelten muß; allerdings eine sehr traurige Rolle für ein Werk,
welches doch mit gewissen Ansprüchen selbstständiger Berechtigung
dem Publikum übergeben wurde.

„Zola hat hier also unbedingt einen Irrthum begangen,
dieser Irrthum entspringt aber organisch seiner falschen Ansicht
über die Stoffwahl, welche er wiederholt in seinen kritischen
Schriften zum Ausdruck bringt. Zola behauptet nämlich, ein
Stoff könne gar nicht zu banal sein, ja er geht sogar soweit,
zu sagen: ein Stoff könne gar nicht genug banal sein, denn
überall sei die Natur und in der Wiedergabe der Natur zeige
sich der Dichter, wie sie auch immer sein möge. Diese Ansicht
ist nun allerdings eine letzte Consequenz des extremen Natura-

lismus, und sie darf uns also bei Zola durchaus nicht Wunder nehmen; denn daß er als Bahnbrecher bis zu den äußersten Consequenzen vorgehen zu müssen glaubt, haben wir ja schon gesehen. Diese Ansicht hat aber auch eine gewisse Berechtigung und in anderen Künsten, so namentlich in der Malerei, hat sie sogar das volle Bürgerrecht erlangt; dem Landschaftsmaler kann in der That jeder Vorwurf, der banalste Feldweg, ein Stückchen Mauer genügen zu einem stimmungsvollen Bilde: der Dichter aber muß doch diesem allzu weitgehenden Grundsatz nur sehr vorsichtig Zugeständnisse machen, und wir werden wohl gut thun, Balzac's Wort von den wahrhaftigen Dingen, die im höchsten Grade abstoßend und daher zu künstlerischer Gestaltung nicht geeignet sind, auch auf die wahrhaftigen Dinge anzuwenden, welche allzu banal sind. Balzac sagt: ‚Viele wahrhaftige Dinge sind im höchsten Grade abstoßend und zur Hälfte erweist sich ein Talent dadurch, daß er aus dem Wahren das herauszufinden vermag, was poetische Gestaltung zuläßt.‘ Damit ist dem Naturalismus in der Dichtung eine allerdings sehr dehnbare, aber immerhin eine Grenze gezogen, und ich habe schon früher einmal darauf hingedeutet, unter welchen Bedingungen diese Grenze sogar überschritten werden darf. Eine solche Grenze gilt aber auch für das Banale, und die Franzosen selbst haben ein ganz vortreffliches Wort, um diese Grenze anzudeuten; es lautet: „Tous les genres sont permis hors le genre ennuyeux." Der Roman „Pot-bouille" aber ist abstoßend und langweilig zugleich, und er ist insofern ungemein lehrreich, als er so ziemlich scharf die Grenzen andeutet, innerhalb welcher sich die naturalistischen Dichter werden halten müssen, wenn sie nicht die ganze Richtung in dauernden fatalen Mißcredit bringen wollen.

„Vom Fluch der Banalität ist übrigens auch das letzte Werk Zola's „Au bonheur des dames" nicht ganz freizusprechen. Allerdings spreche ich da etwas aus meiner subjectiven Empfindung heraus und das schöne Geschlecht in seiner überwiegenden Mehrzahl wird mir Unrecht geben. Und selbst ich muß zugestehen, daß Zola mit seinem starken Geiste und seiner grandiosen Phantasie diesem Vorwurfe bis zu einem gewissen Grade obge-

fiegt hat. Schon daß er seinem Helden Octave Mouret selbst
einen präpotenten Sinn für großartige Massenentwicklung giebt,
daß er ihn zu einem allgewaltigen König im Reich der Mode
macht, welcher sich die ganze Frauenwelt erobert und seinen
Zwecken dienstbar macht, indem er sie bei ihren schwächsten Seiten,
ihrer Eitelkeit und ihrem Egoismus faßt, — schon das allein
gewinnt selbst uns, die wir dem Ellenrittertum abhold sind,
ein eigentümliches Interesse für diesen Mann, für seine Unternehmungen und damit für den ganzen Roman ab. Und nun
sehen wir, wie diese Unternehmungen Dimensionen annehmen,
welche fast über unser Vorstellungsvermögen hinausgehen, wir
sehen dieses Confections-Geschäft „Au bonheur des dames,"
welches nach dem Tode der Madame Hédouin ganz in Mourets
Besitz übergegangen ist, allmälig zu einem wahren Ungeheuer
anwachsen, welches den ganzen soliden Detailhandel älteren
Datums verschlingt, die braven Bürger zu Bankerotteurs macht,
sie mit Weib und Kind auf die Straße setzt, ihre kleinen alten
Häuser umstürzt, Grundstück auf Grundstück in sein Bereich zieht
und immer neue Bauten an den Hauptbau anschließt, bis zuletzt
ein ganzes Quartier in diesem einen Riesengeschäfte aufgegangen
ist. Und mit virtuoser Kunst versteht es Zola uns auch die
inneren Dimensionen zu schildern und die Universalität des
Handels zu kennzeichnen, welcher hier betrieben wird. Endlich
ist ganz Paris, welches sich kleiden, welches einen Schirm oder
Handschuhe, welches Wäsche, welches Spitzen oder fremdländische
Teppiche oder seltene geschnitzte Fächer kaufen will, und wie die
tausend und aber tausend Dinge heißen mögen, welche man
sonst im Galanterie-, im Schneider-, im Wäsche-, im Handschuh-
laden, in Meubel- und Drechslergeschäften und in Luxusbazaren
zusammensuchen mußte, — ganz Paris ist in diesem einen Geschäfte versammelt und findet hier alles unter der einen Firma
vereinigt, welche jeder Concurrenz die Stirne bietet, welche jeden
Versuch, auch nur in einer Branche durch die Trefflichkeit der
Waare oder durch die Billigkeit der Preise übertroffen zu werden,
steuert, indem sie ohne Risiko einen und auch mehrere Artikel
mit Verlust verkaufen kann, weil sie sich an den andern Artikeln

dafür wieder entschädigt. Es ist ein wirklich imposanter, mit
verwegener Sicherheit calculirender Geschäftsgeist, welcher dies
Unternehmen lancirt, immer Alles auf eine Karte setzt, mit dieser
Karte aber immer gewinnen muß. Und dieser imposante Unter=
nehmungsgeist, welcher eben so sehr auf Menschenkenntniß als
auf der Kenntniß des Handelsbetriebes selbst basirt ist, nimmt
uns für Mouret ein, der alles leitet, alle Zügel in seiner ener=
gischen Faust hält, und dabei keinen Augenblick vergißt, daß
seine ganze Existenz von der Gunst des schöneren Geschlechtes
abhängt, und daß er sich diese durch alle möglichen Künste und
Zugeständnisse zu erhalten wissen muß. Er hat es daher auch
zu seinem höchsten Geschäftsprincip gemacht, daß in Beschwerde=
fällen immer und unter allen Bedingungen seine Kundinnen
Recht haben und reichlich entschädigt werden, seine Leute aber
im Unrecht bleiben, und wenn sie auch tausendmal Recht hätten.
Im Handel aber sind die Frauen nach seiner Ansicht unehrlich,
wo sie nur können, der geringste unrechtmäßige Vortheil, der
geringste Gewinn, welchen sie auf Kosten des Verkäufers erzielt
zu haben glauben, entzückt sie und reißt sie zu Ausgaben hin,
an welche sie sonst nicht gedacht hätten. Und so beutet Mouret
all' diese putzsüchtigen, verlogenen, spitzbübischen Weiber der
guten Gesellschaft aus, indem er Miene macht, als sei er von
ihnen ausgebeutet: so bringt er es endlich zu einer höchsten
Tageseinnahme von mehr als einer Million! Und immer ist
eine dieser Frauen seine Geliebte, und stets diejenige, welche
ihm durch ihre angesehenen Verbindungen in seinen Unterneh=
mungen förderlich sein kann. Er aber ist seines Glückes bei den
Frauen so sicher, daß er der mahnenden Stimme seines Freundes
Bourdoncle, des Weiberfeindes, lacht, welcher ihn immer warnt
mit dem Mene=Tekel=Spruch: ‚Endlich wird Eine kommen, und
diese Eine wird alle Andern rächen!'

„Und in der That behält Bourdoncle Recht; diese Eine kommt
endlich wirklich. Es ist dies ein kleines, gutes, braves Mädchen
aus der Normandie, welches in einem Putzgeschäft ihrer Geburts=
stadt bedienstet war, bis sie nach dem Tode ihres Vaters, der
nichts hinterließ, beschloß, mit ihren beiden Brüdern nach Paris

zu gehen und hier für diese ‚ihre Kinder‘ zu sorgen. Bei ihrem
Oheim Baudu, dessen Geschäft neben dem „Bonheur des dames“
liegt und von diesem allmälig verschlungen wird, hofft sie vor=
läufig Unterkunft zu finden, doch Baudu hat kaum genug für
die Seinen, er kann sie in seinem Laden auch gar nicht beschäf=
tigen und so tritt Denise, — dies der Name der kleinen Nor=
männin — als Verkäuferin in das große Geschäft Mouret’s ein.

„Mit wahrhaft entzückend herzbewegendem Detail erzählt
uns nun Zola die schweren Kämpfe, die das arme brave Mädchen
durchzumachen hat, bis sie allmälig in dem Geschäfte Fuß faßt;
wie sie dann plötzlich ohne Grund entlassen wird, nach einer Zeit
tiefer Noth in einem anderen Geschäfte Anstellung findet, und
und nachdem dieses sich gegen „Bonheur des dames“ nicht mehr
halten kann, von Mouret selbst aufgefordert, wieder dahin zurück=
kehrt. Er läßt uns nun errathen, daß Mouret Gefallen an
ihr findet und daß sie diesen Mann im tiefsten Herzen liebt.
Doch dies kleine stolze Normannenkind denkt nicht daran, sich
dieser Liebe hinzugeben; Denise bekämpft sich auch dann noch,
als Mouret die Maske abnimmt, und — sie zu einem Souper
einladet. Sie weist diese Einladung ebenso liebenswürdig als
entschieden zurück, und Mouret, der Siegesgewisse, erleidet seine
erste Niederlage. Seine Leidenschaft wächst aber furchtbar, und
die Unnahbarkeit des tapfern Mädchens, welches seinen Reich=
thümern ebenso unzugänglich ist wie seinen Schmeicheleien, stürzt
ihn endlich in einen Taumel orgienartiger Vergnügungen, aus
welchem er nur zerrissener und verzweifelter in seinem Gemüthe
erwacht. Und wieder versucht er das Mädchen, er bricht sogar
ihr zu Liebe mit Madame Desforges, seiner vornehmen Geliebten,
allein wieder wird er mit aller sanften Ruhe zurückgewiesen.
Nun aber fängt man im „Bonheur des dames,“ woselbst Denise
längst eine der ersten und einträglichsten Stellen einnimmt und
daher allgemein beneidet ist, sie auch zu bewundern an. Endlich
glaubt man den Grund ihrer ganz unerhörten, einzig dastehen=
den Weigerung, Mouret’s Geliebte zu werden, errathen zu haben:
sie ist eine ganz abgefeimte Spitzbübin und will geheirathet sein,
sie will Herrin werden über Mouret und dieses Millionen=

Geschäft. Und man zweifelt nicht mehr, daß sie dahin gelangen werde, denn man kennt Mouret. Daran aber hat Denise in der That nicht gedacht, und diesem Verdachte zu begegnen, — denn daß Mouret sie heirathen könnte fällt ihr gar nicht ein — kündigt sie ihre Stellung. Sie will fort, sie will Ruhe haben vor allem Gerede, vor ihm, vor sich selbst. Das aber bringt Mouret vollends außer sich, doch noch immer hält er sich den Gedanken an eine Heirath ferne, denn er hegt den Glauben oder Aberglauben, daß sein Geschäft in dem Momente sinken würde, wo er eine Frau nimmt. Da jedoch Denise auf ihrem Wunsche auszutreten, besteht, und er sich mit ihrem Verlust bedroht sieht, siegt seine Leidenschaft und er bietet ihr seine Hand an. Denise aber schlägt auch seine Hand aus, denn sie will für keine Spitz=bübin gelten in den Augen der Anderen. Und dieser letzte Wider=spruch schlägt Mouret vollends nieder. Jetzt unterliegt es keinem Zweifel mehr für ihn, daß sie einen Anderen liebt. Sie hat es ja längst gestanden, daß sie Jemanden liebt, und dieser steht zwischen ihm und ihr. Sie ist ihm unerreichbar, unerreichbar mit all' seiner Leidenschaft, unerreichbar mit all' seinen Millionen.

‚Reisen Sie denn!' ruft er ihr unter einem Thränenstrom zu. ‚Suchen Sie denjenigen auf, den Sie lieben . . . Das ist Ihr Grund? nicht wahr? Sie haben ihn mich ja ahnen lassen, ich hätte es wissen und Sie nicht mehr quälen sollen!'

Von der Heftigkeit dieses Schmerzensausbruches aber fühlt sie sich erschüttert. Ihr Herz zerbricht seine Bande und mit der stürmischen Wildheit eines Kindes wirft sie sich an seinen Hals und stammelt schluchzend:

‚O! Monsieur Mouret, — Sie sind's, den ich liebe!!! . . . .'

„So weit der Inhalt dieses Romanes, nach seinen beiden Seiten hin gekennzeichnet. Er befriedigt uns zum Schlusse voll=kommen, selbst im conventionellen Sinne des Wortes. Ja, ich möchte sagen, Zola ist es hier gelungen, dem Conventionalismus der Romantiker und Nachromantiker zum Naturalismus eine Brücke zu schlagen. In der Zeichnung der beiden Hauptfiguren, Mourets und der kleinen Denise hat er aber geradezu Muster=giltiges geleistet. Es ist fast ergreifend zu sehen, wie sich in diesem Don Juan Mouret, der das weibliche Geschlecht bisher verachtet und mißbraucht hat, nun allmälig eine Läuterung voll=zieht, eine tiefe Seelenläuterung unter furchtbaren Kämpfen und Leiden, denen er fast erliegt. Und welch' prächtiges Geschöpf ist diese Denise, wie natürlich wahr, wie einfach liebenswürdig, wie keusch und schamhaft und doch wie fremd aller Prüderie. Welch' feiner Takt in Allem was sie thut und spricht, welche Klugheit und welcher Mutterwitz! Und wie entzückend das Ver=hältniß zu ihren beiden Brüdern, zu dem kleinen Pépé, dem sie in der That die Mutter ersetzt, und zu dem großen Jean, der zu ihrer Verzweiflung immer Liebensabenteuer hat und ihr des=halb immer im Sacke liegt, und dem sie, so oft sie ihm auch droht, nichts mehr von ihm wissen zu wollen, doch immer wieder aus der Patsche hilft, bis er endlich zu ihrer Beruhigung eine Frau nimmt! Und wie musterhaft ihr Verhalten gegen Mouret selbst, gegen diesen Allsieger Mouret, der ihr gegenüber so klein, so unbedeutend erscheint, und den sie nur mit der ihr angeborenen weiblichen Würde beherrscht!

„Ich habe mich verlocken lassen, eine Scene zwischen diesen beiden Menschen zu übersetzen, weil dieselbe ganz besonders charakteristisch ist für den Eindruck, den das ganze Buch macht, und ich glaube, Sie werden dieselbe gerne anhören, obgleich Sie schon etwas Zola=müde sind.

„Mouret überrascht Denise, welche von Bourdoncle und andern Bediensteten des Geschäfts bei ihm als Coquette verdächtigt wurde, deren frivole Beziehungen zu anderen Männern außer Zweifel stehen, eines Tages wirklich im eifrigen Gespräch mit einem seiner untergeordneten Commis, Namens Deloche. Dieser Deloche, ein armer braver Junge, ist in der That in Denise sterblich verliebt, er hat ihr sogar wiederholt einen Heiraths=antrag gemacht, den sie aber sanft zurückwies, wie etwa Clärchen die Liebe zu Brakenburg. Und Deloche fügt sich in das Unab=änderliche, da sie aber Beide engere Landsleute sind, so plaudern sie öfter mit einander in harmloser Weise, und ein solches un=schuldiges Tête-à-tête ist's, das Mouret, von blinder Eifersucht gequält, stört. Leichenblaß, mit rauher Stimme fordert Mouret

Denise auf, ihm in sein Cabinet zu folgen, welchem Befehle sie denn auch mit aller Gelassenheit entspricht. Sie weiß zwar, daß es den Bediensteten des Geschäfts verboten ist, in den Gängen zu plaudern, doch — sie weiß sich auch unschuldig und ist entschlossen, Mouret die Stirn zu bieten.

„Dieser beginnt nun, da sie im Cabinet allein sind, mit Mühe den Ton geschäftsmäßiger Kälte bewahrend, folgendermaßen:

„Mademoiselle, es giebt Dinge, die wir nicht dulden können. Eine gute Aufführung müssen wir mit aller Strenge fordern . .“

Er hielt inne, er suchte nach Worten, um nicht den Zorn über sich Herr werden zu lassen, welcher in ihm emporstieg. Wie?! Diesen Burschen liebte sie, diesen erbärmlichen Verkäufer, den Spott seines Geschäftes! Den untergeordnetsten und linkischsten von allen zog sie ihm vor, ihm, dem Herrn! Denn er hatte es wohl gesehen, wie sie ihm ihre Hand überließ, und wie er diese Hand mit Küssen bedeckte.

„Ich war sehr gütig gegen Sie, mein Fräulein,“ fuhr er fort, indem er einen neuen Anlauf nahm. „Ich versah mich wahrhaftig nicht solchen Lohnes dafür von Ihrer Seite!“

Denise stand noch bei der Thüre und ihre Augen hafteten auf dem Bilde der Madame Hédouin, — Mouret's verstorbener Gattin; und trotz ihrer großen Verwirrung konnte sie den Blick nicht davon abwenden. Jedesmal, wenn sie in das Bureau Mouret's eintrat, kreuzte sich ihr Blick mit demjenigen dieser gemalten Dame. Sie hatte ein wenig Furcht davor und doch fühlte sie ihn sehr gütig auf ihr ruhen. Diesmal aber empfand sie dies Bild wie einen Schutz.

„In der That, mein Herr,“ antwortete sie sanft, „es war unrecht von mir, mich aufzuhalten und zu plaudern, und ich bitte Sie dieses Fehlers wegen um Verzeihung . . . Dieser junge Mann ist aus meiner Heimath . . . .“

„Ich werde ihn davonjagen!“ schrie Mouret und legte all' sein Leiden in diesen wüthenden Schrei.

Und außer sich gerathend ließ er seine Rolle eines Chefs, welcher eine Verkäuferin wegen einer Verletzung der Hausordnung zur Rede stellt, fallen, und erging sich in heftigen Worten. Schämte sie sich denn nicht? Ein junges Mädchen wie sie ließ sich mit einem solchen Kerl ein! Und nun folgten noch schlimmere Anklagen, er warf ihr Hutin und andere Commis des Geschäftes vor und gerieth in einen solchen Wortschwall, daß sie sich nicht einmal vertheidigen konnte. Aber er würde reinen Tisch machen, er würde jene mit Fußtritten hinauswerfen. Und so artete die strenge Auseinandersetzung, welche er mit ihr haben wollte, in die Brutalitäten einer Eifersuchtsscene aus.

„Ja, Ihre Liebhaber! . . . Man sagte es mir wohl und ich war dumm genug daran zu zweifeln . . . Ich hielt mich für den Einzigen! Ich hielt mich für den Einzigen!"

Denise hörte erstickt und betäubt diese abscheulichen Vorwürfe an. Sie hatte anfangs gar nicht begriffen. Mein Gott! Er hielt sie also für eine Unglückliche? Und da er noch ein härteres Wort sprach, wandte sie sich schweigend zur Thüre. Und da er Miene machte sie aufzuhalten, sprach sie:

„Lassen Sie mich, mein Herr, ich gehe . . . Wenn Sie mich für das halten, was Sie sagen, so will ich nicht eine Secunde länger in diesem Hause bleiben."

Er aber stürzte sich vor die Thüre.

„Vertheidigen Sie sich wenigstens! . . . Sagen Sie irgend etwas!"

Sie blieb hoch aufgerichtet stehen und verharrte in einem eisigen Schweigen. Lange bedrängte er sie nun in steigender Angst mit Fragen und die stumme Würde dieser Jungfrau glich wieder der klugen Berechnung einer Frau, welche wohl bewandert ist in der Kriegskunst der Leidenschaft. Sie würde kein Spiel haben spielen können, welches ihn zerrissener von der Qual des Zweifels, begieriger, überzeugt zu werden, zu ihren Füßen niedergezwungen hätte.

„Wohlan! Sie sagen, daß er aus Ihrer Heimath ist . . . Sie haben einander vielleicht dort unten begegnet . . . Schwören Sie mir, daß nichts zwischen ihnen beiden vorgefallen ist."

Dann als Sie in ihrem Schweigen beharrte und immer die Thüre zu öffnen suchte, um zu gehen, verlor er vollends den Kopf und gab sich einem äußersten Schmerzensausbruch hin.

„Mein Gott! ich liebe Sie! ich liebe Sie! . . . Warum finden Sie ein Vergnügen daran mich so zu martern? Sie sehen wohl, daß nichts mehr für mich existirt, daß die Leute, von denen ich Ihnen sprach, mich nur Ihretwegen kümmern, und daß jetzt Sie allein auf der ganzen Welt für mich Bedeutung haben . . . . Ich glaubte Sie eifersüchtig und habe meine Vergnügungen geopfert. Man sagte Ihnen, daß ich Maitressen habe; wohlan, ich habe keine mehr, ich gehe kaum mehr aus. Habe ich Sie nicht selbst jener vornehmen Dame vorgezogen, habe ich nicht mit ihr gebrochen, um ganz Ihnen zu gehören? Ich warte noch auf ein Wort der Anerkennung, auf ein wenig Dankbarkeit dafür. Wenn Sie aber vielleicht fürchten, daß ich zu jener zurückkehre, so sage ich Ihnen, daß Sie deshalb ruhig sein können; jene rächt sich, indem sie einem unseren früheren Commis hilft, ein Concurrenz-Geschäft zu begründen .... O sagen Sie, muß ich mich auf die Kniee werfen, um ihr Herz zu rühren?"

Dahin war er gekommen. Er, der seinen Verkäuferinnen nicht den kleinsten Verstoß nachsah, der sie auf die Straße setzte der geringfügigsten Laune willen, war jetzt so zahm, daß er eine von ihnen anflehte, nicht zu gehen, ihn in seinem Elend nicht zu verlassen. Er vertheidigte die Thüre gegen sie, er war bereit ihr zu verzeihen, den Blinden zu spielen, wenn sie nur die Gnade haben wollte, zu lügen. Und er sprach wahr, es hatte ihn ein Abscheu erfaßt vor diesen Mädchen, welche er hinter den Coulissen der kleinen Theater und in den nächtlichen Restaurants kennen gelernt; er sah Clara nicht mehr, er hatte zu Madame Desforges keinen Schritt mehr gethan, wo jetzt sein früherer Gehilfe Bouthemont aus- und einging in Erwartung der Eröffnung der neuen Magazine: „Die vier Jahreszeiten," welche schon die Zeitungen mit ihren Reclamen füllten.

„Sagen Sie, soll ich auf die Kniee fallen?" wiederholte er mit thränenerstickter Stimme.

Sie hielt ihn mit der Hand davon ab und konnte selbst nicht mehr ihre Verwirrung verbergen, im Tiefsten bewegt von diesem leidenschaftlichen Schmerz.

„Sie haben Unrecht, sich Gedanken zu machen, mein Herr!" antwortete sie endlich. „Ich schwöre Ihnen, daß diese häßlichen Geschichten nichts als Lügen sind .... Jener arme Bursche ist ebenso wenig schuldig wie ich selbst."

Und sie zeigte wieder ihren schönen Freimuth, ihre hellen Augen, welche ehrlich zu ihm emporsahen.

„Gut. Ich glaube Ihnen," murmelte er, „ich werde keinen ihrer Genossen entlassen, da Sie all' diese Leute unter Ihren Schutz nehmen .... Warum aber stoßen Sie mich dann zurück, wenn Sie Niemanden lieben?"

Eine plötzliche Verlegenheit, ein unruhiges Gefühl der Scham bemächtigte sich des jungen Mädchens.

„Sie lieben jemanden, nicht wahr?" begann er wieder mit bebender Stimme. „O, Sie können es sagen .. Ich habe kein Recht auf Ihre zärtlichen Gefühle ... Sie lieben Jemanden?"

Sie wurde sehr roth, ihr Herz war auf ihren Lippen, und sie fühlte sich unfähig einer Lüge, mit dieser Bewegung, welche sie verrieth, mit diesem Widerstreben, zu lügen, welches von selbst die Wahrheit in ihren Zügen lesen ließ.

„Ja!" gestand sie endlich leise. „Ich bitte Sie darum, mein Herr, lassen Sie mich, Sie peinigen mich."

Nun litt auch sie. War es denn nicht schon genug gewesen, daß sie sich gegen ihn vertheidigen mußte? sollte sie sich nun auch gegen sich selbst vertheidigen, gegen diese zärtlichen Wallungen, welche ihr für Augenblicke allen Muth raubten? Wenn er so zu ihr sprach, wenn sie ihn so bewegt sah, so außer sich, wußte sie nicht mehr, warum sie sich ihm versagte; und nur allmälig fand sie im Grund ihrer soliden Natur selbst den Stolz und die Vernunft wieder, welche sie aufrecht erhielten in ihrem jungfräulichen Trotz. Es leitete sie dabei ein instinctiver Drang, ihr Lebensglück zu hüten; sie widerstand, um ihrem Bedürfniß nach einem ruhigen Dasein zu genügen, und nicht um dem Gebote der Jugend zu gehorchen. Sie würde in die Arme dieses Mannes gefallen sein mit der vollen Hingebung ihrer Sinne und ihres verführten Herzens, wenn es ihr nicht widerstrebt hätte, ja wenn sie nicht zurückgeschreckt wäre vor diesem entgiltigen Hingeben ihres Wesens, hingeopfert der Ungewißheit des nächsten Tages. Der Liebhaber flößte ihr Furcht ein, jene tolle Furcht, welche das Weib bei der Annäherung des Mannes erbleichen macht.

Mouret hatte die Miene düsterer Entmuthigung angenommen. Er begriff nicht. Er kehrte zu seinem Bureau zurück, wo er in Papieren blätterte, die er sofort wieder fortlegte, und sprach:

„Ich halte Sie nicht mehr, mein Fräulein, ich kann Sie nicht mehr halten gegen Ihren Willen."

„Aber ich verlange ja gar nicht fortzugehen," antworte Denise lachend. „Wenn Sie mir glauben, daß ich anständig bin, so bleibe ich ... Man muß die Frauen immer für anständig halten, mein Herr. Es giebt deren viele, die es wirklich sind, ich versichere Sie."

Denise hatte ihre Augen unwillkürlich wieder zu dem Bilde der Madame Hédouin emporgehoben, dieser so schönen und klugen Frau, deren Blut, wie man sagte, dem Hause Glück brachte. Mouret folgte bebend dem Blick des jungen Mädchens, denn es war ihm, als hätte er seine todte Frau diesen Satz sprechen gehört, einen ihrer Lieblingssätze auf den er sich plötzlich besann. Und das war wie eine Auferstehung, er fand bei Denise den gesunden Sinn, das ruhige Gleich-

gewicht derjenigen wieder, die er verloren hatte, bis auf die sanfte
Stimme, die so sparsam war mit unnöthigen Worten. Das überraschte
ihn und machte ihn noch trauriger.

„Sie wissen, daß ich Ihnen gehöre,“ murmelte er, um ein Ende
zu machen. „Sie mögen mit mir nun thun, was Ihnen beliebt.“

Da erwiderte sie heiter:

„Das ist recht, mein Herr! Es ist immer von Vortheil, die Meinung einer Frau, so untergeordnet ihre Stellung auch sein möge, an-
zuhören, wenn sie ein bischen Intelligenz besitzt. Ich werde aus Ihnen
einen braven Mann machen, wenn Sie sich meinen Händen anvertrauen.“

Sie scherzte in ihrer einfachen Weise, die so großen Reiz hatte.
Er seinerseits zeigte ein mattes Lächeln und führte sie wie eine Dame
bis zur Thür.

„So endet dieses Gespräch. Am nächsten Tage aber ist
Denise „première“ in dem ungeheuren Geschäft. . . . .

„Sie können sich nun selbst ein Urtheil bilden über den
Charakter dieses Romanes. Die Vorzüge der Zola'schen Dar-
stellungsweise finden wir darin alle wieder, und zwar in ihrer
Vollkommenheit, von seinen Fehlern aber nur den einzigen, der
sich allerdings an mehreren Stellen sehr fühlbar macht, das ist
der allzu große Raum, welchen der descriptive Theil, die Schilderung dieses großen Modewaaren-Magazins in den verschiedenen Stadien seiner Entwickelung darin einnimmt. Man fühlt
sich endlich ganz erschöpft von diesen stets erneuten Wanderungen
durch dies ‚Paradou der Modedamen,‘ man fühlt sich gedrängt
und gestoßen von diesen ewig aus- und einströmenden Käuferin-
nen, — und schließlich überschlägt man diese Partien des Buches
und verwünscht die allzugroße Gründlichkeit, mit welcher sich
Zola hier wieder einmal dem Studium des „milieu“ hingegeben
hat. Auch läßt sich Zola viel zu sehr in die detaillirte Charakteristik der Verkäufer und Verkäuferinnen, ihrer Intriguen und
ihres leeren Geschwätzes ein, und hierdurch erhält der Roman
leider den erwähnten Beigeschmack von Banalität, welcher dem
Gegenstande innewohnt und über welchen uns knappe Behandlung hinwegtäuschen könnte. Das ist's aber: Zola will uns
nicht täuschen, er will „toute la vérité“ auch hier wie überall,
er will „toute la vérité“ auch dort, wo sie abgeschmackt und

19

langweilig wird. Das aber wollen wir nicht, und wir haben
Recht, wenn wir es nicht wollen.

„Und nun, meine verehrte Freundin, bin ich mit der Be=
trachtung des Rougon=Macquart=Cyclus, soweit er vollendet ist,
zu Ende, und es bleibt mir nur übrig, um das Bild der Ge=
sammt=Thätigkeit Zola's als Schriftsteller zu vervollständigen,
noch einiger Bände novellistischen und kritischen Inhaltes flüch=
tig Erwähnung zu thun: nur flüchtig, da sie zur Charakte=
ristik des Schriftstellers Zola keine neuen Züge mehr beisteuern.
Werden Sie noch so viel Geduld haben?"

„Gewiß werde ich das!" erwiderte Frau von S., „denn ich
möchte nicht gerne eine Lücke in meinem Wissen empfinden, nach=
dem ich schon so viel gelernt habe. Und wer weiß, ob sich nicht
gerade unter diesen Schriften etwas befindet, was mein beson=
deres persönliches Interesse erregt. Uebrigens kann Zola doch
unmöglich mehr viel geschrieben haben. Wie alt ist er denn?"

„Diese Frage habe ich eigentlich längst von Ihnen erwartet,
nun aber greifen Sie mir ein wenig damit vor, denn ich möchte
selbe gleich mit einer Skizze seines nicht ganz gewöhnlichen
Lebenslaufes und Entwickelungsganges beantworten, welche ich
mir als literarisches Dessert aufgespart habe. Wenn Sie also
gestatten, will ich erst mit seinen Werken fertig werden.

„Es ist in der That merkwürdig, daß Zola neben der Pro=
duction des großen Rougon=Macquart=Cyclus noch Zeit finden
kann zu einer so reichen novellistischen und kritischen Thätigkeit,
wie sie die vier weiteren stattlichen Bände bekunden, welche in
den letzten vier Jahren erschienen sind. Und dabei ist noch be=
sonders anzuerkennen, daß Zola sich immer derselben Gründlich=
keit und Gediegenheit in Anlage und Ausführung seiner Arbeiten
befleißigt, mag er nun eine Theaterkritik, eine Buchbesprechung,
eine Novelle oder auch nur eine kleine Skizze auf's Papier wer=
fen. Zola arbeitet eben sehr langsam und nicht mehr als vier
mäßige Seiten seiner großen Schrift im Tage. Solche vier
Seiten schreibt er aber jeden Tag, Sommer und Winter, un=
unterbrochen fort, Jahr aus Jahr ein, seit mehr als einem De=
cennium, in der Zeit von neun Uhr früh bis ein Uhr Mittags,

und diese ungeheure Gleichmäßigkeit und Ausdauer der Leistung bringt die großen staunenswerthen Resultate zu Wege. Worüber wir uns also im ersten Augenblick wundern, finden wir, sobald wir seine Methode kennen, ganz natürlich, und Zola erscheint uns nun weder mehr als Vielschreiber noch als geldgieriger, sich in der Hast des Erwerbes aufreibender Schriftsteller.

„Das erste von den beiden Novellen-Büchern, welches im Jahre 1878 erschien, führt den Titel: „Nouveaux contes à Ninon." In der Form ist, wie bereits dieser Titel sagt, die Anrede an seine Geliebte Ninon, welcher er die Geschichten erzählt, wieder zur Anwendung gebracht, doch nicht mehr in der überschwänglichen Weise, wie dies in den Jugend-Novellen der Fall war. Der Inhalt aber ist ein äußerst bunter; zum Theil sind es Jugend-Erinnerungen an seinen Aufenthalt in Aix, wie in der Erzählung „Le grand Michu," welche eine Schulrevolte schildert, oder in dem bereits erwähnten „Forgeron," bei dem er seine Studien im Schmiedehandwerk machte, die später im „Assommoir" so glücklich verwerthet werden sollten; dann, wie in der ergreifenden Geschichte „Mon voisin Jacques," hinter welchem sich ein Todtenträger der Morgue verbirgt, sind es Erinnerungen an sein Pariser Mansarden-Elend; „Les fraises" schildern einen Spaziergang in's Grüne mit seiner geliebten Ninon, und die Studien, welche er für seinen „Ventre de Paris" in den Pariser Hallen gemacht, sowie mancherlei andere Erinnerungen, haben eine Reihe von Skizzen hochinteressanten Inhaltes zu Tage gefördert, welche unter der Aufschrift „Souvenirs" zusammengefaßt sind. „Un bain" schildert eine etwas sehr verfängliche Begegnung einer jungen stolzen Aristokratin mit einem von ihr ,gehaßten' Cavalier zu später Nachtstunde in dem kühlen Wasser eines Schloßteiches; seinen vollen Haß gegen das Napoleonische Regime gießt Zola in „Les épaules de la marquise" aus, und ähnliche Tendenz hat die Skizze „Le jeune," welche die bigotte Wollust geißelt; wogegen er uns in dem Nachtstück „Le chomage" das Elend einer armen Arbeiterfamilie, welche in Folge von Arbeitseinstellung in die tiefste Noth geräth, in ebenso ergreifender als knapper Weise vor Augen führt. Das größte Stück der

19*

Sammlung sind „Les quatres journées de Jean Gordon," in welchem zum Schluß eine Ueberschwemmung geschildert wird, die dem armen Jean nicht nur sein Besitzthum verwüstet, sondern ihn auch seiner ganzen Familie in einer einzigen grausigen Nacht beraubt.

„Dies letzte Stück aber führt uns zu der zweiten Novellen= sammlung hinüber, welche erst in diesem Jahre erschienen ist, und nach der ersten darin enthaltenen Novelle den Gesammttitel „Le capitaine Burle" führt. Die oben erwähnte Ueberschwem= mung, deren Augenzeuge Zola gewesen zu sein scheint, hat ihn offenbar derart ergriffen, daß er, nicht befriedigt von der ersten Bearbeitung dieses Stoffes, sich nochmals mit aller Energie daran machte, ihn voll auszugestalten. Und so finden wir in diesem Bande unter dem Titel „L'inondation" dieselbe schreckliche Begebenheit nochmals und noch mehr im Detail ausgeführt wieder, eine ebenso aufregende als erschütternde Lectüre. Die Hauptnovelle des Bandes aber „Le capitaine Burle" ist eine Tragödie, welche sich in Militairkreisen einer kleinen französischen Stadt abspielt. Der „capitaine-trésorier Burle," Sohn eines hochgestellten Soldaten und der Ehrgeiz und die Hoffnung von dessen Wittwe, hat selbst allen Ehrgeiz abgelegt, nachdem er sich einmal bei Solferino ausgezeichnet, und seine Schwäche für das weibliche Geschlecht verführt ihn zu Veruntreuungen der ihm anvertrauten Regiments = Gelder. Sein Vorgesetzter, Major Laguitte, ein Freund seines Vaters, versieht sich dessen natürlich lange nicht, da er im vollen Vertrauen auf des Capitain's Recht= schaffenheit es unterläßt, die Rechnungen zu revidiren. Als er dies aber einmal doch thun muß, ergiebt sich ein Deficit von mehr als 2000 Francs, welches keiner von beiden decken kann, da sie beide unbemittelt sind. Dennoch gelingt es Laguitte durch eine allerdings nicht ganz correcte Vereinbarung mit einem Liefe= ranten des Regiments, diesmal den Schaden gut zu machen, und Burle schwört Stein und Bein, daß er sich nicht wieder Aehnliches zu Schulden kommen lassen werde. Und in der That scheint er nun ein streng geregeltes Leben zu führen, doch eine zufällige Revision einiger Rechnungen klärt kurze Zeit darauf Laguitte darüber auf, daß Burle neuerdings in seinen alten

Fehler verfallen ist und sich durch falsche Summirungen immer wieder kleine Beträge anzueignen weiß. Und dies überzeugt Laguitte, daß Burle absolut nicht zu retten ist. Wohl aber will er seine Ehre, die Ehre des Namens Burle retten, und dies zu bewerkstelligen, faßt er einen heroischen Entschluß. Vor Kameraden, in einem Caféhaus, sucht er Streit mit Burle und schlägt ihn endlich in's Gesicht. Solcher Schimpf muß im Duell abgewaschen werden, und um das Duell ist es dem Major eben zu thun. Er rühmt sich einer der besten Fechter gewesen zu sein, und obwohl schon ein alter Mann, hat er diese Geschicklichkeit bewahrt. Burle aber führt die Waffe nur mittelmäßig — sein Todesurtheil ist also gesprochen. Und in der That fällt er, von dem Degen des Majors durchbohrt, und sühnt so eine nach militärischen Begriffen besonders schimpfliche Handlung in ehrenhafter Weise. Der Name Burle aber bleibt unbefleckt. Es ist ein großer Zug in dieser Novelle, welche sich durch Knappheit der Ausführung ganz besonders auszeichnet, und dieser Major Laguitte macht einen geradezu heroischen Eindruck.

„Außer diesen beiden Novellen ist aus dem Inhalte dieses Bandes noch die köstliche Humoreske: „La fête de Coqueville" ganz besonders hervorzuheben. In der Normandie sagt man von einem Feste, wo es recht toll zugeht: „Ah, oui! la fête de Coqueville!" und was es mit dieser Redensart für ein Bewandtniß hat, erzählt uns Zola in eben diesem Stück der Sammlung. Coqueville ist ein kleines Fischerdorf an der Küste der Normandie, und die Einwohnerschaft desselben war vor Jahren in zwei absolut feindliche Lager getheilt: in die ursprünglichen Gründer des Ortes, die Malhé und die Floches, welche durch Vermischung des Blutes der Malhé, mit einem eingewanderten Habenichts, Namens Floche, gezeugt wurden. Die Feindseligkeit der beiden Geschlechter hat ganz den Charakter der Feindseligkeit zwischen den Montecchi und Capuletti, und auch an einer ländlichen Julia und einem Romeo in der Fischerblouse fehlt es nicht. Daß diese zwei jemals ein Paar werden könnten, daran denkt keine Seele in Coqueville. Und doch soll es dazu auf sehr seltsame Weise kommen.

„Eines Tages bringen einige Fischer aus dem Stamme der Floches — darunter auch besagter Romeo — anstatt eines vollen Fischnetzes, einen Capitalrausch vom Meere mit. Sie haben ein Fäßchen auf dem Meere schwimmen gesehen, haben dasselbe eingefangen und von seinem Inhalt gekostet, der sich aber als so vorzüglicher Liqueur erwies, daß sie das ganze Fäßchen austranken. Natürlich erweckt dies die größte Entrüstung und den größten Neid der Malhés, welche auch für ihr Leben gerne solchen Liqueur getrunken hätten. Am nächsten Morgen sehen die Floches neuerdings am fernen Horizont einen dunklen Gegenstand schwimmen, gleichzeitig aber auch die Malhés, und es beginnt ein Wettrudern um diese Beute, welche diesmal den Malhés zufällt; doch auch die Floches sollen nicht leer ausgehen, auch sie fangen ein Fäßchen auf; man bringt die Beute an's Land, und am Strande wird der Inhalt probirt. Da aber die Fäßchen verschiedene Liqueure enthalten, so wird der Wunsch eines Austausches laut, und die erste diplomatische Annäherung der feindlichen Stämme findet statt. Mit diesen ersten Fäßchen aber ist es nicht abgethan, das Meer sendet immer neue Gaben, und eines Tages ist der Fang so reichlich, daß das ganze Fischerdorf sich betrinkt und die Nacht auf dem Strande bleibt, das Versöhnungsfest feiernd. . . .

„Als Monsieur Mouchel, der Geschäftsführer der Wittwe Dufeu aus dem benachbarten Städtchen, welcher den Fischern von Coqueville ihre schuppige Waare abnimmt, an dem darauffolgenden Tage in das Fischerdorf kommt, findet er es zu seinem Entsetzen leer und ausgestorben. Er steigt ganz verstört zum Strand hinab, und da bietet sich ihm ein geradezu unerhörter Anblick. Ganz Coqueville schläft im heißen Sonnenbrande seinen Friedensrausch aus, und selig liegt die schöne Margot an der Brust des prächtigen Delphin Floche, auch Romeo und Julia haben sich gefunden.

„Diese lustige Geschichte erzählt Zola mit mehr Zurückhaltung, als man sonst bei ihm gewöhnt ist und erzielt daher auch eine ganz prächtige Wirkung damit, so gefährlich der Stoff an und für sich zu sein scheint. Und mit dieser Erzählung schließe ich

die Betrachtung der novellistischen Thätigkeit des Dichters ab,
um noch einige Worte seinen kritischen Schriften zu widmen.

„Ebenso wie Zola in dem Werke „Nos auteurs dramatiques“
die dramatische Literatur des modernen Frankreich Revue passiren
läßt, führt er uns in den beiden Werken: „Les Romanciers naturalistes“ und „Documents litéraires“ die hervorragendsten Ver-
treter der neuen naturalistischen Schule, als deren Begründer
er Balzac feiert, und der romantischen Schule, in ihren Haupt-
werken vor. Gerade wegen des ersten dieser beiden Werke aber
hat man ihn in mancher heftigen Weise angegriffen, man hat
behauptet, er feiere eigentlich nur sich selbst darin und lasse nur
seine Freunde gelten, wogegen er alle Autoren, welche nicht der
ersten naturalistischen Schule angehören, verunglimpfe und herab-
setze. Von alledem aber ist kein Wort wahr. Zola erweist sich
in den beiden Bänden als ebenso feinsinniger als objectiver Beurtheiler der zeitgenössischen Romanliteratur, und versteht es
namentlich, die Richtigkeit seiner Theorien aus der thatsächlichen
historischen Entwicklung des Romanes in den letzten fünfzig
Jahren so schlagend nachzuweisen, daß jeder Einwand dagegen
verstummen muß. Darin liegt aber gerade die Erklärung der
furchtbaren Erbitterung, welche die Gemüther gegen ihn erfüllt,
denn man erkennt seine Unangreifbarkeit, und alle kritischen
Waffen gegen den Kritiker Zola erweisen sich als stumpf und
unbrauchbar: darin liegt aber auch die Erklärung für die be-
schämende Thatsache, daß die niedrigsten und lächerlichsten Ver-
leumdungen gegen den Menschen Zola und die Beweggründe
seiner kritischen Thätigkeit geschleudert werden. Man sucht ihn
durch Verunglimpfung zu schädigen, da man ihn anders nicht
erschüttern kann. Gerade der Mensch Zola tritt aber in diesen
seinen letzten Werken, namentlich in dem zuerst genannten, dem
Leser ungemein sympathisch entgegen, denn er schreibt, wie dies
jeder echte berufene Kritiker thun muß, seine Kritiken nicht nur
mit kalt erwägendem Verstande, er schreibt sie auch aus einem
warmen fühlenden Herzen heraus. Und man mag das Buch
aufschlagen, wo man will, man mag den hochinteressanten Essay
über Balzac studiren, in welchem die tief-innere Wehmuth durch-

zittert, daß dieser geniale Dichter sein ganzes Leben lang mit
dem nimmer ruhenden Ungeheuer Geldverlegenheit zu kämpfen
hatte und sich in diesem Kampfe aufrieb und verzehrte; man
mag die von erstickten Thränen erfüllte Schilderung des Leichen=
begängnisses Flaubert's lesen, der seinen Freunden so plötzlich, so
unerwartet vom Herzen gerissen wurde, oder das geradezu be=
rückende Bild auf sich einwirken lassen, welches Zola von Al=
phonse Daudet, dem berühmten Verfasser von ‚Fromont,‘ des
‚Jack‘ und des ‚Nabob‘ entwirft; — immer wird man sich hin=
gezogen fühlen zu dem treuen, lieben, neidlosen Menschen und
Freunde, der das Bedürfniß hat, fremdes Können, fremde Vor=
züge anzuerkennen und in's hellste Licht zu setzen. Und wo er
sich gegen seine Feinde wendet, thut er dies wieder in so vor=
nehmer Haltung, wie es nur ein wirklich vornehmer Geist ver=
mag. Er scheut sich gar nicht, die gegen ihn geschleuderten An=
klagen und Verleumbungen offenkundig zu machen, und er thut
dies, wenn auch mit der Miene des Verletzten, so doch ohne
Bitterkeit. Ich möchte fast sagen, „er schämt sich für seine Gegner,“
und auf Vertheidigung verzichtet er ganz. Er sagt einfach: „Hier
sind meine Schriften, lest sie und dann urtheilt!‘ Und wenige
werden dies mit solch' ruhiger Sicherheit thun können, wie er,
denn diese enthalten, wie ich Ihnen gezeigt zu haben hoffe, seine
Rechtfertigung, seine Freisprechung.“

„Das ist Ihnen bei mir auch gelungen!“ rief Frau von S.
mit der ihr eigenen Herzenswärme. „Sie haben, obgleich Sie
Zola wahrhaftig nicht geschont und keine seiner Schwächen ver=
schwiegen oder bemäntelt, mir doch eine ungemein günstige Mei=
nung nicht nur von seinem Geist, sondern auch von seinem
Charakter geweckt, und ich begreife heute gar nicht mehr, wie
ich so übel über diesen Mann denken konnte.“

„Und nun, da wir glücklich bei dem Menschen Zola ange=
langt sind, wollen wir auch sehen, wie dieser Mensch zu dem
geworden, als was wir ihn heute kennen. Man liebt es im
Allgemeinen, die Biographien voranzusetzen, ich billige diese
Methode nicht. Ich selbst habe erst als ich mit dem Studium
der Schriften Zola's zu Ende gediehen war und mir aus diesen

Schriften ein festes Urtheil über ihn auch als Menschen gebildet
hatte, das Buch von Paul Alexis über Zola zur Hand genommen,
und darin nun das Meiste bestätigt gefunden, was mich seine
Werke gelehrt. Ich las aber das Buch nun mit einem ganz
anderen, viel tieferen Verständniß, und auch mit viel regerem
Interesse. Das ist aber auch ganz natürlich; jedes Werk Zola's,
das Alexis nennt, dessen Entstehungsgeschichte er etwa andeutet,
es war mir bereits vertraut, und so ging mir auch nicht die
leiseste Anspielung verloren. Wie aber soll dies möglich sein,
wenn man die Werke nicht kennt, wenn man also fortwährend
von Dingen sprechen hört, die man sich gar nicht vorstellen kann.
Und darum halte ich es für viel nützlicher und naturgemäßer,
die Biographie eines Dichters oder Künstlers immer an letzte
Stelle zu setzen.

„Emil Zola wurde am 2. April 1840 in Paris geboren.
Sein Vater François Zola, stammte aus italienischem Geschlecht,
seine Mutter, Emilie geb. Aubert war Französin. François Zola
wieder entsprang der Ehe einer Griechin von der Insel Corfu mit
einem Zola, welches Geschlecht seinen Sitz in dem zauberischen
Venedig hatte. Es fließt also in Emil entschieden viel südliches
Blut, und das macht die oft orientalische Gluth seiner Schilderun=
gen, wie namentlich die des „Paradou" erst so ganz begreiflich.

„Zola's Vater war durchaus kein unbedeutender Mann. Ur=
sprünglich für die Militärcarrière bestimmt, diente er bereits mit
17 Jahren unter Napoleon des Ersten Fahnen. Allein frühe
zeigte sich bei ihm eine große Vorliebe für die technischen Wissen=
schaften, welche ihn zu schriftstellerischen Arbeiten auf diesem
Gebiete drängte und ihn nach dem Sturze Napoleon's veranlaßte,
den Stand eines Civil=Ingenieurs zu wählen, in welcher Eigen=
schaft er Europa bereiste, um sich endlich in Marseille zu eta=
bliren. Von dort machte er wiederholt Ausflüge nach Aix und
faßte endlich den Plan, dieser schön gelegenen, aber schwer unter
Wassermangel leidenden Stadt durch Anlegung eines kurzen Ca=
nals, welcher Aix dauernd mit Wasser versorgen sollte, eine große
Wohlthat zu erweisen. Er hatte nämlich unweit der Stadt eine
Schlucht entdeckt, in welche bei Regengüssen all' das Wasser der

umliegenden Hügel und Abdachungen zusammenströmt. Diese Schlucht gedachte er nun derart einzudämmen, daß sie ein großes constantes Wasserreservoir bilde. Und dieses mit der Stadt durch einen kurzen Canal zu verbinden, war seine letzte Absicht. Leider aber begegnete er bei diesem Vorhaben sehr viel Indolenz und bösem Willen, und auch wiederholte Reisen nach Paris, um die Regierung für das Project zu gewinnen, blieben vorläufig vergebens. Auf einer dieser Pariser Reisen aber heirathete er — drei und vierzig Jahre alt — die schon genannte Emilie Aubert, ein neunzehnjähriges, schönes und braves, aber mittelloses Mädchen und setzte sich in Paris fest. Ein Jahr später kam Emil Zola zur Welt.

„Man arbeitete damals gerade an der Befestigung von Paris und François Zola hatte eine Maschine zum Transport von großen Erdmassen erfunden, welche auf Befürwortung von Thiers auch bei diesen Arbeiten zur Verwendung kam. Und nun konnte François auch daran denken, unterstützt von der Regierung, den Bau des Bewässerungscanals in Aix in Angriff zu nehmen. Emil war drei Jahre alt, als seine Eltern nach Aix übersiedelten, und vier Jahre später verlor er seinen Vater, welcher im besten Mannesalter stehend, plötzlich von einer Lungenentzündung hingerafft wurde, die er sich an einem sehr kalten Tage, während der Ueberwachung der Canal=Arbeiten, zugezogen hatte. Der Canal ward später ausgebaut und das Volk nennt ihn heute noch ‚den Canal Zola.‘

„Es folgen nun harte Jahre für Zola's Mutter, welche in Erwartung des Ausganges eines Processes, den noch ihr Gatte angestrengt hatte, mit ihren armen Eltern ein karges Dasein fristet. Die Nothwendigkeit, dem kleinen Emil einen ordentlichen Unterricht zu ertheilen, zwingt sie, denselben in ein bescheidenes Pensionat in Aix zu geben. Dort bleibt er bis zu seinem fünfzehnten Jahre und tritt dann in das Collège Bourbon ein, woselbst er für die wissenschaftliche Laufbahn vorbereitet wird und sich als fleißiger und gewissenhafter, wenn auch nicht besonders hervorragender Schüler bewährt. In dieser frühen Zeit offenbart sich jedoch bereits sein poetisches Talent in mancherlei lyrischen Versuchen, sowie seine Liebe für die Literatur, welche nur von seiner Leidenschaft für die Natur übertroffen wird.

„Die pecuniären Verhältnisse der kleinen Familie gestalten sich aber im Laufe dieser Jahre immer schlimmer und da der Proceß durchaus kein Ende nehmen will, so entschließt sich Frau Zola endlich nach Paris zu reisen und dort die Förderung desselben durch einflußreiche Freunde ihres verstorbenen Gatten anzustreben. Und kurz darauf muß ihr Zola dahin folgen, da sich die Aus= sichten für den Proceß nicht günstig zeigen und Frau Zola ein= sieht, daß sie sich in Aix unmöglich länger halten kann.

„Diese Uebersiedelung nach Paris findet im Jahre 1858 statt. Zola ist nun im achtzehnten Jahre. Er erhält einen Frei= platz im Lyceum Saint=Louis, wo er seine Studien fortführen und das Baccalaureat erringen soll. Das Verhängniß aber will es, daß Zola bei dieser entscheidenden Prüfung, welche er nach Jahresfrist ablegt, von dem Literatur=Professor zurückgewiesen wird. Seinen Studien ist damit ein Ziel gesetzt, der Proceß ist mittlerweile auch verloren gegangen und Zola auf sich selbst ge= stellt. Er führt nun mehrere Jahre ein planloses, armes Leben in den Mansarden von Paris, schreibt Gedichte und Märchen, und hungert dabei. Aus dieser Zeit stammt auch der Keim zu dem weltschmerzlichen Roman „La confession de Claude," und wie wenig ich mich geirrt, als ich ihn mit Zola in unmittelbarste subjective Verbindung brachte, beweist der Umstand, daß sein Biograph Alexis erzählt, „il avait alors une femme sur les bras." Endlich aber gelingt es ihm auf Empfehlung des Herren Boudet, eines Mitgliedes der Akademie, eine Stelle bei dem Buchhändler Hachette in Paris zu erhalten. Er gelangt dadurch wieder in geordnetere Lebensverhältnisse, ist von strengster Gewissenhaftig= keit in seinem Beruf und widmet seine Abende eifrigem literari= schen Schaffen. So entstehen die ersten Erzählungen an Ninon, welche Hachette selbst in Verlag nimmt. Und in dem darauffolgen= den Jahr 1865 schon veröffentlicht er den genannten Jugendroman und beschließt nunmehr von der Feder zu leben. Er findet auch in dem Chefredacteur des Evénement, Monsieur de Villemessant, einen Förderer, welcher ihm die Bücherkritik in dem Blatte über=

läßt, und da er darin so Vortreffliches leistet, ihm auch die Kritik über die Malerei anvertraut.

„Hier aber tritt Zola zuerst mit seinen naturalistischen Tendenzen auf, er beleidigt die alte zopfige Malerschule, feiert den damals noch unberühmten Courbet und erregt furchtbare Entrüstung. Diese Aufsätze findet man in dem ersten Bande seiner kritischen Schriften, „Mes haines" betitelt, welchen ich bisher zu nennen verabsäumte, weil ich Zola's ästhetische Theorien nur in ihrem principiellen Zusammenhange und nicht detaillirt erörtern konnte. Die Folge dieser ersten naturalistischen Waffengänge war, daß ihm Villemessant das Referat über die Malerei wieder entzog, ohne ihn jedoch noch fallen zu lassen. Dies geschah erst später, als das „Evénement" zu erscheinen aufgehört hatte, und Villemessant an die Spitze des „Figaro" trat. Zola hatte jedoch mittlerweile eine ganze Reihe von größeren Arbeiten vollendet, von denen wir als die wesentlichsten ‚Thérèse Raquin' und ‚Madeleine Ferat' kennen gelernt haben, beide zuerst als Dramen abgefaßt, und zu Romanen umgearbeitet. Sein Name ist bekannt geworden, verschiedene Blätter haben ihn als Mitarbeiter schätzen gelernt, aber er hat noch immer keinen festen Boden unter den Füßen. Allein in dieser Zeit ist langsam die Idee eines großen Roman-Cyclus in ihm aufgetaucht, diese Idee erhält immer bestimmtere Formen, und eines Tages steht der Plan der Rougon-Macquart so fest vor seiner Seele, daß er ihn niederschreiben und dem Verleger Lacroix anbieten kann. Und Lacroix geht in der That darauf ein, damit aber ist Zola auch vorerst eine Basis in materieller Beziehung geschaffen. Er erhält monatlich 500 Francs und muß dafür jährlich zwei Romane schreiben. Zola hat mittlerweile seine Ninon geheirathet, er nimmt seine Mutter zu sich und arbeitet nun stetig fort. Erst die Belagerung von Paris bringt etwas Unruhe in dies Leben. Er verläßt Paris und begiebt sich nach Marseille, wo er im Vereine mit Anderen ein Blatt erscheinen läßt, das aber keine Dauer hat. Der Friedensabschluß mit Preußen gestattet endlich die Rückkehr nach Paris, und der Verleger Charpentier hat seinen Contract von Lacroix übernommen, er kann also weiter schaffen. Doch noch ist er nicht der materiellen Noth und Sorge überhoben, denn er ist ein schlechter Oekonom wie die meisten Schriftsteller, er ist auch nicht im Stande, die Romane so rasch zu produciren, wie es ihm die contractliche Verpflichtung auferlegt, wogegen die contractlichen 500 Francs per Monat für seinen Haushalt nicht ausreichen. Er geräth daher immer tiefer in Vorschüsse hinein, die ihm Charpentier sehr coulant gewährt, und beschließt endlich, zumal die ersten Romane des Rougon-Cyclus immerhin Absatz haben, eine Verbesserung seines Contractes bei seinem Verleger anzustreben. Doch Charpentier unterbricht ihn schon nach den ersten Worten: ‚Mein lieber Freund,‘ sagt er zu ihm, ‚ich will Sie nicht bestehlen. Ich will bei Ihnen ebenso wie bei meinen übrigen Autoren nur meinen gewöhnlichen Gewinn haben. Man wird Ihnen auf meinen Befehl die Rechnung unterbreiten, nach welcher Sie Anspruch auf 40 Centimes von jedem verkauften Exemplar ihrer Romane haben. Nach dieser Rechnung sind aber nicht Sie mir Geld schuldig, sondern ich habe Ihnen noch zehntausend und einige Francs zu zahlen ... Und hiemit zerreiße ich unseren alten Vertrag, Sie aber brauchen nur an die Kasse zu gehen.‘

„Dank dieser noblen Handlungsweise Charpentier's war Zola nicht nur momentan aller Sorge enthoben, sondern es wurde damit der Grund zu seinem jetzigen Wohlstande gelegt, zumal Charpentier kurz darauf sein Autorrecht von 40 auf 50 Centimes erhöhte. Dazu trat der ungeheure Erfolg von „l'Assommoir“ und „Nana,“ und so ist Zola heute einer der reichsten Schriftsteller Frankreichs, sowie er nachgerade anfängt auch einer der angesehensten zu werden. Dies Alles aber im Alter von 43 Jahren, wo man von ihm noch Großes erwarten kann. Welchem Gebiete er sich später zuwenden wird, ist nicht abzusehen, vorläufig denkt er nur daran, seinen Rougon-Macquart-Cyclus abzuschließen, und wie uns Alexis erzählt, hat er da große Pläne vor. In einem der nächsten Romane will er die Künstler- und Malerwelt schildern, und soll der Held dieses Romanes Claude Lantin, der uneheliche Sohn der Gervaise, sein, welcher schon im „Ventre de l'aris“ eine Nebenrolle spielt. Ein anderer Roman soll das

Eisenbahnwesen, ein dritter das Militairwesen in Frankreich schildern, — lauter ungeheuer reiche und ergiebige Stoffe, die des allgemeinsten Interesses gewiß sein dürfen. Dann will er eine großartige Studie über das Bauernleben und eine andere, die ganz besonders interessant zu werden verspricht, über das sociale und politische Leben der Arbeiter bieten, — ein Pendant zum „Assommoir." Ein wissenschaftlicher Roman aber, dessen Held der uns wohlbekannte Dr. Pascal Rougon sein wird, soll den ganzen Cyclus mit einem Rückblick auf die Heredität der Rougon=Macquart=Familie abschließen. Sie sehen, wir haben noch viel von Zola zu erwarten, wenn wir nur das in Betracht ziehen, was sein Geist jetzt schon im Keime mit sich herumträgt."

„Viel und Großes!" rief Frau von S. mit dem Ausdruck aufrichtiger Bewunderung. „Jetzt erst wird es mir ganz klar, welch' ungeheure Lücke in meinem ästhetischen und literarischen Wissen Sie durch Ihre Mittheilungen ausgefüllt haben, und ich bin Ihnen aufrichtig dankbar dafür."

„Sie haben mir Ihren Dank am besten bewiesen durch das lebhafte Interesse, welches Sie mir entgegenbrachten, und durch die mancherlei Bemerkungen und Einwände, die Sie gemacht, und die Sie nun alle in meinem Buche wiederfinden werden."

„Nicht möglich! Sie haben doch damit nicht Ernst gemacht?" rief jetzt Frau von S., in jähem Schreck erblassend.

„Ich war in der That so indiscret, — der Zweck heiligt die Mittel, und hier habe ich auch bereits das Vergnügen, Ihnen den ersten Correctur=Bogen zur Revision vorzulegen."

In heftiger Erregung, mit zitternden Händen griff die schöne Frau nach dem noch feuchten Correctur=Bogen. Sie biß die Zähne über die Lippen und ihr Auge flog nur so über die ersten Seiten hin. Rasch aber beruhigte sich ihr Blut, an einer Stelle wurde sie purpurroth, an einer anderen glitt ein Lächeln über ihre schönen Züge, und als sie den kurzen Dialog am Schluß des ersten Abends gelesen hatte, lachte sie lustig und rief:

„Wahrhaftig, ich kann Ihnen keinen Vorwurf machen, denn Sie haben mir Ihre bösen Absichten deutlich genug zu wissen gethan. Und im Grunde wird die Sache nicht so schlimm werden, — aber was wird mein Mann sagen?"

„Er wird auch sich in dem Buche lesen und wird sehr zufrieden sein."

„Er auch?" jubelte Frau von S. „Das ist prächtig! Ach bitte, wo haben Sie diesen Bogen? ..."

„Dieser Bogen ist leider noch nicht gesetzt. Aber Sie sollen sofort einen Abzug haben, wenn wir so weit sind. Uebrigens freut es mich wirklich, daß Sie meine Indiscretion so gnädig aufnehmen. Ich fürchtete in der That, daß Sie mir ein wenig böse sein würden."

Frau von S. schüttelte den Kopf.

„Nein!" sagte sie, „dazu habe ich gar kein Recht, gar keinen Grund. Sie charakterisiren in der Einleitung unsere Beziehungen so wahr und unantastbar, daß ich mich wohl darüber hinwegsetzen kann, wenn trotzdem irgend ein prüder Kritiker oder irgend eine scheinheilige Dame an diesen Zola=Abenden Anstoß nehmen sollte. Was ich an diesen Abenden angehört, und was ich gesprochen, braucht nicht das Licht, braucht nicht die Oeffentlichkeit zu scheuen. Nur ich selbst scheute diese Oeffentlichkeit; nun ich aber in Gesellschaft meines Mannes diesen Schritt thue, trage ich auch deshalb kein Bedenken mehr."

„Ich darf also ruhig weiter setzen lassen?"

„Nicht ruhig, mein Herr," sagte lächelnd Frau von S., „sondern so rasch als möglich, denn ich brenne schon vor Neugier."

Damit schloß unser letzter Zola=Abend, und damit schließe ich auch mein Manuscript, auf daß der Wunsch meiner Freundin möglichst rasch in Erfüllung gehe.

In gleichem Verlage erschien:

Charakterbilder aus der Weltliteratur der Gegenwart.

Erster Band.

Gottfried Keller.

Ein literarischer Essay

von

Otto Brahm.

150 Seiten 8⁰ in flexiblem Pergament-Einband.

Preis: M. 1,50 Pf.

Inhalt:

An Gottfried Keller. Sonett von Paul Heyse.

Einleitung.
Pessimismus und Optimismus in der gegenwärtigen Poesie. Keller und das Publikum. Absicht der Untersuchung.

I. Allgemeine Charakteristik.
Biographische Notiz. Das Schweizerische in Keller. Das Teutsche in Keller. Romantische Stimmungen. Realistisches und Phantastisches. Vereinigung dieses Beiden ist Ideal seiner Poesie. Beispiele aus seinen Dichtungen.

II. Die Zeit des Subjectivismus.
Drei Perioden in Keller's Dichten. Erste Periode: Politische Gedichte. Analogien zwischen den Gedichtsammlungen und dem Grünen Heinrich. Philosophische Probleme. Optimismus. Die Schwabenschule. Charakteristik der Gedichte. Das Cyllische eine Lieblingsform Keller's. Grundproblem des Grünen Heinrich's. Unglückliche Bildungsverhältnisse. Unglückliche Naturanlage. Rationalismus und Pietismus Heinrich's. Tragischer und glücklicher Ausgang. Werbeproceß der zweiten Ausgabe des Romans. Veränderte Form. Mängel der Umschmelzung. Analogie zu Goethe'schen Dichtungen. Verschiedenheit von Goethe'schen Dichtungen: Der Grüne Heinrich ist kein Typus. Seine Launenhaftigkeit. Frauencharaktere. Keller und Jean Paul. Der Grüne Heinrich und der „Titan." Jean Paul'sche Naturschilderung. Eine Probe aus dem Grünen Heinrich. „Pankraz der Schmoller" und „Regel Amrain," Seitenstück zum Roman.

III. Die Leute von Seldwyla. Sieben Legenden.
Romeo und Julia auf dem Dorfe, seine erste objective Dichtung. Zusammenhang mit der früheren Production. Das Schweizerische in den Seldwyler Novellen: Motiv der Läuterung. Das Phantastische. Das Seltsame. Contrastwirkungen. Keller's Kunst hat ihren eigenen Stil. Spiegel das Kätzchen. Eine Probe aus den Leuten von Seldwyla. Das Schweizerische in den Sieben Legenden: Homo sum. Vertiefung der Vorlagen nach der ethischen Seite. Nach der poetischen Seite. Eine Probe aus den Sieben Legenden.

IV. **Züricher Novellen. Sinngedicht.**
Unterschied zwischen der zweiten und dritten Periode. Pädagogischer Zug der Züricher Novellen. Keller's Kinderliebe. Hadlaub: Motiv der Läuterung. Rechte und falsche Gescheidtheit. Landvogt von Greifensee: Analogie zum Roman. Eine Probe aus den Züricher Novellen. Optimismus des Sinngedichts. Auszug des Herrn Ludwig Reinhart. Eine Probe aus dem Sinngedicht. Keller erzählt realistische Märchen aus der Gegenwart. Das Problem der Ehe. Zusammenhang seines Problems mit Themen der Sturm- und Drangzeit, Immermann's, Auerbach's, Freytag's und Ibsen's.

V. **Charaktere Keller's.**
Reichthum seines Schaffens. Lieblingsfiguren. Männliche Helden. Passivität, Unbeweglichkeit. Mädchengestalten: schöne Sterne gleich den Frauen Shakespeare's. Hängen seltsamen Käuzen nach. Keine Liebeserklärung. Schalkhaftigkeit seiner Frauen. Das Lächeln. (Erröthend lachen: ein Symbol. Polemik gegen den Blaustrumpf. Schöne Frauenbilder.

VI. **Das Sinnbildliche bei Keller.**
Keller als Landschaftsmaler: Beschreibungen. Uebereinstimmung zwischen dem Dichter und dem Maler Keller: das Beziehungsreiche. Keine gedankenhaften Abstractionen. Keller setzt Vorstellung in Anschauung um. Vorliebe für poetische Winkel und Beziehungen. Correspondirende Erlebnisse. Abrunden und Auswachsenlassen. Naive Symbole. Die Allgewalt der Darstellung.

Urtheile der Presse:

„. . . Die rechte Aufgabe ist bei Brahm an den rechten Mann gekommen. Er gibt eine treffliche Erweiterung seines Aufsatzes in der „Deutschen Rundschau;" voran steht jetzt Heyse's Sonett auf den „Shakespeare der Novelle." Die Darlegung des Einflusses, den J. Paul auf Keller geübt, ist kein neu eingefügter Excurs, sondern gewiß ein alter integrirender Bestandtheil. Gut gewählte kleinere und größere Proben, nicht Fetzen, werden das Publikum kräftig zum Ganzen hinziehen, das uns hier analysirt wird. B. geht von der Vereinigung des Deutschen und der schweizerischen Eigenart in Keller aus. Sein Verfahren ist ein historisches, denn es erklärt mit einer Perioden-Eintheilung, die uns auf den ersten Blick etwas subtil erschien, und unter glücklicher Verwerthung der Keller'schen Lyrik seine Entwickelung von den Anfängen aus. Er stellt Unterschiede zwischen den frühesten und den späteren Geschichten aus Seldwyla auf und zieht aus einer Vergleichung der beiden Redactionen des „Grünen Heinrich" reichen Gewinn. Er haftet nie am Einzelnen, sondern liefert etwa durch die Ausführung des Satzes, Heinrich sei im Gegensatze zu Goethe's Meister kein Typus, oder die Betrachtung des Phantastischen, des Bizarren, oder durch das Schlußkapitel „Das Sinnbildliche bei Keller" werthvolle Beiträge zur Poetik. Er behandelt Keller's Charaktere, besonders die Frauen, nach bestimmten Gesichtspunkten, zeigt den pädagogischen (schweizerischen) Zug der Züricher Novellen, die ethische Vertiefung der „Sieben Legenden" ihren Vorlagen gegenüber. Er kennt Keller's Optimismus, der sich im „Landvogt" so hell äußert wie im „Sinngedicht," dessen Problem der Ehe von B. erörtert wird. Die cyclische Anlage hat B. als eine Lieblingsform Keller's erkannt. Nirgends verfällt er einem vagen Anpreisen, überall spürt man die verständnißvolle Freude an dem Dichter. Er zeigt, daß er auch warm schreiben kann. . . ."

Erich Schmidt: Deutsche Literatur-Ztg.

„Brahm giebt ein geistvolles anschau-
liches Bild des berühmten Schweizer Novellisten und führt uns tief in die Werkstätte des schaffenden Genius hinein, welcher sich niemals durch die Mode des Tages
hat ableiten lassen von dem einzig richtigen Weg des Dichters, dem der inneren
Wahrheit und einfachen Anschaulichkeit.
Brahm hat sich in diesem Werke als ein
geistvoller, sorgsamer und pietätvoller Biograph erwiesen. Sein Buch sollte in keiner
Bibliothek eines Literaturfreundes fehlen."
Hamburger Fremdenblatt.

„... In dem Essay von Brahm erhalten wir eine erschöpfende, mit großer
Sachkenntniß und warmer Hingabe ge-
schriebene Charakteristik des Dichters, die
jeder Kenner mit großem Interesse lesen
wird, die aber auch wohl geeignet sein
dürfte, dem großen Meister der Novelle
neue Freunde zuzuführen. Sie sei hiermit
auf das Dringendste empfohlen."
(Bremer) Courier.

„... Dieses Büchlein von 150 Seiten
dürfte schon durch die bloße Thatsache seiner
Existenz Vielen die Augen öffnen über die
Bedeutung unseres schweizerischen Dichters
Gottfried Keller. Denn bis dahin ist gewiß selten über einen lebenden Dichter
eine Totalbeschreibung seines geistigen Da-
seins als besonderes Buch erschienen. Was
aber der hastig für die Bedürfnisse des
Tages schreibende journalistische Kritiker
nur in rasch hingeworfenen skizzenhaften
Umrissen zeichnen kann, das führt der
Literarhistoriker in stiller Stube mit allem
Fleiße aus. Demgemäß wird der Leser
aus Otto Brahm's literarischem Essay ein
ganz anderes vollständiges Bild von dem
Schaffen unseres schweizerischen Dichters
gewinnen, als wir ein solches zu geben im
Stande waren durch gelegentliche Besprechung einzelner Werke Keller's. Das
können wir freilich nicht verbergen, daß
(nach unserem Geschmacke wenigstens) Herr
Otto Brahm mit einer fast Grausen er-
regenden Behendigkeit und Unruhe in den

Werken minderer moderner Romanschreiber
und Novellisten umherhüpft und dabei vor-
aussetzt, auch der Leser kenne all' das Zeug
von Dahn, Spielhagen u. s. w., das zum
Vergleich mit Keller herangezogen wird.
Diese Beobachtung macht uns fast irre an
Otto Brahm. Wer Gottfried Keller würdigt,
kann an Felix Dahn doch gewiß kaum einen
guten Faden finden, ja, wird diesen Autor
überhaupt weder in Gutem noch in Bösem
zu Keller in Beziehung setzen wollen. Es
kommt uns vor, der Verfasser dieser Studie
über Keller sei fast belästigt von der Masse
der von ihm gelesenen Bücher, so daß ihm
sein literarisches Rüstzeug zuweilen wie
einem Kriegsmanne der lange Degen quer
kommt und hinderlich wird. Andererseits
versagen wir dem trefflichen Verständniß
für Keller's Poesie, von dem die ganze
Abhandlung Zeugniß ablegt, unsere auf-
richtige Bewunderung keineswegs, sind auch
sehr erfreut über viele tiefe, wahre und
pietätvolle Worte, die der gewiß noch junge
Literarhistoriker für den alternden Dichter
hat, und wünschen dem Büchlein recht große
Verbreitung im Schweizerlande, wo man
zwar aller Orten und in jeder etwas ge-
hobenen Stimmung das schöne Lied Keller's
„O mein Heimathland" zu singen pflegt,
aber noch immer die Novellen und den
Roman Keller's zu wenig liest."
J. V. Widmann: Sonntagsblatt
des „Bund." (Zürich.)

„... Brahm bezeichnet sein Buch bescheiden als literarischen Essay, die Verlagshandlung von A. B. Auerbach in Berlin
als ein Charakterbild aus der Weltliteratur
des neunzehnten Jahrhunderts; jedenfalls
ist es eine sorgsame, von genauer Sachkenntniß und warmer Begeisterung für die
poetischen Werke Keller's zeugende Arbeit.
Brahm theilt uns von dem Leben des
Züricher Dichters nur so viel mit, als eben
nöthig ist, um dessen künstlerische Eigenart
zu verstehen, er wollte nur die geistige
Physiognomie des Dichters zeichnen, darum
vertieft er sich nach kurzer Einleitung sofort
in dessen Werke, liefert uns schätzbare Bei-

träge zum Verständniß derselben, weist auf besondere Schönheiten hin und verschweigt nicht die Mängel. Es ist wiederholt in Essay's auf die Bedeutung des Züricher Dichters hingewiesen worden, so hat Scherer dessen sieben Legenden gepriesen, Auerbach, Spielhagen und Vischer haben das Leben und Wirken Keller's beleuchtet. Das vorliegende Buch aber ist wohl die ausführlichste Arbeit über des Poeten Werke. Dem Buch, dessen geschickte Anordnung wir auch rühmen müssen, ist Paul Heyse's Gedicht an Gottfried Keller vorangestellt."

Rudolf Elcho: Volks-Zeitung.

„... Wir Schweizer können uns eine Schrift, wie die vorliegende, nicht nur wohl gefallen lassen, sondern es erfüllt uns mit Freude, von der Thatsache Zeuge zu sein, daß das Verständniß für die Kunstübung eines der Unsrigen von den besten der deutschen Nation geradezu zum Gradmesser des Geschmacks erhoben worden ist. Bei einer Schrift über Gottfried Keller ist keine Gefahr einer vorschnellen Beurtheilung vorhanden: unser Dichter hat eine lange Bahn, die er sich oft unnöthig erschwerte, hinter sich, und ist nur allmählich in die weitesten Kreise gedrungen; aber nunmehr steht sein literarisches Charakterbild fest und selbst einstige Zweifler oder Gegner bekennen sich heute ohne Rückhalt zu der großen Schaar seiner unbedingten Verehrer."

Neue Zürcher-Zeitung.

„... Der Verfasser des Essay's darf sich rühmen, seinem Gegenstande in jeder Weise gerecht geworden zu sein. Mit liebevollem Verständniß beleuchtet er die innere Entwicklungsgeschichte des Dichters und den Zusammenhang derselben mit dem Inhalte seiner Werke."

Karl Vollrath: Breslauer Zeitung.

„Die Verlagshandlung konnte keinem Würdigeren den Vortritt gönnen, als dem geistvollen und durchaus originalen Schweizer Dichter und Romantiker, dessen Erzählungswerke „Der grüne Heinrich," „Die Leute von Seldwyla," die „Züricher Novellen," „Das Sinngedicht" das Entzücken und die Erbauung nicht blos der literarischen Fachleute und Feinschmecker, sondern aller ernsten und tiefer gebildeten Leute deutscher Nation geworden sind, obwohl noch nicht in der weiten und allgemeinen Ausbreitung, die diesen genialen Erzeugnissen gebührt. Vielleicht trägt zu der gewünschten, allseitigen Aufnahme der vorliegende literarische Essay von Otto Brahm bei, der in liebevoller und hingebender Verehrung und Würdigung Gottfried Keller als Menschen und Dichter charakterisirt, sein geistiges Wesen und dessen Wandlungen klar darlegt und eine eingehende Kritik der bekannten Werke bietet. Der ganze Gottfried Keller von den ersten Stufen seines Producirens an bis hinauf auf die Höhe seines heutigen Standpunktes tritt vor das geistige Auge des Lesers in diesem sorgfältig abgefaßten und in logischer geistiger Schärfe vorgehendem Essay; das volle Wesen des Dichters in seinen bedeutenden Gegensätzen einer tiefen Herzlichkeit, eines scharfen, vorurtheillosen Denkens, eines gesunden kräftigen Humors wird darin klargelegt. Wem es noch nicht zum vollen Bewußtsein wurde, wie groß Gottfried Keller in unserer deutschen poetischen Literatur dasteht (Paul Heyse nennt ihn den Shakespeare der Novelle in schlagendster Bezeichnung), der wird es aus dem gut und geistvoll geschriebenen Buche von Otto Brahm begreifen lernen, dem Dichter sich noch inniger befreunden, als vorher und für ihn Propaganda machen, damit auch Andere der Erquickung der Seele theilhaftig werden, die ihm von Gottfried Keller in so reichem Maße gewährt wurde."

Hamburger Nachrichten.

Als zweiter und dritter Band der

Charakterbilder aus der Weltliteratur der Gegenwart

erschien vor Kurzem:

Alphonse Daudet.

Sein Leben und seine Werke.

· Dargestellt

von

Adolf Gerstmann.

2 Bände von 14 resp. 15 Bogen 8⁰. In flexiblem Pergament-Einband.

Preis: M. 4.—.

————

Inhalt:

1. Band.

I. Die realistische Richtung.

Das Zeitalter des Kampfes. — Bewegung auf dem Gebiete der Musik, der Malerei und der Literatur. — Die französischen Romantiker. — Das zweite Kaiserreich und der Realismus. — Glaubensbekenntniß der Romantiker, der Realisten und der Naturalisten. — Balzac und Flaubert. — Daudet und Zola, eine Parallele. — Nicht Zola, sondern Balzac sprach zuerst vom naturaliste du roman. — In gewissem Sinne muß jeder Dichter Romantiker und auch Naturalist sein. — Zola's Ausspruch über Daudet.

II. Kindheit und Jugendjahre.

Des Dichters Geburt. — Seine Eltern und seine Familie. — Kinderzeit und Kinderspiele. — Erster Unterricht und erste Bücher. — Vincent Daudet's Ruin. — Die Fabrik wird verkauft. — Die Familie siedelt nach Lyon über. — Ernest und Alphonse besuchen zuerst die Chorschule, dann das Collège. — Der Papst ist gestorben! — Vincent Daudet bei den Legitimisten in Paris. — Ernest arbeitet im Geschäft des Vaters. — Die Lage der Familie verschlimmert sich. — Ernest's und Alphonse's Lectüre. — Alphonse's erste Gedichte. — Ernest's Lehrgedicht „Religion.“ — Die „Gazette de Lyon“ und ihre Redacteure. — Ernest's erstes literarisches Debut. — Alphonse's erster Roman „Léo et Chrétienne Fleury.“ — Henri Daudet stirbt. — Alphonse verläßt das Collège und geht als Hilfslehrer nach Alais. — Ernest geht nach Paris und die Familie trennt sich.

III. **Entwickelung und erste Blüthen.**

Alphonse's Ankunft in Alais. — Seine Stellung zu den Lehrern und den Schülern. — Unangenehmer Dienst und beglückende Privatthätigkeit. — Ernest tritt in die Redaction des „Spectateur" ein. — Alphonse sehnt sich von Alais fort und kommt nach Paris. — Beschwerliche Reise. — Théodore de Banville über Alphonse's Aeußeres. — Mutter Ernest und der Schützling. — Alphonse studirt die Pariser Bevölkerung. — Der Mittagstisch im „Grand Hôtel du Sénat" und das poesielose Zigeunerthum. — Léon Gambetta und Schilderung desselben durch Daudet. — Lustige Genossen und fröhliche Stunden. — Die Brüder kommen in gute Gesellschaft. — Ernest schreibt den Roman „Thérèse" und Alphonse veröffentlicht die „Amoureuses." — Erfolg dieser Gedichte. — Thierry erklärt Alphonse für Musset's Nachfolger. — Widerlegung dieses Ausspruches. — Musset und Daudet, eine Parallele.

IV. **Die Märchendichtungen.**

Orsini's Attentat und die Unterdrückung des „Spectatour." — Alphonse wird selbstständiger. — Ernest's weitere Schicksale. Er redigirt die „France Centrale," arbeitet als Privatsecretair, wird officiöser Journalist und endlich Redacteur der Kammerverhandlungen. — Seine spätere journalistische und literarische Thätigkeit. — Villemessant und der „Figaro." — Alphonse wird Mitarbeiter an dieser Zeitung. — „Die zwiefache Belehrung." — „Geschichte vom Rothkäppchen." — „Die Seelen des Paradieses." — „Amor als Trompeter." — Daudet und Victor v. Scheffel. — „Blaubart's acht gehängte Frauen." — „Ein Wettstreit in Charenton." — „Die Friedhofs-Nachtigallen." — Des Dichters poetische Begabung.

V. **Die „Briefe aus meiner Mühle" („Lettres de mon moulin") und die ersten Bühnenwerke.**

Der Herzog von Morny. — Die Kaiserin Eugenie interessirt sich für Daudet. — Dessen Besuch beim Herzog von Morny. — Daudet wird Secretair des Herzogs. — Seine erste Reise nach dem Süden. — Die „Briefe aus meiner Mühle." — „Der Pfarrer von Cucugnan." — „Die Arleserin." — Daudet erkrankt und muß nach Algier reisen. — Studien und Eindrücke. — „Das letzte Ideal," Schauspiel in einem Acte. — Reise nach Corsica. — Daudet bildet sich immer mehr zum Realisten aus. — Zweite Reise nach der Provence. — „Die Abwesenden." — „Die weiße Nelke." — Der Herzog von Morny stirbt.

VI. **„Der kleine Dingsda" („Le petit chose") und weitere Arbeiten.**

Daudet's politische Ansicht. — Er verläßt Paris. — „Der kleine Dingsda." — Daudet wohnt in Ville d'Avray und vermählt sich mit Frl. Julia Allard. — Familienglück. — „Der ältere Bruder," Schauspiel in einem Acte. — Daudet ist trefflich in der Charakteristik aber schwach als Dramatiker. — Das Arbeiten in Gemeinschaft mit Anderen. — Ausbruch des Krieges.

VII. **Das Kriegsjahr und sein Einfluß auf des Dichters Thätigkeit.**

Die Katastrophe von Sedan. Frankreichs Buße. — Der Verzweiflungskampf. — Daudet als Nationalgardist. — Er nimmt seine schriftstellerische Thätigkeit wieder auf. — „Briefe an einen Abwesenden" („Lettres à un absent"). — „Die Billard-Partie." — „Die Belagerung von Berlin." — „Robert Helmont." — Die „Montags-Geschichten" („Contes du lundi"). — „Der letzte Schultag." — „Der Ritter der Ehrenlegion." — Ein Ausflug in's Gebiet der Romantik.

VIII. **Neue Dramen und Kritiken. Die „Künstlerfrauen."**

Trotz seiner Mißerfolge schreibt Daudet wieder für die Bühne. — „Das Opfer." — „Lise Tavernier." — „Die Arleserin." — Der Dichter im Bunde mit einem

deutschen Schriftsteller. — „Neue Liebe,“ Schauspiel von Daudet und Gottlieb
Ritter. — „Der Triumphwagen.“ — Daudet schreibt Kritiken für den „Officiel.“
— Lafontaine's Studien, ein dramaturgisches Kapitel. — Die „Künstlerfrauen“
(„Les femmes d'artistes“). — Ein Wort über das Familienleben der
Künstler und Schriftsteller. — „Die Trasteverina.“ — Zigeunerleben in einer
Künstlerfamilie.

IX. „Die wunderbaren Abenteuer des Herrn Tartarin aus Tarascon.“
(„Les aventures prodigieuses de Tartarin de Tarascon.“)
Daudet als Satiriker. — „Die wunderbaren Abenteuer des Herrn Tartarin aus
Tarascon.“

2. Band.

I. Fromont junior & Risler senior. („Fromont jeune & Risler aîné.“
Frankreich unter der dritten Republik. — Die Zustände während des Kaiserreichs,
ein neues Stoffgebiet für den Dichter. — Der preisgekrönte Roman „Fromont junior & Risler senior.“ — Daudet als Meister der Charakteristik. —
Eine romantische Episode im realistischen Roman.

II. Jack.
Mangel der einheitlichen Handlung und Ueberfülle an Episoden. — Das „Bulletin
français“ lehnt das Werk ab, es erscheint im „Moniteur.“ — „Jack.“ —
Die Zeichnung der Charaktere. — „Der Waldhüter von Senart.“

III. Der Nabob. („Le Nabab.“)
Sittenschilderungen aus dem zeitgenössischen Frankreich. — Der socialistische und
der politische Roman. — Parallelstücke zur Culturgeschichte. — „Der Nabob“
erscheint im „Temps.“ — „Der Nabob.“ — Romanfiguren und Modelle. —
Daudet schildert bekannte Personen in erkennbarer Weise. — François Bravay,
der Nabob. Herzog von Morny und Herzog von Mora. Felicia Ruys und
Sarah Bernhardt. — Darstellungen aus dem wirklichen Leben.

IV. Die Könige im Exil. („Les rois en exile.“)
Andre Zeiten, andre Helden. — Das Clubleben und die „Gomme.“ — Eine po-
litische Umgebung. — „Die Könige im Exil.“ — Daudet läßt sich nie zum
Naturalismus verleiten. — Die Exilirten in Paris als Modelle für den
Dichter.

V. Numa Roumestan.
Noch einmal die Südfranzosen. — Die lateinische Race hat zum zweiten Male
Gallien erobert. — Der Norden und der Süden. — „Numa Roumestan“ wird
zugleich in der „Illustration,“ der „Indépendance belge“ und der „Neuen
Freien Presse“ veröffentlicht. — „Numa Roumestan.“ — Mangel an dra-
matischen Scenen und Conflicten. — Sittenschilderung und Charakteristik. —
Numa Roumestan und Gambetta.

VI. Die Evangelistin. („L'évangéliste.“)
Eigenart dieses neuesten Werkes. — „Die Evangelistin,“ eine Studie. — Unsym-
pathische Gestalten und Mangel an Vertiefung. — „Die Heilsarmee“ — die
Fanatiker des wahren Glaubens. — „Die Evangelistin“ erscheint im „Figaro,“
im „Journal de St. Pétersbourg“ und in der „Neuen Freien Presse.“ —
Inhalt des Werkes. — Seine Mängel und Vorzüge. — Das Urbild der Frau
Eblen. — Ein Brief aus England.

Schlußbetrachtung.

— 311 —

„A. B. Auerbach's Sammlung hervorragender Dichtungen des Auslandes."
Prospect vom Mai 1881.

Der Verleger, welcher heutzutage die Herausgabe von Novellen und Romanen unternimmt, befindet sich dem Publikum gegenüber in einer eigenthümlichen Lage. Er muß sich nämlich beinahe entschuldigen, zu der hochgehenden Fluth der Belletristik noch Neues hinzukommen zu lassen, und wenn die Firma nicht etwa einen in dieser Specialität bereits wohlrenommirten Namen trägt, so hat dieselbe ein ihr entgegengebrachtes Vorurtheil erst zu überwinden.

Wenn die unterzeichnete Verlagshandlung es daher heute wagt, mit „Ausländischer Belletristik" herauszutreten, so können nur ganz besondere Umstände sie hierzu ermuthigen — Umstände freilich, die ihr den Erfolg des Unternehmens von vornherein zu garantiren scheinen.

Zunächst ein negativer Umstand: Die französische und englische Literatur bleiben völlig ausgeschlossen. Einmal, weil die Erzeugnisse dieser Literatur einem sehr großen Theil des deutschen Lesepublikums schon in den Originalausgaben zugänglich sind; sodann, weil ohnehin alles irgendwie Beachtenswerthe — und in der Regel noch einiges Andere — unserm Büchermarkt durch Uebersetzungen zugeführt wird.

Die Haupterwägung aber, welche die unterzeichnete Verlagshandlung zu ihrem Unternehmen veranlaßte, ist die Thatsache, daß die kleineren europäischen Literaturen Schätze bergen, die sich dem Vorzüglichsten anreihen, was die letzten Jahrzehnte irgendwo auf dem Gebiete der Roman- und Novellendichtung hervorgebracht haben. — Man wende nicht ein, daß jahrein jahraus Hunderte von ausländischen Romanen übertragen würden. Gewiß, wir sind das größte Uebersetzervolk der Welt, aber es ist eine leicht zu beweisende Thatsache, daß die Thätigkeit unserer Uebersetzer mit wenigen Ausnahmen sich lediglich Autoren zweiten und dritten Ranges zuwendet, was darin seine sehr natürliche Erklärung findet, daß der gute Dichter seine eigene, die Mittelmäßigkeit jedoch nur die conventionelle Sprache Europa's redet, und der Erstere mithin vermöge seiner starken Originaliät dem Uebersetzer zahllose Schwierigkeiten bietet — Schwierigkeiten zudem, für welche selbst im Falle glücklichen Ueberwindens eine entsprechende materielle Entschädigung selten zu hoffen ist.

Nur zwei Beispiele für die Behauptung, daß gerade die besten ausländischen Dichter, falls ihre Werke nicht zufällig von Pariser oder Londoner Firmen in die Welt geschickt werden, in der Regel erst nach vielen Jahren in Deutschland die verdiente Beachtung finden:

Die beste Novelle von Björnstjerne Björnson — im Original in mehr als 70,000 Exemplaren verbreitet — wurde erst zwanzig Jahre nach ihrem ersten Erscheinen ins Deutsche übertragen. — Der Russe Iwan Turgenjeff galt in seinem Vaterlande und anderwärts schon seit länger als fünfzehn Jahren für einen ausgezeichneten Dichter, ehe derselbe von uns Deutschen „entdeckt" wurde.

———

Ausdehnung und Dauer des Unternehmens werden von der Gunst abhängig gemacht, welche dasselbe beim Publikum findet. Sicher erscheinen jedoch bis Ende nächsten Jahres (1882) mindestens zwölf Bände, und zwar werden in diesen mindestens sieben fremde Literaturen vertreten sein.

Die Verlagsbuchhandlung.

verto

Bis jetzt erschienen folgende Bände aus dem Schwedischen, Norwegischen, Dänischen, Russischen, Italienischen, Spanischen und Ungarischen:
(Preis des Bandes M. 3,—, des Halbbandes M. 1,50.)

Band I.
Skandinavisches Novellenbuch. Uebersetzungen aus dem Schwedi-
schen, Norwegischen und Dänischen von Wilhelm Lange. Mit einer
Einleitung von demselben.

Band II.
Arbeiter. Roman von Alexander L. Kielland. Autorisirte Uebersetzung
aus dem Norwegischen von Capitän C. von Sarauw.

Band III.
Garman & Worse. Roman von Alexander L. Kielland. Autorisirte
Uebersetzung aus dem Norwegischen von Capitän C. von Sarauw.

Band IV. u. V.
Fürst Serebränn. Roman in 2 Bänden von Graf Alexis Tolstoy. Aus
dem Russischen übersetzt von Wilhelm Lange. Mit einer Einleitung
von Julius Hart.

Band VI.
Italienisches Novellenbuch. Uebersetzungen von Heinrich Hart, Julius
Hart, Wilhelm Lange und Konrad Telmann. Mit einer Einleitung
von Heinrich Hart.

Band VII. (Erster Halbband.)
Else. Eine Weihnachtsgeschichte von Alexander L. Kielland. Autorisirte
Uebersetzung aus dem Norwegischen von Capitän C. v. Sarauw.

Band VII. (Zweiter Halbband.)
Pepita Jimenez. Ein andalusischer Roman von Don Juan Valera.
Aus dem Spanischen übersetzt von Pauline Schanz.

Band VIII.
Ungarisches Novellenbuch. Uebersetzungen von Ludwig Greiner. Mit
einer Einleitung von Ernst von Wolzogen.

Band IX.
Gefährliche Leute. Ein socialer Roman von Kristian Elster. Aus
dem Norwegischen übersetzt von J. C. Poestion. Mit einer Einleitung
von Georg Brandes.

Band X.
Schiffer Worse. Roman von Alexander L. Kielland. Uebersetzung aus
dem Norwegischen von Mary Ottesen. (Preis M. 3,—)

Band XI. u. XII.
Im Strudel. Roman in 2 Bänden von Alexis Pissemski. Eingeleitet
und aus dem Russischen übersetzt von Wilhelm Lange.

Band XIII. (Erster Halbband.)
Aus Norwegens Hochlanden. (Auch ein Culturkämpfer. Wie's im
Liede heißt. Unter den Gletschern.) Drei Novellen von Karl Bleibtreu.